中国棉花景气报告

2020—2022

毛树春　　王占彪　　田立文　主编

中国农业出版社

北　京

内 容 提 要

　　本著论述 2020—2022 年在新冠肺炎疫情、中美经贸摩擦和极端异常气候背景下的棉花产业经济运行情况。中国棉花生产景气指数（CCPPI）、中国棉花生长指数（CCGI）、中国棉花价格指数（CC Index）和棉花期货的变化、预测、实证检验和应用效果。入世二十年对我国棉花生产、纺织和贸易等影响的评价。专题研究加快建设棉花强国在适度规模、质量兴棉、绿色兴棉的主攻方向和目标任务。选择收录 2020—2022 年《中国棉花生产景气报告》。可供政府部门、科研和推广、协会、学会、商会、农民专业合作组织、涉棉企业、公司、大专院校农学、农业经济、三农问题研究以及宏观发展战略专家阅读。

　　本书计量转换关系：

1. 亩为非法定单位，1 亩＝666.67m² ＝0.066 7hm² ＝1/15hm²
2. 斤为非法定单位，1 斤＝500g＝1/2kg
3. 担为非法定单位，1 担＝50kg
4. 1 磅＝0.454kg
5. 棉花年度指从当年的 9 月 1 日到翌年的 8 月 31 日。
6. 同比，即本期（月、半年、一年）与上年同期（月、半年、一年）数据之比的百分率。
7. 环比，即本月与上月数据之比的百分率。
8. "十三五"时期指 2016—2020 年，"十四五"时期指 2021—2025 年。

主　编：毛树春　王占彪　田立文
副主编：李亚兵　李茂春　李鹏程
撰稿人（按姓名笔画排序）：

于小新　马小艳　马立刚　王秀琴　王树林

尹会会　毛成圣　孔　杰　代君梅　白志刚

冯　璐　冯克云　毕显杰　刘小玲　杜远仿

李　飞　李茂春　李洪菊　杨　丹　别　墅

余　渝　张　玲　张教海　阿力甫·艾尔西

陈　兵　陈　静　陈海燕　林　海　林永增

欧阳夏子　练文明　赵富强　胡云喜　姚艳丽

羿国香　秦都林　聂军军　徐道青　曹　阳

崔建平　康　巍　董合忠　韩焕勇　程思贤

长势监测调查人（按姓名笔画排序）：

马　丽　王　菲　王云超　王西和　王建军

王树林　尹会会　白志刚　冯克云　刘新兰

李卫华　李如军　李茂春　杨　丹　张广利

张华崇　张爱民　张教海　周家华　练文明

赵富强　胡泽宇　贺道华　徐志森　徐海江

徐道清　曹　阳　康　巍　蒋建勋　程少雨

楚宗艳　魏　巍

前　言

（一）

2020年、2021年和2022年，世界百年未有之大变局加速演进，国民经济和社会发展遭遇需求收缩、供给冲击、预期转弱的三重压力，这3年我国棉花产业走过的路程呈现坚强的韧性和耐力，取得的成绩亮点纷呈，来之不易。

这3年面对新冠肺炎（COVID-19）疫情多点散发和防控、强寒潮低温与极端高温，干旱与渍涝等极端异常气候冲击、中美经贸摩擦的国内外严峻复杂形势，我国棉花生产呈现稳中有进的特点。

"稳"即棉花总产稳定并有增长，这3年全国棉花实际产量仍保持600万t级水平上。据国家统计局数据，2020年、2021年和2022年全国棉花总产分别为591.0万t、573.1万t和597.7万t，与2019年588.9万t相比，3年平均587.3万t，略减0.3%，基本持平。至2023年7月12日，新疆公检皮棉产量超过600万t达到623.2万t，加上新疆以外产量70多万t，合计693万t为历史上的第四个高产年景。面积减少，3年面积平均4 594.5万亩，比2019年减少8.3%，实际上全国棉花播种面积仍保持在5 000万亩水平上；单产提高，3年平均单产1 917kg/hm²，比2019年1 764kg/hm²提高8.7%。我国棉花单产高于全球平均值的1.5倍，位于首位。

"有进"即质量兴棉、绿色兴棉取得新进展。在质量兴棉方面，商品棉品质有所改善，通过转型升级提质增效，机采棉花的清洁度、一致性水平有所改善，商品棉内在品质指标包括纤维长度、断裂比强度和细度等有所提升。在绿色兴棉方面，棉田肥药使用量有所减少，灌溉水利用率提高，棉田残膜治理进一步加强。在市场和价格方面，3年中，籽棉售价经历了温和回升、大幅上涨和温和回落态势，其中2021年籽棉平均售价10.33元/kg，为历史上第二高，棉花主产品产值超过3 500元/亩，棉农收益大幅增长，也是自2011年实行临时价格和目标价格以来不需补贴的一年。

在工业品生产方面，2020 年、2021 年和 2022 年纱线产量分别为 2 618.3 万 t、2 873.7 万 t 和 2 719.1 万 t，与 2019 年的 2 892.1 万 t 相比，分别减少 9.5%、0.6% 和 6.0%；布产量分别为 460.3 亿 m、502.0 亿 m 和 467.5 亿 m，与 2019 年的 575.6 亿 m 相比，分别减少 20.0%、12.8% 和 18.8%。

在终端消费方面，全国限额以上服装鞋帽针纺织品零售额，与 2019 年 14 806.3 亿元相比，2020 年、2021 年和 2022 年分别减少 16.5%、6.5% 和 12.2%。纺织品服装出口增长。与 2019 年纺织品服装出口额 2 715.7 亿美元相比，2020 年、2021 年和 2022 年分别增长 7.2%、8.4% 和 2.5%。其中口罩和防护服的出口大幅增加。

结果表明，我国棉花生产经历了疫情防控、极端异常气候和中美经贸摩擦特别是"疆棉禁令"严峻形势的考验，其成绩来之不易，取得政策支持、市场调控、科技支撑、社会化服务等经验，弥足珍贵。然而，研究表明，我国高品质原棉短缺率高达 58.5%，且集中度低，需强化供给侧结构性改革，按照党的二十大报告提出的"推动经济实现质的有效提升和量的合理增长"要求，2022 年农业农村部在《"十四五"全国种植业发展规划》提出"建设高品质棉花种植带"目标任务，提高我国棉花纤维的适配性和集中度，补齐高品质的短板，提高国产棉花的竞争力。

2022 年年末，我国新冠肺炎疫情防控进入"乙类乙管"阶段，2023 年初国内经济社会活力恢复，活跃度提高，第一季度 GDP 增长 4.5%，我国经济和社会步入正常发展阶段，未来增长前景可期。

（二）

《中国棉花景气报告 2020—2022》系统回顾 2020—2022 年在新冠肺炎疫情冲击下全国棉花生产、价格、消费、贸易的变化情况，中美经贸摩擦和"疆棉禁令"对棉花的影响，研究分析了天气、棉花生长、产品和品质变化，总结推进棉花供给侧结构性改革在质量兴棉、绿色兴棉方面取得的新进展，系统总结新疆生产建设兵团棉花转型升级提质增效取得的阶段性经验，棉花目标价格的功效和溢出效应。加入 WTO 20 年对我国棉花生产、消费和贸易的基本影响及评价，专题研究对标美国棉花强国及其纺织品消费，加快建设棉花强国的意见建议；全球棉花话语权观察和我国棉花话语权建设的阶段性进展，新疆绿洲机采棉早熟性诊断指标。收录了《中国棉花景气报告》，记录近几年走过的路程，期待提供借鉴，有所帮助。

　　本书撰写过程中得到国家棉花产业技术体系、中国棉纺织行业协会、全国棉花交易市场和中国棉花信息网、新疆维吾尔自治区农业农村厅种植业处、新疆生产建设兵团农业技术推广中心、河北省农业农村厅特色产业处等的指导和帮助，新疆农业科学院、新疆农垦科学院、山东省农业科学院经济作物研究所、河北省农林科学院棉花研究所、湖北省农业科学院经济作物研究所、国家棉花产业技术综合试验站，山东、河北、湖北省级棉花产业技术体系的相关专家等为棉花长势监测预警做了大量工作，农业农村部农业贸易促进中心提供了《海关统计》原棉、棉纱线进出口等资料，在此深表谢意！

毛树春

2023 年 4 月 20 日

目 录

第一章
总　论

2020 年、2021 年和 2022 年是我国和全球经济社会发展的特殊异常年景。在评价这 3 年棉花产业运行情况时，有几个关键词——新冠肺炎疫情暴发及持续、财政政策从量化宽松到收缩，中美经贸摩擦延续到"疆棉禁令"，以及棉区极端异常气候变化。

第一节　几个关键词

新冠肺炎疫情

（一）国内情况

2020 年，年初新冠肺炎（COVID-19）疫情突然暴发，在党中央、国务院的正确领导下，采取强有力积极措施应对，从 1 月 23 日武汉"封城"到 4 月 8 日武汉"开城"，用一个多月的时间初步遏制了疫情蔓延势头，用 2 个月左右的时间将本土每日新增病例控制在个位数以内，用 3 个月左右的时间取得了"武汉保卫战""湖北保卫战"的决定性成果，全国 GDP 增长率为 2.2%，跨上百万亿的高台阶（101.6 万亿元）。

2021 年，我国疫情防控转入常态化阶段，针对面临境外疫情输入和本土疫情传播扩散的双重风险，面对疫情严峻复杂的现实，中央强调坚持"人民至上、生命至上"，坚持"外防输入、内防反弹"总策略和"动态清零"总方针不动摇，统筹疫情防控和经济社会发展，全国 GDP 增长 8.4% 达到 114.9 万亿元。

2022 年，针对疫情防控开展"大上海保卫战"。按照党中央提出"疫情要防住、经济要稳住、发展要安全"的要求，经济社会发展取得新的成绩，全国

GDP 增长 3.0％达到 121.0 万亿元。

2022 年 12 月 26 日，国家卫健委发布公告，经国务院批准，从 2023 年 1 月 8 日起，将新冠病毒感染管理等级从"乙类甲管"降为"乙类乙管"，并将新型冠状病毒肺炎更名为新型冠状病毒感染。

2023 年 2 月 16 日，中共中央政治局常务委员会召开会议，习近平总书记宣布，3 年疫情防控取得了重大决定性胜利，创造了人类文明史上人口大国成功走出疫情大流行的奇迹。

（二）国际情况

2020 年、2021 年和 2022 年，全球新冠肺炎疫情暴发，据"头条""海外疫情"统计数据，自 2020 年 3 月暴发（有统计数据）到 2020 年底，累计确诊病例 0.83 亿例，累计死亡病例 181.3 万例。2021 年新冠肺炎疫情继续蔓延，全球 200 多个经济体无一幸免，到 12 月 31 日，累计确诊新冠病例 2.87 亿例，累计死亡病例 544.7 万例。2022 年 12 月 10 日，累计确诊新冠病例 6.38 亿例，累计死亡病例 663.2 万例。另据世界卫生组织统计，到 2021 年底，全球因疫情死亡人数超过 1 500 万人，比各国报告数据多 600 万人，多出两倍多。

这几年全球经济遭受新冠肺炎疫情的强烈冲击。据 2022 年国际货币基金组织预测，2020 年全球 GDP 增长率为－3.1％，发达经济体无一正增长，其中美国增长－3.4％、欧元区增长－6.4％、日本增长－4.5％、英国增长－9.4％，2021 年全球 GDP 增长 5.9％，2022 年全球 GDP 增长 3.4％。

货币投入从量化宽松到紧缩

（一）国内情况

从疫情暴发初期到疫情持续时期，国家采取积极的财政政策、稳健的货币政策。据国家统计局国民经济和社会发展统计公报，2020 年新增减税降费超过 2.5 万亿元，2021 年新增减税降费约 1.1 万亿元。2022 年新增减税降费及退税缓税缓费超 4.2 万亿元，其中累计退到纳税人账户的增值税留抵退税款 2.46 万亿元，新增减税降费超 1 万亿元，办理缓税缓费超 7 500 亿元。为实现"六稳"（稳就业、稳金融、稳外贸、稳外资、稳投资、稳预期）"六保"（保居民就业、保基本民生、保市场主体、保粮食安全、保产业链供应链稳定、保基础运转）发挥了重要作用。

（二）国际情况

为了应对新冠肺炎疫情，各国采取包括疫情防控、增加财政资金投入等"量化宽松"的应对措施。至 2021 年 6 月，美国经济刺激计划总规模已超过 10.3 万亿美元，购买资产 3.62 万亿美元。欧盟 2020 年 4 月 9 日出台抗疫救助计划资金 5 400 亿欧元；7 月 21 日出台 7 500 亿欧元的复苏基金，随后将紧急抗疫购债计划（PEPP）规模增加 6 000 亿～13 500 亿欧元。2020 年 12 月 10 日，欧洲新一轮财政、货币刺激计划落地，再增加 5 000 亿欧元。日本 2020 年 6 月之前，经济刺激计划总规模超过 230 万亿日元，约占该国 GDP 的四成。2020 年 12 月 8 日，日本又出炉了一个全新的经济刺激方案——规模达 73.6 万亿日元。据不完全统计，2020 年，全球 12 个经济体都采取了"印钞救市"措施，货币"大放水"近 100 万亿美元。

受全球量化宽松财政政策逐步落地的影响，大宗商品价格上涨，2020 年收购价格上涨了两成以上。2021 年国际大宗商品价格上涨，多国通胀飙升历史新高，全球粮食价格连续 8 个月攀升，创下自 2014 年 7 月以来的月均指数新高。秋收季节棉花价格大幅上涨五成多（仅棉花，其他秋收农产品价格未上涨，不同于 2010 年秋季的大面积上涨）。然而，2022 年全球进入通货紧缩阶段，加上俄乌冲突，美西方密集出台针对俄罗斯的多种强制制裁，欧盟陷入高通货膨胀阶段，物价大幅上涨。

棉区气候变化极端异常

近 3 年全球棉区气候异常，低温、干旱、渍涝以及病虫害灾害频发。

2020 年，气候变化对我国棉花整体上有利，是棉花丰收年景。其中长江中下游棉区秋雨秋湿对农作物不利，为棉花减产年景，但因面积比例小，不对全国构成大的影响；黄河流域棉区天气正常，是棉花丰收年景；西北内陆新疆棉区气候对棉花整体有利，为棉花丰收年景。

2021 年，气候变化对棉花整体不利，是棉花歉收年景。其中长江流域棉区秋旱秋爽对棉有利，为棉花丰收年景。黄河流域棉区夏涝连秋涝对农作物不利，为棉花减产年景，其中郑州"7.20"水灾对华北南部农作物不利，"华西秋雨"对山西、陕西农作物不利，因其面积小对棉花影响有限。西北内陆棉区春季大风沙尘频发、伴有强寒潮，气温持续偏低，补种重播面积大，棉花前期迟发后期晚熟，为棉花减产年景。

2022 年，气候变化有利有弊，为全国棉花的大丰收年景。其中长江极端异常高温干旱持续时间长达 100 多 d，为减产年景；黄河流域棉区气候正常，为丰产年景；西北内陆新疆南疆极端高温出现时间早，热量极为丰富，是棉花的大丰收年景。然而，因疫情防控，新疆棉花的采收、交售、收购、加工、公检和入库克服了诸多困难，实属不易。

国际上，因干旱、洪涝等灾害叠加疫情防控，劳动力的减少和棉花价格偏低导致一些大国棉花产量的减少。2019/2020 年度澳大利亚因干旱植棉面积减少，总产减少近九成，为 14 万 t。2020/2021 年度巴西因前作大豆晚熟，棉花播种推迟，减产两成多，为 236.0 万 t，2021/2022 年度因持续干旱仍减产一成多，为 255.0 万 t。2020/2021 年度巴基斯坦洪涝灾害减产三成多，产量 96.0 万t。同年度美国也因干旱减产近三成，产量 318.0 万 t。

中美经贸摩擦延续和"疆棉禁令"

中美经贸摩擦仍在继续。2018 年美国对华输美 500 亿美元商品发起两项加征关税行为。2019 年美国又先后对 2 000 亿美元商品和 3 000 亿美元的中国输美商品加征关税。2022 年美方仍维持对 3 700 亿～4 000 亿美元中国输美商品加征关税。

BCI 抵制新疆棉花事件。2021 年 3 月 24 日，因瑞典服装品牌 H&M 官网发布抵制新疆棉花声明，全国掀起抵制热潮。2019 年，瑞士良好棉花发展协会（BCI）总部以所谓新疆"强迫劳动""种族灭绝"为由，暂停在新疆发放 BCI 棉花许可，导致新疆棉花被多个外国品牌商抵制，全国掀起热爱国棉的浪潮。

"疆棉禁令"事件。2021 年 12 月美国总统签署所谓《维吾尔强迫劳动预防法案》，将新疆生产的全部产品均推定为所谓"强迫劳动"产品，并禁止进口与新疆相关的产品，包括农业（除棉花、番茄以外，还包括哈密瓜、香梨和大蒜）、棉纺织业、纺织品业等所有新疆产地产品。该法案自 2022 年 6 月 21 日生效。

2023 年 2 月 7 日美国商务部发布数据，2022 年中美两国货物贸易总额达 6 906 亿美元，创历史新高。然而，遭受制裁产品贸易额减少 20％。据2023 年 3 月中国纺织工业联合会孙瑞哲会长报告，近两年因"疆棉禁令"使我国棉制纺织品对美欧出口额减少 200 多亿美元。

"疆棉禁令"还引发棉花话语权问题，并进一步延伸到棉花产业链的稳定性、安全性问题。纵观美国"棉花帝国"、英国"纺织帝国"的发展史，棉花是典型的地缘政治作物，美西方以关注新疆人权为借口，打压新疆棉花进而试图遏制我国经济社会发展才是其真正目的。

2020 年、2021 年和 2022 年，中国棉花生产景气指数（CCPPI）年均值分别为 125、150 和 123，揭示疫情防控、经贸摩擦、气候变化背景下的棉花生产、消费和贸易等产业运行情况，各月变化在 100～150，反映了新冠肺炎疫情防控限制人员流动性、"居家"、停工停产和复工复产等复杂变化的情景（图 1－1）。

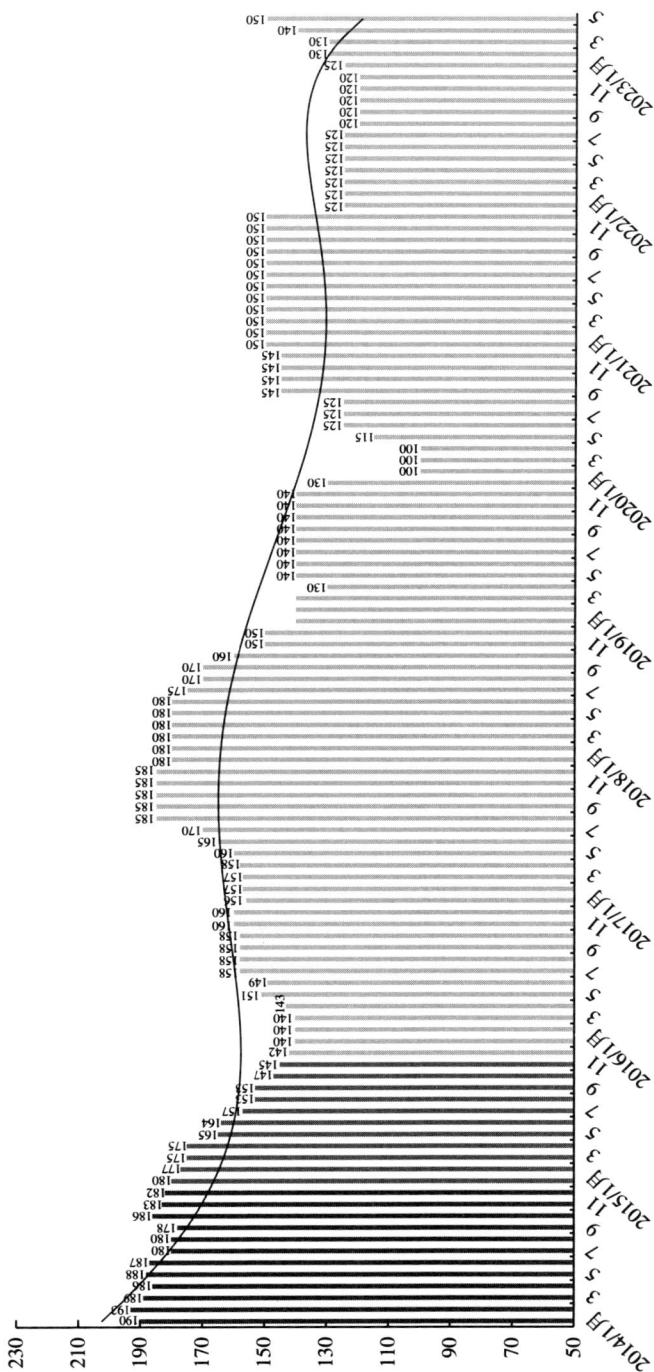

图 1-1　2014 年以来中国棉花生产景气指数（CCPPI）变化

数据来源：中国棉花监测预警数据。

第二节　　2020—2022 年中国棉花生产

2020 年、2021 年和 2022 年，针对新冠肺炎（COVID-19）疫情突发和常态化防控、中美经贸摩擦延续、气候异常变化的背景，我国继续深化农业供给侧结构性改革，大力推进质量兴棉、绿色兴棉，继续实施目标价格，我国棉花生产整体呈现面积"稳中有降"，产量"一减两丰"、创历史第四个新高，质量"稳中有进"，推进高端品质棉花生产成为转型升级的亮点，新冠肺炎疫情对主产区棉花有不利影响，但也加快了新疆棉花机械化采收进程。总体看，我国棉花种植区域布局更加失衡，高端品质棉花缺口加大。

一、棉花生产概况

近几年，全国棉花生产呈现丰产—减产—大丰产的年景（表1-1）。

2020 年是丰产年景。据监测数据，面积基本持平，单产提高 5.7%，总产增长 7.9%，达到 635.2 万 t。但因新疆"帮忙田"面积很大，公检产量 576.3 万 t，比国家统计局统计产量 516.1 万 t 高出 60.2 万 t。

当年春节前后，新冠肺炎防控"居家令"与备耕备播碰头，农业农村部及时下发通知要求"不误农时抓好春耕备耕"和《2020 年种植业工作要点》，强调一边做好疫情防范一边加强备耕备播，充分发挥种子等农资企业电话预约、短视频促销，送货上门，使疫情对农业/棉花的影响降到最小，为棉花丰收打下坚实基础。

表 1-1　近几年全国和各流域棉花生产

单位：万 hm²、万 t

年份	全国			流域面积			流域总产		
	面积	单产	总产	长江	黄河	西北	长江	黄河	西北
2019	333.9	1 764	588.9	34.9	42.9	256.0	37.5	47.9	503.5
2020 统计	317.0	1 865	591.0	29.2	35.8	251.9	29.7	42.2	519.1
2020 监测	334.7	1 865	635.2	26.7	46.7	273.7	28.7	23.9	564.0
2021 统计	302.8	1 893	573.1	23.2	26.6	252.2	25.2	31.8	516.0
2021 监测	319.9	1 791	572.8	24.4	32.4	263.1	33.0	41.3	498.5
2022 统计	300.3	1 992	597.7	23.9	24.5	257.1	24.5	30.1	543.1
2022 监测	323.5	2 136	691.2	23.9	30.9	271.0	22.3	52.7	615.0

注：2020—2022 年据国家统计局快报数。因四舍五入尾数有差异。长江流域棉区包括四川、湖南、湖北、安徽、江西、江苏和浙江。黄河流域棉区包括河南、河北、山东、天津、山西和山西。西北内陆棉区包括新疆、甘肃河西走廊和内蒙古西部。

2021年是减产幅度较大的年景。据监测数据，全国棉花面积、单产和总产都呈减少态势。全国棉花播种面积319.9万 hm²，比2020年减少14.8万 hm²，下降4.4%。全国棉花单产1 791.0kg/hm²，比2020年减少73.5kg/hm²，减少3.9%。全国棉花总产量572.8万 t，比2020年减少62.4万 t，下降9.8%。新疆公检产量530.7万 t，为近3年最低一年。

全国三大棉区中，除长江流域丰产以外，黄河流域遭遇夏秋连涝，减产幅度大；西北内陆前中期遭遇持续低温、大风强寒潮、降雪等不利天气影响，棉花减产幅度大。其中2021年7月下旬到9月底，新疆疫情防控实行"居家令"对中后期棉花管理、采收和交售有不利影响。

2022年是大丰产年景。面积方面，受2021年籽棉收购高价的拉动，新疆棉花面积扩大4.5%至4 050万亩（自2011年以来新疆棉花面积保持在4 000万亩以上），黄河面积恢复26.1%至463.5万亩。据中国棉花生产长势监测，长江中游遭遇极端高温和持续干旱单产下降，产量22.3万 t，黄河流域和西北内陆棉区苗情长势好，单产提高，其中新疆产量达到610万 t，创历史新高；黄河也为丰产年景，总产52.7万 t，全国棉花总产达到690.0万 t，是继2006—2008年连续3年总产超700万 t级别后的第四个高产年景。又据2023年7月12日棉花质量公检数据，新疆公检产量623.2万 t，与监测结果相符。

2022年9月初到12月中旬实行新冠肺炎"乙类乙管"之前，新疆"居家令"管控对后期棉花的采收、交售和加工有较大不利影响，其中采收前延长，交售和加工延后2个月，公检延后近3个多月。通过新疆各地加大工作，最大程度地减轻疫情防控对棉花生产的不利影响。

全国棉花产区之间的不平衡加剧。按照国家统计局面积，2022年，长江流域和黄河流域棉区面积占全国比例仅为16.1%，西北内陆棉区占全国比例为83.9%，其中新疆占83.2%。

分析棉区产生巨大差异的根本原因是政策因素，棉花目标价格利好为新疆棉花发展提供强有力的政策支持，加上兵团农业职工承包经营体制改革，有效激发了农民、团场职工和工商涉棉企业的植棉积极性，科学植棉的热情高昂，尽管强调"退地减水"，退出风险棉区，但棉花面积仍保持高位。

近几年国内外有关机构对我国棉花产量的估计见图1-2。

二、棉花品质提升改善，高品质棉花短缺

近几年，西北内陆以新疆为主棉区，其棉花基础质量——内在品质都有明显改善提高，但受疫情冲击和天气影响波动较大，清洁度和一致性基础指标的改善效果显著。

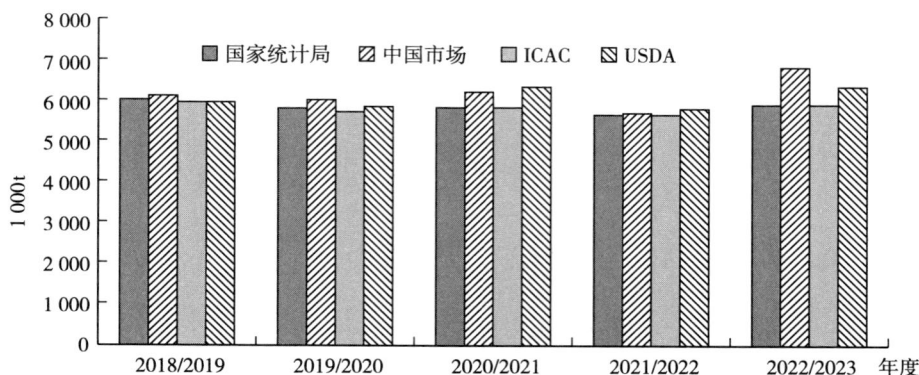

图 1 - 2　近几年国内外有关机构对我国棉花产量的估计

注：数据至 2023 年 3 月，来自国际棉花咨询委员会（ICAD），美国农业部（USDA）。

（一）基础品质改善

一是清洁度改善。主要采用加厚地膜，强化残膜回收，采取先机采后回收残膜，混入籽棉异性纤维减少，加上强化轧花加工过程的清理，有害异性纤维含量降低较多（见第三章）。

二是一致性改善。主要通过强化主推品种和"一地一种"，采取"一主两辅、一主一辅"优化布局，品种多乱杂状态得到控制，同时推进品种真实性检验，对品种的乱引、乱推、乱种有很大震慑作用。

（二）内在品质改善

根据中国棉花质量公证检验网站数据，与 2019 年相比，2022 年棉花品质改善，2021 年明显回升，2020 年明显下降（表 1 - 2）。

（1）颜色级白棉 1～3 级比例。2022 年最高为 90.0％，2021 年最低为 74.80％。

（2）纤维长度加权平均值。2022 年最长为 28.57mm，2020 年最短为 28.12mm。长度 29mm 及以上比例，2022 年占比最大为 53.02％，2020 年占比最低为 21.49％。

（3）马克隆值 A 档比例。2022 年占比 17.14％，2020 年最低为 7.02％，但都明显低于 2019 年。其中马克隆值 ≥5（C2）档比例，2020 年高达 21.65％。这与这两年极端高温出现早、持续时间长有关。

（4）断裂比强度平均值。2022 年最高为 28.72cN/tex，2020 年最低为 27.93cN/tex。其中断裂比强度强（29.0～30.9cN/tex）及很强（≥31.0cN/tex）比例 2022 年最高为 43.16％，2020 年最低仅为 21.98％，证明 2022 年改善效果较为显著。

（5）长度整齐度指数平均值。3 个年份差异不大。

表 1-2 2019—2022 年新疆棉花公检品质指标变化

年份	2022	2021	2020	2019
公检量（万包）	2 416.92	2 265.62	2 381.82	2 129.02
颜色级白棉 1～3 级比例合计（%）	90.00	74.80	89.80	89.00
纤维长度加权平均值（mm）	28.57	28.50	28.12	28.47
长度 29mm 及以上比例（%）	53.02	48.92	21.49	46.66
马克隆值 A 档比例（%）	17.14	19.90	7.02	23.44
马克隆值≥5（C2）档比例（%）	6.50	7.52	21.65	12.24
长度整齐度指数平均值（%）	81.97	81.83	81.98	82.14
长度整齐度指数高和很高档比例（%）	18.66	18.19	15.22	22.09
断裂比强度平均值（cN/tex）	28.72	28.05	27.93	27.99
断裂比强度强及很强比例（%）	43.16	27.26	21.98	23.60
加工质量 P1（%）	0.00	0.00	0.18	1.10
加工质量 P2（%）	99.77	97.27	98.05	97.93
加工质量 P3（%）	0.03	2.73	1.77	0.98

数据来源：据中国棉花质量公证检验网站整理。http://www.ccqsc.gov.cn/.

注：1 包约等于（217＋10）kg。

（6）加工质量。反映加工品质好坏的加工质量指标在 3 个年份虽然有差异，但都变化不大。

（三）内在品质指标变化原因简析

1. 疫情防控对品质有影响

2020 年品质指标大幅下降的原因有两点：一是 7 月 11 日乌鲁木齐局地新冠肺炎疫情暴发，自 7 月 13 日至 9 月 1 日近 50 天新疆居家抗疫，人员流动和生产经营管理活动受到极大限制，此时正值棉花施肥、灌溉、病虫害防治关键季节，加上北疆春旱连夏旱，疫情加旱情对棉花冲击很大。其中马克隆值≥5（C2）档比例偏高至 21.65%，与花铃期灌溉不及时、棉花生长遭遇干旱有紧密关系。二是棉花采收、收购和加工市场管理放松，不扣杂不扣水分，一些机采棉田不脱叶，甚至出现恶意加水、加沙和加盐等掺杂使假行为，监管失当，市场几乎失控。其中 10 月 24 日，喀什地区疏附县发现疫情，居家隔离至 11 月 20 日，对棉花的采收、交售、加工有不利影响，由于在收获后期，影响有限。

2. 机采棉落叶是否干净对品质指标影响大

2022 年热量丰富，棉花早熟性好，加上因疫情管控采收期推后，采收进度慢，脱叶与采收之间间隔延长多天，残叶落到地面多，挂枝极少，叶屑杂质含量明显低于12％的控制指标，籽棉、皮棉清除叶屑杂质的次数减少，纤维损害程度轻，品质得到明显改善。相反，2021年棉花普遍晚熟，叶屑杂质含量高，清花次数多，纤维损伤大。经验告诉我们，脱叶到采收之间要留有时间差。

2021年2月新疆生产建设兵团印发《兵团完善棉花目标价格政策实施方案》，9月新疆维吾尔自治区印发《关于规范我区棉花采收和加工行为的通知》，强调加强市场监管，这是棉花品质好转的一个重要因素。再次证明，"好棉花是种出来的，也是监管出来的，还是加工出来的"。

三、疫情加快新疆棉花机械化采收进程

根据中国棉花生产监测预警数据，2020年全疆机械化采收面积达到200万hm²，占棉花播种面积的79.0％，比2019年增加19个百分点。2021年全疆机械化采收面积220万hm²，占棉花播种面积的81.8％，其中北疆达到98.0％，南疆达到71.0％。2022年机械化采收面积达到250万hm²，其中北疆基本实行机械化采收，约占99％，南疆提高到80.0％（见第二章）。

四、国内外棉花价格变化

（一）籽棉售价经历大幅回升、高涨到回落

1. 近几年棉花交售价格经历从火爆到更加火爆到回落的过程

受流动性充裕的有利因素影响，2020年和2021年全国籽棉售价经历从"中开高走"到"高开高走"的过程，2022年受消费疲软、供大于求以及疫情防控影响，棉花价格平稳回落（表1-3）。

需要指出的是，在全国大宗农产品中，棉花价格走向走势属于"另类"，即棉花与粮食价格走向不同。据国家统计局数据，全国农产品生产者价格指数，2020年上涨15.0％，2021年下降2.2％，2022年上涨0.4％，其中2021年黄河流域秋收的玉米和长江中下游秋收的中稻、晚稻价格都走低，唯有棉花走高，2022年棉价则大幅回落，其中原因应从价格的季节变化、供需和市场等方面进行深度探究。

2020年，籽棉售价"中开高走"。全国籽棉交售均价6.88元/kg，比2019年上涨23.0％。2020年"金九银十"棉花的采收进度和收购进度加快，市场情景火爆。

2021年，籽棉售价"高开高走"。全国籽棉交售均价10.33元/kg，比2020年度上涨50.14％。2021年"金九银十"棉花的采收进度和收购进度加

快，市场情景更加火爆。

2022 年，籽棉交售回落"中开中走"，运行平稳。全国籽棉交售均价 6.40 元/kg，比 2021 下降 38.0%。受疫情管控的影响，2022 年棉花的采收进度、交售进度都放慢，交售时间延后至次年 2 月。

表 1-3 近几年度籽棉售价比较

年度	籽棉售价（元/kg）	衣分率（%）	交售籽棉折皮棉价（元/t）
2016/2017	6.99	39.0	15 695.0
2017/2018	6.78	39.0	15 510.0
2018/2019	6.85	39.0	15 123.0
2019/2020	5.65	39.0	12 528.0
2020/2021	6.88	39.7	12 621.0
2021/2022	10.33	38.5	21 879.0
2022/2023	6.40	40.0	11 350.0

数据来源：2022 年综合棉花展望、"疆农助手"和丝路小棉袄等。

2. 三大区域售价变化

长江流域：2020 年长江中下游受天气影响，品质下降，籽棉价格低于全国平均水平。2021 年长江棉花丰收，籽棉交售价格与新疆水平相当。2022 年长江中游遭遇高温干旱，棉花品质下降，棉价回落幅度为 18.7%（附表 4）。

黄河流域：2020 年黄河流域丰收，籽棉售价与全国水平相当。2021 年遭遇夏秋连涝，棉花由丰收转平产，特别是"7.20"郑州水灾，加上 8—10 月雨日数偏多，雨量偏大，棉花被雨淋，造成"雨锈棉"，售价下降，其中河北黑龙港与山东鲁西南受影响较大，而黄河三角洲因雨日数少和雨量小，籽棉售价基本未受影响。2022 年黄河流域棉花丰收，棉花品质明显提高，但棉价回落 17.1%。

再看集中产区的新疆变化（图 1-3）：

2020 年，新疆棉花售价大幅回升，"中开高走"。9 月，新疆手采籽棉开秤价 6.79 元/kg，比 2019 年同期上涨 21.3%，10 月上涨到 7.75 元/kg，比 2019 年同期大幅增长 29.2%。同期机采籽棉开秤价 6.01 元/kg，比 2019 年上涨 22.7%；10 月上涨到 6.58 元/kg，比 2019 年同期大幅增长 40.0%。

2021 年，棉价大幅上涨，"高开高走"。9 月，新疆手采籽棉开秤价 10.64 元/kg，比 2020 年同期上涨 56.7%，10 月上涨到 11.44 元/kg，比 2020 年同期大涨 47.6%。同期机采籽棉开秤价 9.28 元/kg，比 2020 年上涨 54.4%；10 月上涨到 10.56 元/kg，比 2020 年同期大幅增长 60.5%。其中 10 月曾一度出现抢购风潮。

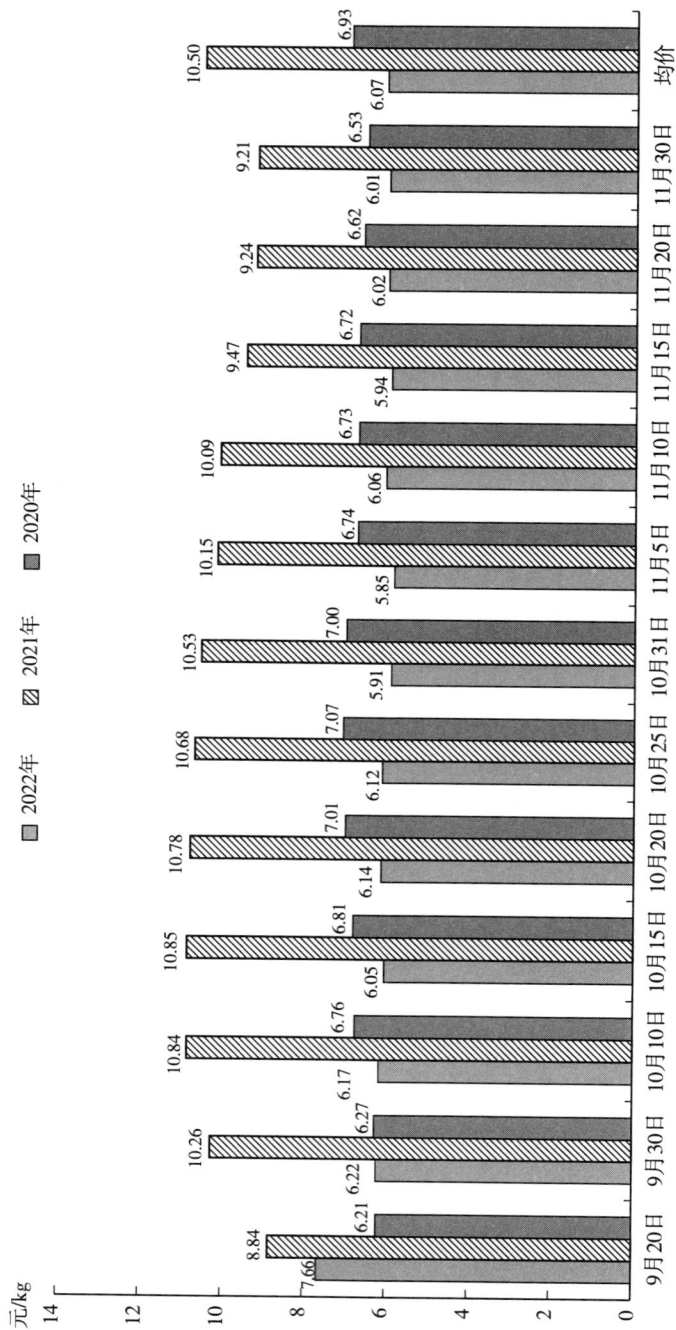

图1-3 2020—2021年新疆棉农籽棉交售价格变化

数据来源：中国棉花生产监测预警数据。

2022 年, 新疆棉价回落, "中开中走"。9 月手采棉开秤价 7.10 元/kg, 比 2021 年同期回落 33.3%; 10 月 6.57 元/kg, 比 2021 年同期回落 47.6%。同期机采籽棉开秤价 5.47 元/kg, 比 2020 年大幅回落 41.1%; 10 月 5.87 元/kg, 比 2020 年同期大幅回落 44.4%。受疫情管控影响, 棉花采收和交售进度慢, 开秤时间延后, 交售持续时间延后至 2023 年 2 月, 后期售价还出现翘尾现象, 但总体运行平稳。

此外, 西北内陆棉区的河西走廊亚区籽棉售价走势与新疆相似, 其中 2021 年甘肃籽棉售价超过 12 元/kg, 平均售价 11 元/kg。内蒙古因采收时间更早一些, 加上收购企业少, 价格低一些。

3. 从市场失序到监管的回归

在市场监管方面, 2020 年新疆绿洲棉花采收和收购阶段曾出现严重失序现象——机采籽棉不除杂、机采不脱叶, 收购时不计籽棉含水量, 还有恶意加沙加水, 实际交售价格偏高, 这与新疆品质指标变化有着紧密关系。2021 年强化监管, 规范棉花采收, 市场运行回归正常。2022 年新疆采取不少措施保障棉花采收、收购、加工和公检运行。

(二)国内外棉价上涨

1. 国内棉价

2020 年, 受疫情停工停产和消费减少影响, 国内棉花价格呈现 "V" 形复苏态势, 中国棉花价格指数(3128B)年均价 12 928 元/t, 与 2019 年年均价 14 249 元/t 相比下降 9.3%, 其中 4 月最低为 11 405 元/t, 比 1 月跌 17.6%, 5 月缓慢回升, 至 10 月达到 14 795 元/t 的高点。9—12 月均价 14 019 元/t, 比 2019 年同期 12 975 元/t 增长 1 044 元/t, 大幅回升 8.0%(图 1-4)。

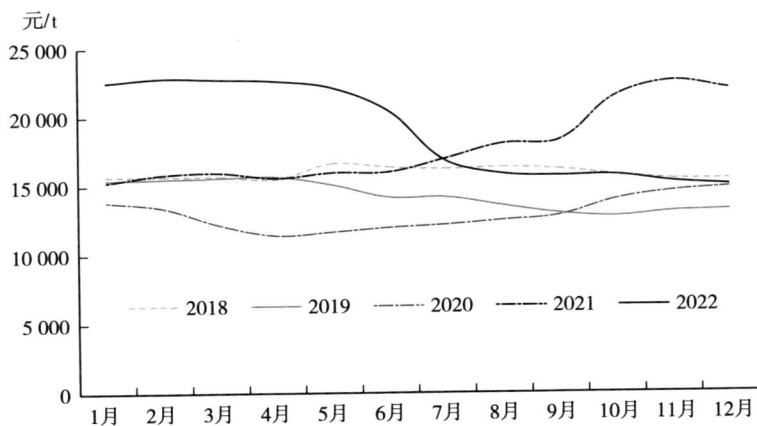

图 1-4 2018—2022 年中国棉花价格指数(CCIndex 3128B)变化

2021 年，受流动性充裕、消费增长和炒作的影响，中国棉花价格指数（3128B）年均价为 17 809 元/t，比 2020 年年均价大幅回升 37.8%，其中 11 月最高价为 22 538 元/t，9—12 月均价 21 048 元/t，比 2020 年同期大幅上涨 7 028 元/t，涨幅高达 54.2%。

需要指出的是，棉花旺季出现阶段性的降价与突发性事件有关。2021 年 3 月 24 日"疆棉"事件发酵，3 月 25 日现货方面的中国棉花价格指数 3128B 为 15 566 元/t，比 24 日价格下跌 187 元/t。郑棉期货报收于 14 890 元/t，最低 14 665 元/t，为 2021 年以来最低点，25 日下降 165 元/t。3 月以来现货价格累计下降 750 元/t，期货价格累计下跌 2 000 元/t 以上。

2022 年，受流动性充裕、国际棉价上涨等影响，中国棉花价格指数（3128B）年均价 18 955 元/t，在 2021 年高位基础上再上涨 6.4%，其中 2 月最高价为 22 844 元/t，进入 2022 年 9—12 月均价 15 401 元/t，比上年度同期大幅下降 5 647 元/t，跌幅高达 26.8%。

2. 国际棉价

2020 年，受全球疫情蔓延影响，国际棉价也呈"V"型复苏态势，Cotlook A 指数年均价 71.93 美分/磅（按汇率 6.906 测算，约合 10 916.4 元/t），比 2019 年的年均价 77.90 美分/磅（按汇率 6.897 4 测算，约合 11 850.1 元/t）下降 7.9%，其中 4 月跌至谷底 61.53 美分/磅，比 1 月跌幅高达 19.7%，9—12 月均价 76.09 美分/磅，比 2019 年同期 73.97 美分/磅回升 2.9%。这时国外疫情控制不力，价格回升比我国慢（图 1-5）。

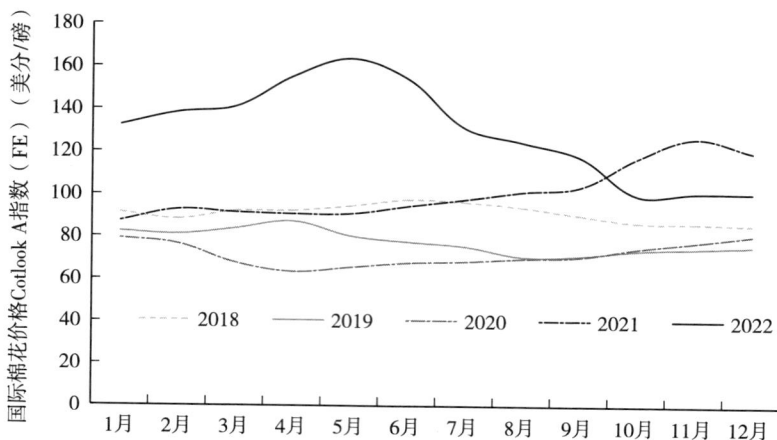

图 1-5 2018—2022 年国际棉花价格指数（Cotlook A）变化

2021 年，受全球特别是发达经济体流动性充裕影响，Cotlook A 指数年均价 101.18 美分/磅（按汇率 6.440 9 测算，约合 14 378.7 元/t），比 2020 年大幅上涨 40.7%，其中 11 月最高价为 126.54 美分/磅，9—12 月均价 116.91 美分/磅，比 2020 年同期回升 58.1%。

2022 年，国际棉价继续大幅回升。Cotlook A 指数年均价 129.97 美分/磅（按汇率 6.440 9 测算，约合 14 476.6 元/t），比 2021 年大幅上涨 28.5%，其中 5 月最高价为 163.75 美分/磅，9—12 月均价 104.78 美分/磅，比 2021 年同期回落 10.4%。

3. 国内外棉价从"倒挂"到国内价低于国际价

据统计，从 2000 年中国棉花价格指数诞生之日起到 2022 年 12 月，共计 276 个月，我国棉价高于月数有 257 个，占 93.12%；低于国际价格 19 个月，占 6.88%（图 1-6）。

按年份计算，2018—2021 年 1%完税价国内棉价高于国际棉价，其中疫情前的 2018 年高 2 452 元/t，2019 年高 2 317 元/t，在疫情 3 年中，2020 年高于国际价格 299 元/t，2021 年高于国际价格 1 302 元/t，2022 年则低于国际价格 2 061 元/t。

按月份计算，2020—2022 年 1%完税价国内棉价低于国际棉价月份有：2020 年 3 月低 1 561 元、5 月低 145 元、6 月低 12 元和 7 月低 21 元/t，2022 年 4—12 月分别低 1 629 元、3 059 元、5 168 元、2 840 元、5 158 元、4 086 元、1 315 元、2 373 元和 2 432 元/t。

近几年，国内外棉价格从"倒挂"转向国内价低于国际价，这是国内市场对新冠病毒肺炎疫情暴发流行的激烈反应，国内因疫情流动性减少，棉价虚高，又因疫情管控生产放慢、消费减少，国际价格高于国内价格。

五、棉花生产成本、产值和收益

近几年，全国棉花生产成本、产值和收益呈现上涨趋势。据毛树春等（2022）监测结果，2019 年、2020 年和 2021 年全国棉花生产（不包括轧花加工）表观总成本分别为 2 012.61 元/亩、2 059.10 元/亩和 2 194.89 元/亩，表观主产品产值分别为 2 156.26 元/亩、2 584.65 元/亩和 3 526.47 元/亩，表观纯收益分别为 143.64 元/亩、525.55 元/亩和 1 331.58 元/亩，都呈现上涨趋势，表明植棉可以获得较高的收益回报。但受气候变化和市场价格影响，年际间棉花生产波动大，稳定性差，相关补贴对稳定植棉收益具有重要功能，受气候影响，不同棉区的差异大。

（撰稿：毛树春）

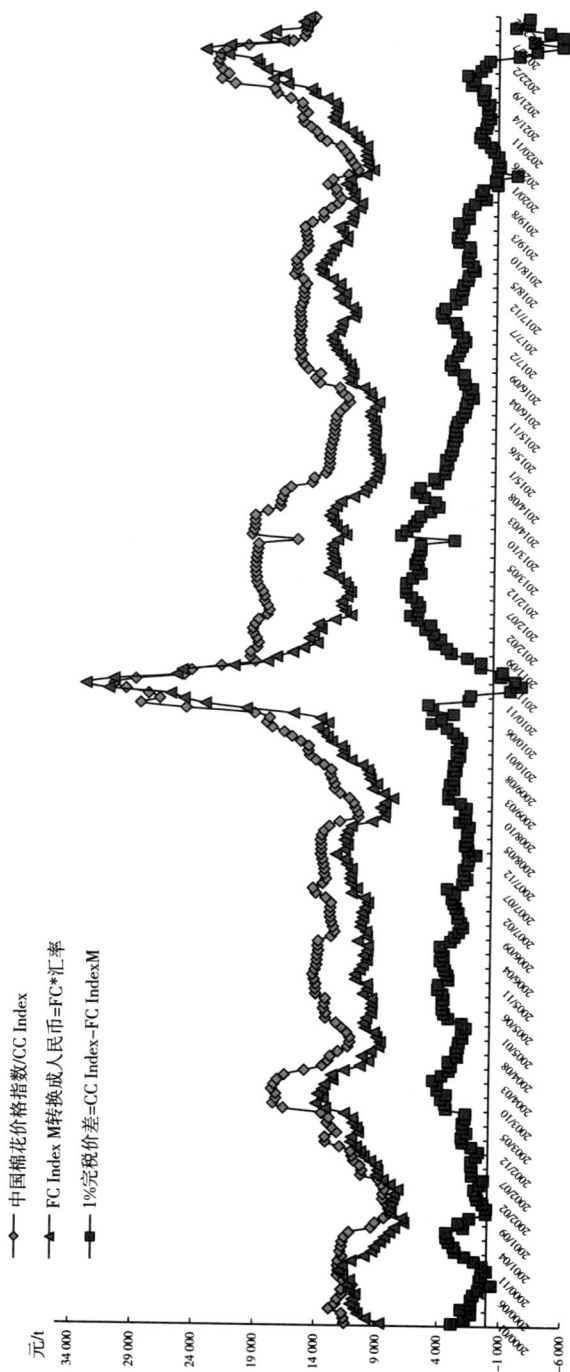

图1-6 2000—2022年国内外棉花价格变化

第三节 棉花消费、纱布产量
及进出口贸易

近几年，受疫情冲击和中美经贸摩擦影响，我国棉花消费、纱、布的产量都减少，纺织品服装居民消费和出口也都减少，呈现需求收缩的特征。

一、纺棉消费、纱、布产量

（一）纺棉消费

2020 年，纺棉用量 687 万 t，比 2019 年减少 4.8%，为近 5 年最低水平。主要原因是疫情防控导致停工停产，纺棉消费减少（图 1-7）。

2021 年，纺棉用量 825 万 t，大幅增长 20.0%，为近 5 年最高水平，强势恢复。当年各地提倡就地过年，春节工厂开足马力生产，棉纺织消费一改一季度纺织原棉消费大幅减少的状态。二季度开始越南、孟加拉国、泰国、印度、巴基斯坦等受德尔塔病毒疫情影响，停工停产，部分纺织订单回流，国内企业开工率较高。三是淡季不淡，由于 7—8 月棉纱类成品销售价格上涨，销售利润持续向好，棉花消费量增加。

2022 年，纺棉用量 729 万 t，大幅减少 9.2%。当年棉纺消费减少，国内棉价低于国际市场理论上应有利于纺织消费。然而，消费减少与因疫情导致民众收入减少有关，特别是与美欧实行的"疆棉禁令"关系紧密。据中国纺织工业联合会会长孙瑞哲 2023 年 3 月 3 日报告，2021 年我国对全球出口棉制纺织品服装减少 14.6%，2022 年同比再下降 3.6%（见第四章）。

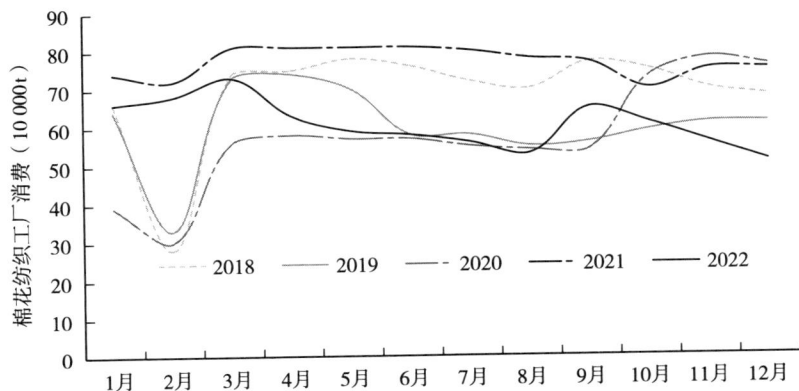

图 1-7 2018—2022 年工厂棉花消费变化

需要指出的是，纺织用棉无国家统计数据，农口、期货市场与行业协会各方的数据差距极大。据中国棉纺织行业协会统计，2020年全国棉纺用棉纤维600.0万t，同比下降13.0%，与市场数据相差87.0万t；2021年全国棉纺用棉纤维705.0万t，与市场数据差距220.0万t；2022年全国棉纺用棉纤维660.0万t，与市场数据差距69.0万t。另外，一些期货分析报告数据则十分离谱。

（二）纱、棉纱和布产量

新冠肺炎疫情下，棉纱和布产量呈现明显收缩态势（表1-4）。

2020年，纱产量2 618.3万t，同比减少9.5%。

2021年，纱产量2 873.7万t，同比增长9.8%。

2022年，纱产量2 719.1万t，同比减少5.4%。

2020年，布产量460.3亿m，同比下降20.0%。

2021年，布产量502.0亿m，同比增长9.1%。

2022年，布产量467.5亿m，同减少6.9%。

对比国家统计局数据，3年平均纱产量、布产量都没有达到2019年水平，可见疫情对纺织业冲击很大，需求收缩态势明显，但纺织棉花消费好于2019年。

市场认为，受中美经贸摩擦及"疆棉事件"影响，2020年纺纱用棉量减少100万t，2021年得到强有力恢复，2022年增速减慢。

表1-4　近几年我国纱、布产量和纺织用棉

年份	纱、棉纱产量和纺织用棉（万t）			布产量（亿m）	
	纱	棉纱线	纺棉	布	棉布
2019	2 892.1	1 829.0	722.0	575.6	560.0
2020	2 618.3	1 641.0	687.0	460.3	460.3
2021	2 873.7	1 895.0	925.0	502.0	490.0
2022	2 719.1	1 787.0	729.0	467.5	465.7

注：纱和布产量来自国家统计局数据。棉纱线、纺棉、棉布和纺棉产量，来自中国纺织工业联合会《中国纺织工业发展报告》。

二、纺织服装零售、居民消费和棉制纺织品服装出口

近几年全国限额以上服装鞋帽针纺织品零售额统计数据如下（表1-5）：

2020年，12 364.6亿元；

2021年，13 842.5亿元；

2022年，13 003.4亿元。

以上3年平均值13 070.2亿元，比2019年的14 806.3亿元大幅下降11.7%。

全国居民人均衣着消费额统计数据如下：

2020 年，1 238.0 元/人；

2021 年，1 419.0 元/人；

2022 年，1 365.0 元/人。

以上 3 年平均，与 2019 年基本持平，可见疫情对消费冲击很大。

表 1-5 我国纺织品服装零售、居民衣着消费与出口

| 年份 | 全国限额以上服装鞋帽针纺织品零售（亿元） | 居民衣着消费（元/人） | | | 棉制纺织品及服装出口额（亿美元） | |
		全国	城镇	农村	出口额	占纺织服装比例（%）
2018	14 707.0	1 288.9	1 808.2	647.7	796.0	28.8
2019	14 806.3	1 338.1	1 831.9	713.3	747.0	27.5
2020	12 364.6	1 238.0	1 645.0	713.0	658.0	22.6
2021	13 842.5	1 419.0	1 843.0	859.0	878.0[1]	27.8
2022	13 003.4	1 365.0	1 753.0	864.0	829.0[1]	25.6

注：限额以上服装鞋帽针纺织品零售和居民衣着消费数据来自国家统计局。棉制纺织品及服装出口额数据因统计口径不同差异大。其中棉制品及棉制服装出口额来自《海关统计》，2020 年和 2021 年海关统计口径与 2019 年及之前各年有所不同。

按人民币计算，2020 年，纺织品服装出口 20 215 亿元，比 2019 年增长 7.9%。其中纺织纱线、织物及制品出口大幅增长 29.1%，服装及衣着附件出口 9 520 亿元，减幅 8.9%（表 1-6）。

表 1-6 我国纺织品服装出口额

| 年份 | 纺织品服装合计 | 同比增长（%） | 其中 | | | |
			纺织纱线、织物及制品	增长（%）	服装及衣着附件	增长（%）
以人民币计，单位：亿元						
2019	18 730.0	2.6	8 283.0	5.5	10 447.0	0.3
2020	20 215.0	7.9	10 695.0	29.1	9 520.0	−8.9
2021	20 384.0	0.8	9 384.0	−12.2	11 000.0	15.5
2022	21 549.0	5.7	9 836.0	4.8	11 713.0	6.5
以美元计，单位：亿美元						
2019	2 715.7	−1.9	1 202.0	0.9	1 513.7	−4.0
2020	2 912.1	7.2	1 538.3	28.0	1 373.8	−9.2
2021	3 154.7	8.3	1 452.0	−5.6	1 702.6	23.9
2022	3 233.5	2.5	1 479.5	1.9	1 754.0	3.0

数据来源：国家统计局统计公报。

2021年，纺织品服装出口 20 384.0 亿元，同比增长 0.8%。其中纺织纱线、织物及制品出口 9 384.0 亿元，减少 12.2%，服装及衣着附件出口 11 000 亿元，增长 15.5%。

2022年，纺织品服装出口 21 549.0 亿元，同比增长 5.7%。其中纺织纱线、织物及制品出口增长 4.8%，服装及衣着附件出口增长 6.5%。

与 2019 年相比，2020—2022 年 3 年平均纺织品服装出口增长 10.6%。其中纺织品出口增长 20.4%，主要源自因疫情防控所需的口罩和医用防护服产量的大幅增长；服装出口增长 2.8%，可见我国纺织品服装具有较强的韧性。

按美元计，2019 年，纺织服装出口 2 715.7 亿美元，增长 -1.9%，其中纺织纱线、织物及制品出口 1 202.0 亿美元，增长 0.9%；服装及衣着附件出口 1 513.7 亿美元，下降 4.0%。

2020年，纺织服装出口 2 912.1 亿美元，增长 7.2%，其中纺织纱线、织物及制品出口 1 538.3 亿美元，增长 28.0%；服装及衣着附件出口 1 373.8 亿美元，下降 9.2%。

2021年，纺织品服装出口 3 154.7 亿美元，增长 8.4%，其中纺织纱线、织物及制品出口 1 452.0 亿美元，下降 5.6%；服装及衣着附件出口 1 702.6 亿美元，增长 23.9%。

2022年，纺织品服装出口 3 233.5 亿美元，增长 2.5%，其中纺织纱线、织物及制品出口 1 479.5 亿美元，增长 1.9%；服装及衣着附件出口 1 754.0 亿美元，增长 3.0%，其中服装及衣着附件出口创自 2015 年以来的新高。

与 2019 年相比，2020—2022 年 3 年平均纺织品服装出口 3 100.1 亿美元，比 2019 年增长 14.2%。其中纺织纱线、织物及制品出口 1 490.0 亿美元，增长 24.0%，主要源自因疫情防控所需的口罩和医用防护服产量的大幅增长；服装及衣着附件出口 1 610.1 亿美元，增长 6.4%，可见我国纺织品服装具有较强的韧性。

三、原棉、棉纱线进出口贸易

（一）原棉进口

1. 近几年原棉进口量和进口金额（图 1-8）

2020年，进口原棉 215.8 万 t，增长 16.7%；进口金额 35.62 亿美元，与 2019 年持平。

2021年，进口原棉 214.3 万 t，增长 -0.7%；进口金额 41.11 亿美元，增长 15.3%。

2022年，进口原棉 192.8 万 t，增长 -10.0%；进口金额 52.33 亿美元，

增长 27.3%。

2020 年，为了应对中美经贸摩擦，8 月 31 日国家发展和改革委员会发放 40 万 t 棉花滑准税进口配额。这次配额全部分配给非国有贸易机构，且限定用于加工贸易方式进口。市场认为，追加进口配额旨在解决使用新疆棉出口受限的企业用棉需求，是我国在棉花方面全面严格执行中美第一阶段经贸协议的具体体现，也是下半年棉花进口大幅增长的直接原因。

2021 年 3 月，美西方国家发起"疆棉禁令"之后，我国棉织服装、棉制纺织品对美西方国家出口受阻，市场预计或引起 160 万 t 的"疆棉"相对过剩。为了应对"疆棉禁令"满足加工企业需要，4 月 30 日国家发展改革委决定追加进口配额 70 万 t，其中 40 万 t 为加工贸易，30 万 t 不限定贸易方式，加上 1% 关税 80 万 t，合计 150 万 t。

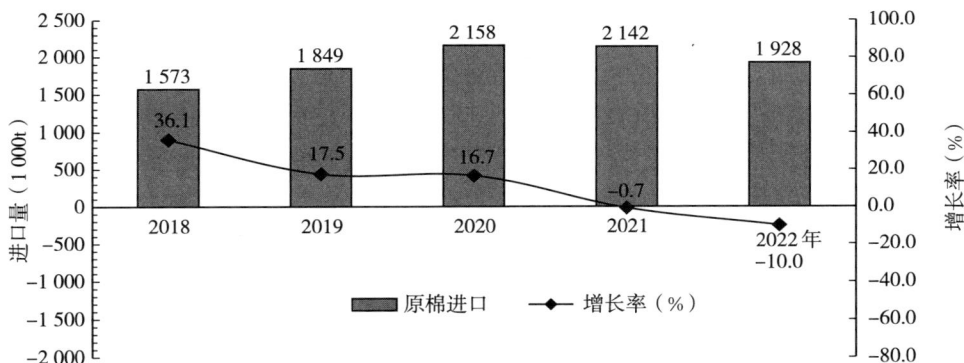

图 1-8 2018—2022 年我国原棉进口量

数据来源：《海关统计》。

2. 原棉进口主要来源地（表 1-7，附表 9）

（1）原棉进口量。

2020 年，进口来源地有 30 个国家或地区，其中前 10 个国家进口量 209.1 万 t，占 96.9%。

2021 年，进口来源地有 32 个国家或地区，其中前 10 个国家进口量 206.0 万 t，占 96.2%。

2022 年，进口来源地有 41 个国家或地区，其中前 10 个国家进口量 188.1 万 t，占 97.6%。

按进口量排序，美国排第一位。2020 年、2021 年和 2022 年分别占 45.3%、38.7% 和 30.5%。与 2019 年自美国进口 36.0 万 t 相比，这 3 年自美国进口量大幅增长，分别为 171.4%、130.3% 和 214.5%，这是我国认真执行中美第一阶段贸易协议的具体体现。

巴西进口量排第二位。2020年、2021年和2022年分别占28.6%、30.0%和30.0%。与2019年进口量50.5万t相比，这3年大幅增长22.4%、7.7%和15.5%。

印度量进口量排第三位。2020年、2021年和2022年分别占11.7%、3.8%和1.6%。与2019年进口量20.6万t相比，这3年大幅增长22.8%、98.5%和减少84.8%。

排序第四位各年不同，2020年进口量排序第四位为澳大利亚，进口量11.7万t，占比5.4%；2021年进口量3.5万t，占比1.6%，排第六位；2022年进口量2.0万t，占比1.0%，排序第7位。与2019年进口量39.8万t相比，2020年和2021年进口澳大利亚棉花大幅减少70.6%、91.2%和94.9%。主要原因是澳大利亚与美国组成反华联盟，使进口量大幅减少。

2021年进口量排第四位为布基纳法索，进口量3.6万t，占比1.7%。

2022年进口量排第四位为贝宁，进口量2.9万t，占比1.5%。

表1-7　2020—2022年我国原棉进口来源地前10位的国家和地区

单位：万t

序号	2020年			2021年			2022年		
	国家	进口量	占比例(%)	国家	进口量	占比例(%)	国家	进口量	占比例(%)
1	美国	97.67	45.3	美国	82.87	38.7	美国	113.21	58.7
2	巴西	61.82	28.6	巴西	64.36	30.0	巴西	57.73	30.0
3	印度	25.28	11.7	印度	40.93	19.1	印度	3.14	1.6
4	澳大利亚	11.74	5.4	布基纳法索	3.64	1.7	贝宁	2.91	1.5
5	苏丹	3.16	1.5	贝宁	3.57	1.7	苏丹	2.23	1.2
6	布基纳法索	2.82	1.3	澳大利亚	3.49	1.6	布基纳法索	2.01	1.0
7	贝宁	2.61	1.2	苏丹	2.64	1.2	澳大利亚	2.0	1.0
8	马里	2.04	0.9	马里	1.96	0.9	缅甸	1.95	1.0
9	墨西哥	1.01	0.5	墨西哥	1.41	0.7	埃及	1.82	0.9
10	缅甸	1	0.5	科特迪瓦	1.36	0.6	喀麦隆	1.09	0.6
合计	10	209.15	96.9	10	206.23	96.3	10	188.08	97.6
总计	33	215.79	100.0	37	214.23	100.0	32	192.75	100.0

数据来源：《海关统计》。

（2）原棉进口额（附表9）。

2020年，原棉进口额35.62亿美元，其中前10个国家或地区进口额

34.49 亿美元，占 94.8％。

2021 年，原棉进口额 41.05 亿美元，其中前 10 个国家或地区进口额 39.42 亿美元，占 96.0％。

2022 年，原棉进口额 52.33 亿美元，其中前 10 个国家或地区进口额 50.89 亿美元，占 97.2％。

与进口量一样，2020 年、2021 年和 2022 年，进口额也是美国排第一、巴西排第二、印度排三，第四位分别为澳大利亚（2020 年）、布基纳法索（2021 年）和贝宁（2022 年），前 4 国这 3 年的进口额分别为 32.58 亿、36.72 亿和 47.6 亿美元，占总进口额比例分别为 91.5％、89.5％和 90.9％。

进口来源地变化表明，我国原棉进口来源地具有弹性和选择性。进一步看，我国进口棉花最大问题不是数量问题而是质量问题。从全球来看，目前能够替代美棉、澳棉可供选择的其他国家少之又少，况且品质的一致性和稳定性差。我国纺织业对于美棉、澳棉品质的综合评价为前二位。尽管我国是全球棉花大国，但品质差距极大，为此，我国要发奋努力，提高国产棉花质量补齐品质短板是十分急迫的任务（见第五章）。

3. 原棉出口

2020 年、2021 年和 2022 年我国原棉出口量和出口额各年分别为：2020 年 0.62 万 t 和 0.085 亿美元、2021 年 0.97 万 t 和 0.22 亿美元，2022 年 3.4 万 t 和 1.05 亿美元，2022 年出口量同比大幅增长 2.5 倍，主要源自国内价格低于国际市场。出口数量上比 2019 年 5.21 万 t 仍减少，金额上是自 2002 年和 2003 年出口额超过 1 亿美元之后最多的一年。

我国原棉主要出口目的有：孟加拉国、越南、马来西亚、印度尼西亚、印度、日本、泰国、朝鲜、韩国、巴基斯坦、吉布提和中国香港等。

（二）进口原棉目的地（表 1-8，附表 10）

近几年，除黑龙江省、吉林省、青海省、甘肃省、内蒙古自治区和西藏自治区等几个以外，全国其他省区市都有进口。

2020 年，全国进口原棉的目的地省份 23 个，前 10 位占进口量 215.79 万 t 的比例为 97.0％，占进口额 35.62 亿美元的比例为 94.8％。

2021 年，全国进口原棉的目的地省份 22 个，前 10 位占进口量 214.23 万 t 的比例为 97.1％；占进口额 41.05 亿美元的比例为 94.0％。

2022 年，全国进口原棉的目的地省份 20 个，前 10 位占进口量 192.75 万 t 的比例为 98.7％；占进口额 52.33 亿美元的比例为 98.5％。

按进口量多少排序，2020 年、2021 年和 2022 年北京市排第一；山东省排第二，一改多年来山东省进口排第一的位置；江苏省进口排第三，也改变过去多年进口排第二的位置。这 3 年以上 3 省市进口量占比分别为 88.1％、

83.3%和91.4%。

进口额排序与进口量一致。

其中北京市进口排第一,这在加入WTO 20年时间里极为少见。据了解,中国纺织品进出口公司、北京九达纺织品集团公司注册地在北京,在WTO议定书中规定这两家国有企业,以及天津纺织工业供销公司(注册地天津市)和上海纺织原料公司(注册地上海市)4家国有企业进口1%关税的配额原棉,所进口原棉部分转入了国家储备。

在进口前10位的省份中还有新疆维吾尔自治区,这与纺织企业转移有关。新疆是全国最大的棉花产地,不仅生产陆地棉还生产长绒棉(海岛棉),品种和品质类型齐全,理论上具有能满足纺织原棉需求的条件,然而,新疆本地所产原棉品质不能满足需要,要依靠进口予以补充。

传统纺织大省浙江省、湖北省、安徽省都排在前10位。其中河南早已成为纺织大省之一,现在却是棉花生产小省,供不应求,靠进口弥补原料不足。福建省为非棉产地,早已成为全国棉纺织大省之一,原棉进口数量在增长。

另外,随着纺织业的转移,西北地区的宁夏回族自治区、西南地区的广西壮族自治区、云南省等也有原棉进口。

表1-8 2020—2022年全国原棉进口目的地数量和金额前10位的省份

单位:万t

序号	2020年			2021年			2022年		
	省份	进口量	比例(%)	省份	进口量	比例(%)	省份	进口量	比例(%)
1	北京	104.16	48.3	北京	78.15	36.5	北京	113.73	59.0
2	山东	52.18	24.2	山东	55.24	25.8	山东	45.3	23.5
3	江苏	33.69	15.6	江苏	45.06	21.0	江苏	17.12	8.9
4	安徽	4.22	2.0	湖北	6.59	3.1	浙江	3.69	1.9
5	新疆	3.46	1.6	浙江	5.42	2.5	湖北	3.05	1.6
6	河南	3.07	1.4	安徽	4.97	2.3	安徽	2.29	1.2
7	浙江	2.5	1.2	广东	4.14	1.9	上海	1.43	0.7
8	上海	2.3	1.1	福建	3.17	1.5	云南	1.4	0.7
9	福建	1.89	0.9	新疆	2.81	1.3	天津	1.35	0.7
10	湖北	1.88	0.9	河南	2.39	1.1	河南	0.83	0.4
合计		209.34	97.0		207.93	97.1		190.2	98.7
总计	22	215.79	100.0	22	214.23	100.0	20	192.75	100.0

数据来源:《海关统计》。

（三）棉纱线净进口增长、来源地和目的地

1. 棉纱线净进口（附表 11、附表 12 和附表 13）

我国还是棉纱线进出口国家，进出口平衡后为净进口国家，各年净进口量如下（图 1-9）。

2020 年，出口 27.0 万 t，进口 190.0 万 t，平衡后净进口 163.1 万 t，同比增长 3.1%。

2021 年，出口 29.01 万 t，进口 211.77 万 t，平衡后净进口 182.7 万 t，同比增长 12.1%。

2022 年，出口 28.1 万 t，进口 117.6 万 t，平衡后净进口 89.5 万 t，同比增长-49.0%

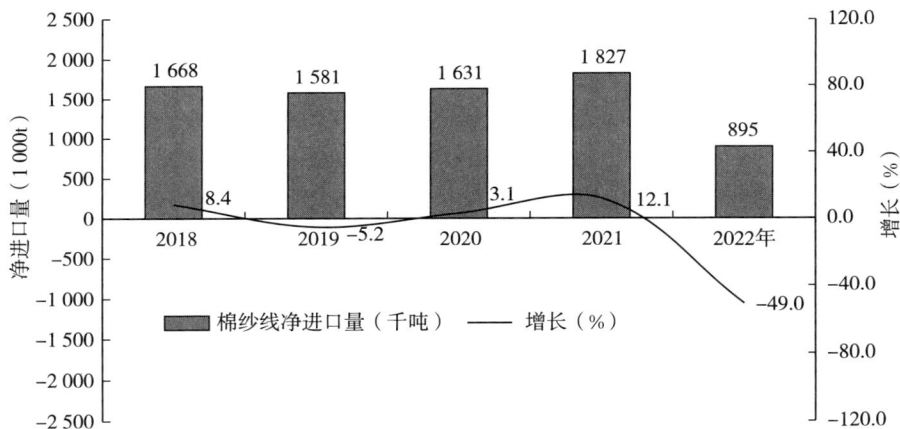

图 1-9 2018 年以来我国棉纱线净进口变化

2. 棉纱线进口来源地（附表 12）。

据《海关统计》，2020 年、2021 年和 2022 年，我国棉纱线进口来源地（国家或地区），2020 年 52 个、2021 年 32 个，2022 年 32 个。

这 3 年出口数量和金额排前 10 位来源地有越南、巴基斯坦、印度、乌兹别克斯坦、印度尼西亚、中国台湾、马来西亚、孟加拉国、韩国、柬埔寨和泰国等。

3. 棉纱线出口目的地（附表 13、附表 14）。

据《海关统计》，2020 年、2021 年和 2022 年，我国棉纱线出口目的（国家或地区），2020 年 149 个，2021 年 155 个，2022 年 155 个。

这 3 年出口前 10 位的国家或地区有巴基斯坦、中国香港、孟加拉国、越南、韩国、泰国、巴西、印度尼西亚、俄罗斯、意大利、埃及等。

4. 棉纱线进口量前 10 位省份（表 1-9，附表 15、附表 16）。

2020 年、2021 年和 2022 年进口棉织线的有 26 个省份，按平均进口量多

少，前 10 位分别为福建省、浙江省、广东省、上海市、江苏省、山东省、天津市和海南省。

2020 年、2021 年和 2022 年棉纱线平均进口额前 10 位省份为广东省、福建省、浙江省、上海市、山东省、江苏省、北京市、安徽省、天津市和河北省。

棉纱线进口主要是沿海省份，且前 10 位比较稳定，内陆省份仅有北京市、安徽省和湖南省，是否与运输成本有关值得进一步研究。

表 1-9　2020—2022 年棉纱进口量目的地前 10 位省份

单位：万 t

序号	2020 年			2021 年			2022 年		
	省份	进口量	比例（%）	省份	进口量	比例（%）	省份	进口量	比例（%）
1	福建省	34.99	18.4	福建省	43.3	20.4	浙江省	27.89	23.7
2	浙江省	32.56	17.1	浙江省	40.68	19.2	上海市	20.61	17.5
3	广东省	30.88	16.2	广东省	30.91	14.6	广东省	18.9	16.1
4	上海市	28.51	15.0	上海市	26.93	12.7	福建省	17.58	14.9
5	江苏省	13.94	7.3	安徽省	17.91	8.5	安徽省	7.97	6.8
6	安徽省	13.43	7.1	江苏省	14.83	7.0	江苏省	7	6.0
7	北京市	12.98	6.8	北京市	14.73	7.0	山东省	6.41	5.4
8	山东省	12.17	6.4	山东省	13.17	6.2	北京市	4.54	3.9
9	天津市	3.67	1.9	天津市	3.18	1.5	天津市	2.15	1.8
10	海南省	0.35	0.2	海南省	0.06	0.0	海南省	1.32	1.1
合计	10	183.49	96.6	10	205.69	97.1	10	114.38	97.2
总计	26	190.04	100.0	26	211.76	100.0	26	117.63	100.0

数据来源：《海关统计》。

四、"疆棉禁令"及其影响

美国政府近几年对我国实行加征关税的普遍性打击，而后转向定向精准打击，这表明美西方反华手段不断翻新，采取多种恶劣行径干扰我国经济发展，竭尽全力抹黑新疆，表明我国与美国的斗争将是长期的。

（一）美西方禁止使用新疆棉

2020 年以来，美国宣布制裁新疆棉花使用实体清单企业，先后有 5 家公司被列在内。2021 年以来禁止从新疆生产建设兵团进口棉花和棉制品货物，称其利用被拘押的维吾尔族穆斯林进行强迫劳动（表 1-10）。

表 1-10 2020—2022 年"疆棉禁令"记事

时间	内 容
2020 年 5 月 20 日	美国宣布制裁新疆棉花实体清单企业,其中新疆华孚色纺集团公司被列在内
2020 年 6 月 17 日	美国参众两院签署《2020 维吾尔人权政策法案》
2020 年 7 月 1 日	美国政府发布《新疆供应链商业咨询公告》。警告美国企业不能让供应链与新疆等地所谓"侵犯人权"实体发生联系
2020 年 7 月 20 日	美国宣布制裁新疆棉花使用实体清单企业,其中新疆昌吉溢达纺织、和田浩林发饰品、和田泰达服装与南京新一棉纺织等企业在列
2020 年 12 月 2 日	美国海关和边境保护局(CBP)表示,12 月 2 日开始禁止从新疆生产建设兵团进口棉花和棉制品(棉纱、棉纺织品与棉制服装)货物,称其利用被拘押的维吾尔族穆斯林进行强迫劳动
2021 年 1 月 13 日	美国海关与边境保护局(CBP)13 日发布公告,禁止进口所有来自新疆地区的棉花和番茄产品,包括从第三国家加工的相关产品。自 2020 年 9 月宣布这一"禁令"以来,大约有 43 批棉花产品在美入境口岸被扣留
2021 年 7 月 14 日	美国参议院通过所谓《维吾尔强迫劳动预防法案》
2021 年 12 月 13 日	美国众议院通过所谓《维吾尔强迫劳动预防法案》
2021 年 12 月 16 日	美国将 8 家中国科技公司列入"非 SDN 中国军工复合体企业"
2021 年 12 月 23 日	美国总统签署《维吾尔强迫劳动预防法案》,将新疆生产的全部产品均推定为所谓"强迫劳动"产品,并禁止进口与新疆相关的产品
2022 年 6 月 21 日	美国《防止强迫维吾尔族人劳动法》生效。该法案规定美国自 2022 年 6 月 21 日起禁止新疆所有产品进口

注:根据《中国棉花信息网》等相关报告整理。

2021 年 1 月 13 日,美国海关与边境保护局(CBP)发布公告,禁止进口所有来自新疆地区的棉花和番茄产品。据中国棉花信息网统计,2021 年美海关和边境保护局已针对输美涉"强迫劳动"货物发布 7 项暂扣令,共扣留、没收总价值约 4.85 亿美元的货物。

2022 年 6 月 21 日,美国《防止强迫维吾尔族人劳动法》生效,制裁新疆农业(包括棉花、番茄、哈密瓜、香梨和大蒜)、棉纺织业、纺织品业产品等所有新疆产地产品。

(二)"疆棉禁令"涉及新疆棉花和纺织品服装出口

据中国棉花信息网研究报告,按 2019 年各项数据测算,对美国出口的新疆棉用量大概在 50 万~55 万 t。市场认为,对美国及欧盟出口的棉纱线、棉机织物和棉制服装等,新疆棉用量大致在 160 万~180 万 t。

据前述，为了应对"疆棉禁令"满足纺织加工企业需要，2020—2021 年我国采取追加滑准税进口配额，总量 110 万 t。

（三）"疆棉禁令"涉及纺织品服装出口

据中国纺织工业联合会孙瑞哲会长 2023 年 3 月 3 日报告数据，2022 年我国对美国出口纺织品服装 585.42 亿美元，比 2021 年下降 5.44%；对欧盟出口纺织品服装 489.69 亿美元，同比下降 1.1%；对日出口纺织品服装 213.97 亿美元，同比下降 0.17%。美国时尚产业协会发布的 2022 年度报告显示，80% 的美国品牌商计划在未来两年继续减少从我国采购。可见，中美经贸摩擦对我国从融资、并购到创新、合作，都受到干扰与阻碍。

据孙瑞哲报告数据，2022 年我国对全球出口棉制纺织品服装 1 027.2 亿美元，同比下降 3.6%，出口额在 2021 年已减少 14.6% 的基础上进一步下滑。中国在美进口纺织品服装市场的份额从 2021 年的 30.5% 下降至 2022 年的 27.2%，2022 年中国对美出口棉制纺织品服装 166.4 亿美元，在 2021 年同比下降 27.8% 的基础上继续减少 7.4%。近两年，我国棉制纺织品服装对美欧出口已减少 200 多亿美元。

据统计，2022 年，新疆地区出口棉制纺织品服装 31.6 亿美元，同比增长 27.2%，占我国棉制纺织品服装出口的 3.6%。但新疆棉制纺织品服装对美欧出口明显下降，全年出口美国下降 27.9%，出口欧盟下降 54.6%。

（四）中美两国从纺织原料棉花到纺织品服装的相互依存度都很高

加入 WTO 以来，美国产棉花一直是我国进口的最大来源地，美国也一直是我国纺织品服装出口最大目的地。从国际贸易上讲棉花和纺织品服装进出口完全是对等、平等交易，互惠互利，有利于两国人民。

据海关统计数据，2002—2021 年的 20 年，我国从美国原棉进口量合计 1 655.5 万 t，年均 82.8 万 t，进口量占全国总进口量的比例高达 37.2%；进口额合计 827.8 亿美元，年均 41.4 亿美元，进口额则占全国的 36.6%。其中进口量占美国棉花产量的 22.1%，相当于美国 4.4 年的产量；进口量占美国出口量的 28.2%，相当于美国 5.7 年的出口量（图 1-10）。

据美国商务部统计，2020 年美国自中国进口额 473.6 亿美元，中国产品在美市场份额为 38.6%；2021 年美国自中国进口额 563.5 亿美元，同比增长 18.9%，其中主要是由纺织品带动，中国产品在美市场份额为 36.3%，比 2020 年减少 2.3 个百分点。

另据美国商务部纺织服装办公室数据，2021 年美国进口我国纺织品服装 316.0 亿美元，同比增长 25.1%，占美国进口市场的 27.7%，比 2020 年下降 0.5 个百分点。近几年中美经贸关系不断演化，大国博弈加剧，当前美国仍对华部分商品加征进口关税，并出台法案单方面阻碍新疆棉及制品进入国际供应

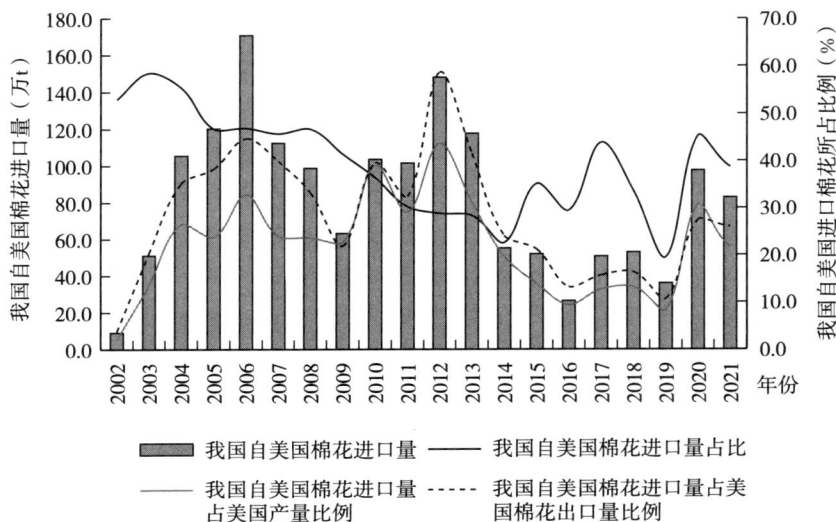

图 1-10 中国自美国进口原棉情况

链体系，虽然我国纺织产品对美出口在新形势下面临压力，但仍具有较强的国际竞争力。

多年贸易实践表明，面对新冠肺炎疫情、中美经贸摩擦、"疆棉禁令"等复杂国际背景，中美两国从纺织原料棉花到纺织品服装的相互依存度仍很高。

（五）应对中美经贸摩擦的对策措施

研究认为，美国实施疆棉禁令将对我国新疆棉花生产和消费产生长期负面影响，对此应有足够的认识。从根本上讲，应对"疆棉禁令"最终解决方案是提高国产棉花的质量效益和竞争力，涉及几方面：一是国产棉花要保障600万t的产量底线，满足居民的原棉需求（见第五章）。二是深化供给侧结构性改革，加快转型升级提质增效步伐，要加大补高品质短板力度，形成国产棉花新的核心竞争力。三是加快棉纺织业向现代化和智能化的方向发展，走高质量发展之路。

（六）"疆棉禁令"引发我国棉花话语权问题

"疆棉禁令"及瑞士良好棉花发展协会（BCI）暂停发放新疆棉的许可证，其生产商、品牌商为何紧密跟进？据分析，这是BCI的认证在起关键作用，而认证是话语权的一种表达形式，是产品进入国际市场的一个通行证，以满足供应链审查日益严格以及对透明度和可追溯性的需求不断增长的需要，它的实质是对棉花产业链和供应链的主导权、定价权有着控制功能，并进一步延伸为棉花产业的稳定性、安全性问题。

（撰稿：毛树春）

第四节　2020—2022 年棉花市场

本节论述涉及棉花市场收购贷款资金、棉花公证检验、棉花"去库存"和放储、棉花供需平衡表及展望。

一、棉花贷款

农发行是政策性银行，为棉花和农产品收购提供贷款资金，近几年棉花收购资金占全部收购资金的 60%，其中新疆占 60% 以上（表 1-11）。

2020 年 8 月 26 日，中国农业发展银行召开 2020 年棉花信贷工作视频会议。在疫情防控常态化环境下，面对当前市场形势，农发行切实发挥"当先导、补短板、逆周期"的职能作用，安排 500 亿元信贷规模用于支持棉花收购，切实保护棉农利益。发放贷款资金 413.4 亿元，收购新疆棉花占统计产量的 67.0%。

表 1-11　中国农业发展银行支持棉花收购贷款

年份	发放棉花收购贷款 （亿元）	支持收购（收储）棉花 （万 t）	说明
2019	405.0	336.0	占新疆产量的 67.0%
2020	413.4	316.0	占新疆统计产量的 67.0%
2021	545.7	315.0	占新疆统计产量的 62.0%
2022	374.0	328.0	占新疆统计产量的 60.8%

注：数据来自中国农业发展银行各年度报告及相关网站公开资料。中国农业发展银行网站：http://www.adbc.com.cn/n4/index.html。

2021 棉花年度，中国农业发展银行积极应对复杂市场形势，充分发挥农业政策性银行跨周期、逆周期调节作用，全力服务棉花产业发展。

一是发挥棉花收购资金供应主渠道作用。累计发放棉花收购贷款542 亿元，支持企业收购棉花 315 万 t，占统计局公布当年新疆棉花产量的 62.0%。

二是有效服务棉花产业链供应链稳定。累计向 140 余家纺织类企业投放贷款 158 亿元，支持企业的纱锭规模占国内纺纱产能的 1/3；累计支持棉花进口近 74 万 t，投放贷款 123 亿元，支持的棉花进口量占总量的 49%。

三是积极推动业务模式创新。棉花"保值贷"累计注册期货标准仓单42 万 t，对应贷款金额 61 亿元，为企业提供流动性近百亿元，帮助企业节约财务成本约 2 亿元。成功开通郑商所质权通道业务，使农发行成为目前唯一开办该业务的政策性银行，拓展了棉花信贷业务的路径和渠道。

鉴于 2021 年特殊情况，新疆棉花协会 2021 年 12 月会议提出：一是银行对企业的困难给予充分理解和支持。二是采取进口棉配额发放与新疆棉销售相结合的方式，引导纺织企业使用新疆棉。三是新疆酝酿收储余棉，助力企业走出困境，稳实体经济，有效防范系统性风险的举措。

2022 年，中国农业发展银行支持棉花收购贷款 374.0 亿元。据中国棉花网报道，2022/2023 年度各金融机构对棉花支持收购贷款的管理更严格，即便对于资质较好的企业保证金比例也由 5% 提到 10%，大部分企业保证金比例为 15%～20%，按要求贷款企业需要有 10%～20% 的自有收购资金，对轧花企业而言资金压力较大。另外，支持收购贷款将分期发放，基本实现"贷一批收一批，再放贷再收购"，同时加大对新花收购价格的指导、监管，防止出现企业有不计成本、提价抢收的行为。

中国农业发展银行新疆分行进一步细化棉花收购贷款客户，实行"一企一策"信贷支持政策，8 月底前备足信贷资金 500 亿元，9 月 30 日前投放棉花收购贷款 114 亿元，计划支持企业 133 家，覆盖全区每一个棉花主产县（市）。同时，针对疫情防控成立了"棉花信贷巡回检查组"，加大对基层行的指导力度，做到"有人收棉、有钱收棉"。

二、棉花公证检验

疫情这几年，全国棉花公检包数和产量保持增长，2022 年全国棉花的公检包数和产量都创新高，达到 2 773.83 万包，产量超过 600 万 t，达到 625.5 万 t。其中新疆地区公检包数和产量均占第一位，新疆以外各产棉省区市参与公检企业、包数和产量都在减少（表 1-12）。

2022 年度，正值棉花采收、交售、轧花和公检时间节点，在严格遵守疫情防控的前提下，国家和新疆各地克服多种困难，解决了公检人员的流动性、公检仪器和所需材料等一系列问题，为保障公检工作的开展做出了贡献。

通过公检获得了全国棉花的实际产量，摸清了全国棉花产量、品质和产地变化，为棉花的宏观调控、科学研究、转型升级、提质增效提供决策支持。通过公检提供的棉花品质系列指标，为按质量定价提供重要参考依据。

表 1-12　2018—2022 年度全国棉花公检产量

年份	参与公检加工企业（家）			公检量（万包）			公检产量（万 t）		
	全国	新疆	其他省份	全国	新疆	其他省份	全国	新疆	其他省份
2018	971	791	180	2 365.69	2 278.36	893.03	537.17	514.11	20.06

（续）

年份	参与公检加工企业（家）			公检量（万包）			公检产量（万 t）		
	全国	新疆	其他省份	全国	新疆	其他省份	全国	新疆	其他省份
	截止日期 2020 - 8 - 28								
2019	962	810	152	2 345.24	2 273.21	720.31	529.32	513.14	16.20
	截止日期 2021 - 8 - 31								
2020	1 050	928	122	2 619.74	2 551.74	68.0	592.09	576.83	15.27
	截止日期 2022 - 8 - 31								
2021	1 072	970	102	2 405.01	2 349.40	55.61	543.17	530.69	12.49
	截止日期 2023 - 7 - 12								
2022	1 076	973	103	2 815.66	2 763.34	52.33	634.93	623.23	11.71

注：数据来自中国棉花质量公证检验网站，http：//ccqsc. cfqmc. cn/.

三、棉花轮出轮入

储备棉轮入与轮出是国家稳定市场，调剂余缺的有效手段，近几年国家储备棉轮换的频率整体有所下降，但并未缺席。

（一）2020 年储备棉轮出轮入

2020 年 6 月 30 日，国家粮食和物资储备局、财政部发布公告（2020 年第 1 号）（以下简称"轮出政策"）实行储备棉轮换，计划轮出 50 万 t，轮出时间 7 月 1 日到 9 月 30 日的法定工作日，累计投放 50.4 万 t，成交 50.3 万 t，成交率 99.87%，成交均价 11 789 元/t，折 3128 B 级棉价格 13 099 元/t（表 1 - 13）。

表 1 - 13　2020—2022 年棉花轮入轮出明细账

年份	临时收储量（万 t）	临时收储价（万元/t）	临时收储棉的放储量（万 t）	放储均价（万元/t）	备注
2020	0（未轮入）		50.3	13 099（3128B）	2020 年 7 月 1 日—9 月 30 日轮出。其中非纺织企业竞得 26.92 万 t
2021	0（未轮入）		117.4（60.3/57.2）	19 434（13 099/20 565）	分两批，第一批自 7 月 5 日到 9 月 30 日，第二批 10 月 7 日到 11 月 30 日。其中纺织企业竞得 23.41 万 t，占总成交量的 47.0%，非纺织企业竞得 26.92 万 t，占总成交量的 53.0%
2022	9.0（新疆棉）				2022 年 7 月 13 日—11 月 11 日

注：①放储数据来自全国棉花交易市场。②综合中国棉花信息网站、中国棉花协会网站等整理。

为了维护市场平稳，提出轮出政策的价格机制：一是充分发挥市场机制，挂牌销售底价随行就市。二是首次使用轮出价格熔断机制。在国内棉价持续低迷时期，11 500 元/t 的熔断点相当于托底价格，意味着本次轮出特别注重在不打压市场价格的前提下平稳进行。轮出政策总体符合市场预期，价格机制全力维护市场平稳，将有力推进棉花产业做好"六稳"工作，实现"六保"目标。

2020 年 12 月 1 日至 2021 年 3 月 31 日，轮入收储 50 万 t，要求品质为颜色级白棉 3 级及以上、长度级 28mm 及以上、马克隆值 B 级（即 B1 3.5～3.6 与 B2 4.3～4.9）及以上的比例均不得低于 80%，国内外价差在 800 元/t 时轮入。自 2020 年 12 月 1 日至 2021 年 2 月 10 日轮入未能启动。

（二）2021 年储备棉轮出投放

2021 年第一轮轮出，7—9 月轮出 60 万 t 全部成交。2021 年 7 月 5 日至 9 月 30 日法定工作日，计划安排总量 60 万 t，储备棉累计轮出 60.1 万 t，成交率 100%，均价 13 099 元/t。储备棉轮出市场火爆，价格不断上涨。8 月 24 日，中国储备棉管理有限公司和全国棉花交易市场出台限制令，停止非纺织用棉企业参与竞买轮出棉，以防倒卖。

2021 年 10—11 月第二次轮出投放。受国内外大宗商品涨价影响，9 月新棉上市高开高走，根据国家相关部门要求，为促进棉花市场平稳运行，满足棉纺企业用棉需求，中国储备棉管理有限公司第二次组织中央储备棉投放，时间为 10 月 7 日—11 月 30 日，共 38 个法定工作日，合计投放量 91.2 万 t，合计成交量 57.2 万 t，成交率 62.7%。成交价折 3128B 级棉均价 20 750 元/t，从 10 月 8 日的 22 566 元/t 下降至 11 月 30 日的 21 108 元/t，降幅 6.5%。

12 月 1 日，中国储备棉管理有限公司发布公告，12 月暂停投放。

储备棉投放后，为控制籽棉价格上涨和保持市场平稳运行发挥了积极作用。从数据来看，10 月 8 日，及 10 月 11—15 日一周储备棉轮出 11 万 t 之后，新疆籽棉售价从 10 月 7 日的 10.84 元（机采）～11.55 元（手采）/kg 到 10 月 15 日的 10.73 元（机采）～11.46 元（手采）/kg，虽然略有回落，但没有达到预期目标，在 11—15 日这周内价格反而回升了，国内价高于国际市场价的差距拉大了，市场评论认为，棉花价格已脱离了供需的基本面。

投放储备棉有价格优势。据反映，因储备棉价格低于新疆的新棉价格，有厂家购买内地储备棉再运至新疆，原因是储备棉的价格比新疆现货价格（机采棉 21 943 元/t）低 1 463 元/t，低 6.7%；比手采棉均价 24 182 元/t，低 3 702 元/t，低 15.3%。

综上所述，2021 年 10—11 月储备棉第二次投放对新棉市场价格过度上涨有所抑制，但国内棉花价格仍大幅高于国际价格，即国内外价差仍很大，由于储备棉质量较差，其中 2012 年度储备棉成交量 37.34 万 t，占总成交量的 74.0%，储存时间长达 9 年，市场认为有"低质高卖"之嫌疑，因此，想要提高储备棉投放的成交率，发挥储备棉的"压舱石"作用，必须过质量关。

另外，9 月 30 日中国纺织品进出口公司发布进口棉资源集中投放市场公告，但是 9—10 月投放多少无法查证。

2022 年 7—11 月，临时收储新疆棉约 9 万 t。

四、棉花期货运行情况

近几年，郑州商品交易所期货品种"一号棉（CF）"成交活跃，成交量和成交总金额都增加，其中 2022 年总成交量 1.28 亿手，接近 2016 年历史最大值 1.61 亿手水平（表 1-14）。

表 1-14　2019—2022 年郑州商品交易所棉花品种"一号棉（CF）"运行情况

年份	"一号棉"总成交量（万手）	"一号棉"总成交金额（亿元）	持仓量（万手）	实物交割（手）	结算价（元/t）	中国棉花价格指数（CCIndex 3128B，元/t）	Cotlook A 指数（美分/磅）
2019	700.56	4 674.58	70.14	131 512	14 070	14 179	77.91
2020	951.65	7 010.44	63.57	308 920	15 161	12 937	71.98
2021	834.48	8 318.53	57.36	306 040	20 309	17 892	101.39
2022	1 611.71	11 168.75	115.12	79 352	14 291	18 815	129.70

数据来源：据郑州商品交易所网站（http://www.czce.com.cn）整理。

注：①结算价为算术平均值。②总成交量、总成交额和实物交割量都为单边计算，为年份的总表数据，单位为手，1 手＝5t；③成交量含期转现。

总成交量，2020 年同比增长 69.4%，2021 年增长 4.8%，2022 年增长 13.0%。

总成交金额，2020 年同比增长 59.5%，2021 年增长 42.1%，2022 年增长 2.6%。

持仓量，2020 年减少 9.4%，2021 年减少 9.8%，2022 年增长 100.7%。2020—2021 年持仓量减少的主要原因在于新冠肺炎疫情防控流动性受到严格限制，因全社会流动性下降现货销售的运输和库存的转运都很困难，2022 年流动性明显改善，持仓量大幅增长。

郑州商品交易所的棉花期货结算价与国内外现货价格的走势基本一致。2020 年期货与近期现货中国棉花价格指数（CCIndex 3128B）和 2021 年的数据拟合度高，2022 年拟合度低些，期货价格显著低于现货价格。棉花期货价格与现货价格的差异，表明期货具有规避市场风险的功能。

按国家统计局产量数据，2020 年、2021 年和 2022 年全国棉花产量分别为 588.9 万 t、591.0 万 t 和 599.7 万 t，再按现货价格 3128B 进行测算，理论上期货交易的总成交额为现货价值的倍数分别为 8.2 倍、6.9 倍和 8.9 倍，其倍数越大表示棉花期货"一号棉"（CF）的交易程度越活跃。

五、新冠肺炎疫情对全球棉花生产和消费的影响

（一）对全球棉花生产的影响

2020 年 3 月，全球新冠肺炎疫情暴发以来，对全球棉花生产、消费造成严重冲击，2021 年疫情还对全球物流和运输造成很大冲击，导致全球生产和消费都出现了下滑。

据 ICAC 数据，与 2018/2019 年度相比，2019/2020 年度、2020/2021 年度和 2021/2022 年度全球棉花收获面积分别增长 3.73%、减少 3.69% 和减少 0.29%；全球棉花单产分别下降 3.07%、2.92% 和 0.77%；全球棉花总产分别增长 0.58%、减少 6.47% 和减少 0.96%（图 1-11、图 1-12）。

其中疫情对美国、印度、巴基斯坦、巴西、土耳其、马里、科特迪瓦、布基纳法索，以及墨西哥等的冲击最为严重，棉花生产现金投入减少，加上缺少劳动力、管理等致使单产下降。

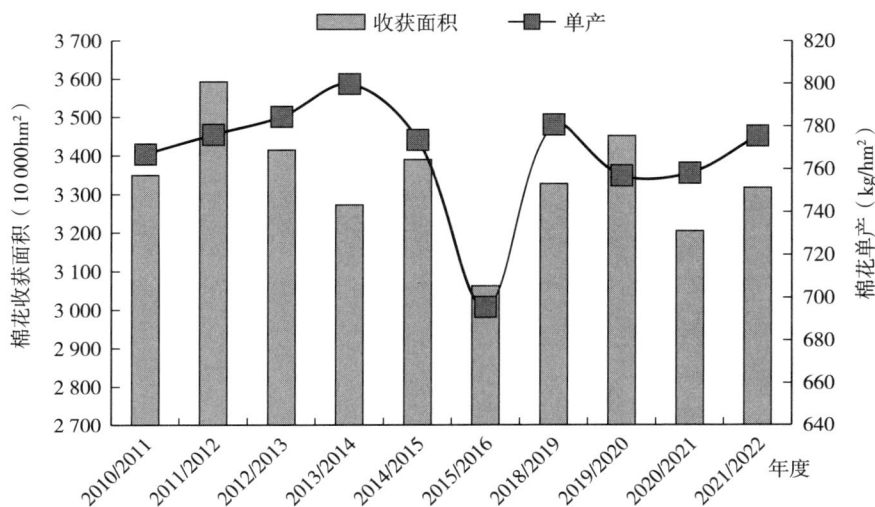

图 1-11　全球棉花收获面积和单产

数据来源：ICAC，2021 年 12 月。

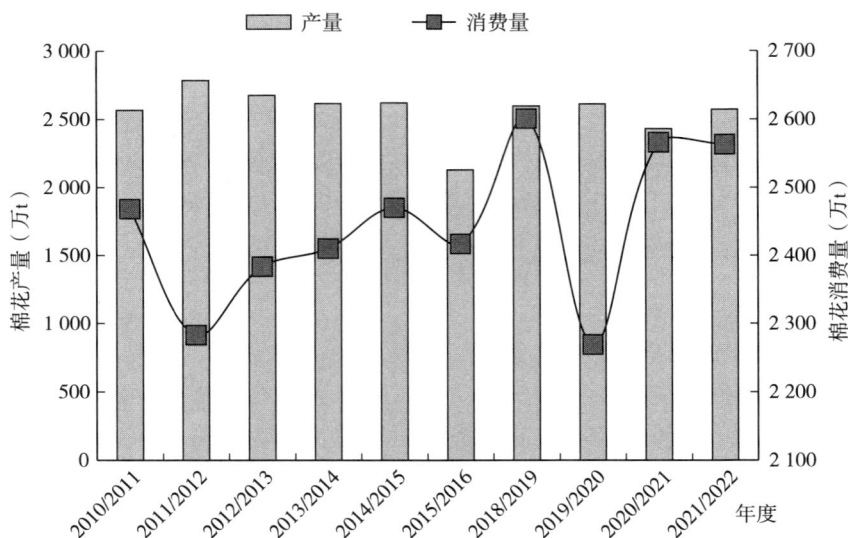

图 1 - 12　全球棉花产量和消费量

数据来源：ICAC，2021 年 12 月。

（二）对全球棉花消费的影响

据 ICAC 统计，与 2018/2019 年度相比，2019/2020 年度、2020/2021 年度和 2021/2022 年度全球棉花消费减少 14.76％、1.35％ 和 1.46％。其中 2019/2020 年度全球棉花消费创近 18 个（2004/2005）年度以来的新低为 2 269.0 万 t。

2020 年中国、印度、巴基斯坦、土耳其等棉纺织大国受冲击较大。2021 年度越南、孟加拉国、泰国、柬埔寨等纺织国家受冲击较大，进入 2022 年奥密克戎毒株对全球造成的冲击还在加深，感染人数大幅度增长。

六、国内外棉花供需平衡状况

平衡表反映棉花资源供需平衡所处的状态，是对当前棉花生产、贸易、消费和库存所处状态的一种评价和看法。

（一）中国

我国棉花供需从前几个年度大致平衡转向近两个年度供大于求。与 2018/2019 年度相比：

2019/2020 年度，受疫情和"疆棉禁令"影响，我国棉花消费大幅减少，产量略降，进口增加，期末库存增加，CCPPI 回落（表 1 - 15）。

2020/2021 年度，受疫情和"疆棉禁令"影响，我国棉花消费减少，产量增加，进口增加，期末库存增加，CCPPI 回升。

2021/2022 年度，受疫情和"疆棉禁令"影响，棉花消费增加，产量增加，进口增加，期末库存略增，CCPPI 下降。

2022/2023 年度，棉花产量调增至 690 万 t，消费量同比调减 30 万 t 为800 万 t，进口量同比调减 70 万为 180 万 t，期末库存量同比减少 145 万 t 为900 万 t，库存消费比为 112.5%，CCPPI 为 140。

表 1-15 中国棉花供需平衡表（截至 2023 年 3 月）

单位：万 t

年度	2018/2019	2019/2020	2020/2021	2021/2022	2022/2023
生产量	620.0	610.0	635.2	572.8	690.0
消费量	792.0	710.5	760.0	830.0	800.0
进口量	157.3	184.9	216.5	250.0	180.0
期末库存	724.2	790.0	830.0	755.0	900.0
库存消费比（%）	91.4	111.1	109.2	94.4	112.5
CCPPI	145	123	148	139	140

注：①CCPPI 为中国棉花生产景气指数。②2022/2023 年度，进口量、消费量、期末库存为2023 年 3 月数据。

（二）国际

2023 年 3 月两家机构发布全球棉花供需平衡表，基于后疫情时代、俄乌冲突和美欧发达经济体经济增长疲软或衰退，预测全球棉花消费量减弱，全球棉花供需呈现更加宽松格局（表 1-16）。

2023 年 3 月，ICAC 发布供给报告，预测 2022/2023 年度全球棉花产量调减，消费量和进口量都调减，全球期末库存增长，其中中国期末库存增长。

2023 年 3 月，USDA 发布供给报告，2022/2023 年度全球棉花产量基本持平，消费量调减，进口量调减，期末库存增长，其中中国期末库存增长。

表 1-16 全球棉花供需预测

单位：万 t

	2017/2018	2018/2019	2019/2020	2020/2021	2021/2022	2022/2023
	USDA 2023 年 3 月					
生产量	2 697.4	2 579.8	2 616.3	2 427.5	2 523.5	2 505.8
消费量	2 688.2	2 610.1	2 269.2	2 684.5	2 531.5	2 397.3
进口量	904.7	924.8	886.4	1 059.8	929.5	861.7
期末库存	1 753.7	1 796.3	2 137.7	1 878.6	1 874.9	1 984.5
其中中国期末库存	827.0	791.3	822.9	839.6	815.1	858.7

（续）

	2017/2018	2018/2019	2019/2020	2020/2021	2021/2022	2022/2023
	ICAC 2023 年 3 月					
生产量	2 700.0	2 598.0	2 627.0	2 401.0	2 519.0	2 437.0
消费量	2 635.0	2 601.0	2 305.0	2 568.0	2 581.0	2 313.0
进口量	904.0	922.0	877.0	1 062.0	959.0	861.0
期末库存	1 943.0	1 934.0	2 212.0	2 023.0	1 947.0	2 071.0
全球不含中国库存消费比（%）	58.29	58.86	82.72	62.88	62.14	73.00
中国期末库存	903.0	888.0	902.0	937.0	860.0	908.0
中国库存消费比（%）	106.27	107.69	124.84	115.51	103.46	124.66

七、棉花发展展望

回顾新时代我国棉花走过的路子，我国农业/棉花正以深化供给侧结构性改革为主线，处于转型升级提质增效的发展进程中。

2022 年 10 月 26 日，中国共产党第二十次全国代表大会召开，大会发出全面推进乡村振兴、加快建设农业强国的号召，提出推动经济社会发展绿色化、低碳化，推动经济实现质的有效提升和量的合理增长，提高农业的质量效益和竞争力，加快形成绿色低碳生产生活方式，走资源节约、环境友好的可持续发展道路。此后，国家和有关部门纷纷出台"十四五"规划，保障粮食安全和棉花等重要农产品有效供给，提出质量兴农、绿色发展具体计划目标（见第五章），总体归纳如下：

（一）走适度规模、质量兴棉和绿色兴棉的高质量可持续发展之路

走适度规模、质量兴棉和绿色兴棉之路，是深化棉花供给侧结构性改革的需要，是农业高质量发展的需要，是加快建设农业/棉花强国和可持续发展的需要，意义深远重大。

适度规模，是保障量的合理增长和可持续生产的基础。对长江流域棉区和黄河流域棉区而言是棉花面积要适度恢复，对西北内陆新疆棉区而言棉花面积要大幅调减。通过优化调整棉区布局，再次构建以西北新疆为主转向西北内陆与长江流域和黄河流域并举的"三足鼎立"相辅相成的新格局。新一轮目标对新疆实行 510 万 t 的定量补贴将有利于减少新疆棉花生产规模。

质量兴棉，是保障质的有效提升，满足新需求，提高国产棉花竞争力的关

键。棉花生产要加快转型升级提质增效，努力实现"十四五"时期高端品质原棉（清洁度高和一致性好，长度 28.5mm、断裂比强度 28.5CN/tex、马克隆值 3.7～4.6）占比达到 45％左右的目标，推进"三品一标"措施落地，加快棉花品种培选、品质提升、品牌打造和标准化生产的步伐，推进高品质棉花带建设的落地。

绿色兴棉，是根本改变农业/棉花主要依靠资源消耗的粗放经营的良方，是落实中央碳达峰碳中和的最基本要求。进一步实施减肥减药措施，推进提高绿洲棉田节水灌溉，优化减少棉田氮磷投入，强化新疆棉田残膜的去存量减增量，切实解决新疆转基因抗虫棉应用的历史遗留问题。

轻简化、机械化植棉使长江流域棉区和黄河流域棉区需要解决的新问题和新需求，其中黄河流域棉区加快机采棉进展，长江流域棉区要突破长江流域重点解决油（麦）后直播棉花"播得下、管得住、收得回"所需的早熟品种和栽培管理农机具等。

要秉持"好棉花是种出来的，也是加工出来的，还是监管出来的"。有人认为，棉花的好坏种植环节占比 70％，加工环节占比 20％，市场监管占 10％，其中监管是关键。因此，新疆绿洲棉花转型升级必须全方位发力，才能提高转型升级效果。

（二）关注气候变化

进入 21 世纪以来，全球气候变暖的趋势加强，气候变化特征有：一是气温升高，积温增加，无霜期延长，棉花熟性提早的趋势明显，棉区进一步西移北移具备更多的可能性。但是，极端高温频发，倒春寒强度大，持续时间长导致的灾情较为严重。二是 CO_2 浓度增加对棉花整体呈现有利趋势，光合效应改善，棉花物质生产能力提高，但是营养生长与生殖生长失调的趋势增加。三是我国雨季北移的趋势加强，长江中下游干旱频率增加，夏旱连秋旱，旱涝交替发生。黄河流域降水量和雨日数明显增加，夏涝连秋湿，西北新疆的雨日数和降水量也在增加，其中北疆更为明显。

在全球气候变暖背景下，棉花生物学发生明显变化，棉花从播种到出苗、苗期、蕾期、花铃期和吐絮收获期日数波动大，棉花生殖生长加快，营养生长不足，营养生长与生殖生长失调对产量和品质产生较大影响。随着气候变化棉花生产力水平也在发生变化，其中长江中游、新疆南疆棉花单产水平下降的趋势明显，新疆北疆单产提高的趋势明显。品质方面，纤维马克隆值越来越大，表明棉花成熟度和细度的效应明显，长江中游和南疆纤维长度呈现缩短趋势，北疆纤维长度、强度、细度和成熟度呈现整体转"佳"的趋势，棉花育种科研对此应有足够的认识和主动应对措施。棉花病虫害发生也呈现相应变化，病害特别是黄萎病、枯萎病减轻的趋势明显；虫害特别是蚜虫、红蜘蛛迭代发生的趋势明显，防治难度和成本都在增加。

（三）棉花生产如何减缓及适应气候变化

1. 棉花生产减缓与适应气候变化有两个着力点

一是提高棉花作物的经济系数，即把干物质产量最大限度地转化为经济产量——籽棉。目前高产棉花的经济系数为 40%，提高经济系数是棉花生产减缓气候变化、减少农业碳排放最主要途径和目标。二是扭转气候变化对农业的不利影响。通过努力，把气候灾害年景大幅转化成农业无灾、轻灾年景，把气候一般年景转化成农业丰产年景，把气候小丰年景转化成农业大丰年景。这是农业适应气候变化的终极目标。

2. 技术措施要适应气候变化

好种出好苗，好苗一半产，适应和应对气候变化"苗"同样是基础。培育抗逆性强的品种，抗逆性包括抗旱耐盐碱、耐渍涝、耐高温等。要把早熟性生产放在第一位，同时要适时补救，包括补种、改种等。

3. 主要措施

建设高产稳产棉田，培肥地力，提高棉株抗逆境能力。提高水肥管理能力，减轻作物倒伏。

（撰稿：毛树春）

第五节　2020—2022 年中国棉纺织行业经济运行分析及展望

近几年，受新冠肺炎疫情反复、国际贸易形势复杂多变以及全球通胀等多重因素影响，中国棉纺织行业面临内外需求不足、产能结构性矛盾突出、市场经营信心下滑等严峻形势。然而值得一提的是，在困境中，行业骨干企业发挥其规模、管理以及研发优势，成为稳定行业运行的中坚力量。

一、棉纺织行业运行情况

（一）企业经营指标下行

根据中国棉纺织行业协会（以下简称"中棉行协"）跟踪统计，2020 年棉纺织骨干企业主营业务收入累计同比下降 8.6%，利润总额累计同比下降 13.8%，亏损面累计同比扩大 0.8 个百分点。2020 年是新冠肺炎疫情下的第一年，经历疫情防控下的限产停工，自当年第四季度呈恢复态势，总体上看，2020 年以"稳"为主。

2021 年，行业重点骨干企业主营业务收入累计同比增长 18.43%，增速比上年加快 27.1 个百分点，利润总额累计同比增长 44.2%，增速比上年加快 58.1 个百分点；2021 年跟踪企业亏损面 14.5%，比上年同期减少 13 个百分点。从 2021 年经济效益指标上看，在严格的疫情防控举措保障下，棉纺织行业运行状况稳中向好。

2022 年，我国棉纺织行业经营压力增加，一方面面对居高不下的原料成本，另一方面应对国内外低迷的消费需求，行业主要经济指标增速放缓，利润下降，亏损面扩大。2022 年重点骨干企业营业收入累计同比下降 0.2%，利润总额同比下降 35%，利润率为 3.1%，比 2021 年下降 1.7 个百分点，亏损面 34.8%，比 2021 年扩大 20.3 个百分点。

2022 年 6 月，美国所谓的"新疆法案"生效，对全球纺织供应链的稳定造成冲击，我国棉制纺织服装产品进入美国及国际供应链受阻，在美欧等西方国家市场所占份额不断下降，企业出口交货值持续下滑。数据显示，2022 年跟踪企业出口交货值同比下降 6.5%，比 2021 年下降 21.2 个百分点。

（二）生产总体稳定，纱布产量下滑

中棉行协调研会商统计，受新冠肺炎疫情影响，纱布产量下滑。

2020 年，我国纱线产量为 1 641.0 万 t，同比下降 10.3%；布产量 460 亿 m，同比下降 17.9%。

2021 年，行业进入稳步恢复阶段，全行业纱线产量 1 895.0 万 t，同比增长 15.5%；布产量 490.0 亿 m，同比增长 6.5%。

2022 年，全行业纱线产量 1 787.0 万 t，同比下降 5.7%；布产量 467.5 亿 m，同比下降 4.6%。这与国内疫情反复，企业开工不稳定，国际贸易放缓，出口运输成本快速增长，国内棉纺织产能利用率下降有关。从跟踪的重点企业情况看，截至 2022 年 12 月底，重点企业纺纱设备利用率 91.7%，同比下降 3.2 个百分点；织造设备利用率 89.9%，同比下降 2.7 个百分点。但从调研统计来看，2022 年棉纺织全行业平均开机率 40.0% 上下。由此可见，大企业的生产运行对行业的稳定发展起到了重要作用。

（三）进出口贸易负增长

1. 棉花进口量下降明显

2020 年，我国棉花进口 215.8 万 t，同比增长 16.7%，是自 2015 年以来的最高水平，值得注意的是，美国再次成为我国棉花进口的最大来源国，自美国进口量占比 45.0%，其次是巴西和印度，分别占比 29.0% 和 12.0%，澳棉因减产和品质双降、价格较高等原因进口量大幅下滑（见附表 9）。

2021 年，我国累计进口棉花 214.4 万 t，同比下降 0.6%。从进口来源国和地区看，美国仍为第一大进口来源国，占总进口量的 38.6%；巴西排在第二位，占比 30.0%；自印度进口的棉花大幅增长，占比 19.2%。

2022 年，我国累计进口棉花 194.0 万 t，同比下降 9.8%。美国仍保持我国最大的棉花进口市场，同比增长 36.6%，占比 58.4%，较上年增加 19.7 个百分点。主要原因除此前中美签订第一阶段经贸协议约定了加大对美国棉花的进口之外，国际品牌商要求我国棉纺织出口企业使用美棉进行生产。巴西是我国棉花进口第二大来源国，2022 年进口量 57.7 万 t，占比 29.8%，与上年基本持平。印度棉花由于减产出口量下降，且价格较高，因此我国进口印度棉数量大幅下降，仅 3.1 万 t，同比下降 92.4%，占比下降 17.6 个百分点。我国对棉花进口实施配额管理，2022 年棉花进口关税配额 89.4 万 t，其中 33% 为国有贸易配额。滑准税配额 40.0 万 t。

2. 棉纱线进口量断崖式下跌

2020 年进口棉纱线 190.0 万 t，同比减少 2.6%；2021 年进口 211.8 万 t，同比增长 11.5%；2022 年进口 117.6 万 t，同比下降 44.5%，主要进口国为越南、印度、巴基斯坦、乌兹别克斯坦、马来西亚。其中越南占领进口棉纱线第一的位置。2022 年国内外棉纱价格倒挂，进口纱价格平均高于国内纱线价格 1 000 元/t 左右，加上国内下游市场需求下降，进口棉纱线数量大幅下降（附表 11）。

3. 棉制品及棉制服装出口先降后升

2020 年，在防疫物资采购需求带动下，纺织行业出口规模创 2015 年以来新高，但也因为疫情、贸易摩擦等原因，我国棉制纺织品出口遇阻，整体表现为负增长。进入 2021 年，我国疫情防控成果显著，复工复产有序推进，相较之下，东南亚地区疫情形势依旧严峻，部分纺织服装订单向中国转移，2021 年我国棉制纺织品出口形势向好。从数据看，2020 年我国棉制纺织品服装出口额 657.7 亿美元，同比下降 11.9%；进口 84.8 亿美元，同比下降 12.8%。2021 年棉制纺织服装出口 878.0 亿美元，同比增长 33.5%。2022 年我国棉制纺织品服装出口共计 868.0 亿美元，同比下降 1.1%（表 1 - 17）。

表 1 - 17　2019—2022 年我国棉制纺织品服装出口情况

年份	出口额 （亿美元）	同比增长 （%）	棉制纺织品服装出口额 占纺织行业比重（%）
2019	746.7	−6.1	27.5
2020	657.7	−11.9	22.6
2021	878.0	33.5	27.8
2022	868.0	−1.1	27.5

数据来源：中国海关总署。

（四）需求低迷，价格下行为主

1. 棉花价格先降后稳，国内外棉价差持续倒挂

2020年初，受疫情影响，国内外棉花价格大幅下跌，4月开始国内外棉价企稳反弹逐步回升。10月随着新棉上市，棉花价格出现一波上涨并在年底趋于稳定，全年棉花价格上涨约1 000元/t。进入2021年，上半年国内棉价维持小幅波动，价格在15 000～17 000元/t区间振荡，内外棉价差保持在2 000元/t以内；下半年，受大宗商品价格上涨、籽棉收购价高企影响，国内棉价一度涨至23 000元/t以上，国内外棉价差超过4 000元/t，达近十年来最高。2022年棉花价格走势分为三个阶段：第一个阶段，1—5月为价格过渡期。2021年棉花价格处于高位，棉花加工企业积压了部分棉花，进入2022年，由于市场需求不足，棉花销售压力大，棉花价格向下调整，在23 000元/t附近。第二个阶段，5—10月快速下跌。5月美联储加息，同期上海暴发大面积疫情，东部地区部分纺织工厂关停，国内消费锐减，棉花市场供远大于求，价格继续下探至15 000元/t。第三个阶段，11月至年底棉花价格趋稳。随着防疫政策的调整，各地生产秩序恢复正常，价格止跌平稳，稳定在14 000～15 000元/t。国际棉价方面，上半年进口棉价格震荡上行，并在4月超过国内棉花价格，这种倒挂一直持续到年底，国内外棉花价差在3 000元/t左右（图1-13）。

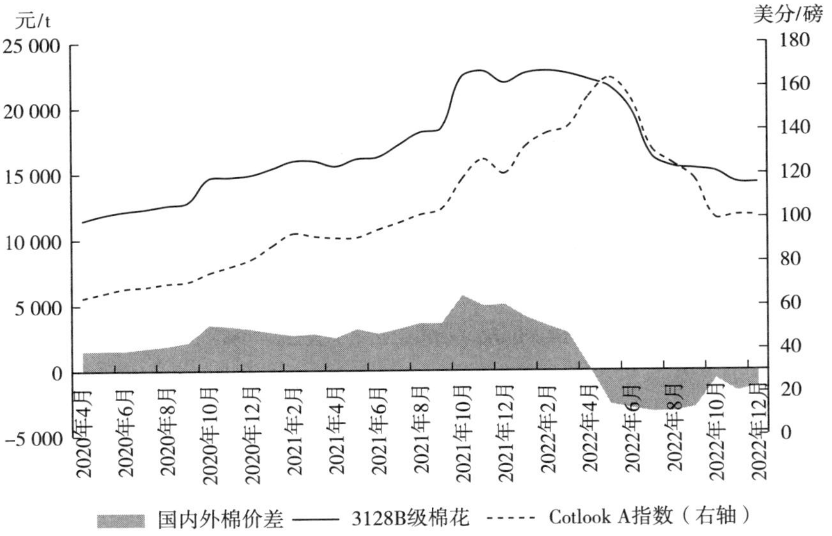

图1-13 2020—2022年国内外棉花价格走势

数据来源：中国棉纺织行业协会。

2. 化纤价格先升后降，与棉花价格走势分化

2020年，非棉纤维价格与棉花价格趋势保持一致。2021年受原油价格

波动影响，涤纶短纤价格多次触底，跌破十来年新低。黏胶短纤价格全年前低后高，主要因为前期产能偏大，后期企业开台不足，导致价格上涨。2022年上半年，棉花价格持续处于高位，棉纺织企业为规避风险，降低生产成本，加大产品结构调整，增加非棉纤维使用量，对化纤短纤价格形成一定支撑，黏胶短纤价格由年初的 12 300 元/t 上涨至 15 400 元/t，涨幅 25.2%，涤纶短纤价格由年初的 7 050 元/t 上涨至 9 295 元/t，涨幅 31.8%。三季度开始，受国际通胀压力高企及国内需求低迷影响，化纤短纤价格持续下降。12月底，国内疫情防控进入新阶段，下游市场逐步复苏，化纤短纤价格有所抬头（图 1-14）。

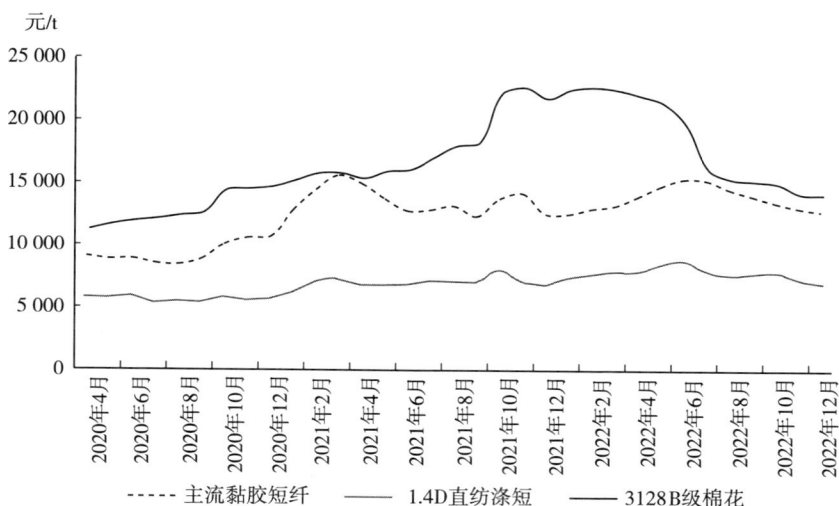

图 1-14　2020—2022 年化纤短纤价格走势

数据来源：中国棉纺织行业协会。

3. 纱布价格持续下行，降幅逐步扩大

2020 年，受疫情影响，棉纺织企业处于随时减产、停产状态，由于需求不足，产品有价无市，持续一段时间的平稳后，价格松动。随着新棉上市，原料价格上行，产品价格跟涨。总体上看，2020 年纱布价格整体呈上涨趋势。2021 年，我国周边东南亚国家持续遭受疫情困扰，出现工厂停工、封厂等情况，形成海外订单回流国内的现象，需求呈"反弹式"增长，纱布价格顺势上涨，全年 32 支纯棉普梳纱价格平均值 26 365 元/t，比上年上涨 6 599 元/t，涨幅 33.4%；纯棉坯布价格平均值 6.1 元/m，比上年上涨 1.4 元/m，涨幅 29.7%。

2022 年 1—2 月，纱布价格跟随棉花价格上涨而短暂性上调，但由于下游需求缩量，涨势未能持续，于 2 月下旬开始逐步回落。6 月受美国的影响，棉花价格快速下滑，叠加终端需求不振，纱布价格降幅进一步扩大。12 月，随着下游需求逐步复苏，纱布销售好转，价格出现回升。全年 32 支纯棉普梳纱价格平均值 25 848 元/t，年末价格较年初下跌 19.9%，纯棉坯布价格平均值 5.5 元/m，年末价格较年初下跌 29.6%，高于棉纱跌幅（图 1-15）。

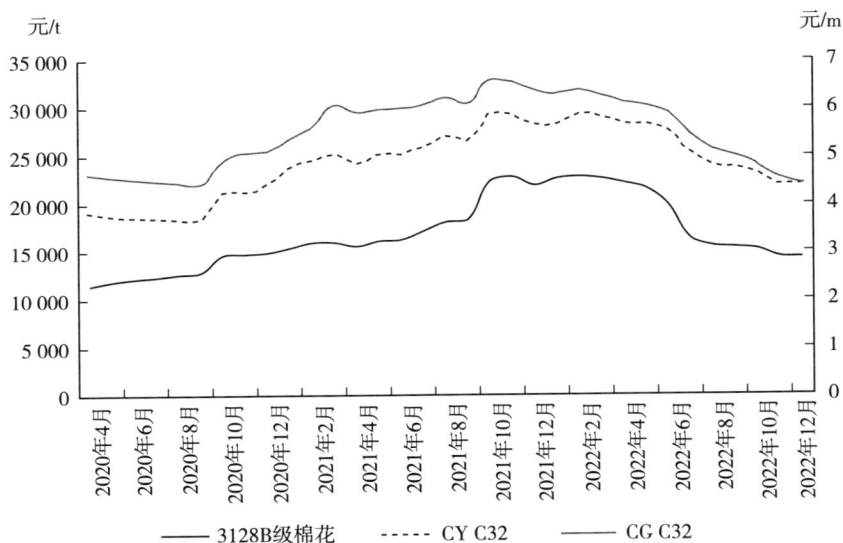

图 1-15 2020—2022 年纱布价格走势
数据来源：中国棉纺织行业协会。

（五）行业景气指数收缩并在区间内波动，市场信心有待加强

从中棉行协发布的景气指数走势看，近几年行业运行指数在 55 以下，市场信心有待提升，各年情况如下：

2020 年，行业景气指数整体呈走高态势，表明行业运行由悲观转向乐观。从全年来看，前三季度景气度均低于 50，但悲观情绪逐渐缩小，指数爬坡向好，9 月以后，指数超过 50，市场信心抬头，生产势头强劲，销售顺畅，产品低库存甚至零库存，11 月景气指数回落，但仍保持 50 以上，主要缘于纺织企业对需求后劲不足的判断，12 月指数再次回升（图 1-16）。

2021 年，全国棉纺织行业景气水平整体好于 2020 年。前三季度，企业订单形势乐观，行业景气指数基本保持在 50 以上，9 月，原料价格波动加剧，受"双控"政策影响，企业生产受限，下游需求启动不及预期，后市信心受挫，景气指数降至临界点以下。第四季度，随着限电措施带来的影响逐渐减弱，企业生产逐步恢复，行业景气呈回升态势。

2022 年，全国棉纺织行业景气指数处于收缩区间。尤其 7 月份，国内棉价连续下跌，下游下订单谨慎，市场销售持续不畅，企业去库存心态急切，市场信心明显不足，中国棉纺织景气指数跌至最低点 45.2。随着纺织传统旺季到来，下游需求有所回暖，企业出库增加，产品库存下降，市场活跃度提升，9 月中国棉纺织景气指数升至 49.7。10—11 月，国内疫情多发广发，对行业运行冲击明显，景气指数继续下滑。临近年底，下游补库增加，消费市场活力涌动，信心增强，景气指数回升至年度高点 49.9。

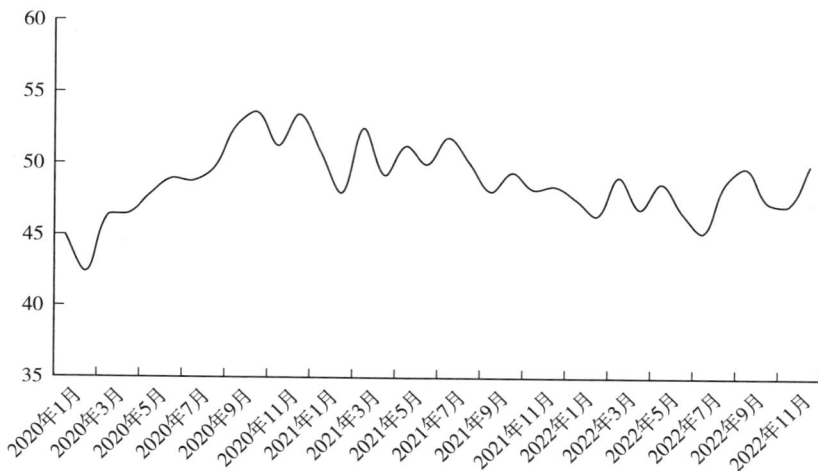

图 1-16　2020—2022 年中国棉纺织景气指数变化

数据来源：中国棉纺织行业协会。

二、棉纺织行业发展面临的挑战

（一）国内消费持续承压

受居民收入增长放缓、消费场景恢复缓慢等因素影响，纺织行业内销压力持续加大。2022 年人均衣着消费支出 1 365 元，占人均消费支出的比重为 5.6%，较上年下滑 0.3 个百分点。实体消费渠道，限额以上单位服装鞋帽、针纺织品零售额同比下降 6.5%。网上穿着类商品零售额增长 3.5%，增速较 2021 年放缓 4.8 个百分点。

（二）出口再创历史新高

我国是世界上最大的纺织品服装出口国，自 2015 年以来，出口额占全球比例基本维持在 35% 左右，对美、欧盟、日本等市场份额自 2010 年达到峰值后，呈现下降趋势。东盟成为我国出口第一大市场，2020 年、2021 年和 2022 年出口金额再创历史新高，分别为 2 912.2 亿美元、3 154.7 亿美元和 3 233.5 亿美元。又据有关部门测算，从 2022 年出口市场分布看，出口东盟同比增长 15.0%，出口美国同比下降 5.4%，出口欧盟同比下降 1.1%。

（三）棉制纺织品服装出口美欧下滑

棉制纺织品服装出口占我国纺织品服装出口份额为"十分天下有其三"。2020 年、2021 年和 2022 年棉制纺织品服装出口额分别为 657.7 亿、878 亿和 868.0 亿美元，其中 2022 年占纺织服装出口的 27.5%。受美国制裁影响，我国棉纺织品服装出口美国下降明显。据有关部门测算，2022 年我国棉纺织品服装出口美国金额同比下降 7.9%，占棉纺织品服装出口总额的 13.9%，比 2021 年占比下降 0.9 个百分点；出口欧盟比 2021 年下降 0.3%；出口东盟快速增长，增速达 11.0%。

三、棉纺织行业发展展望

2022 年，面对国内外发展环境的重大变化，以及新冠肺炎疫情防控等影响，我国棉纺织行业保持了平稳运行，经受住了考验，展现出强劲韧性，后市展望如下：

（一）继续加快推进行业智能制造进程

随着供给侧结构性改革的深入推进，棉纺织产业智能化是产业现代化的重要任务之一，未来，棉纺织行业将重点推进智能化进程，提高智能装备覆盖率，加强纺织装备、配件等在纺纱织造领域的技术突破与创新。

（二）做强棉纺织产品，为高质量发展奠定基础

产品才是硬实力，当前棉纺织骨干企业正着力加大研发投入、优化产品结构，提高市场竞争力和抗风险能力。未来，如功能性、差异化产品开发，绿色、环保、可循环等原材料应用，以及产业链协同创新等将是行业发展的亮点。

（三）大力推行行业绿色可持续发展

绿色发展是国家战略性发展任务，在棉纺织行业同样也是重点任务。当前，棉纺织行业积极推进构建绿色制造体系，包括绿色工厂、绿色供应链、绿色原料、绿色产品、节能减排技术等。未来，绿色生态将是行业发展的新增长点。

（四）构建内外贸一体化、双循环的发展新格局

扩大内需是党的二十大以来的我国经济发展的首要任务之一。随着中美关系的复杂化，未来棉纺织行业要充分挖掘国内市场，产业链上下游要形成合

力，提升产业的全球影响力，同时要加大开拓与"一带一路"沿线国家及东盟、非洲、拉丁美洲等新兴市场的合作，完善海外布局，加快适应国内国际双循环发展新格局。

进入 2023 年，随着新冠肺炎病毒感染实施"乙类乙管"，国内经济社会活力恢复，近期棉纺织企业也加紧在国内国际市场上"跑业务"了，总体上看，2023 年经济预期向好。2023 年中央经济工作会议明确了经济工作任务，提出要把恢复和扩大消费摆在优先位置，狠抓传统产业改造升级，实现科技、产业、金融之间的良性循环。棉纺织企业家们要鼓足勇气，坚定信心，强大本领，认真谋划，把握时机，为全面建设社会主义现代化国家，建设科技、绿色、时尚纺织行业做出新贡献。

（撰稿：欧阳夏子）

第六节　棉花期货市场分析

2019/2020、2020/2021、2021/2022 这 3 个年度，全球新冠肺炎疫情暴发和持续、中美经贸摩擦持续和极端异常气候变化对全球经济产生极大影响，全球棉花生产链、供应链以及消费、贸易和库存都发生重要变化（见本章第三节），在应对国内外棉花价格波动的背景下，棉花期货在价格发现、套期保值和风险管理中发挥重要功能。

近几年，我国期货市场活跃，棉花期货成交量和成交额大幅增长，持仓量则经历了先降后增的过程。据郑州商品交易所统计数据，"一号棉（CF）"总成交量，2020 年增长 69.4％，2021 年增长 4.8％，2022 年增长 13.0％。总成交金额，2020 年增长 59.5％，2021 年增长 42.1％，2022 年增长 2.6％。这表明市场流动性的好转和相对充裕为涉棉企业套期保值创造了良好条件，进一步发挥了期货规避风险和套期保值的功能。同时，"一号棉（CF）"持仓量经历两年连减和一年大幅增长的过程，持仓量 2020 年减少 9.4％，2021 年减少9.8％，2022 年大幅增长 100.7％。其中 2020—2021 年持仓量减少的主要原因在于新冠肺炎疫情防控使流动性受到严格限制，全社会人员的流动性下降，现货销售的运输和库存转运都很困难。2022 年人员流动性大为改善，持仓量则大幅增长。

实践证明，棉花期货具有精准发现价格的功能，这 3 年期货价格与现货价格的相关性达到 0.99，在提早和洞察市场行情的走向走势，为籽棉上市、收购定价和农发行贷款发放关键时间节点作出行情判断提供支持，在储备棉的轮入轮出时间启动、农发行贷款风险管控、涉棉企业经营策略调整等方面发挥重要参考作用。

一、棉花期货市场运行情况

（一）棉价因新冠肺炎疫情下跌，因海外补库而涨，又因海外去库存而跌

1. 2019/2020 年度

本年度前 6 个月棉花期货、现货价格波动较小，保持相对稳定状态。因 2020 年 2 月全球新冠疫情暴发，棉花期货、现货价格开始拐头向下。2019/2020 年度 CC Index3128 B 级棉价格指数共下跌 274 元/t，跌幅 2.11%，波幅 2 905 元/t；棉花期货市场近月合约年度上涨 510 元/t，涨幅 4.28%，波幅 3 630 元/t（图 1 - 17）。

图 1 - 17　2019/2020—2021/2022 年度棉花期现货价格运行情况

从较长时间来看，自 2020 年 4 月以来，棉花期货开始稳步反弹，持续时间至 2020 年 8 月底。在这样的背景下，棉花期货价格与现货价格产生互动，期货发现价格的功能发挥良好，全年期货与现货价格相关性达到 0.96（图 1 - 18）。

2. 2020/2021 年度

本年度期货现货总体呈现大幅上涨趋势，棉花期货、现货价格波动扩大，年度 CC Index3128 B 级棉价格指数共上涨 5 356 元/t，涨幅 41.94%，波幅 5 909 元/t；近月合约年度上涨 5 100 元/t，涨幅 40.95%，波幅 6 130 元/t（图 1 - 19）。

分时段来看，自 2020 年 9 月至 2021 年 3 月棉花期货维持上涨态势，后因纺织订单衔接不畅，以及"疆棉禁令"发酵导致价格的回调。2021 年 5 月海外疫情导致订单继续回流，叠加美国为首的海外国家补库需求，棉价连续反弹

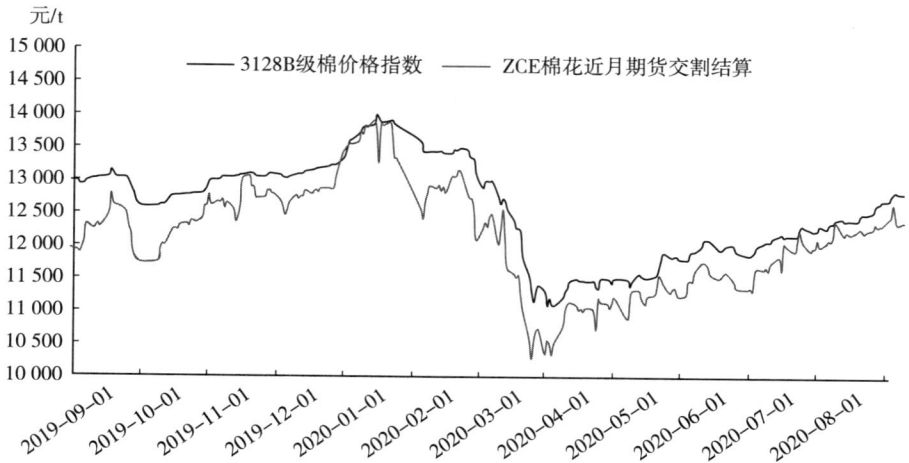

图 1-18　2019/2020 年度棉花期现货价格运行情况

近 4 000 元/t。在这样的背景下，棉花期货价格发现功能发挥良好，全年期现货价格相关性达到 0.99，发现价格功能较 2019/2020 年度有所改善。

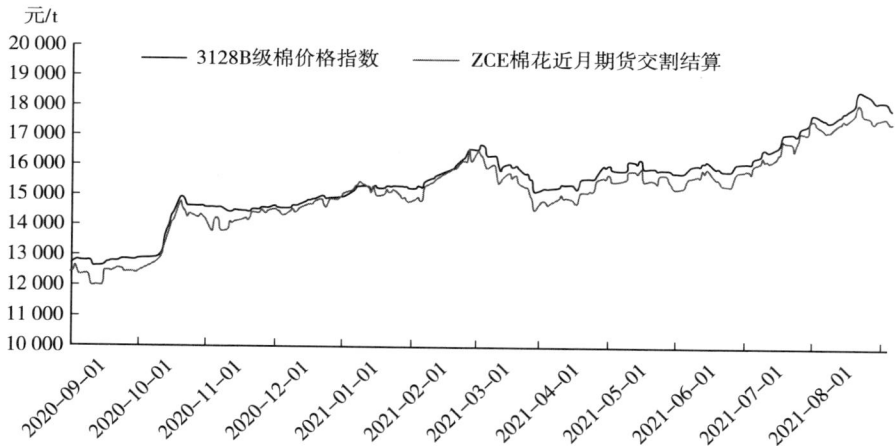

图 1-19　2020/2021 年度棉花期现货价格运行情况

3. 2021/2022 年度

本年度棉花期货、现货价格波动幅度继续扩大，从 2021 年 9 月开始上涨至 11 月后维持高位横盘，到 2022 年 5 月价格松动，6—7 月迅速下跌，8 月稳定。本年度 CC Index3128B 级棉价格指数共下跌 1 999 元/t，跌幅 11.12%，波幅高达 7 334 元/t；棉花期货市场近月合约年度下跌 2 010 元/t，跌幅 11.51%，波幅高达 8 380 元/t（图 1-20）。

分时段来看，在 2021 年上半年国内因疫情管控承接了来自南亚、东南亚国家的订单，市场预计 2021/2022 年度国内维持加工优势，轧花厂抢收棉花，棉价居高不下，但美国主导的"疆棉禁令"执行严格，美国作为最强的国际需求转移到南亚、东南亚引起的需求预期落空，没有期货仓单支撑，国内纺纱亏损致棉花成交减少。至 2022 年 6 月，欧美纺织品服装开始去库存引起全球棉价下跌。在这样的背景下，棉花期货价格发现功能发挥良好，全年期现货价格相关性达到 0.98，但是价格发现功能比 2020/2021 年度有所下降。

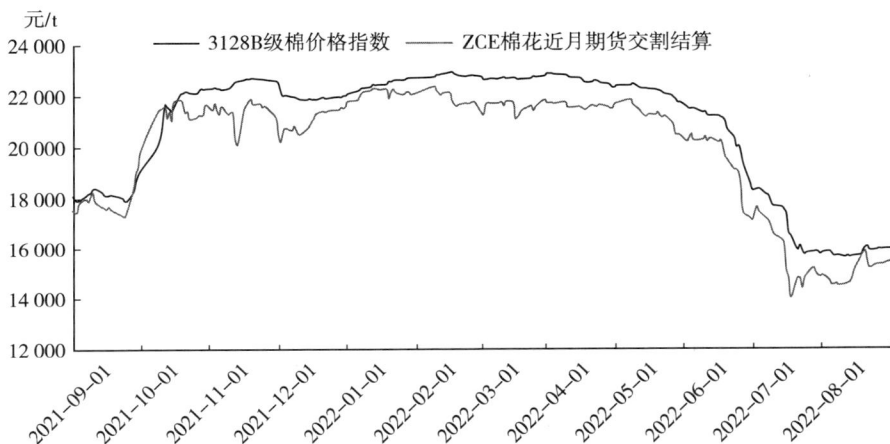

图 1-20　2021/2022 年度棉花期现货价格运行情况

（二）流动性快速提升，有利于产业套期保值

棉花期货成交量和持仓量同比增长较为明显，为棉花产业套期保值提供优良基础。自 2014 年棉花目标价格改革以来，棉花产业市场化程度逐步加强，现货价格波动加大，涉棉企业利用期货市场管理经营风险的需求强烈，棉花期货流动性处于较好水平。

1. 2019/2020 年度

棉花期货日均成交量和持仓量分别达到 40.5 万手和 55.0 万手，比上年度分别增长 81.0％和 33.0％（图 1-21、图 1-22）。

从本年度各月来看，棉花期货流动性显著加强，日均成交量在 2020 年 3 月达到年度最高，当月日均成交达到 56.7 万手；日均持仓量从 2020 年 9 月开始稳步提升，在 2020 年 1 月达到 67.7 万手，为本年度最高（图 1-22、图 1-23）。

2. 2020/2021 年度

棉花期货日均成交量 46.0 万手，同比上升 14.0％；持仓量达到 61.5 万手，同比下降 15.0％，表明棉花期货流动性继续增强。

从本年度各月情况来看，日均成交量在 2020 年 10 月达到年度最高，当月日均成交达到 78.0 万手；日均持仓量从 2020 年 9 月开始稳步提升，于 2021 年

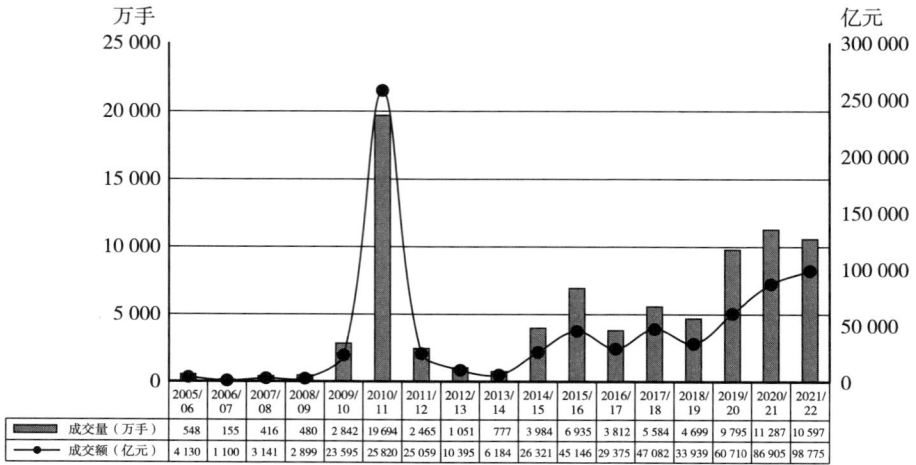

图 1-21　2005—2021 年棉花期货年度累计成交量和成交额

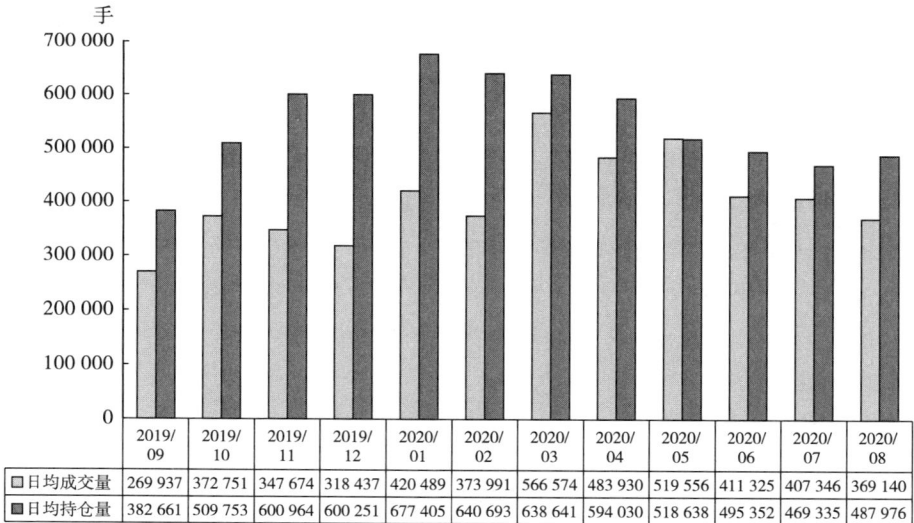

图 1-22　2019/2020 年度各月棉花期货日均持仓和成交情况

3 月达到 71.9 万手（图 1-23、图 1-24）。

3. 2021/2022 年度

棉花期货日均成交量和持仓量分别达到 43.8 万手和 59.6 万手，同比分别下降 5.0% 和 3.0%，表明棉花期货流动性在降低。

从本年度各月情况来看，日均成交量在 2022 年 7 月达到年度最高，当月日均成交达到 80.5 万手；日均持仓量从 2021 年 11 月持续下滑，2022 年 5 月

手

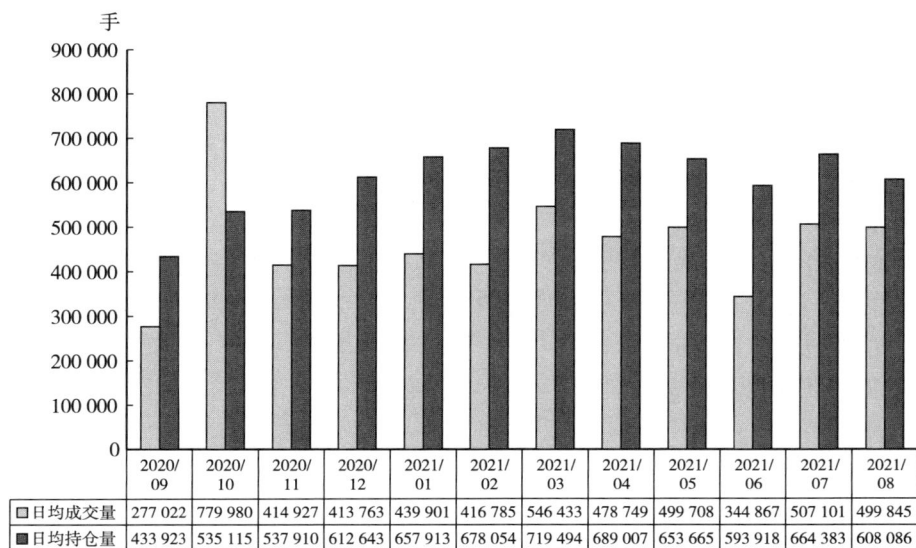

	2020/ 09	2020/ 10	2020/ 11	2020/ 12	2021/ 01	2021/ 02	2021/ 03	2021/ 04	2021/ 05	2021/ 06	2021/ 07	2021/ 08
日均成交量	277 022	779 980	414 927	413 763	439 901	416 785	546 433	478 749	499 708	344 867	507 101	499 845
日均持仓量	433 923	535 115	537 910	612 643	657 913	678 054	719 494	689 007	653 665	593 918	664 383	608 086

图 1-23 2020/2021 年度各月棉花期货日均持仓和成交情况

降至本年度最低 46.9 万手后回升，2022 年 8 月升至 84.2 万手，为本年度最高（图 1-24）。

手

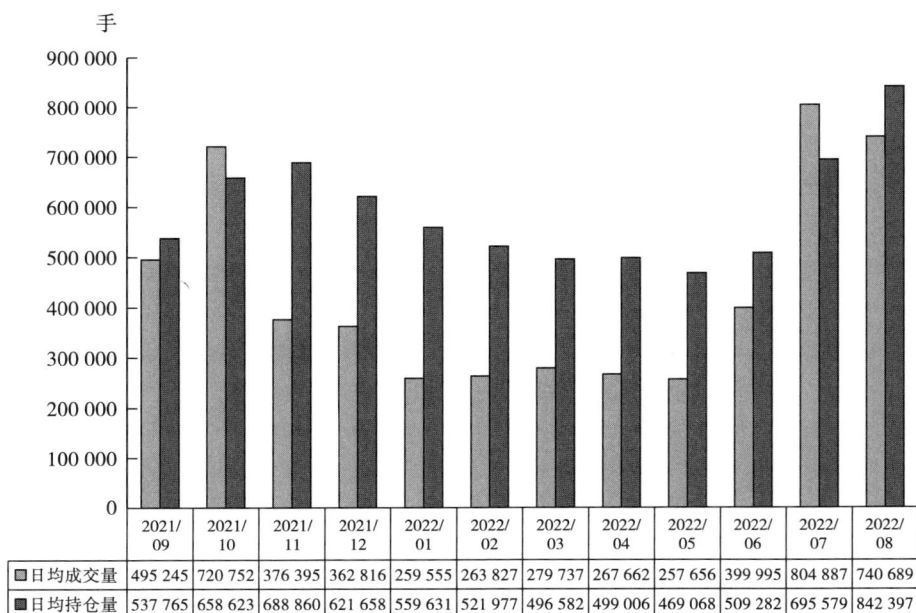

	2021/ 09	2021/ 10	2021/ 11	2021/ 12	2022/ 01	2022/ 02	2022/ 03	2022/ 04	2022/ 05	2022/ 06	2022/ 07	2022/ 08
日均成交量	495 245	720 752	376 395	362 816	259 555	263 827	279 737	267 662	257 656	399 995	804 887	740 689
日均持仓量	537 765	658 623	688 860	621 658	559 631	521 977	496 582	499 006	469 068	509 282	695 579	842 397

图 1-24 2021/2022 年度各月棉花期货日均持仓和成交情况

（三）棉花期货交割量减少及主要原因

近几个年度，因新冠肺炎疫情防控，流动性受到严格限制，棉花现货销售和库存转运都很困难，出现持仓量减少和期货交割量减少局面。

2019/2020 年度，仓单注册意愿上升。2020/2021 年度，棉花从轧花厂直接交到纺企，仓单注册量减少。2021/2022 年度，期货价格几乎无法覆盖籽棉收购成本，仓单注册意愿不足，导致仓单注册量减少。

实际注册仓单情况，2019/2020 年度，棉花期货的注册仓单最高达到 37 438 张（1 张＝8 手 40t），折合棉花 149.75 万 t。2020/2021 年度，棉花期货的注册仓单最高达到 21 417 张，折合棉花 85.67 万 t。2021/2022 年度，棉花期货的注册仓单最高达到 18 506 张，折合棉花 74.02 万 t（图 1-25）。

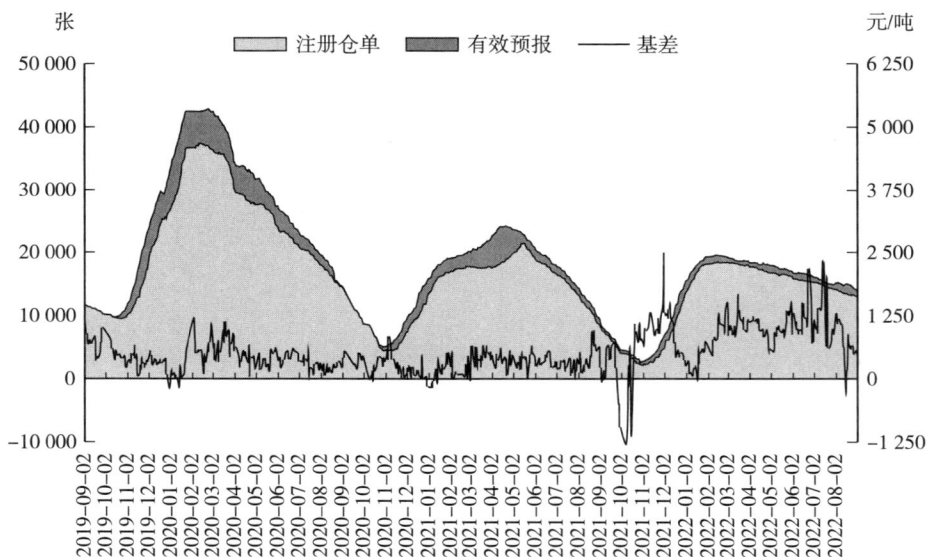

图 1-25　2019/2020—2021/2022 年度棉花期货仓单数量与基差情况

从基差情况分析来看，新棉上市期间，棉花期货、现货基差（现货与期货近月合约价差）在 2020 年 1 月下旬、2020 年 12 月、2021 年 2 月上旬和 2022 年 1 月由正转负。

二、国内外棉花市场影响因素分析

近 3 个年度国内外棉花现货、期货市场价格先震荡上行，后迅速下跌，之后价值出现修复现象。按照不同阶段，影响棉花期现货价格运行的主要因素总结如下：

(一) 2019/2020 年度

1. 新冠肺炎疫情对国内棉花市场行情产生重大影响

2019/2020 年度初期，棉花期现货价格呈现迅速恢复态势。当年度伊始，中美贸易关系出现缓和，2019 年 10 月，中美约定在 2020 年 1 月签订新的贸易协议，降低了不确定性对国际贸易的影响，纺织企业开始备货采购棉花和棉纱线，棉花期现货市场价格得到同步改善，CC Index3128B 从年度初期的 12 985 元/t 迅速回升至 2020 年 1 月中旬的 13 996 元/t，与此同时，棉花期货主力合约自 12 435 元/t 涨至 14 450 元/t。

针对 2020 年年初新冠肺炎疫情快速扩大形势，我国采取严厉封锁措施，1—3 月的封锁导致物流中断，工厂无法复工，订单被迫转移到东南亚。郑棉近月合约从 13 910 元/t 跌至 10 280 元/t；现货价格方面由于强有力的封锁控制，中国较快较早地控制了新冠肺炎疫情，4 月开始全国逐步复工复产，2020 年 5 月中国国内服装终端消费恢复到疫情前水平。东南亚、南亚由于疫情导致工厂停工，国际订单回流至国内。海外疫情导致居家办公，家纺类产品需求替代了服装需求，至 2020 年 7 月，国内家纺工厂满负荷都无法完成订单。尽管国内纺纱厂和织布厂都在主动去库存，但需求的持续改善导致棉价稳步回升。现货价格方面，CC Index3128B 指数继续从年内低点开始回升，回升至 12 708 元/t。

2. 新冠肺炎疫情对国际棉花市场行情的影响

2019/2020 年度初期，受中美贸易关系从紧张到缓和的影响，国际棉花价格 Cotlook A 指数从 70 美分/磅逐步上涨至 80 美分/磅，ICE（Intercontinental Exchange，美国洲际交易所）棉花期货价格从 58 美分/磅上涨至 71 美分/磅。2019 年底，全球新冠肺炎疫情显现，2020 年 3 月欧美疫情暴发，同样采取限制出行，居家办公，在网购程度相对欠发达的欧美，服装零售迅速萎缩，但物流限制特别是航运封锁导致欧美服装供销两弱。此时 ICE 近月合约跌破 50 美分/磅，创下近 11 年来低点。2020 年 4 月，东南亚、南亚等主要棉纺国疫情恶化，订单开始回流到中国。美联储应对疫情"大放水"，伴随疫情的缓解，消费开始回升。加上气候不利，美国主产区因干旱棉花减产也推升了棉价。据 ICAC 2023 年 3 月数据，2019/2020 年度全球棉花产量 2 627 万 t，消费 2 305 万 t，全球期末库存增幅高达 14.4%，增量达到 341.4 万 t（见第一章第三节），又因美联储流动性大幅增加，欧美服装有补库需求，棉价稳步回升（图 1-26）。

2019/2020 年度，国内外走势基本一致。前期受中美贸易关系改善的影响棉价上涨，又受新冠肺炎疫情的冲击棉价迅速下跌，无论是现货 Cotlook A 指数还是 ICE 期货价格的波幅，都比 2018/2019 年度缩窄。Cotlook A 指数在 59.15 美分/磅至 80.20 美分/磅区间内波动，年度波幅 21.05 美分/磅；ICE 棉花期货价

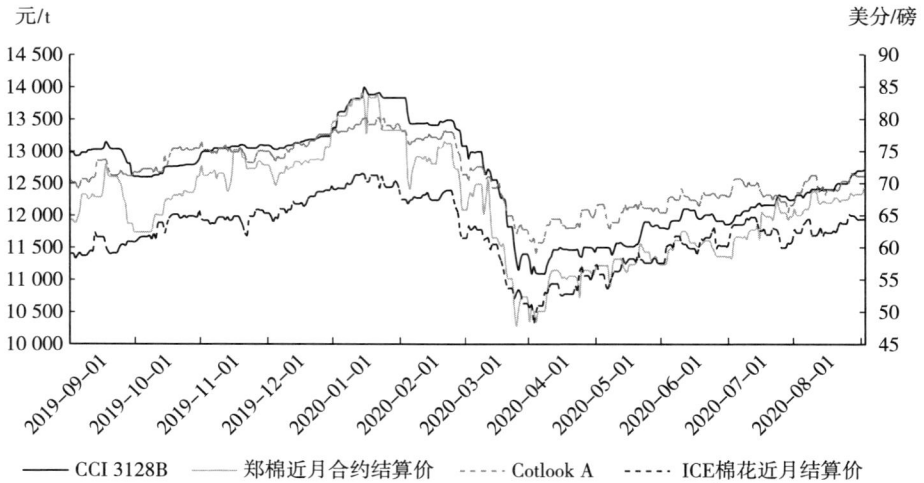

图 1-26　2019/2020 年度国内外棉花期现货价格波动情况

格先涨后跌，近月交割收盘价在 48.41 美分/磅至 71.53 美分/磅之间波动，年度波幅 23.12 美分/磅，二者波幅均较 2018/2019 年度持平略减（图 1-27）。

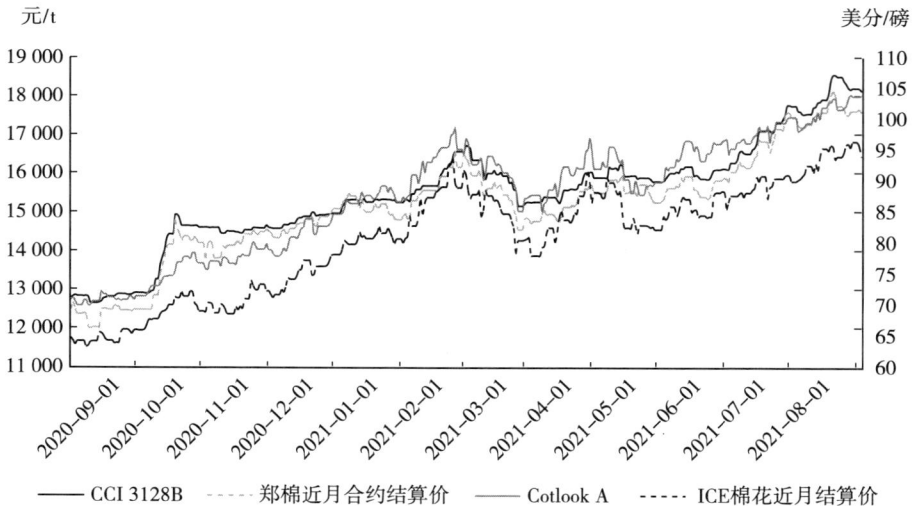

图 1-27　2020/2021 年度国内外棉花期现货价格波动情况

（二）2020/2021 年度

1. 国内棉花市场行情

2020/2021 年度我国棉花现货、期货市场价格总体呈现震荡上行的格局。按照不同阶段，影响棉花期现货价格运行的主要因素总结如下：

2020/2021 年度初期，海外市场消费恢复，2020 年中期因受疫情的影响，国际物流装运能力显著下降，导致春装秋卖之后，库存下降，同时又由于夏季物流原因，冬季服装备货量不足，国际服装品牌在 2020 年 9 月确认消费改善预期后，在中国大量投放订单，导致国内在 2020 年疫情后储备的库存迅速消耗殆尽，纺企持币采购疆棉，JC60ˢ（精梳纯棉 60 英支纱）的利润曾一度高达10 000 元/t，直接把新疆新棉收购价格抬高 2 500～3 000 元/t 上涨到 14 500～15 500 元/t。尽管中国出口高速增长，但疫苗尚未问世，群体免疫遥遥无期，冬季疫情高发，群众被迫居家隔离，以欧洲为首的海外消费市场 2020 年 11 月转差，服装滞销，导致 2021 年 3 月春节过后，纺企没有盼到订单，棉价回落至 15 000 元/t。美国再一次提高对疆棉的限制，郑棉主力合约结算价跌至14 285元/t。

2021 年 4—5 月，随着欧洲消费的逐步恢复，东南亚疫情再度恶化引起订单强势回流国内，棉价继续上调。此时，供应链金融①开始大量储备棉纱，引起纺企成品库存的降低，但社会面纱线的库存也开始增加。供应链金融在 2021 年成为市场新势力，货币宽松，低价囤货成为市场新常态，纱厂全款预售纱线。这种现象导致了纱厂成品库存的降低，布厂的原料库存也降低。海外服装厂下单也从原来的一家一个月改为 3 家各 10d，接单后，布厂直接从纱线贸易商提货织布，时间缩短很多。

2021 年 7 月，物流也对"金九银十"产生一定影响，结果使旺季时间提前到来，包括海外服装品牌商受到物流影响提前下单。加上气候异常新疆积温不足引发减产预期，双重因素推升棉价升至 18 600 元/t。2021 年 8 月，随着国外疫苗的接种增加，人员出行恢复，家纺需求迅速转弱，叠加国内疫情导致需求不佳，纺织品服装订单下降。CC Index3128B 从年度初期的12 771 元/t 迅速上涨到 2021 年 3 月 16 711 元/t，随后回落至 7 月的 15 148 元/t，再反弹至8 月的 18 542 元/t。同时期，棉花期货主力合约自 13 125 元/t 上涨到 2021 年 3 月的 17 080 元/t，随后回落至 7 月的 14 285 元/t，再反弹至 8 月的 18 185 元/t。

2. 国际棉花市场情况

2020/2021 年度初期，国际棉花价格的 Cotlook A 指数从 69.80 美分/磅涨至 103.90 美分/磅，ICE 棉花期货价格由 65.33 美分/磅涨至 92.53 美分/磅。2020 年 9—10 月，美国货币宽松，欧洲疫情缓和，服装补库需求旺盛，棉价反弹。2020 年 11 月开始，欧洲疫情暴发，服装消费迅速转弱，负反馈持续到2021 年春节后，市场预期补库落空，棉价下跌。2021 年 3 月，欧洲疫情逐步

---

① 供应链金融（Supply Chain Finance），商业银行信贷业务的一个专业领域（银行层面），也是企业尤其是中小企业的一种融资渠道（企业层面）。

得到控制，线下促销消化滞销库存，国际采购需求恢复。2020/2021 年度全球棉花产量 2 432 万 t，消费量 2 632 万 t，产小于需，棉花进入去库存阶段，引导棉价上涨。

2020/2021 年度，国内外走势基本一致，分析认为，国内总体仍受去库存大环境的影响，价格整体走高。国际现货 Cotlook A 指数和美国期货波动范围均加大。Cotlook A 指数在 69.80 美分/磅至 103.90 美分/磅区间内波动，年度波幅 34.10 美分/磅；ICE 棉花主力期货价格在 65.33 美分/磅至 95.60 美分/磅之间波动，年度波幅 30.27 分/磅，现货波幅大于 2019/2020 年度，期货波幅同比缩窄（图 1-27）。

（三）2021/2022 年度

1. 国内棉花市场行情

2021/2022 年度我国棉花现货、期货市场价格总体快速上行，呈现高开高走态势，按照不同阶段，影响棉花期现货价格运行的主要因素总结如下：

2021 年 9 月，受流动性充裕以及炒作影响，国内新棉开秤价格"高开高走"，籽棉收购价格和现货收购价格越来越高，期货主力 CF2201 合约从 2021 年 9 月 22 日的 17 030 元/t，涨至国庆节前的 20 005 元/t，国庆节后继续攀升，10 月 18 日达到了 22 960 元/t，累计涨幅近 6 000 元/t，涨幅高达 34.8%。

针对现货价格大幅上涨，2021 年 10 月 7 日，中国储备棉公司和全国棉花交易市场根据国家有关部门要求发布《2021 年中央储备棉投放竞价交易办法》，并要求拍储方仅限纺织用棉企业，只能本企业自用，不得转卖。这次投放分为两轮，第一轮储备棉拍卖投放 60.26 万 t，成交 37.47 万 t，成交率 62.2%。第二轮中央储备棉计划投放 60 万 t，至 11 月 30 日，实际投放 29.56 万 t，成交 19.74 万 t，成交率 66.8%。10—11 月投放总量 91.2 万 t，成交量 57.24 万 t，成交比例 62.8%，平均成交价格 18 930 元/t，折 3128B 级棉价格 20 565 元/t。

储备棉的投放对抑制新疆新棉收购价格上涨有一定作用，但实际上期货价格相对新棉成本仍有比较优势。由于轧花厂产能严重过剩，疆棉减产预期导致轧花厂抢购推高收购价格。

需求方面，2022 年，随着新冠肺炎疫苗接种率的持续增加，新冠肺炎特效药的问世，欧洲市场有望恢复正常，欧债问题在 2022 年发生的概率较低。2021 年美国服装与配饰零售额 3 005 亿美元，比 2019 年增加 11.9%。但 2021 年欧洲消费总额只恢复到疫情前的九成，消费的恢复将维持欧美服装的高水平。

纺企亏损严重，开机下滑。2021 年 10 月至 2022 年 5 月，即期纺纱亏损超过 1 000 元/t。2021 年因囤积棉纱导致表观需求增加，加上美国需求转移，国内疫情多点散发，2022 年 2 月，国内纱价见顶，纱线社会库存不再增加，2022 年 6 月下跌，纱线贸易采取抛货助跌。

2022 年 1—2 月北京冬奥会拉动内需。3—5 月上海封城抑制国内消费，随后国内多点散发也影响了内需。2022 年 5 月国际物流紧张局面开始缓解，6 月沃尔玛为首的海外纺织品服装品牌发现补库时重复下单的漏洞，开始打折促销，减少订单减少库存，导致代工国家的新接单量锐减，棉价回落至 15 739 元/t。

2. 国际棉花市场行情

从供应端来看，2021/2022 年度美国棉花上市推迟，加上运输链的运力紧张，出口降至 2016/2017 年度的最低水平，导致国际供应减少（图 1-28）。

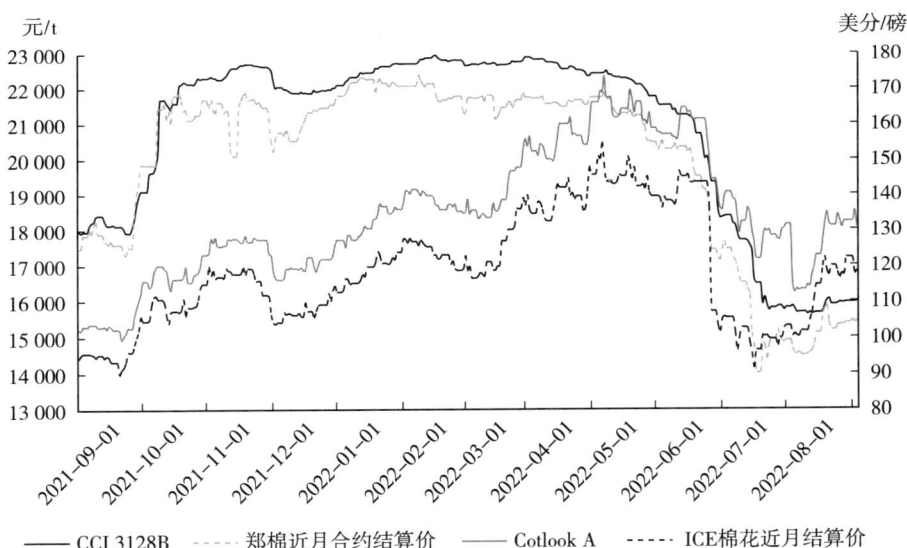

图 1-28　2021/2022 年度国内外棉花期现货价格波动情况

2021/2022 年度初期，美国 ICE 主力合约 CT2212 合约从 2021 年的 91.00 美分/磅，涨至 2021 年 10 月 18 日的 107.20 美分/磅，涨幅 17.8%。

2021/2022 年度，北半球棉花供应偏紧格局受到美棉上市延后、印度棉上市慢和巴基斯坦上市量不足的影响，供给端的延后是推动棉价持续上涨的关键因素。2021 年 12 月 26 日，万事达卡发布的一份报告显示，11 月 1 日至 12 月 24 日的假日购物季，美国圣诞假期的服装销售额同比增加 47.0%，表示市场对需求不稳的担心烟消云散，美棉主力合约 CT2203 从 12 月 23 日的收盘价 109.15 美分/磅涨至 2022 年 1 月 31 日的 127.52 美分/磅。

2021/2022 年度初期，美国消费持续强劲，欧洲需求持续恢复，海外低库存问题亟待解决，2021 年 5—8 月海外受到疫情影响，订单回流，市场预计 2021/2022 年度后期仍回流。随着南亚、东南亚从疫情中恢复，棉花抢收已成定局，北疆机采籽棉超过 11 元/kg，随后南疆机采棉最高 12 元/kg，折合皮棉超过 25 000 元/t，1% 关税进口利润超过 3 000 元/t，棉—涤的价差超过 14 000 元/t，棉—黏（胶纤维）的价差超过 8 000 元/t，国产棉价没有竞争力。值得一提的是，这一段时间美国严格执行"疆棉禁令"，国内出口强预期需求落空对现货价格的上涨产生较大抑制。

再看印度，该国棉花产量从 2020/2021 年度的 601 万 t 降至 2021/2022 年度的 531 万 t。美国补库从中国转移至中国以外的其他产地，主要是印度，2021 年 7 月开始至 2022 年 2 月，CAI（印度棉花协会）口径下的纺织用棉日耗量持续创新高，随着印度本土需求和出口需求持续强劲，本土棉花库存迅速下降，领涨全球棉价。加上印度执行 10% 的棉花进口关税由 2022 年 4 月 7 日豁免至 2022 年 10 月 31 日，也是引起棉价上涨的因素。

此时，南半球棉花上市时间推迟，其中 2021/2022 年度巴西产量从 300 万 t 逐步下调，出口时间推迟了 2 个月，澳大利亚也因为降水导致棉花上市推迟。另外，美国棉花出口签约超卖，优先交付高基差订单，中国棉花产量充足但海外补库有非疆棉的偏好，多种因素的综合作用最终导致棉花进口亏损超过 6 000 元/t。

三、2022/2023 年度棉花市场展望

2022 年 9—12 月，疫情防控对全国主产区新疆棉花的采收、交售、加工和公检产生很大的影响，最主要问题是时间延后，期货、现货和收购价格也跟随回落，全球棉花价格呈现震荡下行的状态。

在国内供给端，2022 年中国棉花大丰收，至 2023 年 4 月 20 日，新疆公检皮棉产量 614.8 万 t，加上新疆以外省份的产量 80.0 万 t，全国棉花产量 690 万～700 万 t，为历史上的第四个高产年景。

2022 年末，我国新冠肺炎疫情防控进入"乙类乙管"阶段，2023 年年初国内经济社会活力恢复，活跃度提高，第一季度 GDP 增长 4.5%，国民经济和社会发展步入正常态势，未来前景可期。

在全球供给端，2022/2023 年度全球棉花供给水平仍以气候变化和粮棉比价为主要影响因素。

在国内外消费端，2022/2023 年度，随着欧美发达国家从服装补库变成去库，对内打折促销、对外减少采购成为影响国际需求的主要原因。以美国为首的"疆棉禁令"影响力减弱，国产棉大幅贴水进口棉的情况将有所改善。中国

疫情管控对出行、生产和消费的影响持续，随着疫情的影响减弱，管控放松，出清的国内行业库存将迎来重建，内需逐步恢复。然而，出口仍存在高度的不确定性，欧美发达国家大的高通胀和需求韧性，将导致央行加息，减少全球流动性，打击消费，抑制通胀。海外的高成本原料仍会导致南亚、东南亚纺企亏损，随后进入利润修复阶段。

预计 2022/2023 年度，在供需双降的格局下，全球棉花供需矛盾呈现缓和、供大于求和期末库存增加的状态（见本章第三节），现货和期货整体运行区间偏窄，预计变化幅度为 12 000～16 000 元/t。

（撰稿：毛成圣）

第一节　棉区天气和棉花长势

一、2020—2022 年全国棉花长势

2020 年，中国棉花生长指数 119.1，棉花长势好于上年近两成，是棉花丰收年景，总产 591.0 万 t，实际产量突破 600 万 t，在新冠肺炎疫情严格防控背景下棉花生产好、开局良好（表 2-1）。

表 2-1　2020—2022 年全国棉花生长季节（4—10 月）气候要素

年份	CCGI 年均值	≥10℃ 活动积温 （℃）	≥15℃ 活动积温 （℃）	≥20℃ 活动积温 （℃）	4—10 月 降水量 （mm）	年降水量 （mm）	4—10 月 日照时数 （h）
历年	100.0	4 155	3 588	2 524	193	244	1 840
2020	119.1	4 358	3 807	2 682	200	250	1 760
2021	81.1	3 823	3 238	2 245	226	299	1 930
2022	127.0	4 895	4 459	3 664	110	130	1 967

注：①全国按各年各棉区面积权数进行加权。长江流域棉区、黄河流域棉区和西北内陆棉区权数，历年为 8.224 3、9.273 9 和 82.537，2020 年为 9.007 8、11.055 0 和 79.937 2，2021 年为 7.695 9、8.670 7 和 83.633 4，2022 年为 7.969 3、8.096 0 和 83.934 6。②CCGI 仅为西北内陆棉区。

2021 年，中国棉花生长指数 81.1，棉花长势差于上年近两成，是一个减产年景，突出问题是气候灾害偏重，主产区新疆早熟性不够，迟发晚熟与烂铃，品质下降。

2022 年，中国棉花生长指数 127.0，棉花长势好于上年近两成，又是一个丰产年景。受 2021 年的高价拉动，棉花生产呈现"三增"态势——面积增、单产增和总产增。根据公检数据，2022 年新疆棉花总产突破 600 万 t 达到 614.8 万 t，黄河棉花产量也较好，全国总产达到 690 万 t，创历史上第四个高产年景。

二、2020—2022 年全国棉区气象指标

（一）棉区主要气象指标变化

1. 日照时数

4—10 月全国棉区日照时数，与历年相比，2020 年少 80h、2021 年多 90h 和 2022 年多 127h。其中 2021 年黄河夏秋连涝，光照不足（表 2-1）。

2. 积温增减相间，整体增加

与历年相比，4—10 月全国棉区 ≥10℃ 活动积温，2020 年多 204℃，2021 年少 332℃，2022 年多 740℃。≥20℃ 积温，2020 年多 159℃，2021 年少 279℃，2022 年多 1 141℃。数据显示，2020 年全国棉区热量丰富；2021 年全国棉区热量不足，黄河夏秋连涝与西北内陆棉区前中期气温偏低。2022 年热量更加丰富，长江流域棉区和西北内陆棉区高温来得早持续时间长。

3. 降水量增减相间，整体偏少

与历年相比，4—10 月全国棉区降水量，2020 年多 7mm，与历年相近。2021 年多 33mm，其中黄河流域夏秋连涝，致降水量增加。2022 年少 82mm，长江流域棉区夏秋连旱和西北内陆干旱致降水量减少。

（二）气候灾害和棉花受灾情况

2020 年，是气候灾害偏轻年景，也是棉花灾害偏轻年景。棉田受灾面积 2 886.0 万亩次，占播种面积比例为 57.5%，棉田成灾面积占播种面积比例为 15.4%。其中长江中游秋涝秋湿对棉花危害最大，全国棉花遭遇渍涝、冰雹等绝收面积 28.1 万亩（表 2-2）。

2021 年，是气候灾害偏重年景，也是棉花灾害偏重年景。棉田受灾面积 3 315.3 万亩次，占播种面积比例为 69.1%，棉田成灾面积 1 560.1 万亩次，占播种面积比例为 32.5%，棉花绝收面积 54.3 万亩。主要有黄河积涝、西北前中期低温、强寒潮、大风沙尘、降雪以及冰雹等。绝收面积为近几年最大。

2022 年，是气候灾害偏重年景，但为棉花灾害相对偏轻年景。棉田受灾面积 4 130 万亩次，占播种面积比例为 75.1%，棉田成灾面积 2 530.0 万亩次，占播种面积比例为 46.0%。长江中游棉区遭遇夏秋高温连旱，棉花生长遭受抑制；西北内陆棉区高温出现时间早，持续时间长，南疆较大面积遭受高

温热害。绝收面积 10 万亩，为近几年最小。

表 2-2　2020—2022 年全国棉花灾害情况统计（截至 10 月 31 日）

项目	受灾面积 （万亩次）			受灾面积占播 种面积比例 （%）			成灾面积 （万亩次）			成灾面积占 播种面积 比例（%）			绝收面积 （万亩）		
	2022年	2021年	2020年	2022年	2021年	2020年	2022年	2021年	2020年	2022年	2021年	2020年	2022年	2021年	2020年
气候灾害	2 000.0	1 465.6	1 131.1	36.0	30.5	22.5	800.0	755.5	352.3	14.5	15.7	7.0	10.0	54.3	28.1
病害	300.0	658.7	440.4	5.5	13.7	8.8	200.0	756.5	302.4	3.6	15.8	6.0	0	0.0	0.0
虫害	1 500.0	1 154.3	1 274.6	27.3	24.1	25.4	1 500.0	556.5	101.9	27.3	11.6	2.0	偶见	0.0	0.0
其他灾害	30.0	36.9	39.7	0.5	0.8	0.8	30.0	439.3	15.6	0.5	9.2	0.4	0	0.0	0.0
合计	4 130.0	3 315.3	2 886.0	75.1	69.1	57.5	2 530.0	1 560.1	772.2	46.0	32.5	15.4	10.0	54.3	28.1

（三）病虫草害

棉花苗病，除 2021 年发生危害相对偏重以外，其他年份相对轻些，枯萎病、黄萎病在高温年景受到明显抑制。西北内陆新疆棉区烂铃遭受危害面积较大，但并没有受到植保界的重视。

全国棉区局部棉蚜、红蜘蛛、棉蓟马、盲蝽等虫害也为较大危害。高温年景局地棉蚜、红蜘蛛暴发。

棉铃虫在西北内陆新疆棉区呈危害加重趋势。2022 年因高温持续时间长，危害加重，其中长绒棉因完全为非转 Bt 基因抗虫棉，危害更为严重，少数防治不到位几乎绝产。陆地棉因种植非正规转 Bt 基因抗虫棉，抗虫能力受到极大影响。解决新疆转基因抗虫棉的历史遗留问题刻不容缓。

另外，近几年，棉花生产过程中的意外事故呈现多发趋势。其中农药特别是除草剂、化肥、灌溉等药害、肥害、机械作业等造成较大面积危害，有的不得不大面积重播，有的棉花植株死亡导致严重减产减收。这与新产品的适应性不够、应用技术指导不到位，以及违规经营、农户盲目追新等有紧密关系。

（四）棉区新冠肺炎疫情对棉花生产的影响

2020 年初（1—3 月）全国特别是武汉新冠肺炎疫情暴发，积极推动复工复产，棉花播种得到保证。年中（7—8 月）主产棉区新疆乌鲁木齐市局地暴发，实行居家防疫，生产管理特别是灌溉次数减少对棉花品质造成很大的不利影响，年尾（10 月）新疆喀什地区局地疫情暴发对采收交售有影响。

2020 年 7 月，乌鲁木齐市局地新冠肺炎疫情暴发，自 7 月 13 日到 9 月 1 日新疆居民实行居家隔离，持续时间长，因限制人员流动对棉花关键期管理——施肥、灌溉、病虫害防治、除草均造成很大负面影响。

2020年10月24日，喀什地区疏附县发现疫情，居家隔离至11月20日，对棉花采收、交售、加工有不利影响，但因在棉花的收获后期，影响有限。

2021年7月下旬到8月，江苏省南京市、扬州市、河南省郑州市局地疫情散发对棉花生产造成影响不大，因为两省棉花面积很少。

2021年8月14日，博尔塔拉蒙古自治州新冠肺炎疫情散发，居家隔离至9月4日对棉花生产管理有影响。但博州（精河县和博乐市）和兵团第五师双河市棉花面积比例不大，总产约30万t，仅占6%，影响不大。

2021年10月，伊犁哈萨克自治州（包括兵团第四师和察布查尔锡伯自治县，棉花面积更少，总产约5万t）疫情散发对棉花采收进度有影响，后组织机械化采收问题得到解决。

2022年8月底至12月，疫情防控限制人员流动，对新疆棉花化学脱叶、采收、销售、加工、公检等造成很大困难，整体时间滞后2个月。由于各地采取应对措施，销售和加工延后到2月。由于脱叶到采收时间延后，脱叶落叶较为干净，籽棉叶屑杂质含量减少，对纤维品质损害减轻。

棉花是技术性极强的大田经济作物，技术培训和现场指导对提高管理水平具有重要作用。因疫情管控对人员流动采取限制，近两年棉花线下技术培训、面对面经验交流和观摩活动减少了许多，对提高植棉者科技种田水平有不利影响。

三、主产棉区气候特征

分区看，近两年棉花灾情极为反常。长江中下游棉区2020年夏涝连秋湿灾情偏重，2021年春夏秋灾情偏轻，年景相反。黄河2020年灾情偏轻，2021年夏涝连秋涝，降水极多，湿度大，灾情重，年景也相反。西北内陆2020年虽有春旱连初夏干旱，中期得到补偿；2021年春季多次大面积大风沙尘、降水降雪导致补种、重播和改种，棉花普遍迟发、晚熟，也是一个相反的年景。2022年虽然为高温气候灾害偏重年景，但因全国棉区以新疆灌溉为主，为丰收年景。

（一）长江流域棉区

2020年，4—10月≥10℃、20℃活动积温与历年基本持平，降水增加190mm，日照时数减少。其中夏涝连秋涝高湿导致吐絮不畅，"雨锈棉"和烂铃增加，品质下降（表2-3）。

2021年，4—10月≥10℃、20℃活动积温比历年减少113℃和21℃，降水增加63mm，日照时数减少。相对风调雨顺，虽然中期有些干旱，后期秋高气爽对棉花有利。

2022年，4—10月≥10℃、20℃活动积温比历年增加170℃和217℃，降水量减少256mm。其中夏秋连续高温干旱，棉花生长受到抑制，减产降质。如果抗旱浇水一次，籽棉将增产50kg，抗旱浇水两次，则增产100kg/亩。

表2-3 2020—2022年长江流域棉区棉花生长季节（4—10月）气候要素

棉区与亚区	≥10℃活动积温（℃）	≥15℃活动积温（℃）	≥20℃活动积温（℃）	4—10月降水量（mm）	年降水量（mm）	4—10月日照时数（h）
历年						
长江流域	4 931	4 803	3 934	890	1 174	1 317
中游	5 002	4 913	4 066	959	1 299	1 242
下游	4 727	4 464	3 544	865	1 154	1 371
南襄盆地	4 805	4 622	3 705	721	875	1 340
2020年						
长江流域	4 900	4 627	3 943	1 084	1 410	1 262
中游	5 005	4 785	4 089	1 236	1 659	1 216
下游	4 944	4 695	4 017	1 114	1 469	1 303
南襄盆地	4 750	4 402	3 723	903	1 103	1 266
2021年						
长江流域	4 818	4 434	3 813	953	1 129	1 289
中游	5 131	4 954	4 227	1 017	1 301	1 192
下游	4 643	4 145	3 575	1 110	1 243	1 404
南襄盆地	4 681	4 203	3 638	732	843	1 272
2022年						
长江流域	5 101	4 872	4 151	634	818	1 262
中游	5 209	5 028	4 387	698	998	1 216
下游	5 009	4 744	3 982	793	943	1 303
南襄盆地	5 084	4 845	4 085	412	512	1 266

（二）黄河流域棉区

2020年，4—10月≥10℃、20℃活动积温比历年增加79℃和292℃，降水增加53mm，日照时数增加75h。这一年天气相对平稳，整体对棉花有利（表2-4）。

表 2 - 4 2020—2022 年黄河流域棉区棉花生长季节（4—10 月）气候要素

棉区与亚区	≥10℃活动积温（℃）	≥15℃活动积温（℃）	≥20℃活动积温（℃）	4—10月降水量（mm）	年降水量（mm）	4—10月日照时数（h）
历年						
黄河流域	4 512	4 106	3 211	515	559	1 500
黄淮平原	4 633	4 299	3 372	637	737	1 434
华北平原	4 501	4 092	3 228	489	524	1 612
黄土高原	4 544	4 143	3 211	457	512	1 455
2020 年						
黄河流域	4 591	4 177	3 503	568	676	1 566
黄淮平原	4 758	4 404	3 742	676	851	1 473
华北平原	4 514	4 078	3 399	555	634	1 641
黄土高原	4 499	4 049	3 369	473	544	1 586
2021 年						
黄河流域	4 667	4 228	3 579	886	977	1 324
黄淮平原	4 828	4 459	3 816	981	1 103	1 327
华北平原	4 527	4 092	3 449	856	950	1 320
黄土高原	4 646	4 134	3 472	822	879	1 391
2022 年						
黄河流域	4 665	4 288	3 607	501	540	1 437
黄淮平原	4 552	4 162	3 411	523	510	1 413
华北平原	4 778	4 391	3 889	510	561	1 511
黄土高原	4 665	4 311	3 521	470	550	1 389

2021 年，4—10 月≥10℃、20℃活动积温比历年增加 155℃和 368℃，降水增加 371mm，日照时数减少很多。其中前中期有利，自郑州"7.20"水灾及夏秋连雨，秋涝秋湿严重，导致烂铃，采收困难。郑州"7.20"水灾之后接着黄河流域夏涝连秋涝，7 月 17 日到 10 月 7 日，华北（黄淮海平原）大部降水量 2 000mm 上下。其中 7 月 1 000～1 500mm，8 月 400～

600mm，9月300～500mm，10月国庆节期间200～250mm，7—9月日照时数减少30％。

华北棉花遭受雨淋（"雨锈棉"），吐絮进度慢，采收进度慢，因烂铃导致减产和降质的面积近500万亩（因植株高度高，棉铃果实在中上部没有绝产面积），产量由7月预期的增产转向平产或略减，品质遭受损害较大。

另外，黄河秋汛及华西秋雨对山西、陕西棉花不利，但该两省棉花面积比例不大，不影响全局棉花。10月山西、陕西遭遇华西秋雨秋汛，其中山西省平均降水量达119.5mm，是10月常年平均降水量的3倍以上，多个站点数据破建站以来的同期历史极值，农田积涝。黄土高原涝灾对棉花采收不利影响小，原因：虽然两省棉田主要分布在沿黄滩区，但棉田不大；10月棉花中下部已经采收，所受影响在中上部，相对较小。

2022年，热量正常，降水减少，秋阳秋爽有利于采收，为黄河流域棉花的丰产年景。

（三）西北内陆棉区

近3年，西北内陆棉区气候变化趋势呈完全相反走向，2020年和2022年热量丰富，呈现干热特征，2021年低温，呈现冷凉特征（表2-5）。

1. 2020年，热量丰富

4—10月≥10℃、20℃活动积温比历年分别增加244℃和399℃；降水量比历年减少39mm，日照时数比历年减少107h。主要特征为春旱、播种早、出苗早，大风、沙尘、强寒潮程度轻，影响面积小，虽然5—6月北疆遭遇干旱，通过补救可挽回损失，加上秋季天气正常，吐絮早收获早。

南疆亚区，2020年4—10月≥10℃、20℃活动积温比历年分别增加218℃和486℃；降水量比历年减少86mm，日照时数比历年减少156h。东疆与南疆趋势相似。

北疆亚区，2020年4—10月≥10℃、20℃活动积温比历年分别增加278℃和501℃；降水量比历年减少68mm，日照时数比历年减少41h。河西走廊与北疆趋势相似。

2. 2021年，热量减少，呈现冷凉特征

4—10月≥10℃、20℃活动积温比历年分别减少33℃和增加360℃；降水量比历年减少11mm，日照时数比历年减少98h。主要特征：绿洲棉区气候异常，大风沙尘、强寒潮低温霜冻、降雨降雪、冰雹天气频发，播种期延长，重播、补种面积大。据不完全统计，2021年4月下旬到5月中旬棉花补种和重播面积超过1 000万亩次，占播种面积比例近25.0％，为历史少有，不少棉田补种了好几次。播种期从3月下旬持续到5月22日，为历年最长，其中5月播种面积超过300万亩，也为历年最大。烂铃发生危害面积较大。

表 2-5 2020—2022 年和历年西北内陆棉区棉花生长季节（4—10月）气候要素

棉区与亚区	≥10℃活动积温（℃）	≥15℃活动积温（℃）	≥20℃活动积温	4—10月降水量（mm）	年降水量（mm）	4—10月日照时数（h）
历年						
西北内陆	4 037	3 409	2 306	87	116	1 930
南疆	4 248	3 615	2 431	54	64	1 862
北疆	3 669	3 036	2 024	140	197	2 015
东疆	4 937	4 474	3 704	19	23	2 084
河西走廊	3 260	2 717	1 713	101	111	2 127
2020 年						
西北内陆	4 281	3 780	2 705	58	77	1 823
南疆	4 466	3 838	2 917	47	55	1 706
北疆	3 947	3 615	2 320	76	111	1 974
东疆	5 225	4 873	3 819	13	22	2 047
河西走廊	3 747	3 339	2 463	74	81	1 856
2021 年						
西北内陆	4 004	3 654	2 666	76	108	1 832
南疆	4 196	3 745	2 691	63	73	1 732
北疆	3 649	3 458	2 525	100	164	1 965
东疆	5 101	4 555	4 072	19	23	1 978
河西走廊	3 892	3 570	2 823	66	76	1 433
2022 年						
西北内陆	4 539	3 980	2 767	60	100	1 796
南疆	4 779	4 223	2 976	46	52	1 684
北疆	4 116	3 559	2 337	85	175	1 937
东疆	5 645	4 975	4 551	4	6	2 039
河西走廊	4 242	3 816	3 216	69	175	1 346

注：数据由姚艳丽整理。

南疆亚区，2021 年 4—10 月≥10℃、20℃活动积温比历年分别减少 52℃和增加 260℃；降水量比历年增加 9mm，日照时数比历年减少 130h，气候呈现冷凉特征。东疆与南疆趋势相似。

北疆亚区，2021 年 4—10 月≥10℃、20℃活动积温比历年分别减少 20℃和 501℃；降水量比历年减少 40mm，日照时数比历年增加 50h，气候也呈现冷凉特征，河西走廊与北疆趋势相近。

3. 2022年，热量丰富，高温来得早持续时间长

4—10月≥10℃、20℃活动积温比历年分别增加502℃和461℃；降水量比历年减少1mm，日照时数比历年减少134h。主要特征：高温最早出现在6月中旬，并持续到8月初，时间长，高温热害覆盖棉区面积大。

南疆亚区，2022年4—10月≥10℃、20℃活动积温比历年分别增加531℃和545℃；降水量比历年减少7mm，日照时数比历年减少175h，呈现高热特征。东疆与南疆趋势相似。

北疆亚区，2022年4—10月≥10℃、20℃活动积温比历年分别减少447℃和313℃；降水量比历年减少55mm，日照时数比历年减少78h，也呈现高热特征。河西走廊与北疆趋势相似。

4. 气候与长势（图2-1）

2020年新疆棉花长势指数为111.9，表示棉花长势好于上年一成多，是丰产年景；2021年新疆棉花长势指数为81.1，表示棉花长势差于上年近两成，是减产年景；2022年新疆棉花长势指数为127.0，表示棉花长势好于上年近三成，是大丰产年景。

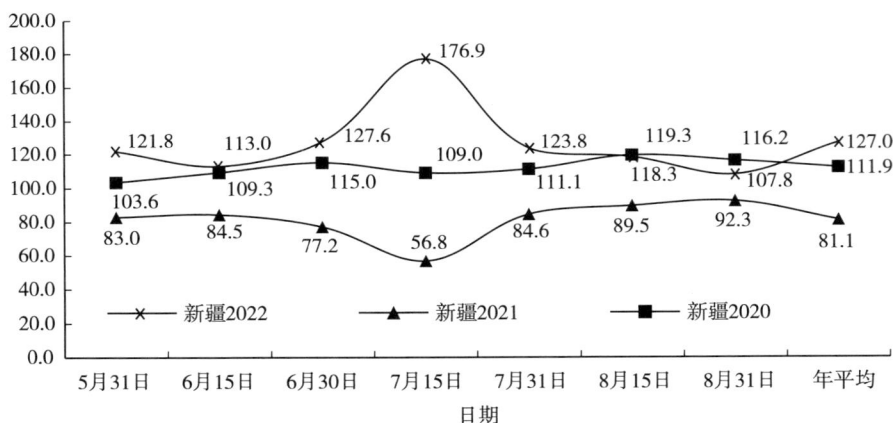

图2-1 2020—2022年和历年西北内陆新疆棉区棉花生长指数

南疆（图2-2）：2020年南疆棉花长势指数为108.2，表示棉花长势好于上年近一成，是丰产年景；2021年南疆棉花长势指数为80.2，表示棉花长势差于上年两成，是减产年景；2022年南疆棉花长势指数为120.6，表示棉花长势好于上年两成，是大丰产年景。

北疆（图2-2）：2020年北疆棉花长势指数为117.5，表示棉花长势好于上年近两成，是丰产年景；2021年北疆棉花长势指数为82.0，表示棉花长势差于上年近两成，是减产年景；2022 年北疆棉花长势指数为 136.7，表示棉花长势好于上年三成多，是大丰产年景。

此外前述新冠肺炎疫情对西北内陆新疆棉区的棉花长势也有影响。

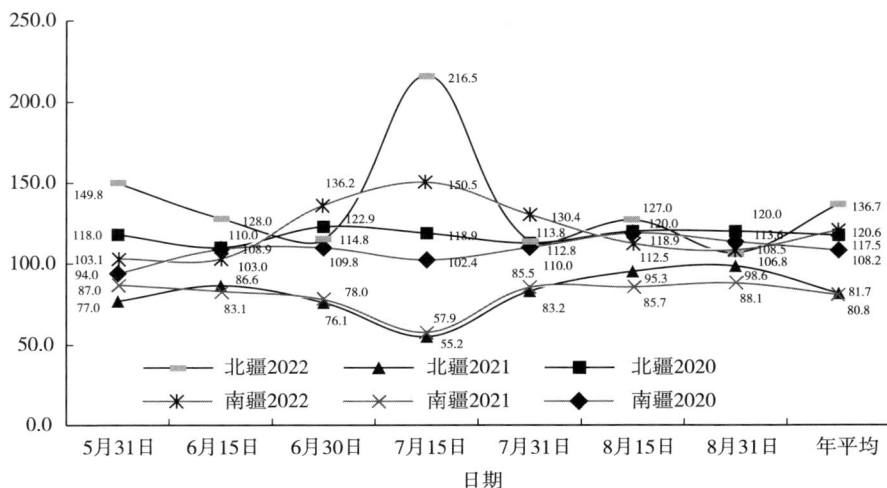

图 2-2　2020—2022 年和历年西北内陆南疆、北疆亚区棉花生长指数

四、产棉省区市主要气象要素和棉花长势

据中国棉花生产监测预警系统监测，进入 21 世纪，全国棉区气候异常加剧，光温水主要气候指标年际间变化十分异常。通过年际间的比较发现，日照时数增减相差好几百小时，夏季"冷凉"与高温热害在同一棉区和不同棉区交替出现；近几年活动积温普遍增加，极端高温与"夏凉、秋凉"几乎年年交替出现；年际间降水量增减幅度较大，旱涝转化和交替频繁发生，且分布极为不均。

在全球气候变暖条件下，极端异常气候加剧对棉花生产和生物学的深度影响要引起高度关注，应研究棉区气候变化特点，认识气候变化特征，寻找科学规律，及早从科研上研究技术措施对策，增强应对异常气候的主动性、能动性。

（一）从天气特征来看

综合来看，2020—2022 年全国棉花产区为主要天气特征如表 2-6。

1. 日照时数增减相间，增减幅度都较大

与本省份历年相比，4—10 月日照时数，长江流域棉区除湖南 3 年都增加以外，湖北、江西、安徽、江苏和浙江有增有减，其中 2022 年增加最多。黄河流域棉区的河北、河南和山东有增有减，其中 2021 年减少最多。西北内陆棉区新疆 3 年都减少，甘肃则有增有减。

表 2-6　各省份主产棉区棉花生长季节（4—10 月）气候要素

省份	年份	≥10℃ 活动积温 （℃）	≥15℃ 活动积温 （℃）	≥20℃ 活动积温 （℃）	4—10 月 降水量 （mm）	年降水量 （mm）	4—10 月 日照时数 （h）
湖南	历年	5 122	5 078	4 290	957	1 358	1 210
	2020	5 114	4 904	4 249	1 043	1 510	1 275
	2021	5 147	4 886	4 091	1 018	1 302	1 314
	2022	5 111	4 960	4 397	826	1 162	1 355
湖北	历年	4 912	4 791	3 899	851	1 077	1 266
	2020	5 001	4 794	4 117	1 320	1 722	1 137
	2021	5 119	4 879	4 086	796	1 042	1 218
	2022	5 317	5 132	4 451	599	957	1 304
安徽	历年	4 828	4 620	3 727	796	1 029	1 290
	2020	4 892	4 588	3 920	1 084	1 400	1 289
	2021	4 987	4 746	4 066	974	1 171	1 114
	2022	5 236	5 027	4 335	636	1 034	1 276
江西	历年	5 046	4 980	4 165	1 149	1 615	1 201
	2020	4 986	4 772	4 010	1 241	1 676	1 164
	2021	5 298	5 123	4 508	1 289	1 661	1 120
	2022	5 483	5 395	4 764	993	1 283	1 237
江苏	历年	4 619	4 297	3 347	797	998	1 437
	2020		4 735	4 398	3 702	961	1 555
	2021		4 791	4 398	3 783	1 144	1 412
	2022	4 898	4 568	3 877	697		1 458
浙江	历年	5 030	4 919	4 112	969	1 394	1 304
	2020	5 211	5 051	4 415	1 179	1 678	1 051
	2021						1 387
	2022	5 251	5 119	4 229	934	1 071	1 465
河南	历年	4 646	4 320	3 390	576	659	1 413
	2020	4 676	4 325	3 646	592	737	1 450
	2021	4 747	4 351	3 749	969	1 063	1 220
	2022	4 685	4 333	3 580	495	510	1 460

（续）

省份	年份	≥10℃ 活动积温 （℃）	≥15℃ 活动积温 （℃）	≥20℃ 活动积温 （℃）	4—10月 降水量 （mm）	年降水量 （mm）	4—10月 日照时数 （h）
河北	历年	4 488	4 070	3 213	480	512	1 629
	2020	4 499	4 079	3 357	506	559	1 630
	2021	4 466	4 034	3 382	878	957	1 466
	2022	4 806	4 426	3 932	500	561	1 566
山东	历年	4 520	4 117	3 185	548	598	1 595
	2020	4 554	4 090	3 493	550	668	1 652
	2021	4 619	4 183	3 542	857	976	1 446
	2022	4 655	4 189	3 698	736	826	1 555
甘肃	历年	3 260	2 717	1 713	101	111	1 952
	2020	3 747	3 339	2 463	74	81	1 856
	2021	3 892	3 570	2 823	66	76	2 179
	2022	4 242	3 816	3 216	69	175	2 015
新疆	历年	4 037	3 409	2 306	87	116	1 930
	2020	4 281	3 780	2 705	58	77	1 823
	2021	4 004	3 654	2 666	76	108	1 832
	2022	4 539	3 980	2 767	60	100	1 796
新疆 （南疆）	历年	4 248	3 615	2 431	54	64	1 862
	2020	4 466	3 838	2 917	47	55	1 706
	2021	4 196	3 745	2 691	63	73	1 732
	2022	4 779	4 223	2 976	46	52	1 684
新疆 （北疆）	历年	3 669	3 036	2 024	140	197	2 015
	2020	3 947	3 615	2 320	76	111	1 974
	2021	3 649	3 458	2 525	100	164	1 965
	2022	4 116	3 559	2 337	85	175	1 937
新疆 （东疆）	历年	4 937	4 474	3 704	19	23	2 084
	2020	5 225	4 873	3 819	13	22	2 047
	2021	5 101	4 555	4 072	19	23	1 973
	2022	5 645	4 975	4 551	4	6	2 039

　　数据来源：中国棉花生产监测预警数据。历年气象资料为 2000 年以前的 30 年。由王占彪、姚艳丽整理。

2. 热量丰富，气温呈典型的"热"特征，极端高温有害

与历年相比，4—10月≥10℃活动积温、≥20℃活动积温，长江流域棉区各省都明显增加，其中2022年增加最明显。黄河流域棉区的河北、山东、河南2022年增加也最明显。西北内陆棉区的新疆、甘肃增加较多，其中≥20℃活动积温2022年增加最明显。

3. 降水量增减相间

长江流域，湖南、湖北、江西、安徽、江苏（2020年减少）2020年和2021年增加，夏旱连涝；2022年都大幅减少，夏秋连旱特征最明显。黄河流域棉区的山东、河北3年都增加，其中2021年大幅增加，夏秋连涝。西北内陆新疆棉区3年都呈减少趋势，甘肃年降水量2022年增加。黄河流域棉区降水出现前移（4—6月）与后移（9—10月）的变化趋势明显，过去"春雨贵如油"的状况明显改善，后移往往导致棉花烂铃增加，品种降低。新疆绿洲棉区各季节都有降水，在塔里木盆地的周边可见大雨，出现地面湿润和棉田积水现象。

近3年，长江流域棉区、黄河流域棉区的台风过境次数明显减少。其中2021年黄河三角洲棉区遭遇台风，阴天寡照时间长，降雨集中，棉田内涝和棉花倒伏严重，中下部烂铃增多，严重影响了纤维发育和棉铃开裂吐絮。

（二）从长势和单产来看

2020年是气候平产年景；2021年是气候减产年景；2022年是气候丰产年景，单产提高，早熟性趋好。

（撰稿：毛树春、田立文、王占彪、杜远仿）

第二节　主要棉区棉花生产情况

一、长江流域棉区棉花生产情况

（一）面积、单产、总产都下降到历史的低位

近几年产能缩减。2019—2022年，长江流域棉区面积占全国比例从10.4％下降到8.0％，总产占比从6.4％下降到4.1％，单产低于全国33.5％下降到低于全国43.2％，棉花产能整体呈现明显的萎缩趋势（表2-7）。

2020年，长江流域棉花播种面积29.2万hm²，比2019年减少16.3％；产量29.7万t，比2019年减少20.8％。同样，湖北省棉花播种面积和产量也大幅减少。

2021年，长江流域棉花播种面积23.9万hm²，产量25.2万t。湖北省棉花播种面积同比减少。

表 2-7 近几年长江流域棉区及湖北省、湖南省棉花产能变化

单位：1 000hm²，万 t，kg/hm²

年份	长江流域棉区			湖北省			湖南省		
	面积	单产	产量	面积	单产	产量	面积	单产	产量
2019	348.8	1 173.0	37.5	162.8	882.0	14.4	63.0	1 299.0	8.2
2020	292.0	1 133.5	29.7	129.7	831.7	10.8	59.5	1 252.2	7.4
2021	239.3	1 174.6	25.2	120.7	902.4	10.9	60.2	1 337.9	8.0
2022	239.0	1 131.7	24.5	115.8	892.4	10.3	64.6	1 273.7	8.2

注：数据来自国家统计局。其中单产数据严重偏低，实际单产在 1 275～1 500kg/hm² 水平上。

2022 年，长江流域棉花播种面积 23.9 万 hm²，产量 24.5 万 t。同样，湖北省棉花播种面积和产量同比减少。当年长江中游夏秋连续高温干旱，籽棉单产下降。

（二）影响棉花生产因素分析

2020—2022 年新冠肺炎疫情对工农业生产和人民生活带来较大的影响，但对长江流域棉区棉花生产影响相对较小，其中气候变化对棉花生产影响极大，技术跟不上，支持政策不到位。其中气候变化见前述，2020 年，超长梅雨与秋湿并存，是减产年景；2021 年，气候相对平稳，是丰产年景；2022 年，持续高温干旱，是减产年景。

（三）长江流域棉区棉田收益情况

近 3 年棉田收益整体呈增加趋势，2022 年、2020 年与 2019 年基本相当，价格虽然较高，但产量减少，品质较差。2021 年单产提高，价格上涨 50%，收益大增，同时农资特别是化肥价格持续上涨，导致棉田物化投入也增加。如 2021 年 5 月尿素 2 169 元/t，比 2020 年同期高 594 元/t，2022 年农资价格依然居高不下，物化成本上涨较多。

（四）棉花价格补贴情况

监测显示，2020/2021 年度湖北省棉花种植补贴于 2022 年分两次到位，全省补贴额度 250～300 元/亩，2021/2022 年度的种植补贴预计 2023 年上半年到位。

（五）发展棉花生产，提高棉花有效供给的对策措施

1. 政策上，目标价格应覆盖棉花保护区

恢复长江流域棉区棉花生产急需的政策和技术支持。实践证明，新疆以外产棉省份 2 000 元/t 补贴不足以调动棉农和地方政府的积极性。为此建议，按照棉花保护区面积进行补贴符合国家增加棉花产量的"底线"要求。长江中游

及湖北省、湖南省和安徽省棉花生产保护区面积 26.7 万 hm²，面向新疆的 18 600 元/t 的补贴目标应予以覆盖。在提高棉花价格支持力度的条件下，适度恢复长江流域棉区的产能对保障全国棉花的有效供给，平衡三大产区布局的严重失衡，减低政治、自然和市场风险都是必要的。

2. 技术上，突破品种瓶颈和推广轻简技术

长江流域棉区棉花轻简化栽培要在"播得下、管得住、收得回"所需品种、技术和农机具上下大工夫，同时要推进棉花工厂化育苗和机械化移栽。

一是培育适应晚播高产早熟的油后直播棉花品种，生育期 110d 以内，10 月 20 日自然吐絮率达到 80%，籽棉产量不低于 3 750kg/hm²。二是研究轻简高效栽培模式集成技术，破解麦（油）后直播棉存在的播种难、管理难问题。三是办好集成示范样板。

按照"晚种争早，以密争早""前促后控"的技术路线，要求 5 月底前播种出苗，做到一播全苗。方法上，油菜或小麦收获后抢时间播种，可以采用贴茬播种，若采用大犁大耙在时间上和天气上都不允许，如果出现旱与涝年景将"播不下种子"。要求高密度，收获密度 60 000～75 000 株/hm²，籽棉产量达到 4 200kg/hm²，过密在秋涝秋湿年景将"收不回"。

位于长江流域的国家棉花产业技术体系和省级地方科研机构要形成合力，做出有规模的示范样板田，为生产应用提供技术支撑。

3. 打造高品质棉花种植带

按照国家规划在江汉平原、洞庭湖鄱阳湖等沿江沿湖地区开展高品质棉花种植带建设，提升高品质棉花生产集中度，大力推进探索高品质棉花的生产订单销售，打通产业链，在补短板方面做出新成效（见第三章）。

（撰稿：张教海、羿国香、别墅、李洪菊、李飞、白志刚、徐道青、刘小玲等）

二、黄河流域棉区棉花生产情况

（一）面积、总产下滑，单产有所提高

黄河流域棉区曾是全国主要棉花产区，近几年棉花播种面积和产量已下降到历史的低位并已趋稳，单产有所提高（表 2-8）。

2020 年，黄河流域棉花播种面积 35.8 万 hm²，比 2019 年减少 17.4%；产量 42.4 万 t，比 2019 年减少 11.9%，单产有所提高。同样，河北省和山东省棉花播种面积和产量也大幅减少。

2021 年，黄河流域棉花播种面积 26.5 万 hm²，产量 31.8 万 t，河北省和山东省棉花播种面积和产量也大幅减少。

2022 年，黄河流域棉花播种面积 24.3 万 hm²，产量 30.1 万 t，同样，河北省棉花播种面积和产量也大幅减少，山东省面积和产量有所增长。

2019—2022 年，黄河流域棉区面积占全国比例从 13.0% 下降到 8.1%，总产从 8.1% 下降到 5.0%，单产从低于全国 33.7% 下降到低于全国 36.9%，整体棉花产能呈现明显的萎缩趋势。

表 2-8　近几年黄河流域棉区及河北省、山东省棉花产能变化

单位：1 000hm²，万 t，kg/hm²

年份	黄河流域棉区			河北省			山东省		
	面积	单产	产量	面积	单产	产量	面积	单产	产量
2019	433.6	1 174.0	47.9	203.9	1 115.3	22.7	169.3	1 158.0	19.6
2020	358.2	1 199.2	42.2	189.2	1 102.5	20.9	142.9	1 280.6	18.3
2021	265.2	1 179.0	31.8	139.8	1 142.4	16.0	110.2	1 272.9	14.0
2022	242.8	1 257.4	30.1	116.1	1 196.9	13.9	113.3	1 277.8	14.5

注：数据来自国家统计局，其中单产数据严重偏低，实际单产在 1 350~1 500kg/亩水平。

（二）影响棉花生产的因素

2020—2022 年新冠肺炎疫情对工农业生产和人民生活带来较大的影响，同长江流域棉区一样，疫情对棉花生产影响相对较小，前述气候变化对棉花生产影响极大。2020 年棉区气候相对正常，是丰产年景；2021 年夏秋连涝，是气候灾害和减产年景；2022 年气候相对正常，是丰产年景。

（三）恢复黄河棉花生产、提高棉花有效供给的对策措施

黄河流域棉区恢复棉花生产急需政策和技术支持。2019 年以来，美国利用"涉疆法案"，鼓动国际品牌商抵制新疆棉及棉制品，对我国棉花纺织产业带来新的风险，为保障棉花产业安全，要加快调减新疆棉花种植规模，恢复黄河流域棉花生产。

1. 政策上，目标价格应对棉花保护区全覆盖

实践证明，新疆以外产棉省份 2 000 元/t 的补贴不足以调动棉农和地方政府的积极性。为此建议，按照保护区面积进行补贴符合国家增加棉花产量的"底线"要求。河北、山东及黄河流域棉花生产保护区面积 46.7 万 hm²，面向新疆 18 600 元/t 的补贴目标应予以覆盖。在提高棉花价格支持力度的条件下，将黄河流域棉区面积恢复到 46.7 万 hm²，平衡三大产区布局的严重失衡，减低政治、自然和市场风险。

2. 技术上，研发机械化采收

黄河流域棉区棉花轻简化栽培要以机械化采收为牵引，河北和山东要以机械化采收统领棉花轻简化、智能化栽培，办好规模示范样板田，扩大应用面

积。努力稳定蒜棉两熟高效棉田面积，恢复蒜后棉花育苗移栽，稳步推进蒜后直播棉。

3. 打造高品质棉花种植带

按照国家规划在河北黑龙港、黄河三角洲及环渤海湾建设高品质棉花种植带，大力推进探索高品质棉花的生产订单销售，打通产业链，在补短板方面做出新成效（见第三章）。

（撰稿：马立刚，林永增、王树林，聂军军，董合忠、聂军军、秦都林、杜远仿等）

三、西北内陆棉区棉花生产情况

（一）陆地棉面积保持高位，总产持续增加

2020 年，西北内陆棉区棉花播种面积 251.9 万 hm²，统计面积比 2019 年略减；产量 519.1 万 t，比 2019 年增加 3.1%，单产有所提高。同样，甘肃省面积和产量也减少（表 2-9）。2020 年气候正常，棉花单产提高。

2021 年，西北内陆棉区棉花播种面积 252.2 万 hm²，产量 516.0 万 t，甘肃省面积略减。2021 年绿洲棉区气候异常，单产下降。

2022 年，西北内陆棉区棉花播种面积 251.7 万 hm²，产量 543.1 万 t，同样，甘肃省棉花播种面积和产量也增长。2022 年气候异常，但通过加强管理，单产提高明显。

表 2-9　2019—2022 年西北内陆棉区及新疆和甘肃棉花产能变化

单位：1 000hm²，kg/hm²，万 t

年份	西北内陆棉区			新疆维吾尔自治区			甘肃省			其中新疆生产建设兵团		
	面积	单产	总产	面积	单产	总产	面积	单产	总产	面积	单产	总产
2019	2 559.8	1 966.2	503.5	2 540.5	1 969.1	500.2	19.3	1 589.5	3.3	869.0	2 334.0	202.8
2020	2 518.5	2 061.1	519.1	2 501.9	2 062.7	516.1	16.6	1 815.2	3.0	865.0	2 466.0	213.4
2021	2 522.3	2 045.9	516.0	2 506.1	2 046.4	512.9	16.2	1 882.8	3.1	870.1	2 394.0	208.3
2022	2 517.2	2 157.3	543.1	2 496.9	2 158.9	539.1	20.3	1 962.1	4.0	850.6	2 535.0	215.4

数据来源：国家统计局，新疆生产建设兵团国民经济和社会发展统计公报。

2019—2022 年，西北内陆棉区面积占全国的比例从 76.6% 提高到 88.3%，总产占比从 88.5% 提高到 90.9%，单产从高于全国 11.5% 下降到高于全国 8.0%，整体棉花产能呈现明显的扩张趋势。实际上，近几年新疆棉花播种面积保持在266.7 万 hm² 以上，特别是 2021 年籽棉收购高价，2022 年面积和总产明显超出统计数据，其中大量"帮忙田"没有统计（见第一章）。

分析原因除气候和技术原因外，最主要仍是支持政策发挥积极作用。

（二）新疆长绒棉长势监测报告

2020 年，长绒棉播种面积 3.33 万 hm^2，比 2019 年大幅减少 37.5%；产量 7.2 万 t，比 2019 年大幅减少 25.0%，单产 1 425.0kg/hm^2，比 2019 年提高 18.8%（表 2 - 10）。

2021 年，长绒棉播种面积 2.89 万 hm^2，产量 4.8 万 t，单产 1 125.0kg/hm^2。气候异常，与陆地棉一样减产幅度也很大。

2022 年，长绒棉播种面积 3.33 万～3.56 万 hm^2，产量 7.5 万～8.0 万 t，单产 1 500.0kg/hm^2。极端异常高温海岛棉受益，单产提高幅度很大。

表 2 - 10　2019—2022 年新疆长绒棉生产情况

年份	面积（万 hm^2）	皮棉单产（kg/亩）	总产（万 t）	籽棉售价（元/kg）	皮棉价格（元/t）
2019	5.33	1 200.0	9.6	7.4	19 000～21 000
2020	3.33	1 425.0	7.2	8.3	21 000～24 000
2021	2.89	1 125.0	4.8	12.0～15.0	22 000～38 000
2022	3.33～3.56	1 500.0	7.5～8.0	8.3～8.5	20 000～22 000

（三）气候变化（见第二章第二节）

（四）棉花生产展望和建议

未来绿洲棉花发展要秉承"适度规模、质量兴棉和绿色兴棉"方针，走可持续发展之路，提高棉花质量效益和竞争力，更好地发挥目标价格对高品质棉花生产的引导作用，补高品质棉花的短板。

1. 适度规模

"以水定地"和构建水与地相协调生产系统是绿洲农业可持续发展的基本遵循，主要途径是实行退地减水，坚决完成阶段性退减面积目标，棉花种植面积逐步减少到 200 万 hm^2 的保护区目标。同时，狠抓高产棉田建设和棉花节水灌溉。

2. 建设高品质棉花种植带

按国家有关规划，在新疆天山北坡适宜棉区、南疆巴音郭楞蒙古自治州和阿克苏地区，着力发展"双 28.5" + "马克隆值 3.7～4.6"的高品质棉花，提高原棉质量和一致性。

3. 推进质量兴棉

狠抓棉花清洁度，减少有害杂物混入籽棉。狠抓棉花一致性生产，鼓励和支持"一地一种""一主两辅、一主一辅"，推进品种优化布局，提高棉花基础品质。狠抓遗传改良，培育高品质棉花新品种。狠抓早熟性栽培，提高机采棉成熟度，大幅降低机采籽棉的叶屑杂质含量。

4. 推进绿色兴棉

棉花生产要增加有机肥投入，减少氮磷投入，适当补施钾肥。开展规模化的绿色病虫草害防控，关注绿洲棉花"铃病"的发生和防控。要切实解决转Bt 基因抗虫棉不能种植的历史遗留问题。

秉承"好棉花是种出来，也是加工出来的，还是监管出来的"理念，全方位提高新疆棉花质量，提高高品质原棉比例。

新一轮目标价格，要强化政策对控制新疆绿洲棉花规模、质量兴棉和绿色兴棉的引导。

（撰稿：崔建平、阿力甫·艾尔西、孔杰）

第三节 棉花机械化采收进展

一、新疆棉花机械化采收进程加快

受新冠肺炎防控、人员流动受到限制的影响，2020—2022 年新疆棉花机械化采收面积继续扩大，其中北疆基本实现了机械化采收，南疆与甘肃采收进程也在加快，河北、山东、湖北、湖南、安徽等省仍在示范阶段，还没有形成生产力。

新疆棉花机械化采收始于 21 世纪初期。棉花机械化采收形成现实生产力，是 21 世纪特别是近 10 年我国植棉业现代化进程中的重大事件之一。近两三年，因新冠肺炎疫情限制人员流动，加快了棉花机械化采收的进程（图 2-3）。

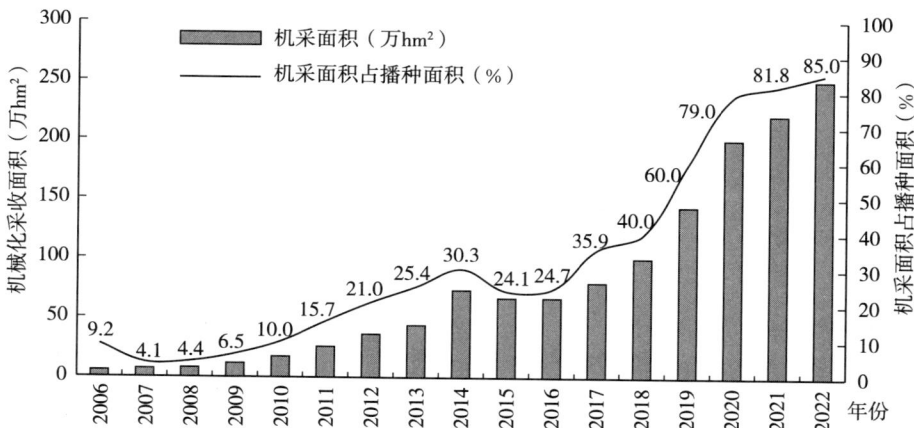

图 2-3 新疆棉花机械化采收增长

2020 年全疆机械化采收面积达到 200 万 hm²，占棉花播种面积的 79.0%，比 2019 年增加 19 个百分点。2021 年全疆机械化采收面积 220 万 hm²，占棉花播种面积（机采率）的 81.8%，其中北疆达到 98.0%，南疆达到 71.0%。2022 年机械化采收面积达到 250 万 hm²，其中北疆全部实行机械化采收，南疆达到 80.0% 上下。

又据新疆生产建设兵团统计年鉴，2020 年兵团种植业耕种收综合机械化率为 95.2%，采棉机保有量 2 760 台，比 2019 年增加 260 台，增长 10.4%。机采棉面积 78.7 万 hm²，棉花机采率的 90.9%，比 2019 年扩大 9.2 个百分点。

2021 年，兵团种植业耕种收综合机械化率 95.3%，采棉机保有量 2 934 台，机采棉面积 82.0 万 hm²，棉花机采率 94.2%。

2022 年，兵团种植业耕种收综合机械化率 95.3%。采棉机 2 934 台，机采棉面积 82 万 hm²，棉花机采率 94.2%。新型六行自走式打包采棉机整机国产化率达到 93.0%，国产采棉机市场占有率近 60.0%。

此外，2020 年新疆维吾尔自治区农作物耕种收综合机械化率为 85.12%，机耕率为 97.16%，机播率为 93.16%，机收率为 61.01%。

二、其他产棉省份机械化采收示范

2020 年以来，河北省、湖南省、湖北省等组织召开棉花机械化采收 4 次示范，其中河北省最多。2022 年 10 月 25 日，河北省农林科学院棉花研究所在保定市丰南区举办机采棉观摩会，采用摘锭式和刷滚式采棉机采收 200 亩，采净率 90%。

全疆采棉机保有量 3 600 台，每年需淘汰 200 多台，更新 200 多台。其中兵团 2 300 台，地方和企业 1 300 台。

三、新疆棉花机采成本收益测算

棉花机械化采收作业由植棉户主和采收农机公司机主两个市场主体组成。机采棉费用包括物质费用、人工费用、折旧费用、保险、贷款利息和额外费用等，按此细分归类整理和测算分析（见第六章中国棉花景气报告第 499 期）。

据 2022 年跟踪记录结果，北疆棉花机械化采收户主表观费用 300 元/亩，CP690 采棉机费用 132.73 元/（亩·台），表观净利润 75.00 元/（亩·台），按有效采收日数 40 日，采收面积 350 亩/（台·日），一个采收季节最大采收面积 1.4 万亩/台。一台 CP690 采收机的籽棉采收量相当于 933.3 个（各种机型平均约800个）劳动力的籽棉采收量，效率极高。

（一）采棉机机主和植棉户主情况

采棉机机主情况：石河子一农业科技有限公司。该公司共有CP690采棉机5台，大圆包2.1～2.2t/包，另有油罐车1辆，装柴油30t；包膜工具车1辆，总计25人组成机采棉车队。

植棉户主情况：为北疆昌吉州阜康市一家庭农场，2022年植棉面积1.2万亩，9月19日开始机采，10月5日采收完第一遍，持续时间17日。

（二）表观总费用和收益

1. 采棉机机主费用

经反复沟通，按面积平摊的采收费用132.73元/亩。其中维修费、包膜费、黏胶费和柴油费88.53元/亩，占总费用的66.70%；人工费22.43元/亩，占总费用的16.90%；采棉机、油罐车和车库折旧14.27元/亩，占总成本的10.75%；工作人员、采棉机保险费、利息和额外费7.50元/亩，占总费用的5.65%。

采棉机机主表观收益。按户主支付采收费210～220元/亩，机采表观净收益75.00元/亩。再按一个采收季采收面积1.4万亩/台测算，合计表观收益105万元/台。

2. 植棉户主表观费用

经记录测算，采收第一遍户主表观总费用300.88～310.88元/亩（按300元/亩计），其中支付农机公司费用210～220元/亩（实际支付200元/亩，该农场棉花面积大，机主实行优惠），占总费用的70.00%～73.33%（计71.37%）；脱叶催熟、圆包装车卸车运输、采收辅助和额外费用等85.88元/亩，占总费用的28.63%。

3. 户主支付费用

按表观人工采收费2.2元/kg籽棉，测算表观采收费880元/亩，机采费220元/亩（相当于采收费0.55元/kg籽棉价格），机采费仅为人工采收费的1/4，且劳动强度显著减轻，采收主动性增强。

4. 户主收益

机采棉售价约低于手采棉10.0%，按2021年售价1.0元/kg籽棉，少400元/亩，平衡为660−400＝260元/亩，机采比手采的增收率达到65.0%。

（三）机械化采收效率

按1个标准劳动力测算，手工采收120kg/标准工作日，籽棉400kg/亩需工时3.3个工时/亩，1台美制采棉机可采收面积240亩/标准工作日（8小时为1个标准工作日，手采需人工工时800个，市场上1台采棉机400亩/日为非标准工作日），机采需配合人力5人（40个工时），采用效率提高了20倍，即 1 台采棉机一个采收季节相当于 800 人的采收量。

机械化采收在显著提高劳动生产效率同时也存在机采棉质量明显下降的新问题，其主因是杂质含量高，多次清花除杂致使纤维长度损害大（损害 0.8～1.5mm）。因此，大幅提升机采棉质量迫在眉睫。

采棉机为形成规模较大的植棉家庭农场和专业合作社提供了现代装备保障，提高机采棉质量以形成更大的植棉规模和更高的植棉效益是当前和今后绿洲棉花可持续发展的主要任务之一。

四、采棉机整机国产化率提高

我国早期采棉机的机型以美国凯斯（I. H. Cash）CE630 采棉机、约翰迪尔（John Deere）7660 摘棉机为主，都为大型采收机，价格昂贵。自 2016 年开始国产采棉机几家公司生产制造了 4MZ-3 型自走式、4MZ-5 自走式和 4MZ-6 自走式采棉。2018 年国产机达到 800 多台，占新疆采棉机保有量的 22.2%。国产采棉机以 3 行机居多。在全国采棉机制造公司中，以"新疆钵施然智能农机股份有限公司"市场拥有量最多，稳定性较好；另有"常州东风农机集团有限公司""中国铁建重工集团股份有限公司""山东天鹅棉业机械股份有限公司"等机型，价格都比约翰迪尔公司和凯斯公司的便宜。21 世纪之初贵航公司制造的采棉机基本被淘汰。

2022 年 10 月 2 日，新疆天鹅现代农业机械装备有限公司研制的高端智能采棉机——"新型六行自走式打包采棉机"在第六师五家渠市一〇二团梧桐镇植棉户的棉田采收作业，采收时速 7.1km，采净率达到 97%，日作业面积 300 亩。近几年国产采棉机集中突破一批关键技术并实现优化集成，各项专利超过 40 件，国产化率达到 93%，售价比美国采棉机低 300 多万元/台，填补了国内市场空白，具有动力强、采净率高、纤维损伤小等特点。

第四节　棉花绿色高质高效创建行动

近几年，农业农村部深化棉花供给侧结构性改革，继续安排相关项目推进棉花绿色高产高质创建行动，同时在棉花补贴方面也拿出部分资金用于轻简化、机械化栽培示范，其间尽管遭遇极端异常气候灾害与新冠肺炎疫情冲击，仍取得新进展。按照疫情防控"不聚集"要求，测产和观摩活动大幅减少，各地仍抓住"窗口期"举办了一些活动。

比较典型的事例有：西北内陆棉区北疆亚区籽棉单产 550kg/亩以上，河西走廊亚区籽棉单产达到 460kg/亩，黄河流域棉区在华北平原籽棉单产创新高，达到 400kg/亩以上，长江流域中游亚区油后直播棉籽棉单产接近 384.9kg/亩，成绩喜人。

一、长江流域棉区棉花绿色高产高质项目进展

（一）湖南

2021 年 10 月 14 日，湖南省出台《关于稳定发展棉花生产的通知》（湘农发〔2021〕71 号）。该《通知》提出稳定湖南 100 万亩保护区棉花生产 10 条措施，一是省级统筹 10％左右的中央财政资金，重点支持科技创新服务、示范片创建、棉花全产业链培育、棉花大县绩效奖励等，并严格评定程序。二是编制《湖南省稳定恢复棉花生产实施方案》，对棉田、棉技、棉机、棉户等生产链条提出具体要求。三是湖南省印发《关于稳定发展棉花生产的通知》和《关于做好 2022 年"三农"工作扎实推进乡村振兴的意见》（湖南省委 1 号文件），明确提出"以棉花生产保护区为重点完成植棉任务"，确保植棉面积和产量总体稳定。

开展试点示范，包括推进棉油轮作试点、实施棉花"百千万"示范片项目——"百亩示范片" 16 个、"千亩示范片" 12 个和"万亩示范片" 3 个。

2021 年 10 月对示范点进行测产，油后直播棉籽棉单产 250kg/亩，并召开较大规模的观摩会（表 2-11）。

表 2-11 2020—2022 年机采棉示范与轻简栽培高产典型

举办时间	举办单位和地点	展示内容	专家和会代表
2020-11-05	湖北省农业科学院经济作物研究所，沙洋县马良镇	播种密度 4 800 株/亩，籽棉产量 260.9kg/亩	长江流域科研推广单位代表、种植大户、企业、棉花协会 100 余人
2021-09-28	湖北省农业科学院经济作物研究所，地点公安县毛家港镇	播种密度 3 819 株/亩，籽棉产量 255.6kg/亩	省内科研推广单位代表及种植大户 50 余人
2021-10-18	湖南省农业农村厅、湖南省棉花科学研究所，地点：湖南省常德市鼎城区湖南省棉花科学研究所茅湾基地	面积 50 亩，籽棉单产 250kg/亩。品种 XH50，播种日期 5 月 30 日，行株距配置 100cm × 9cm，收获密度 7 000 株/亩	李付广、曾球、李亚兵及湖南省农业农村厅，全省 14 个市州、22 个棉花大县农业农村局分管负责人、种植大户、劳模、企业代表等 150 余人
2021-10-22	华中农业大学、荆门农业科学院，地点：沙洋县马良镇	测定籽棉单产 269.3kg/亩，比对照区增产 13％	湖北省内科研推广单位代表及种植大户 80 余人

（续）

举办时间	举办单位和地点	展示内容	专家和会代表
2022 - 10 - 10	长江流域机采棉规范化栽培技术机械化采收观摩会，示范地点在应城市	棉花麦后 5 月 26 日播种，面积 300 亩，示范品种 EZ9，等行距 76.0cm，播种密度 5 500 株/亩，实测籽棉单产 272.8kg/亩	湖北省农业科学院经济作物研究所、国家棉花产业技术体系岗位科学家、高校教授等
2022 - 10 - 20	长江流域机采棉规范化栽培技术机收现场观摩。示范地点：监利市容城镇新洲村、罗和平粮棉种植专业合作社	示范面积 400 亩，供试品种 EZ9，5 月 27 日油后直播，收获密度 4 500 株/亩，籽棉单产 230kg/亩	湖北省农业农村厅、华中农业大学、国家棉花产业技术体系、湖北省农技推广总站、企业代表等
2022 - 9 - 28	江西省九江市柴桑区农业农村局，柴桑区江洲镇	连片面积 380 亩，品种赣杂棉 0906，5 月 25 日大田直播，收获密度 4 452 株/亩，籽棉单产 384.9kg/亩	测产专家组长张吉良，成员张祥勇、周建新等
2022 - 9 - 28	江西省都昌县农业农村局，都昌县土塘村	连片面积 120 亩，品种赣杂棉 0906，6 月 3 日大田直播，收获密度 3 209 株/亩，籽棉单产 320.5kg/亩	测产专家组长梁木根，成员郭丽虹、黄蓉等
2022 - 10 - 20	湖北省农业科学院经济作物研究所，监利县容城乡	农业农村部主推技术，自主选育品种"EZ9"，采用"一播全苗、增密减肥、化学除草、调控株型"等技术，籽棉单产 272.8kg/亩	产业体系专家、科研、推广、企业、种植大户线上线下代表 100 余人
2022 - 10 - 25	荆州农业科学院，公安县毛家港镇	机采棉品种、棉花精量播种、无人机高效防控、机械减量施肥、精准化调、脱叶催熟和机械采收等技术，籽棉单产 250kg/亩	科研、推广、企业、种植大户代表 50 余人
2022 - 11 - 02	黄冈市农业科学院，黄州区黄冈市现代农业科技示范园	小麦—棉花轮作双直播，面积 100 亩，通过合理的茬口安排，实现小麦、棉花机械化播种及收获，籽棉单产 286.4kg/亩	棉麦种植企业、合作社和种植大户 50 余人

（二）湖北

继续执行农业农村部棉花轻简化提质增效项目和湖北省棉花轻简化栽培技术集成示范项目。另外，2022 年湖北省从补贴中抽取一定比例开展科技兴棉活动，确定开展"直播机采棉试验研究与示范"项目。由湖北省农业科学院牵头，组成省市级农业科学院＋华中农业大学的技术支撑小组，由荆门市、宜昌市、荆州市、襄阳市、孝感市、黄冈市农业技术推广服务中心负责实施，建立示范片 7 个，每个示范区面积 500～1 000 亩，采取 1＋4＋N（湖北省农业科学院、华中农业大学＋4 个市级农科院＋N 个推广中心）模式。

2022 年在点监利县容城乡测定籽棉单产 272.8kg/亩，在黄冈测定籽棉单产 286.4kg/亩（表 2-11）。

（三）江西省

2022 年实施《赣杂棉 0906 直密矮种植技术示范》项目，在全省 8 个主产棉县（九江市柴桑区、湖口县、都昌县、彭泽县、瑞昌市、庐山市、武宁县、新余市）实施，平均籽棉单产为 236.81kg/亩，其中最高籽棉单产 384.90kg/亩。2019 年同地点地块面积 500 亩，籽棉产量 393.0kg/亩，为直播棉最高籽棉单产水平。

（四）安徽

近几年，依托安徽省重点研发项目、安徽省油料产业技术体系、安徽省农科院棉花创新团队等项目，开展了棉油（麦）两熟种植制度、机械化种肥同播等棉花绿色增效轻简栽培技术研究。

2021 年望江县示范面积 80 亩，品种为中棉所 63F$_2$，播种日期 5 月 24 日，收获密度 5 949 株/亩，测定籽棉单产 280.5kg/亩。东至县示范面积 60 亩，品种为中棉所 63F$_2$，播种日期 5 月 21 日，收获密度 3 260 株/亩，测定籽棉单产 282.0kg/亩。望江县示范面积 80 亩，播种日期 5 月 24 日，测定籽棉单产 280.6kg/亩。东至县示范面积 60 亩，品种为中棉所 63F$_2$，收获密度 5 948 株/亩，测定籽棉单产 282.0kg/亩。

（撰稿：李飞、张教海、别墅、柯兴盛、白志刚、徐道青、刘小铃等）

二、黄河流域棉区棉花绿色高产高质项目进展

近几年，河北省、山东省继续实施农业农村部绿色高产高质行动，取得新进展。河北省采用农艺与农机紧密结合，大力推进棉花生产全程机械化，除 2021 年因夏秋连涝无法召开规模化机械化采收观摩会以外，2020 年和 2022 年两省都召开多地点多场次的观摩会（表 2-12）。

（一）河北省

全省棉花建成一批绿色高产高质高效示范基地，涌现一批机械化、轻简化栽培的高产高效典型。其中邯郸全程机械化植棉面积达到 1 万多亩。通过组织专家现场测产，涌现出一批高产典型，籽棉最高单产分别达到 424.8kg/亩（南宫市，2020 年）、404.5kg/亩（曲周县，2020 年）和 426.9kg/亩（曲周市，2021 年）等（表 2 - 12）。

表 2 - 12　2020—2022 年黄河流域棉区棉花高产高质栽培典型

举办时间	举办单位和地点	展示内容	测产专家和与会代表
2020 - 9 - 5	山东省蒜后直播短季棉绿色高效技术示范现场会，地点郓城县	短季棉—大蒜—花椒"三元"种植新技术，收获密度 5 900 株/亩，铃数 63 880 个/亩，单铃重 5.7g，核算籽棉单产 309.5kg/亩。按照当前市场价每千克花椒 120 元、大蒜 5.1 元、棉花 9.2 元计算，"三元"种植示范田产值 14 166 元/亩，纯收益10 261元/亩	王桂峰组长，成员曲辉英、李维江、孙学振、苗兴武等
2020 - 9 - 20	机械收获现场演示，地点曲周县银絮棉花专业合作社基地	测定籽棉产量 424.8kg/亩，美国凯斯采棉机和国产星光采棉机采收，采净率 95%，含杂率在 4% 左右	马峙英组长，成员李亚兵、吴传云、田立文等。国家和省棉花产业技术体系等 150 人
2020 - 9 - 25	黄河三角洲棉草两熟绿色高效栽培技术示范田测产会议，地点无棣县、利津县	棉草两熟示范田平均籽棉单产 270kg/亩 以上，高产地块达到 350kg/亩以上，用工减少至 3～8 个/亩，增收 500 元/亩	毛树春组长和成员杨国正等
2020 - 11 - 11	河北省农林科学院棉花研究所等，地点南宫市	南宫市宋旺农场 400 亩棉田，籽棉单产 400kg/亩，机械化采收	河北省棉花产业技术体系、县棉花专业合作社、农机专业合作社、植棉家庭农场和植棉大户代表等
2021 - 9 - 23	农业农村部农机推广总站，地点曲周市	全程机械化植棉，品种为冀棉 646，示范 200 亩，测产籽棉单产 426.9kg/亩	宋国立组长，成员马峙英、温浩军等
2021 - 10 - 11	山东省盐碱地棉花轻简高效栽培技术现场观摩会，地点无棣县	在含盐量 0.7% 以下的重度盐碱地一播全苗，攻克成苗难、产量低等难题，增产 10%～30%，省工 20% 以上，收益增加 300 元/亩以上	测产专家李亚兵，成员韩迎春、王桂峰、孙学振、刘树泽、张爱民等

举办时间	举办单位和地点	展示内容	测产专家和与会代表
2021-11-22	河北省农林科学院旱地作物研究所，地点冀州市	密植高效免整枝简化模式，品种为衡棉HD008，示范500亩，测产籽棉单产343.3kg/亩	李妙组长，成员秦新敏、林永增等
2022-9-28	河北省农林科学院棉花研究所，地点曲周市	观摩全程机械化植棉，棉田高效复种技术，示范品种为冀863，机采种植模式，收获密度6 850株/亩，籽棉单产374.5kg/亩；棉花—花生间作，棉花单产260kg/亩，花生单产150kg/亩	马崎英组长，成员吴建勇、卢怀玉等
2022-10-25	河北省农林科学院棉花研究所和丰南区人民政府，地点保定市丰南区	万亩示范片，平均籽棉单产316.5kg/亩，高产田378.5kg。摘锭式和刷滚式类型采棉机采收及机采籽棉清杂演示观摩，采收面积200亩，采净率90％	马立刚组长，成员孙世刚、王国印、刘孟朝等

（二）山东省

2020—2022年，根据中央财政农业生产发展资金等项目实施要求，在山东全省有代表性的传统植棉大县整建制实施棉花绿色高质高效创建项目，通过攻关区、示范区、辐射区"三区"建设，集成推广"全环节"绿色高质高效标准化生产技术模式，推行全过程社会化服务，打造全链条产业融合模式，推进全省棉花绿色高质量发展。一是通过良种全覆盖，耕、种、管基本实现机械化，棉花综合机械化率提高到95％以上。二是通过推广蒜（麦）后直播短季棉绿色高效栽培技术，大幅度减少了棉田用工，化肥用量75～150kg/hm²，节约成本800元/hm²左右。三是通过建立黄河三角洲盐碱地棉草两熟高效栽培试验示范田，实现了熟制、全程机械化和效益的突破，用工减少了80％以上，收益比单作棉花翻了一番，而且由于不使用地膜，肥料、农药等投入大幅度减少，生态效益显著提高。四是推动了棉花规模化生产，棉花种植大户及合作社从原来的90多家增加到100多家。

通过绿色高质高效技术推广，示范区棉花单产比当地平均水平提高10％以上。同时，还可以节约一定的生产成本，减少施药2次，节省化肥投入75kg/hm²，节省用工30个/hm²，合计节本5 000元/hm²。此外，由于化肥、农药减量，减少了有害物质在土壤中的残留，改善了土壤性状，取得了显著的经济、社会和生态效益。

短季棉—大蒜—花椒"三元"种植新技术,收获密度 5 900 株/亩,铃数 63 880 个/亩,单铃重 5.7g,核算籽棉单产 309.5kg/亩。按照市场价每千克花椒 120 元、大蒜 5.1 元、棉花 9.2 元计算,该示范田产值 14 166 元/亩、纯收益 10 261 元/亩。"棉草两熟"绿色种植新技术主要包括:选用配套饲草和早熟棉品种、饲草收获后抢茬播种短季棉、合理密植并免整枝、一次性施肥、简化管理和机械收获。

三、长江、黄河流域油(麦、蒜)接茬直播棉问题

油后直播棉试验起源于 2008 年农业部行业专项,据毛树春(2023)不完全统计,近几年连作直播棉面积 60 万亩上下,约占长江流域和黄河流域棉田面积的 8%;籽棉平均产量 225kg/亩,衣分 36%～37%,皮棉 80kg/亩,相当春棉产量的 75%,霜前花率约 70%,比春棉减少 10 个百分点以上,其中油菜、大麦、大蒜茬口明显好于小麦茬口。

主要技术措施为"一早、两争、两调"。

"一早"即选用棉花早熟品种,生育期 110d 上下。2018—2022 年长江流域、黄河流域棉区审定生育期≤110d 品种 80 多个,其中生育期≤100d 品种 10 个,最短的 97d(见第四章)。

"二争"为"晚种争早",油菜收获后抢时耕整地播种,做到"春争日夏争时""以密争早",收获密度 3 500～5 500 株/亩。

"两调"即全程化学调控、化学催熟和脱叶,以适于机械化采收等。

经过 10 多年的试验研究和示范,总体问题是产量偏低,早熟性没有保障。用牺牲 1/4 的产量换取的轻简化,显然不符合高产目标,与底线籽棉产量 250kg/亩、霜前花率 80% 的目标值有较大差距,其土地利用率和比较效益都不合算。

播不下、管不住、收不回的问题突出。

一是播不下。遭遇干旱和阴雨天气,特别是梅雨季节,地干与地湿都不能播种,能在 5 月底前播种的概率极低。有研究指出,江汉平原棉花直播日期阈值为 5 月 25 日。在此之前,每早播 1d 增产籽棉 1kg/亩,早熟性提高 0.5 个百分点。因此,长江流域和黄河流域棉区棉花生产要把握不播 6 月种、不栽 6 月苗的原则。

二是管不住。直播棉花播种到出苗、再到苗蕾期,与杂草竞争生长的问题也很突出,其中湿涝地杂草生长特别快,棉花幼苗期苗弱,生长势弱,处于竞争劣势地位,棉田杂草丛生,影响棉花生长,苗弱,发苗晚,对棉花不利。加

上棉花晚播生长期短，补偿能力弱，抗灾能力差。

三是收不回。晚熟，收获期延后到 11 月，这不符合两熟早腾茬的原则，不能保障后续作物适时播种。

表 2 - 13 近几年油（麦）后直播棉试验示范推广面积

年份	面积（万亩）	收获密度（株/亩）	果枝数（个/株）	成铃数（个/株）	籽棉（皮棉）单产（kg/亩）
2022	59.0	5 025.7	12.1	10.3	222.9（190～259）
2021	18.9	5 044.0	12.3	11.6	224.9（210～268.5）
历年	—	4 833.6	11.8	11.3	220.7（217.5～250）

注：数据由毛树春提供。

从棉花育苗移栽到油后直播想到的。21 世纪之初，长江流域水稻从稻谷播撒和抛秧，到现在推广应用水稻工厂化穴盘育苗和机械化移栽，从水稻播撒和抛秧损失稻谷产量 200kg/亩上下，再到工厂化育苗机械化采收增产 200kg/亩所走之路。想到棉花，油（蒜、麦）后直播棉花还是要回归到油后育苗移栽上来。2023 年 3 月 21 日农业农村部发布春季棉花生产技术指导意见时，仍提倡长江流域和黄河流域棉花采用育苗移栽。这个意见是正确的。

（撰稿：聂军军、秦都林、董合忠；王树林、林永增、杜远仿等）

四、西北内陆棉区绿色高效生产技术项目进展

(一)新疆

新疆沙湾市是全国超大产棉县（市），常年棉花播种面积 175 万亩，总产稳定在 25 万 t 以上。

2022 年，沙湾市开展 10 万亩优质棉花绿色高效生产技术集成示范，推广"三新"技术、制定技术标准、发展新型主体、全程机械化、发展智慧农业等六项措施，大幅提升了棉花生产技术水平。根据测产结果，10 万亩优质棉花核心示范区农药使用量减少 20％以上，化肥使用量减少 15％以上，单产籽棉超过 500kg/亩，较常规棉花种植方式增产 40～50kg/亩，增幅 10％以上，实现了"半吨棉"的目标。通过单个品种植、单一采收以及打包式采棉机广泛使用，棉花一致性大幅提升，"三丝"明显减少。棉花品质的提升增强了产业的市场竞争力，增加了效益，示范区棉花每千克价格较往年提高 0.2～0.3 元，实现了棉花提质增效、棉农增产增收。

2022 年，新疆生产建设兵团第一师 16 团再创高产纪录，测产面积为 100 亩，供试品种为源棉 8 号，收获密度为 13 133 株/亩，单株成铃 7.92 个，

总铃数 103 998 个/亩，单铃重 7.19g，测定籽棉单产 747.8kg/亩。这是李雪源团队继 2009 年创亩产籽棉 806kg 和 2012 年创亩产籽棉 838.31kg 高产纪录之后，绿洲棉花新品种实现高产与高品质相协调融合的又一次重大突破（表 2－14）。

"宽早优"模式创高产。2022 年 9 月 21—22 日，专家组对第六师五家渠市一〇三团、一〇二团 3 个"宽早优"棉田测产，面积 50～300 亩，经实收、称重，3 块地平均籽棉单产 550.5kg/亩，其中一块棉田达 565kg/亩。该模式结合早熟性好的品种，对北疆机采棉提质增效具有重要的意义。

表 2－14　2020—2022 年机采棉示范与轻简栽培高产典型

举办时间	举办单位和地点	展示内容	测产专家和与会代表
2022－9－24	棉花新品种源棉8号创高品质棉花高产，地点新疆生产建设兵团第一师16团	供试品种源棉8号，测产面积为100亩，收获密度13 133株/亩，单株成铃7.92个，总铃数103 998个/亩，单铃重7.19g，籽棉单产747.8kg/亩。纤维长度31.7mm，断裂比强度33.6cN/tex，马克隆值4.4	国家棉花产业技术体系岗位科学家周治国，新疆生产建设兵团第一师农业科学研究所邴红忠等
2021－10－19	机采棉观摩会，地点敦煌市、瓜州县	机采棉现场采摘、展示面积100亩，品种为陇棉10号、新陆早78号、zl112等，其中陇棉10号在100亩示范田的籽棉单产430kg/亩，新陆早78号籽棉单产420kg/亩，zl112籽棉单产450kg/亩	农业农村部财政司、种植业司、全国农技中心以及甘肃省地县有关部门
2022－9－21	"宽早优"模式高产观摩，地点第六师五家渠市一〇三团、一〇二团	测产面积50～300亩。3块地平均籽棉单产550.5kg/亩，最高田块籽棉单产565kg/亩	专家组组长赵战胜
2022－10－18	新品种展示观摩，地点瓜州市南岔镇	示范点面积6 000亩，示范品种为陇棉3号、陇棉10号等，平均籽棉单产400kg/亩	瓜州市政府和农业农村局局长、农业技术服务中心主任等
2022－10－25	国家棉花产业技术体系优质早熟棉观摩会。地点敦煌市肃州镇杨家堡村	示范面积200亩，示范品种为中棉113，生育期125d，籽棉单产450kg/亩；陇棉10号生育期135d，籽棉单产440kg/亩	测产组长李向东和专家刘生虎等

（二）甘肃

2021年，甘肃省相继下达了机采棉品种培育及轻简化栽培技术研发项目，省农业农村厅设立棉花奖励资金项目，主要扶持机采棉品种选育、新品种新技术抓点示范、水肥一体化、技术托管，集成和引进一批棉花高效种植新技术，在每个植棉区建成新品种及配套新技术千亩及以上高产示范点10个以上。

河西走廊棉花高产典型不断涌现。2021年，新品种陇棉10号，示范面积100亩，籽棉单产430kg/亩；新陆早78号，示范面积100亩，籽棉单产420kg/亩，新品种Z1112，示范面积100亩，籽棉单产450kg/亩。2022年，示范面积6 000亩，品种为陇棉3号、陇棉10号等，籽棉单产400kg/亩。示范新品种中棉113创籽棉460kg/亩的高产纪录，该品种2019年通过甘肃省品种审定委员会审定，纤维长度31.3mm，断裂比强度33.6cN/tex，马克隆值4.4，衣分率44％～48％，是一个高品质高产稳产早熟的棉花新品种。

（撰稿：毛树春、崔建平、田立文、阿力甫·艾尔西、余渝、冯克云等）

第三章
深化棉花供给侧结构性改革进展

棉花供给侧结构性改革试点始于 2016 年。2018 年《中共中央　国务院关于实施乡村振兴战略的意见》（即 2018 年中央 1 号文件）提出赋予农业"质量兴农绿色发展"的"农业八字"新任务，2020 年中央 1 号文件提出"推进农业高质量发展"和完善新疆棉花目标价格政策。2021 年中央 1 号文件强调"深入推进农业供给侧结构性改革"，2022 年中央 1 号文件提出完善棉花目标价格政策。

第一节　继续实行目标价格改革

一、2020—2022 年棉花目标价格政策

2020—2022 年延续目标价格政策。2020 年 3 月，国家发改委、财政部印发《关于完善棉花目标价格政策的通知》，指出新疆棉花目标价格为 18 600 元/t（约合 130 美分/磅），补贴数量上限为基期（2012—2014 年）全国棉花平均产量的 85%。

通知还指出，要积极研究探索新型棉花补贴方式，合理利用保险、期货等金融工具，择机开展目标价格保险、"保险＋期货"试点工作，探索建立期货和保险联动机制，鼓励开展补贴与质量挂钩试点，不断积累经验，为进一步完善农业补贴政策提供参考。

促进棉花产业链深度融合发展，推动棉纺织行业技术创新和转型升级，继续提高新疆棉花疆内转化率，推行"棉纺企业＋棉花加工企业＋合作社＋农户"产业链联营模式，引导加工企业向上游农民合作社、下游纺织企业双向合作，探索农民合作社与纺织企业直接交易模式，密切农业生产与消费市场之间

的联系。

通知强调继续提升棉花品质。通过加强优质棉基地建设，引导棉花种植向优势产区集中；推进实施高标准棉田建设，逐步引导农户通过土地流转、联合生产等方式，促进棉花生产集约化、机械化、现代化；持续提升种植管理水平，归并和推荐优质棉花品种，提高棉花品质一致性，提升棉花质量。

二、目标价格补贴产生的实际效果

目标价格政策产生两个重要效果：一是政策的可预期性为生产的稳定性、确定性提供重要支持；二是为植棉者（家庭承包农户、兵团农场职工和工商资本）的收益提供重要的保障，植棉者收益普遍增长。

据毛树春等（2022）对2019—2021年全国棉花生产表观成本、产值和收益监测，各年补贴为2019年656.78元/亩，2020年453.99元/亩，2021年则补贴极少。按棉花种植区域来看，西北内陆棉区补贴最高，黄河流域棉区次之，长江流域最低（表3-1）。

表3-1　2021—2021年棉花补贴额度

单位：元/亩

年份	全国	长江流域	黄河流域	西北内陆
2019	656.78	126.31	302.27	783.69
2020	453.99	131.05	249.75	529.41
2021	3.53	34.27	—	—

注：全国补贴数据以及各流域内补贴数据均按面积加权计算。

面向西北内陆新疆棉区的目标价格补贴，2019年单位面积补贴最高为783.69元/亩，2020年补贴529.41元/亩，这与上年棉花交售价格和单产高低有关。2020年籽棉交售价格回升，2021—2022年1月没有发放补贴。由表3-2可见，在新疆，南疆、北疆以及地方和兵团的补贴有较大差异，其中新疆生产建设兵团普遍高于新疆地方。这与籽棉单产水平有很大关系。

表3-2　面向新疆目标价格补贴

单位：元/亩

年份	新疆	南疆	南疆地方	南疆兵团	北疆	北疆地方	北疆兵团
2019	783.69	740.53	700.38	942.41	847.15	800.31	890.52
2020	529.41	526.00	521.65	546.48	534.53	464.93	596.78
2021	0.00	0.00	—	—	0.00	—	—

注：补贴数据均按面积加权计算。

2020 年，第一批补贴发放时间在 9 月，补贴标准为籽棉 1.35～1.48 元/kg，两次合计籽棉补贴 2.17～2.28 元/kg。按籽棉单产 350kg/亩测算，单位面积合计 759.5～798.0 元/亩，最高补贴超过 1 000 元/亩。

2021 年，平均籽棉售价 10.50 元/kg，补贴未发生。一些提质增效试点县团仍有质量补贴，比如新疆生产建设兵团第七师有 3 个专业合作社按"一地种植一个品种"，符合补贴标准，补贴金额 1 400 万元，每千克籽棉补贴 0.3 元，合计补贴面积 12.36 万亩。按籽棉单产 400kg/亩测算，单位面积补贴 120 元/亩（见第三节）。

2019—2021 年新疆棉花目标价格落实情况见表 3-3。

表 3-3　2019—2021 年新疆棉花目标价格落实情况

补贴方式	补贴金额	植棉者中位数补贴水平（元/亩）	补贴范围
	2019 年度目标价格 18 600 元/t		
产量补贴占 90%（上限 2012—2014 年全国棉花平均产量的85%）	第一次补贴：细绒棉籽棉：0.93 元/kg；第二次补贴：细绒棉籽棉：1.35～1.48 元/kg。两次合计籽棉补贴：2.17～2.28 元/kg特种棉按 1:1.3 比例补贴，即在细绒棉补贴基础上加价 30% 发放。其中新疆兵团第八师统一补贴 2.25 元/kg	759.5～798.0（价格＋保险试点补贴为800.0元/亩）	面积补贴范围：南疆四地州基本农户；质量试点补贴为籽棉 0.2 元/kg；"价格保险＋期货"试点补贴标准为 1.34 元/kg
	2020 年度目标价格 18 600 元/t		
产量补贴占 90%（上限 2012—2014 年全国棉花平均产量的85%）。南疆四地（州）（阿克苏地区、喀什地区、克州、和田地区）基本农户的面积补贴全部取消	陆地棉籽棉补贴1.18 元/kg，特种棉籽棉补贴 1.65 元/kg。第一次补贴：陆地棉籽棉补贴：0.5 元/kg。2021 年 7 月第二次发放补贴 0.85 元/kg 籽棉（第八师），合计补贴 1.35 元/kg。按 400kg/亩测算，单位面积中位数补贴 540.0 元/亩	303.60（期货价格＋保险试点补贴为300元/亩上下）	面积补贴范围：南疆四地州基本农户；试点实行 0.2 元/kg 籽棉的质量补贴；试点实行"价格保险＋期货"补贴，标准为 1.34 元/kg
	2021 年度目标价格 18 600 元/t		
补贴方式同2020年度	籽棉交售价格达到 10.5 元/kg，皮棉价格超过 18 600 元/t，无补贴。一些提质增效试点县（市、区、团场）仍有质量补贴，达到"一地种植一个品种"标准，补贴 0.3 元/kg 籽棉。按籽棉单产 400kg/亩测算，单位面积补贴 120 元/亩。发放时间在 2022 年 5 月之后		

注：因补贴涉及长绒棉，故以阿克苏地区阿瓦提县为例。

三、新疆出台一系列配套措施和具体实施方法

（一）主要配套措施

新疆地方和新疆兵团进一步完善改革政策及配套措施，先后制定了各年度《棉花目标价格改革实施方案》《自治区棉花加工企业诚信经营管理办法》等；鼓励棉农分等采摘、分级堆垛；实名交售给有资质的棉花加工企业；建立加工企业诚信经营监管制度；规范加工企业皮棉包装，推行棉布外捆包扎方式；加强纤检机构与企业自检数据的比对工作；采用"一卡通"方式直接兑付；加强对棉花质量补贴资金的监管和违纪行为的监察等措施。

加强对收购、加工、收储、运输等环节的棉花质量管控，尝试建立从田间到轧花厂的质量追溯档案。

2021 年 5 月 8 日，新疆维吾尔自治区财政厅、发展改革委、农业农村厅、民政厅等 12 个部门联合印发《关于进一步加强惠民惠农财政补贴资金"一卡通"管理的实施方案》（以下简称《方案》），全面加强惠民惠农财政补贴资金监督管理工作。

《方案》明确，到 2023 年所有直接兑付到人到户的惠民惠农财政补贴资金原则上均通过"一卡通"方式发放，鼓励各地推行以社会保障卡为载体发放补贴资金，建成自治区负总责、地（州、市）抓监督、县（市、区）抓落实的监管格局，全面实现"一张清单管制度""一个平台管发放"。

（二）具体实施方法

以新疆生产建设兵团为例，兵团发改委协调兵团级、师市级调查队、农业农村局组成工作组，由农业调查队牵头负责棉花基本信息录入，农业农村局负责估产的录入和审核。

棉花目标价格补贴基础信息，每年 8 月底到 9 月初，由连队、团场在兵团棉花目标价格政策信息平台填报棉花种植户的基本信息，包括姓名、身份证号、种植面积、预测产量、棉花品种、地号、棉农住址、联系电话等。

棉花收获期间，职工凭身份证按市场价将棉花交售到兵团公示的棉花加工厂，由加工厂将籽棉交售量录入系统，10—11 月，国家按照市场价对棉花收购价格进行分析，确定当年平均棉花市场收购价，结合皮棉补贴 18 600 元/t，折算籽棉对应补贴价差，其中衣分率和棉籽售价如何确定，不透明。

籽棉收购期结束后，按照籽棉补贴价格和籽棉交售总量，国家拨付补贴资金，兵团按照各师市级籽棉交售总量（不含超出预测产量部分）拨付补贴资金。

资金到达各师市后，按照棉花目标价格补贴流程（公示、签字、审核、资

金发放）兑付补贴资金，采用"一卡通"发放。

四、目标价格政策鼓励新疆棉花发展，溢出效应不可低估

在目标价格政策的支持下，新疆棉花规模继续扩大，产量大幅增长，然而目标价格政策的溢出负面效应也不可低估。

（一）目标价格政策刺激、鼓励棉花产能扩大，引发新问题

1. 鼓励、刺激效果极为显著，形成"一花独放"格局

在高额补贴下，刺激新疆棉花规模不断扩大。与 2010 年相比，2022 年棉花播种面积扩大了 103.6 万 hm²（1 554.0 万亩），扩大 70.9%。实际上，自 2014 年以来，全疆棉花播种面积超过 266.7 万 hm²（4 000 万亩）以上。2021 年籽棉高价收购，2022 年播种面积不是在减少而是仍在扩大。

总产越来越多，占全国的比例越来越高。按国家统计局数据，与 2010 年相比，2022 年新疆棉花总产 539.1 万 t，增加 291.2 万 t，增长 117.5%，新疆棉花总产占全国比例从 2010 年的 42.9% 扩大到 2022 年的 90.2%，扩大了 47.3 个百分点（表 3 - 4）。

表 3 - 4　近几年新疆棉花公检数据与国家统计局统计公报数据

年份	公证检验数据			国家统计局数据			
	截止日期 （年-月-日）	包数 （万包）	皮棉产量 （万 t）	面积 （万 hm²）	面积占全国 （%）	产量 （万 t）	产量占全国 （%）
2019	2020 - 8 - 31	2 273.2	513.1	254.1	76.1	500.2	84.9
2020	2021 - 8 - 31	2 551.7	592.1	250.2	78.9	516.1	87.3
2021	2022 - 8 - 31	2 349.3	530.7	250.6	82.8	512.9	89.5
2022	2023 - 7 - 12	2 725.8	623.2	249.7	83.2	539.1	90.2

注：数据来自国家统计局、中国纤维质量监测中心。

培育出了一批超大型的棉花生产地区、师市。其中阿克苏地区是全国最大的产棉地区，总产 100 万 t 持续了好几年，该地区棉花总产量超过新疆以外各产棉省份之和，即新疆一个地区棉花产量超过全国其他 14 个产棉省份的之和。第八师石河子市是新疆兵团最大的产棉师市，总产超过 60 万 t 持续好多年。

培育出了一批超大级别的棉花生产县市和团场。全疆有 5 个超大级别的产棉县市，总产达到 25 万 t，分别是位于南疆的沙雅县、库车市、阿瓦提县，位于北疆的沙湾市和乌苏市。全兵团有 2 个超大级别的团场——位于北疆的第五师五家渠市新湖农场和芳草湖农场，一个农场的产量超过 10 万 t。

目标价格在实际操作中仍以产量和面积为依据，这是引导扩大面积和追求高产的重要原因，与深化供给侧结构性改革，引导农业"由增产导向转向提质导向"的新要求存在矛盾。

目标价格对引导棉花生产的集中度发挥越来越大的作用，超大集中度可能引发新问题。

2. 加剧绿洲水与地平衡的矛盾

绿洲水与地平衡的矛盾加剧，目标价格与"退地减水"存在激烈的博弈。水是绿洲经济社会发展的命脉，根据《全国水土保持规划（2015—2030）》(2015)、《新疆水资源平衡论证报告》（2018）等，规划退出农业用水量约100亿 m³，2016—2020 年，全疆退减灌溉面积 592.2 万亩，2021—2025 年，全疆退减灌溉面积 306.8 万亩。高额目标价格政策、高额单位面积补贴与"退地减水"的博弈日益激烈。在高补贴的诱惑下，减水退地的难度极大。因此，一边要求减少耕地面积以此来控制农业用水，一边出台高额的目标价格，激励、引导农民种植棉花，这两者无论在国家层面还是地方层面，以及政府不同部门之间都在博弈。

3. 加快非目标价格补贴产区萎缩

目标价格政策下，结构布局形成"一家独大、一花独放""白花齐黯"的非均衡布局，加大了新疆区域内部和全国棉花生产的不可持续性，潜在风险日益加大。除绿洲水资源农业过度利用以外，由"烂铃"引起的生物灾害的潜在风险应引起足够的重视。回顾黄河流域棉区为什么衰减？引发衰退的起因是20 世纪90 年代棉铃虫和黄萎病的大暴发大危害，接着是持续的气候变化（降水北移，秋雨秋湿）对棉花的不利影响，最后才是市场和价格问题。当前全国其他产区对本地棉花发展前景持悲观态度居多。因此，在认可目标价格政策溢出的负面效应不可低估的同时，要研究出台保持全国棉花平衡生产的对策措施。

（二）摸清了新疆棉花产量

通过国家棉花公证检验，摸清了新疆棉花产量底线。比较近 4 年可见，2019 年和 2021 年统计产量与公检产量数据相近，2020 年和 2022 年公检产量分别高于统计产量76.0 万 t 和 72.2 万 t（表 3-4）。

五、其他产棉省份棉花价格补贴

早在 2014 年，国家相关部门就明确，针对山东、湖北和湖南等 9 省的棉花补贴方案为："2014—2015 年度定额补贴 2 000 元/t，以后年度每吨的补贴额将根据新疆目标价格补贴标准的 60% 测算，上限为 2 000 元/t。"中央财政给主产棉省份的补贴依据为国家统计局确定的棉花产量，补贴方式由各省份自主决定，可选择按面积或按产量补贴。新疆棉花目标价格的变化也会对以上9省棉农植棉积极性产生影响（表3－5）。

从成本调查来看，各年各省实际补贴额度在110～450元/亩，补贴额度差异较大，其中江西和河北的补贴额度最高（表3－5）。

表3－5　除新疆外其他产棉省份棉花价格补贴

单位：元/亩

年份	湖南	湖北	江西	安徽	江苏	河北	山东	河南	甘肃
2019	191.92	123.71	450.00	298.40	400.00	417.64	191.59	162.29	346.50
2020	181.83	57.35	450.00	318.00	400.00	339.79	161.61	—	364.35
2021	—	3.35	450.00	—	400.00	—	—	—	101.98

注："—"表示至2022年3月调查时未见补贴。各省补贴数据均按成本调查样本面积加权计算。山西、陕西、内蒙古调查成本样本时未见补贴。

据调查，普遍反映补贴发放时间滞后，对棉花种植意向和实际种植有影响。又据测算，当籽棉交售价格在4元/kg时，补贴就是纯收入，有利于刺激植棉面积的恢复。

另外，天津市不在国家棉花价格补贴范围，为了保障本地植棉者利益，天津市财政出资补贴了多年。

（撰稿：毛树春、杜远仿）

第二节　深化棉花供给侧结构性改革试点

在新疆，以目标价格补贴政策为依托，向价格补贴与质量挂钩、价格补贴与价格保险＋期货等内容进行扩展，试点改革旨在引导、推动植棉业从增产导向转向提质导向，并探索"优质优价"目标有效落地的途径、方法和措施，即探索植棉者、收购价格、流通企业、纺织企业如何实现有效对接，取得新进展。

一、棉花目标价格与质量挂钩试点

（一）出台相关文件推进质量措施落地

2020年，新疆维吾尔自治区和新疆生产建设兵团都出台《棉花目标价格改革工作要点》，明确提出坚持"控制面积、降低成本、提质增效、保障能力"的方向，从完善政策设计、健全补偿机制、探索补贴方式、提升棉花质量、稳定生产能力、优化产业布局等方面提出要求，以打造国家优质棉花生产基地，提升新疆棉花产业竞争力，促进新疆棉花产业深度融合和持续健康发展。

受疫情、气候、市场失控等综合因素影响，2020 年新疆棉花品质大幅下降，2021 年新疆生产建设兵团办公厅印发《兵团棉花质量提升行动工作方案》的通知，提出"加强组织管理和强化政策激励作用"等，力争扭转兵团棉花品质下降的局面。

鼓励棉农种植单一品种，分等采摘、分级堆垛等，对棉农而言提高棉花种植的一致性才能获得更好的收益。改革中提出了优质量化指标，比如，要求品质长度、强度达到"双二十九"，清洁度达到"无三丝"，实行加价 800 元/t；当长度、强度达到"双三零"、无"三丝"，实行加价 1 000 元/t，以激励和保障植棉者利益。

（二）主要方法

推进一地种植一个品种，提高品质的一致性；强化"残膜"回收，提高棉花的清洁度；推进棉花种植轻简化技术、机械化技术、节水节肥绿色化技术等。与棉农专业合作社、企业合作发展棉花生产的社会化服务，包括推荐优质高产抗病品种，供给优质种子，供给真实性肥料、农药地膜、滴灌管等生产资料，开展测土配方施肥、统防统治、绿色化防治、"代耕代播代收"等社会化服务，其中残膜回升做法和效果差异大（表 3-6）。

表 3-6 新疆地方和兵团供给侧结构性改革实施

年份	实施地点	推进内容
2020	品质大幅下滑，无质量补贴	经加工后的皮棉质量达到"双 29"A 级（即长度达到 29mm 以上、断裂比强度 29cN/tex 以上、马克隆值 A 级），且可追溯至棉花实际种植者。 符合质量补贴条件的籽棉，交售者获得 0.3 元/kg 的质量补贴
2021	新疆地方：10 月南疆阿克苏市籽棉收购时当场兑现加价部分。 至 2022 年 1 月 31 日，兵团质量追溯试点的棉农共计交售籽棉 70.5 万 t，达到奖励标准的籽棉 29.5 万 t，占比 41.8%。按马克隆值 3.7～4.6 来测算，高品质比例少很多。 2022 年 2 月公示确认达到高品质棉花数量等，公示期满时将按程序办理兑付工作	高品质公检质量标准：同时满足长度 29mm 及以上、断裂比强度 29cN/tex 及以上，马克隆值为 A 级（3.7～4.2）、B1 级（3.5～3.6）或 B2 级（4.3～4.9）。 兵团职工交售的籽棉质量达到"双 29B"级及以上的，额外给予不低于 0.2 元/kg 籽棉的试点奖励

（三）试点取得的主要成效

2021 年，新疆地方 15 个县开展"棉花目标价格补贴与质量挂钩试点"，采用质量追溯体系实现优棉优补，促进新疆棉花市场竞争力和高质量发展。10 月南疆一些试点籽棉收购时当场兑现。

2021 年 1 月，兵团出台《兵团棉花质量提升行动工作方案》（新兵办发〔2021〕24 号），部署安排 6 个师 19 个团场参加棉花质量追溯试点质量改革试验工作，对职工交售的籽棉质量达到"双 29B"级及以上的，额外给予不低于每千克 0.2 元的试点奖励。至 2022 年 1 月 31 日，2021 年度参与质量追溯试点的棉农共计交售籽棉 70.5 万 t，达到奖励标准（即同时满足纤维长度为 29mm 及以上、断裂比强度为 29cN/tex 及以上，马克隆值为 A 级、B1 级或 B2 级）的籽棉 29.5 万 t。

2022 年 2 月各师已按照资金补贴程序将《2021 年度试点团场棉花种植者交售情况统计汇总表》交至各试点团场进行公示确认，公示期满时将按程序办理兑付工作。

（四）优点和问题

棉花质量奖补政策更加突出棉花质量的引导作用，激发广大棉农的质量意识，最终实现优质优补、优质优价目标，推动新疆棉花生产由数量增长型向质量效益型转变。

市场主体不明确是目标价格与质量挂钩存在的最大问题。虽然有政府的号召但到轧花厂没有具体可操作的方法，比如高品质生产规模面积谁来确定，轧花厂如何依据籽棉确定高品质棉花。最后加价的落地效果可能难以达到预期目标。

二、棉花"价格保险＋期货"试点

2018 年，棉花"价格保险＋期货"试点工作在新疆开展，资金来自目标价格或相关项目，在开展"价格保险＋期货"试点的县乡即不享受目标价格补贴。这一试点 2020—2021 年仍继续进行。

2021 年，由宏源期货牵头、联合申万期货和海通期货共同承办，中华财险承保在新疆麦盖提县实施棉花"保险＋期货"县域项目，参加试点植棉农户 5 836 户棉，总计赔付约 1 018.87 万元，实现赔付率 116.0%，平均赔付 156 元/亩。

2022 年，甘肃敦煌、瓜州棉区启动农业保险政策试点，其中对部分棉花种植户实施"价格保险＋期货"试点，参保棉农每亩交 30 元的皮棉价格保险费后，县财政每亩配套 30 元保险费，主要在棉花收购期间对 11 月份皮棉价格实行保险，保险皮棉价格为 1.5 万/t，保险期限为 1 个月。

三、国家棉花产业联盟在行动

（一）开展理论研究，打造新型科技和产业链融合智库

国家棉花产业联盟（简称国棉联盟，CCIA）智库于 2016 年研究提出的棉花品质结构"金字塔"模型，成为指导我国棉花深化供给侧结构性改革、转型升级提质增效的理论基础。

1. 提出棉花品质结构"金字塔"模型，为棉花提质增效指明了方向

国家棉花产业联盟智库于 2016 年研究首次提出棉花品质结构"金字塔"模型，塔的第一（底）层为清洁度，第二层为一致性，第三层为加工损害最小，第四层为品质公证检验，第五层为种植高品质品种。该模型首次提出了大国棉花的品质结构、转型升级的方向、提质增效的途径，具有基础性、全面性和科学性，是一项重大的原创性理论成果，在深化农业供给侧结构性改革，促进我国由棉花产量大国向质量强国转变中能发挥强有力的指导作用。

2. "金字塔"模型为棉花转型升级提质增效提供科学方法

国家棉花产业联盟提出解决清洁度和"一地种植一个品种"方案，成为供给侧结构性改革的具体措施并正在落地。

一是残膜治理取得新进展，提高清洁度理论正在转化为现实。以推广采用加厚地膜为主体和以机械化采收后的棉田残膜清理方法，加上轧花加工过程中的清理，使籽棉和原棉中的异性纤维含量大幅降低。纺织企业认为，近几年新疆原棉中的异性纤维含量少了许多，我国棉花的基础品质已有较大的改进。

二是"一地种植一个品种"理论已转化成为区域"一致性"行动。新疆维吾尔自治区和新疆兵团采用"一主两辅"到"一主一辅"的品种布局行动，使商用种植品种数量大幅度减少，棉花品种布局的"多乱杂"状况得到有效遏制。更可喜的是"一地种植一个品种"正在北疆产区向一个区域种植一个品种转变，届时一致性问题将得到根本解决。

三是优质加价。2017 年以来新疆兵团大胆尝试"优质加价"，对公检品质达到"双 28.5"、马克隆值在 3.7～4.9 的籽棉实行加价，新疆地方和新疆兵团加价 0.2～0.3 元/kg 籽棉。结果表明，国家棉花产业联盟在引导新疆棉农种植高品质棉花中发挥实质性功能。

经过国家棉花产业联盟的不断推进，在解决新疆棉花的基础品质提升、提质增效方面取得重大进展。

（二）相关建议列入农业农村部《"十四五"全国种植业发展规划》

国家棉花产业联盟智库于 2020 年研究提出我国高品质原棉短缺的数量化指标，揭示高品质原棉短缺率高达 58.5％，且集中度低，可供采购能力差，提出建设高品质棉花种植带的意见建议，已写进农业农村部《"十四五"全国种植业发展规划》（已于 2021 年 12 月发布），其中规划"建设高品质棉花种植带""高品质棉占比达到 45％左右"作为"十四五"时期我国棉花发展的行动指南，这说明国棉联盟智库正在发挥着重大的决策参谋作用。

（三）产销对接取得新进展

高品质原棉是我国棉花产业的核心竞争力，补高品质原棉短板就是培育核心竞争力，国棉联盟采取的主要方法是高品质科技品种＋高品质种植技术＋高品质轧花加工，实行"订单种植，产销对接"。

按照国棉联盟制定的《高品质棉花生产技术指南》对生产基地进行认证。

通过国棉联盟几年的实践，实现"优棉优用、优质加价"，创出一条"优质优价"的高品质产销路子，解决高品质纱线、高支宽幅面料高品质原棉原料短缺问题。

2021 年在新疆兵团第二师三十一团建立"罗莱专用中长绒棉生产基地"2 万亩，收购籽棉 1 610t，加工皮棉入库毛重 555.2t，入库公定重量 566.5t，公检品质为纤维长度平均 32mm、马克隆值平均 4.0，断裂比强度平均 30cN/tex，含杂率平均 2.3％，满足罗莱纺高支、宽幅"超柔"床上用品的原料之需。

在提高基础品质的同时，国棉联盟搭台，引导开展订单种植、产销对接，牵线一批纺织企业参与种植基地建设。这样纺织企业拥有一定的主动权，在纺织企业参与下生产基地知名度也得到提升，起到工农联合效应。

（四）产生良好的辐射带动效应

2020 年，由国棉联盟在国家昌吉农业科技园区、玛纳斯县建立 30 万亩高品质生产链示范基地。

2021 年 10 月 10 日，国棉联盟在新疆昌吉国家农业科技园区举办了首届"CCIA 高品质棉花竞拍大会"。

2021 年 4 月 8 日和 10 月 14 日，国棉联盟在新疆兵团第二师罗莱新疆长绒棉专属基地举办"罗莱寻柔之旅"两场活动。

（撰稿：毛树春、王占彪、田立文）

第三节　新疆生产建设兵团棉花转型升级提质增效进展情况

新疆生产建设兵团（以下简称"新疆兵团"）位于新疆，是我国最大的国有棉花生产企业。近几年新疆兵团棉花产能不断扩大，2018年总产突破200万t达到204.7万t，占新疆棉花产量的40.0%，占全国棉花产量的33.5%；2022年新疆兵团棉花总产增长到215.4万t，占新疆棉花产量的40.0%，占全国棉花产量的36.0%，可见新疆兵团在全国棉花生产中具有举足轻重的地位。

新疆兵团现代化植棉业走在新疆地区和全国的前列。新疆兵团不断优化棉花"密矮早"模式，采用卫星导航播种、宽膜覆盖、膜下滴灌技术，棉花耕种管收机械化率高达95.3%（2020年），作为现代农业领域的顶尖技术——棉花机械化采收面积占比超过94.2%，采棉机保有量2 934台（2022年），机械化、智能化和信息化技术应用，使劳动生产率大幅提高。据毛树春等（2022）监测报告数据，2021年新疆兵团职工每工日生产皮棉32.47kg，高于全国23.77kg，高出36.6%，高出新疆地方23.1%。然而，也出现机采棉清洁度和一致性等基础品质差、品质指标普遍下降的突出问题。如何提高机采棉质量，如何协调棉花高产和高品质发展，是新疆兵团面临的新情况、新问题。

新疆兵团抓住国家棉花目标价格政策机遇，深化棉花供给侧结构性改革，依靠科学植棉，大力推进质量兴棉和绿色兴棉，棉花清洁度和一致性明显改善。据公证检验数据，2020年、2021年和2022年棉花纤维长度加权平均值28.65mm以上，比2019年延长0.69～0.92mm；断裂比强度平均值28.90cN/tex，比2019年提高1.06～1.48cN/tex；马克隆值3.7～4.2（A档）占比9.26%以上，比2019年提高6.95～9.48个百分点。这些改进提高为机采棉转型升级提质增效创出许多有益经验，起到积极的示范引领作用。

新疆兵团棉花转型升级提质增效的主要经验为"五抓"：一是抓有害异性纤维"三丝"的控制，棉花清洁度水平明显改善。二是抓早熟性生产，收获密度减少20%上下，减肥减水综合防治病虫草害实现促早，规范脱叶剂使用和严格机采环节，棉花脱叶落叶干净程度有明显改善。三是抓品种优化布局，"一地一种"基本落地，高品质棉花品种覆盖面积大，机采棉内在品质和纤维品质一致性有明显改善。四是抓规范性初级加工，增加棒条清理机，降低轧花机转速20%，机采棉加工减损有明显改善。五是齐抓共管，为各项提质增效技术和措施落地提供保障。

这些经验总体归纳为"好棉花是种出来的，也是加工出来的，还是监管出来的"，有人认为"种"环节占比60%，"加工"环节占比30%，监管环节占比10%。其经验概括为齐抓共管，主要特点：一是形成共识。棉花生产链各管理部门、生产各环节形成提质增效的一致共识，十分难能可贵。二是齐抓共管。涉棉各部门都狠抓提质增效技术和措施的落地。三是以目标价格为契机，出台相关政策措施予以支持和引导，鼓励职工种好棉，多得利。这是新疆兵团棉花转型升级提质增效取得新进展的根本保证，也为地膜覆盖高产条件下机采棉提质增效创出一条新路，展现出新的前景，为加快建设棉花强国提供有益经验。

新疆兵团经过一系列的齐抓共管取得了显著成效。2016—2022 年，新疆兵团高品质原棉占比平均为 31.7%，高于新疆地方平均值 21.8% 近 10 个百分点。图 3-1 还指出，凡高品质原棉占比（38.8% 及以上）高的年景都是棉花早熟性好的年景，证明绿洲棉花早熟性在提质增效中作为"纲"的重要地位。

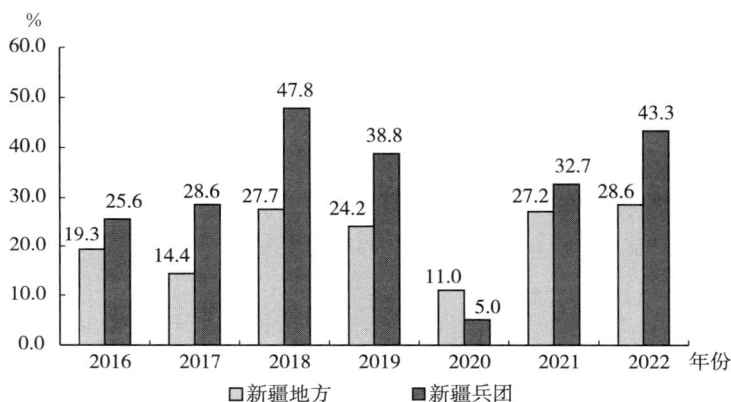

图 3-1　2016—2022 年新疆兵团与新疆地方高品质原棉占比

数据来源：中国棉花协会质量部，2023 年 8 月。

一、抓"三丝"控制，提高棉花清洁度水平

棉田残膜清理和控制残膜混入籽棉既是提高棉花清洁度的需要，也是提高棉田清洁度的需要，是棉花高质量可持续生产的重要措施。

（一）强化棉田残膜综合治理

2018 年新疆兵团出台并实施《兵团农田残膜污染治理三年行动攻坚计划》，提出到 2020 年达到或接近农田残膜污染治理目标，消除残膜对土壤的负面影响。当季残膜回收率达 95% 以上，主要措施如下：

1. 推广加厚地膜，减少残膜混入籽棉的机会

2018 年 5 月起国家出台并实施《聚乙烯吹塑农用地面覆盖薄膜国家标准》（GB 13765 - 2017），其强制性规定地膜厚度不得小于 0.010mm。自当年开始，新疆兵团全面推广标准 0.01mm 加厚地膜，2022 年地膜厚度提高到 0.015mm。地膜加厚之后，田间破损减少，混入籽棉机会减少，回收率大幅提高。

2. 调整农艺措施

改早期先揭膜后采收为先机采后回收残膜，大幅减少残膜混入籽棉机会。

操作程序为 10 月中下旬到 11 月上旬棉花机采，接着机械粉碎秸秆，之后揭膜分两种情况：一是当年 10—11 月揭膜回收，二是次年 3 月化冻后揭膜回收。揭膜以机械回收为主，加上人工辅助，提高回收率。

3. 保持棉田干干净净

包括进入棉田人员做到"人戴帽子狗穿衣"，控制毛发落入棉田、落入籽棉中；严格回收田间地头塑化制品，包括植物生长调节剂袋子、肥料和农药的包装袋。机采棉基本实现"圆膜"（包包棉）也减少了残膜混入籽棉的机会，对于少部分机采的分散花，要求存放籽棉处干净，用棉布垫底和包装运输。

4. 清理棉田残膜

采用"机械＋人工"方法回收残膜，重点抓住田间"一揭二搂三捡拾"（即生育期揭全膜或边膜、春秋季机械搂膜、耕层废旧地膜捡拾）。针对耕层地膜采取"三捡三平"，重点抓好耕地后整地前的机械捡拾工作。

（二）残膜回收效果显著

2021 年，新疆兵团当季农田废旧地膜回收率达到 90％以上，抽测平均残膜量为 2.66kg/亩，达到国家标准，全面消除了三级重度污染及四级严重污染团场，提前完成了"十四五"预定目标。

2022 年，利用中央财政补助资金在各团场开展地膜科学使用回收试点工作，其中：加厚高强度地膜覆盖面积 90 万亩、全生物降解膜覆盖面积 3 万亩，团场当季地膜回收率 90％以上，初步形成科学规范、权责清晰、治理有效的地膜回收利用工作机制，基本实现农田残膜资源化利用。

二、抓早熟性生产，提高脱叶率和残叶落净率

新疆兵团明确提升新疆机采棉品质要以提高棉花早熟性为"纲"，在早熟性的统领下，提高脱叶和残叶的落净率，大幅降低籽棉叶屑杂质含量，减少机采棉清花次数，减轻清花除杂对纤维品质的伤害。

（一）抓促早熟栽培

1. 强化促早发早熟栽培

提出机采棉早熟性看苗诊断指标——"四月苗、五月蕾、六月花、七月铃、八月絮"，利用早熟性指标选择早熟性好的品种，对大面积棉田进行分类管理。主要做法：一是选择高产高品质早熟品种，南疆选择生育期不超过 130d 中熟品种，提倡种植生育期 125～128d 的早中熟品种，杜绝种植生育期大于 130d 的品种。北疆选择种植生育期不超过 120d 特早熟品种。二是全程促早。比如适时早播，一播全苗壮苗早发，"四月苗、五月蕾、六月花、七月铃、

八月絮"各期占比 90％，打脱叶剂之前自然吐絮率达到 40％以上的面积占比达到 50％。

2. 降低密度

在保证皮棉单产 150kg/亩的高产基础上，做到以下几点：一是减少播种穴数。将播种盘穴数由 16 穴调减至 13～14 穴，减幅 12.5％～18.8％；理论播种密度由 1.86 万～1.98 万株/亩调减至 1.5 万～1.6 万株/亩，保苗密度 1.3 万～1.4 万株/亩，收获株数 1.2 万～1.3 万株/亩，减幅 20％上下。二是示范宽等行配置模式，提倡一膜播种 3 行或 4 行，行数减少 33.3％～50％。通过减少密度减轻棉田隐蔽程度，提高落叶效果，减少籽棉叶屑杂质含量至少 5 个百分点，减轻加工除杂对品质的损害。

（二）大力推进减水减氮

减肥减水既是绿色生产技术，也是机采棉促进早发早熟的关键技术。

1. 推广"干播湿出"方法

北疆棉田全面实行"干播湿出"播种出苗方法，南疆加快示范，推广面积达到 130 万亩，占南疆师市棉田面积的 30.5％。其中第一师、第二师、第三师分别达到 43.5 万亩、19.5 万亩和 67.0 万亩。"干播湿出"节水率提高 30％，同时提高保苗率，实现了苗齐苗壮苗匀，加快了棉花生育进程。

2. 抓稳长促早，控制旺长

科学运筹肥水，减少水氮投入。一是机采棉提早结束氮肥滴入，基本做到 8 月中旬滴灌不加入氮肥。二是减少灌溉水量，在保障花铃期棉花需水的前提下，8 月下旬开始滴水次数减少，滴水量减少 25％以上，机采棉田做到 9 月不滴水，这样有利于减少后期叶片生长，加快吐絮进程，促进早熟。

（三）综合防治病虫草害

病虫草害防治既是保障产量，也是促进早发早熟的技术，采用综合防治技术措施防治棉铃虫、棉叶螨、棉蚜，清除棉田杂草，是减少籽棉杂质含量的重要措施。

（四）坚持促早管理原则

打顶坚持"时到不等枝、枝到不等时"的原则，南疆打顶时间在 7 月 5 日前后，北疆在 6 月底前。提倡和组织人工打顶。农用植保无人机喷施打顶剂在新疆大多数地区尚不成熟，不宜推广。

特别强调的是，重播晚播棉田以及迟发晚熟年景，不论多少果枝都必须按时打顶，不宜机采。

（五）规范脱叶催熟

1. 把握脱叶剂喷施时间节点

南疆 9 月 5—10 日、北疆 9 月 1—5 日完成脱叶剂喷施工作。

2. 规范使用脱叶剂

引导使用推荐目录范围内的脱叶剂催熟剂，推荐的南疆配方（每亩）为：81％噻苯·敌草隆水分散粒剂（瑞脱龙），用量为 15～20g＋乙烯利 50～70ml，540g/L 敌草隆·噻苯隆悬浮剂（脱吐隆），用量 12～15ml＋乙烯利 50～70ml。悬挂/牵引式喷杆喷雾机作业速度 4～5km/h，大型自走式喷杆喷雾机作业速度 8～12km/h，叶片着药率≥95％。早熟棉田建议喷施一次，长势偏旺棉田、晚熟品种、密度过大棉田要求喷施两次，第二次在第一次喷施后 5～7d 进行。

3. 禁止使用农用植保无人机喷施脱叶剂

新疆兵团规定公安机关不得受理无人机喷施脱叶剂备案业务，团场棉农签订《禁止无人机喷施脱叶剂承诺书》，严禁无人机喷施脱叶剂。

在一系列促早熟措施作用下，新疆兵团棉花脱叶率显著提高，残叶落地干净了许多，籽棉叶屑杂质含量 10％上下，降低 5 个百分点以上。

三、抓品种优化布局，提高一致性水平和内在品质

（一）大力推进"一地一种"商业用种模式

近几年，新疆兵团积极探索"一地一种"模式，在坚持品种审定原则、生态区原则和早熟性原则的基础上，大胆尝试商用品种"优中选优"并取得了明显成效。一是认真遴选推荐品种。遴选推荐长度、强度和细度相协调，纤维长度和断裂比强度"双三零"，马克隆值在 3.8～5.1 的优良品种。二是以师市为单位实行品种"一主一辅、一主两辅"布局，新疆兵团棉花种植品种数量大幅减少，品种"多乱杂"的局面得到根本扭转，高产高品质品种集中度不断提高。

（二）推荐品种不断减少，优势品种地位显现

2020 年，新疆兵团种植品种 66 个，推荐品种种植面积占比 60.0％，其中播种面积在 1 万亩以上品种 54 个，5 万亩以上品种 34 个。

2021 年，新疆兵团种植品种 35 个，推荐品种种植面积占比提高到 87.7％，其中播种面积在 1 万亩以上的品种 40 个。

2022 年，新疆兵团种植品种 19 个，推荐品种种植面积占比提高到 90.0％，其中播种面积在 1 万亩以上的品种 30 个。

在新疆兵团大的产棉师市中，2021 年南疆第一师推荐主推品种为"一主三辅"，2022 年为"一主两辅"。2020 年北疆第八师推荐主推品种 4 个，2021 年和 2022 年推荐主推品种仅 3 个（表 3-7）。

表3-7 近几年兵团主推棉花品种主要农艺性状、品质指标和选育单位

师市	年份	品种名称	主要农艺性状和品质指标					选育单位
			纤维长度（mm）	断裂比强度（cN/tex）	马克隆值	生育期（d）	衣分率（%）	
第一师阿拉尔市	2020	塔河2号	30.0	31.1	4.4	136	42.8	新疆塔里木河种业股份有限公司
	2021	塔河2号	30.0	31.1	4.4	136	42.8	新疆塔里木河种业股份有限公司
		新陆中82（辅）	30.0	31.1	4.5	133	42.8	新疆塔里木河种业股份有限公司、新疆劲丰合农业科技有限公司
		源棉13305（辅）	30.6	33.3	4.6	128	41.6	新疆农业科学院经济作物研究所
		新陆中85（辅）	31.6	32.2	4.0	139	43.0	新疆生产建设兵团第一师农业科学研究所、新疆塔里木河种业股份有限公司
		J206-5（辅）	30.5	30.2	4.1	137	44.7	新疆金丰源种业股份有限公司
		瑞杂818（辅）	31.0	33.0	5.1	118	40.7	济南鑫瑞种业科技有限公司、中国农业科学院生物技术研究所
		冀杂708（辅）	31.8	30.6	4.7	124	40.0	河北省农林科学院粮油作物研究所、河北冀丰棉花科技有限公司
	2022	塔河2号	30.0	31.1	4.4	136	42.8	新疆塔里木河种业股份有限公司
		新陆中82（辅）	30.0	31.1	4.5	133	42.8	新疆塔里木河种业股份有限公司、新疆劲丰合农业科技有限公司
	2023	塔河2号	30.0	31.1	4.4	136	42.8	新疆塔里木河种业股份有限公司
		新陆中82（辅）	31.5	30.6	4.5	128	43.5	中国农业科学院棉花研究所
		源棉13305号（辅）	30.6	33.3	4.6	128	41.6	新疆农业科学院经济作物研究所
第二师铁门关市	2020	新陆中67	30.1	31.3	4.4	136	43.0	阿克苏金种棉花科技有限责任公司
		新陆中82	30.0	31.1	4.5	133	42.8	新疆塔里木河种业股份有限公司、新疆劲丰合农业科技有限公司
		新陆中38	29.5	31.2	4.2	140	42.6	巴音郭楞自治州农业科学研究所
		新陆早66	33.9	32.1	3.8	126	41.5	奎屯万氏棉花种业有限公司
	2021	新陆中67	30.1	31.3	4.4	136	43.0	阿克苏金种棉花科技有限责任公司
		新陆早66	33.9	32.1	3.8	126	41.5	奎屯万氏棉花种业有限公司
		新陆中74	29.7	28.1	4.5	133	44.4	新疆生产建设兵团第二师农业科学研究所
		新陆中81	30.1	31.2	4.3	137	43.0	新疆巴音郭楞蒙古自治州农业科学研究院

（续）

师市	年份	品种名称	主要农艺性状和品质指标					选育单位
			纤维长度（mm）	断裂比强度（cN/tex）	马克隆值	生育期（d）	衣分率（%）	
第二师铁门关市	2022	新陆中 38	29.5	31.2	4.2	140	42.6	巴音郭楞自治州农业科学研究所
		新陆中 55（辅）	30.1	30.3	4.3	133	42.1	新疆大丰收种业有限公司、巴州劲丰农业开发有限公司
		源棉 13305（辅）	30.6	33.3	4.6	128	41.6	新疆农业科学院经济作物研究所
	2023	新陆中 38	29.5	31.2	4.2	140	42.6	巴音郭楞自治州农业科学研究所
		新陆中 55（辅）	30.1	30.3	4.3	133	42.1	新疆大丰收种业有限公司、巴州劲丰农业开发有限公司
		金垦 1565（辅）	31.7	34.8	4.3	123	40.7	新疆农垦科学院
第三师图木舒克市	2020	新陆中 78	30.6	33.1	4.0	135	44.8	新疆农业科学院经济作物研究所
	2021	新陆中 87	29.7	29.3	4.3	130	42.8	新疆合信科技发展有限公司
		塔河 2 号（辅）	30.0	31.1	4.4	136	42.8	新疆塔里木河种业股份有限公司
		新陆中 78（辅）	30.6	33.1	4.0	135	44.8	新疆农业科学院经济作物研究所
	2022	塔河 2 号	30.0	31.1	4.4	136	42.8	新疆塔里木河种业股份有限公司
		新陆中 38（辅）	29.5	31.2	4.2	140	42.6	巴音郭楞自治州农业科学研究所
		新陆中 85（辅）	31.6	32.2	4.0	139	43.0	新疆生产建设兵团农一师农业科学研究所、新疆塔里木河种业股份有限公司
	2023	塔河 2 号	30.0	31.1	4.4	136	42.8	新疆塔里木河种业股份有限公司
		新陆中 61（辅）	30.2	29.2	4.5	135	44.1	新疆前海种业有限责任公司
		惠远 720（助）	31.4	29.4	4.4	122	40.9	新疆惠远种业股份有限公司
第五师双河市	2020	新陆早 84	31.3	32.7	4.1	120	41.9	新疆合信科技发展有限公司
		酒棉 13	29.2	28.8	4.6	133	39.5	酒泉市棉花试验站
		惠远 720	31.4	29.4	4.4	122	40.9	新疆惠远种业股份有限公司
		新陆早 82	30.0	31.1	4.5	133	42.8	新疆塔里木河种业股份有限公司、新疆劲丰合农业科技有限公司
		新陆早 80	30.0	31.4	4.7	117	43.0	新疆石河子农业科学研究院
	2021	酒棉 13	29.2	28.8	4.6	133	39.5	酒泉市棉花试验站
		惠远 720	31.4	29.4	4.4	122	40.9	新疆惠远种业股份有限公司
		新陆早 80	30.0	31.4	4.7	117	43.0	新疆石河子农业科学研究院
		新陆早 84	31.3	32.7	4.1	120	41.9	新疆合信科技发展有限公司

（续）

师市	年份	品种名称	主要农艺性状和品质指标					选育单位
			纤维长度（mm）	断裂比强度（cN/tex）	马克隆值	生育期（d）	衣分率（%）	
第五师双河市	2022	H33-1-4	31.3	32.4	4.3	125	41.6	新疆合信科技发展有限公司
		新陆早71（辅）	30.3	31.5	4.6	120	43.9	新疆闫氏德海农业科技有限公司
		酒棉13（助）	29.2	28.8	4.6	133	39.5	酒泉市棉花试验站
	2023	H33-1-4	31.3	32.4	4.3	125	41.6	新疆合信科技发展有限公司
		新陆早78（辅）	30.1	31.7	4.4	115	43.3	新疆金丰源种业股份有限公司
第六师五家渠市	2020	新陆早72	30.8	30.5	4.4	123	43.7	新疆惠远种业股份有限公司
		新陆早57	30.0	29.7	4.4	122	43.5	新疆农业科学院经济作物研究所
		新陆早61	29.5	31.1	4.4	121	42.0	石河子农业科学研究院
		新陆早74	30.5	31.3	4.4	120	43.1	石河子农业科学研究院
		惠远720	31.4	29.4	4.4	122	40.9	新疆惠远种业股份有限公司
	2021	新陆早57号	30.0	29.7	4.4	122	43.5	新疆农业科学院经济作物研究所
		惠远720	31.4	29.4	4.4	122	40.9	新疆惠远种业股份有限公司
		中棉113	31.5	32.7	4.2	115	45.8	新疆中农优棉棉业有限公司
		新陆早84号	31.3	32.7	4.1	120	41.9	新疆合信科技发展有限公司
	2022	惠远720	31.4	29.4	4.4	122	40.9	新疆惠远种业股份有限公司
		新陆早80（辅）	30.0	31.4	4.7	117	43.0	新疆石河子农业科学研究院
		中棉113（辅助）	31.5	32.7	4.2	115	45.8	新疆中棉种业有限公司
	2023	中棉113	31.5	32.7	4.2	115	45.8	新疆中棉种业有限公司
		惠远720（辅）	31.4	29.4	4.4	122	40.9	新疆惠远种业股份有限公司
		新陆早80（辅）	30.0	31.4	4.7	117	43.0	新疆石河子农业科学研究院
第七师胡杨河市	2020	中棉所92号	29.2	30.3	4.4	124	43.9	新疆中棉种业有限公司
		K07-12	29.7	30.4	4.3	128	42.4	新疆生产建设兵团第七师农业科学研究所
		新陆中52	30.4	31.8	4.1	132	42.7	新疆生产建设兵团第七师农业科学研究所
		惠远720	31.4	29.4	4.4	122	40.9	新疆惠远种业股份有限公司
	2021	Z1112	29.9	31.6	3.9	123	41.4	锦棉种业、新疆兵团第七师农业科学研究所
		天云0769	30.4	30.2	4.2	127	42.6	新疆大有赢得种业有限公司
		中棉201	30.8	32.6	4.1	123	41.3	新疆中棉种业有限公司
		新陆早76	30.4	30.3	4.0	125	41.7	新疆合信科技发展有限公司
		惠远720	31.4	29.4	4.4	122	40.9	新疆惠远种业股份有限公司
		金科20	32.4	33.1	4.3	123	42.2	北京中农金科种业科技有限公司

（续）

师市	年份	品种名称	主要农艺性状和品质指标					选育单位
			纤维长度（mm）	断裂比强度（cN/tex）	马克隆值	生育期（d）	衣分率（%）	
第七师胡杨河市	2022	K07－12	29.7	30.4	4.3	128	42.4	新疆生产建设兵团农七师农业科学研究所
		Z1112（辅）	29.9	31.6	3.9	123	41.4	新疆锦棉种业科技股份有限公司、新疆兵团第七师农业科学研究所
		金科20（辅）	32.4	33.1	4.3	123	42.2	北京中农金科种业科技有限公司
	2023	Z1112	29.9	31.6	3.9	123	41.4	新疆锦棉种业科技股份有限公司、新疆兵团第七师农业科学研究所
		K07－12（辅）	29.7	30.4	4.3	128	42.4	新疆生产建设兵团农七师农业科学研究所
		金科20（辅）	32.4	33.1	4.3	123	42.2	北京中农金科种业科技有限公司
第八师石河子市	2020	惠远720号	31.4	29.4	4.4	122	40.9	新疆惠远种业股份有限公司
		新陆早84	31.3	32.7	4.1	120	41.9	新疆合信科技发展有限公司
		新陆早77	30.7	32.5	4.7	122	43.4	新疆大有赢得种业有限公司
		新陆早74	30.5	31.3	4.3	120	43.1	石河子农业科学研究院
	2021	惠远720	31.4	29.4	4.4	122	40.9	新疆惠远种业股份有限公司
		新陆早84	31.3	32.7	4.1	120	41.9	新疆合信科技发展有限公司
		新陆早77	30.7	32.5	4.7	122	43.4	新疆大有赢得种业有限公司
		新陆早74（辅）	30.5	31.3	4.3	120	43.1	石河子农业科学研究院
		新陆早63（辅）	28.9	29.9	4.4	124	43.9	新疆中棉种业有限公司
	2022	惠远720	31.4	29.4	4.4	122	40.9	新疆惠远种业股份有限公司
		新陆早84	31.3	32.7	4.1	120	41.9	新疆合信科技发展有限公司
		新陆早80	30.0	31.4	4.7	117	43.0	石河子农业科学研究院
		新陆早71（辅）	30.3	31.5	4.6	120	43.9	新疆闫氏德海农业科技有限公司
		中棉113（助）	31.5	32.7	4.2	115	45.8	新疆中棉种业
	2023	新陆早84	31.3	32.7	4.1	120	41.9	新疆合信科技发展有限公司
		惠远720	31.4	29.4	4.4	122	40.9	新疆惠远种业股份有限公司
		新陆早80	30.0	31.4	4.7	117	43.0	石河子农业科学研究院
		金垦1775（辅）	32.5	31.5	4.1	120	40.3	新疆农垦科学院
		中棉113（辅）	31.5	32.7	4.2	115	45.8	新疆中棉种业有限公司

注：（辅）即辅助品种。

四、抓规范性初级加工，机采棉加工质量明显改善

（一）强化进场管理

轧花厂分品种、分垛、分轧，严格控制轧花含水。

（二）淘汰落后加工产能

新疆兵团按照"总量控制、竞争有序"的原则，合理布局棉花加工产能。加强新建棉花加工厂审批管理，逐步淘汰落后过剩加工能力。优化完善新型异性纤维清理设备，实现异性纤维清除技术与设备的升级换代。引导棉花加工企业完善加工、检测设备，改进提升工艺水平，落实加工质量主体责任。

（三）切实执行"因花配车"原则

严格按照操作规程调整设备技术参数。依据籽棉堆垛数据，重点调整所有籽棉清理和皮棉设备的清理系统，既要有效排杂又要避免籽棉小花头的排出，同时保证回潮、不孕籽含棉率、毛头率等数据控制在有效值范围内。

（四）改进轧花加工厂工艺

增加籽棉清杂棒调机，因花调整轧花工艺，降低皮棉含杂，减少对长度断裂比强度的影响，提高轧工和颜色级。

加工工艺改进：棒调机——"三丝"清理机——清铃机——清叶杂机——3道倾斜式清杂轧花机——气流皮清机——齿条皮清机。

加工工艺改进取得的效果，一是通过棒调机提前清理部分大杂质和大块地膜。二是降低轧花机转速 23.5%，由每分钟 850 转放慢至 650 转，减轻机械高速运转摩擦对纤维的伤害程度。三是放慢齿条皮清机转速 20.0%，减轻机械对纤维打压产生的伤害程度。

五、抓督促监管，为提质增效保驾护航

新疆兵团秉承"好棉花也是监管出来的"，对重点环节出台相关文件加强督促监管，为提质增效提供了有效保障。

（一）加强用种环节管理

建立新疆兵团棉花品种推荐清单，加大推荐品种宣传培训力度，依法依规引导用种。加大种子市场、种子质量监督检查力度，规范棉花种子生产经营许可及后续备案管理，严禁品种未审先推、超审定区域非法经营。师市团场根据植棉规模和用种需求合理划定棉花良繁区域，加大良种繁育基地建设力度，加强对棉花种子企业生产经营全程监管，认真做好品种提纯复壮和用种生产。

（二）加强采收环节管理

一是严格执行《兵团采棉机田间作业技术规程》。该规程对脱叶采收作业进行规定。要求机采前棉田脱叶率达90％、吐絮率达95％以上，由团场统筹安排后方可采收作业。团场与属地加工厂联合确定开秤收购时间，并向师市农业农村局报备。

二是严格禁止夜采、露水采、喷水采等严重影响棉花质量的采收行为；严格控制采摘籽棉的水分及杂质，含杂率、回潮率均不得高于12％，采净率不高于93％。团场制定分品种采收计划并加强巡查，防止正、复采籽棉混合交售。

三是加强采收前质量检测。各师市提前制定棉花抽样方案，在脱叶后、机采前对师市主要品种进行田间取样检测，全面掌握全师棉花质量情况，形成分析报告上报兵团农业现代化建设工作领导小组。

（三）加强进场环节管理

一是严格规范企业籽棉收购行为。严禁公示企业擅自在团场确定采摘时间前收购籽棉；在籽棉收购期间加大棉花收购加工质量巡查力度，督促企业严格履行保障棉花质量义务，探索落实"一试五定"、异纤管理、分品种分等级堆放、分轧等机制，严厉打击压级压价等恶劣行为。对超水超杂籽棉禁止进厂交售。

二是实施企业退出机制。完善《兵团棉花加工企业诚信经营评价暂行管理办法》，加强企业信用监管，建立企业黑名单制度，实施更加严格的企业退出机制。

三是严格企业公示制度。完善《兵团棉花目标价格加工企业公示管理办法》，对擅自提前收购籽棉、收购超水棉和超杂棉、存在加工设备整改不达标、不具备籽棉质量自检能力、涉案、涉诉、涉信访未处理完毕、超过公示申报时限、法人和实际经营者被列入诚信经营黑名单等情况的企业，均不予以公示。

（四）加权轧花环节管理

强化老化陈旧设备的升级改造，强化轧花厂的出租，强化轧花厂技术人员的培训等，保障加工质量。

（五）加强监督检查指导

新疆兵团党委、农办组织兵团各相关部门开展督促检查指导，检查打顶质量、完成时间；检查脱叶剂及机械准备情况、集中配药点情况、脱叶剂喷施质量、完成时间；检查采棉机登记备案、消防等情况，严禁夜采、超水分采。加强生产管理，为棉花质量全面提升提供保障。

在加工环节，严格查处兵团、地方棉花收购企业相互委托代收代加工行为。

六、出台相关政策措施，鼓励和引导"种"好棉花

（一）强化政策引导作用

2021年3月，新疆兵团印发《兵团棉花质量提升行动工作方案》，将各项任务落实到师局及相关机构负责人，开展协同工作，抓方案的落实。

（二）完善棉花目标价格补贴政策

围绕棉花提质增效出台一系列棉花奖励政策和工作方案，包括目标价格补贴政策、生产质量奖补政策、绿色发展试点补贴政策等。开展补贴标准与质量挂钩工作试点，将中央年度拨付补贴资金总额的7%用于棉花高质量发展、多种补贴方式探索，93%用于兑付兵团棉花播种者按交售量计算的补贴。

（三）试行棉花品种奖补

2021年新疆兵团印发《兵团棉花推荐品种奖补方案的通知》，根据师市核实上报分品种棉花播种数据，对兵团级和师市级的推荐品种、"一主两辅"用种模式集中度达到70%以上师市的棉花实际播种者，包括兵团范围内经审核录入棉花目标价格政策信息平台的棉花实际播种者（植棉职工、植棉团场和兵团范围内的其他各种所有制形式的棉花播种者），按25元/亩标准进行奖补。奖补师市推荐辅助品种数量：植棉规模200万亩以下的推荐2个，200万～300万亩的推荐3个，300万亩以上的推荐4个。棉花播种品种集中度奖励，是对"一主两辅"品种播种规模达到一定比例师市的棉花播种者进行奖励。

七、提质增效见成效，原棉品质显著提高

近几年，新疆生产建设兵团在狠抓棉花生产清洁度和一致性基础品质的基础上，反映纤维内在品质的长度、强度和细度主要品质指标同步改良成效显著，其中纤维长度延长和强度提高的趋势极为明显。据近几年的公检数据，并与2019年度相比，一系列可比较品质指标变化如表3-8和图3-1。

表3-8　近几年新疆生产建设兵团棉花公证检验品质指标变化

年　份	2022	2021	2020	2019
公检量（万包）	805.41	439.07	653.85	700.48
颜色级白棉1～3级比例合计（%）	90.70	90.20	91.20	86.90
纤维长度加权平均值（mm）	28.65	28.69	28.88	27.96
长度29mm及以上比例（%）	59.62	62.52	70.83	19.87
长度28～32mm比例（%）	97.31	96.87	97.70	76.28

（续）

年 份	2022	2021	2020	2019
马克隆值3.7～4.2（A档）比例（%）	11.79	10.32	9.26	2.31
马克隆值4.3～4.9（B2）档比例（%）	86.52	93.97	84.71	82.21
马克隆值≥5（C2档）比例（%）	1.60	5.62	5.58	25.37
长度整齐度指数平均值（%）	82.26	82.34	82.47	81.93
长度整齐度指数高和很高档比例（%）	25.17	3.13	36.14	14.53
断裂比强度平均值（cN/tex）	29.12	29.32	28.90	27.84
断裂比强度强及很强比例（%）	53.89	59.70	46.84	15.27
加工质量 P1（%）	0.00	0.02	0.02	0.24
加工质量 P2（%）	99.85	99.88	99.51	99.46
加工质量 P3（%）	0.15	0.10	0.15	0.30
截止日期（年/月/日）	2023/3/31	2022/12/31	2021/12/31	2020/12/31

数据来源：中国棉花质量公证检验网站. http://ccqsc.cfqmc.cn/.

（一）纤维长度

纤维长度加权平均值超过 28.5mm 的高品质标准。与 2019 年加权长度平均值 27.96mm 相比，2020 年、2021 年和 2022 年分别延长 0.92、0.73 和 0.69mm。其中纤维长度 29mm 及以上比例，近 3 年度比 2019 年分别提高 50.96 个、42.65 个和 39.75 个百分点。近 3 年长度 28～32mm 比例占比高达 96.0% 以上，比 2019 年提高 20 个百分点以上。

（二）断裂比强度

断裂比强度平均值超过 28.5cN/tex 的高品质标准。与 2019 年断裂比强度 27.84cN/tex 相比，2020 年、2021 年和 2022 年分别提高 1.06、1.48 和 1.28cN/tex。其中断裂比强度高和很高档的比例，近 3 年比 2019 年分别提高 31.57 个、44.43 个和 38.62 个百分点。

（三）马克隆值

马克隆值 A 档比例大幅提高。与 2019 年占比 2.31% 相比，2020 年、2021 年和2022 年分别增加 6.95、8.01 和 9.47 个百分点。其中马克隆值≥5（2 档）比例大幅减少，与 2019 年占比 25.37% 相比，近 3 年分别减少 19.79 个、19.75 个和 23.77 个百分点。说明兵团棉花纤维长度、强度和细度的协调性得到明显改善。

（四）长度整齐度指数

与 2019 年占比 81.93% 相比，2020 年、2021 年和 2022 年分别提高

0.54 个、0.41 个和 0.33 个百分点。其中长度整齐度指数高和很高档占比 2019 年为 14.53%，近 3 年分别提高 21.61 个、－11.40 个和 10.64 个百分点。结果说明，虽然兵团棉花纤维长度整齐度指数有所改进，但成效不显著，并且稳定性差。

（五）纤维颜色级别

颜色级白棉 1～3 级占比，2019 年为 86.90%，2020 年、2021 年和 2022 年分别提高 4.30 个、3.30 个和 3.80 个百分点，结果说明，白棉 1～3 级占比在 90% 以上，纤维颜色级有改进。

另外，反映纤维初级加工水平的指标值没有明显改变。整体上，加工质量 PI（良好）和加工质量 P3（差）占比极低，加工质量 P2（一般）占比极高，可见加工质量需要改进。

八、参与改革职工得实惠

（一）奖补落实到位

2021 年，新疆兵团生产质量奖补 5 093.0 万元，"一主两辅"品种补贴 1.03 亿元，质量追溯奖补 5 989.0 万元，绿色发展补贴试点奖励 3 000 万元。绿色奖补试点单位共 17 个，其中 10 个团场验收合格，团场品种集中度均达 90% 以上，当季地膜回收率达 90.0% 以上，绿色防控技术到位率 90% 以上，病虫危害损失控制在 5% 以内。

2022 年，新疆兵团加快棉花提质增效步伐，实施棉花生产质量奖补政策，逐步完善棉花质量追溯体系，棉花质量追溯试点范围从 2021 年的 7 个师市扩大到 11 个师市，质量追溯奖励标准从每千克奖补 0.2 元提高到 0.4 元，鼓励职工种好棉、多收益。棉花质量追溯技术成果已在有 407 家试点企业应用，累计追溯籽棉 110.7 万 t，受益职工 1.7 万余人，为质量差异化补贴政策顺利实施提供了技术保障。

新疆兵团及各师市制定的棉花质量提升实施方案及各类奖补政策落实到位，各植棉团场根据政策方案严格落实，狠抓棉花质量各项措施，严格奖补资金的落实到位，各植棉师团及植棉户棉花质量意识不断提升。

（二）参与改革试点职工增收益

新疆兵团第二师 2021 年获兵团质量奖补资金 206.75 万元，为 34 团的 4 个合作社获得，其中铁门关市年年青播种农民专业合作社 22.38 万元、巴州川军农机服务专业合作社 29.78 万元、巴州伟波农业服务专业合作社 12.91 万元、巴州金三特色中草药播种专业合作社 141.68 万元。第二师获优良品种推广奖补共计 140.0 万元，其中，34 团 80.0 万元、30 团 60.0 万元。加工厂加工质量奖补 30.0 万元，为 29 团 1 个加工厂获得。

新疆兵团第六师 2021 年度兵团棉花质量追溯补贴"双 29B"及以上籽棉 84 175.7t，奖补资金 1 683.5 万元，参与质量改革的职工都得到了实惠。

新疆兵团第八师 133 团和 134 团，为棉花可追溯团场，享受质量追溯补贴资金 300 万元。

九、棉花提质增效展望

近几年新疆兵团机采棉花提质增效取得新进展，令人鼓舞。

然而，新疆机采高品质原棉与现实需求差距巨大。图 3-1 指出，尽管高品质原棉比例有所提高，却与国家需求 400 万 t 以上、与农业农村部提出"十四五"占比 45% 左右的目标的差距仍较大，且集中度低。与美国、澳大利亚先进植棉国家相比，新疆机采棉突出优势是单产水平高于美国 166%，与澳大利亚灌溉棉田的单产水平相近，但是新疆机采棉在清洁度、一致性基础品质上不高不稳，纤维长度、强度和细度相协调的高品质原棉比例仍不高，与国家需求的差距大，短板仍很突出，破解新疆棉花高产与高品质矛盾的"魔咒"，全面提高机采棉质量还需加倍努力。

研究提出新疆机采棉提质增效的总体发展方向是：①在提高机采棉基础品质上下硬工夫，突出抓住清洁度和一致性两项重要基础指标，要以早熟性为统领。②大力发展高品质棉花规模化生产，提高集中度。新疆兵团要抓住国家建设高品质棉花种植带的机遇，在南疆第一师、第二师，北疆天山北坡的第五师、第六师、第七师、第八师率先建成高品质棉花种植带，生产有规模可采购的高品质原棉，补高品质短板。相信通过努力一定能够闯出一条适合高密度栽培高产棉花国情的机采棉生产道路，为加快建设棉花强国提供经验和模式。

（一）狠抓提高清洁度水平

继续抓住加厚地膜覆盖措施，强调先机采后回收地膜，全面清理棉田其他有害杂物。

（二）狠抓棉花早熟性

关于品种早熟性，现行审定品种的生育期普遍偏长 10d 上下，南疆"一主一辅"推荐品种生育期最长达 140d，要求推荐品质生育期不超过 128d。北疆"一主一辅"推荐品种生育期最长 133d，要求推荐品种生育期不超过 115d。品种农艺性状还要求前发性强后发性弱，有利于早熟。叶片大小适中，有利于落叶。当务之急是大力推进转 Bt 基因抗虫棉品种的商业化应用。

关于生产管理要突出"早"，强化"四月苗、五月蕾、六月花、七月铃和八月絮"早熟性指标在棉田分类管理中的指导作用，及时调整肥水药管理措施，做到打脱叶剂时自然吐絮率达到 40％的面积占比达到一半。

关于肥水药，要进一步减水减肥，特别是减少氮肥过量投入，优化水肥一体化技术，棉田水供给各地都有量化指标，高品质棉花生产要保证花铃期的水分供给。

关于综合防治，要突出棉铃虫、棉蚜、棉叶螨和杂草的综合防治。

（三）全面提高棉花生产一致性水平

棉花生产一致性指棉花品种布局的一致性、大面积早熟性的一致性和纤维品质指标的一致性等几项重要指标。近几年美国一些品种种植面积占比超过 20％（最大品种播种面积达到 1 865 万亩）。澳大利亚棉花品种布局为"一主一辅"。生产一致性要求群体整齐度高，早熟一致性好，打脱叶剂时自然吐絮率达到 40％面积占比高。纤维品质一致性指长度、强度和细度、整齐度等指标一致性高，适纺性能好。

（四）积极改进机采棉加工减损的工艺技术水平

要求加工机采棉长度损害不超过 0.5mm。鼓励和支持加工企业更新设备，采用"柔性"加工工艺和技术，减轻加工过程对棉花品质的伤害。

（五）全面修改机采棉生产管理规程、地方标准和国家锯齿加工标准

现行许多标准沿用手采棉标准，一些机采棉标准仍沿用高产标准，高产与高品质的协调差，不适合机采棉提质增效的要求，需修改前述品种审定的生育期标准，完善机采棉密度、播种、生育期管理、采收前后喷施脱叶剂和采收环节的技术措施，以及初级加工工艺和技术标准等。其中现行标准中叶片有效着药率≥95％是错误的，应修改至 100％。

现行新疆地方标准籽棉含杂率 12％明显过高，建议第一步下调至 8％，第二步下调至 5％。现行新疆地方标准要求一次采净率达到 93％～95％对早熟性好的棉田尚可适用，对早熟性一般和差的棉田明显过高，原因是这类棉田的早熟性不理想，打脱叶剂时自然吐絮率仅 20％上下，因此建议对早熟性一般和差的棉田采取二次采收即复采，可大幅度降低籽棉叶屑杂质含量。

必须明确贪青晚熟棉田需用乙烯利催熟，不宜机械化采收。

制订新疆机采棉初级加工地方标准。

国家正在修订 GB 1103.1—2012《棉花 第 1 部分：锯齿加工细绒棉》标准，其中轧工质量分"P1 好"、"P2 中"、"P3 差"三档，综合多年公证检验结果，都是两头极小，中间极大，没有起到引导加工企业提高加工质量的应有作用。

（撰稿：毛树春、余渝、林海、韩焕勇、陈兵、毕显杰、练文明、赵富强、曹阳）

第四章
WTO与中国棉花二十年

本章论述自 2001 年我国加入 WTO 以后的 20 年（2002—2021 年）时间里，全国棉花生产、市场和价格发生的变化；棉花在价格、收购、销售和种子科技进步方面取得的成果；适应经济全球化和市场国际化棉花产业的体制变革，我国创造了棉花生产和棉纺织业辉煌的"黄金 10 年"。20 年的实践表明，我国棉花生产及其产业具有较强的韧性和耐力。

2013 年习近平总书记提出"一带一路"倡议。2014 年党中央指出我国国民经济发展进入新常态。2015 年以来我国棉花生产、消费、进口等重要指标呈现经济学中"蛛网模式的收敛型"状态。2016 年党中央提出深化供给侧结构性改革的新要求，明确要求我国贸易要从"大进大出"向"优进优出"转变，棉花及棉制品和服装也不例外。2018 年中美经贸摩擦暴发，2020 年新冠肺炎疫情，2021 年俄乌冲突爆发，全球经济遭遇需求收缩、供给冲击、预期转弱的重大风险。针对逆全球化与地缘政治斗争，我国采取一系列积极应对措施，棉花生产及其产业取得难能可贵的成效。

第一节 我国加入 WTO 对棉花生产的影响

一、棉花播种面积和总产呈现开口向下的抛物线收缩模式

总结我国加入 WTO 20 年以来棉花产能发展的特点，植棉面积和棉花总产都呈现开口向下的"抛物线"增长模式。以 2001 年为基数，面积和总产曲线特点为扩大——高峰——收缩，产能状态为"两头低中间高"，全国棉花单产不断提高，但受气候影响有较大波动。

全国棉花播种面积（表 4-1），加入 WTO（以下简称"入世"）前 10 年全

国棉花面积平均值为494.2万 hm²，比 2001 年增长 2.7%，其中以 2006—2008 年最大，达到8 550 万～8 850 万亩（实际上这 3 年的最大播种面积超过 9 000万亩），入世后 10 年全国棉花面积平均值 357.6 万 hm²，比前 10 年减少 27.6%。实际上，全国棉田面积自 2009 年开始下滑，到 2021 年探底为 302.8 万 hm²。

全国棉花总产，入世前 10 年全国棉花总产平均值为 627.2 万 t，比 2001 年增长 17.8%，总产则以 2006—2008 年最高，分别达到 740 万～760 万 t（实际上这 3 年的最高总产达到 800 万 t 以上，其中 2007 年超过 762.4 万 t，创历史新高）。入世后 10 年全国棉花总产平均值 597.3 万 t，比前 10 年减少 4.8%，实际上与前 10 年相近，没有减少。

全国棉花单产水平呈现持续增长态势，前 10 年平均值比2001 年增长 13.8%，后 10 年平均值比前 10 年增长 34.0%。然而，受极端不利天气影响，2003 年大幅下降 19.1%，2022 年提高到 1 992kg/hm²。

表 4-1　入世 20 年前后中国棉花生产产能及区域布局变化

年份	全国与新疆	面积（万 hm²）	总产（万 t）	单产（kg/hm²）
2001 年	全国	481.0	532.4	1 107
	新疆	113.0	157.0	1 291
前 10（2002—2011）年	全国	494.2	627.2	1 260
	新疆	138.9	233.3	1 670
后 10（2012—2021）年	全国	357.6	597.3	1 688
	新疆	225.5	450.4	2 000
2022 年	全国	300.0	597.7	1 992
	新疆	249.7	539.1	2 159

数据来源：国家统计局。

注：2011 年以来，新疆有大量"帮忙田"，实际面积大于统计面积约 10%，实际总产也大于统计总产 10%，实际单产约低于统计单产 8%。2012 年之后，全国棉田面积在 5 500 万亩上下。

全国棉区布局发生重大转移，西北内陆新疆棉区在全国的地位大幅提高。2001 年新疆地区棉花面积占全国的比例为 23.5%，入世前 10 年平均值提高到 28.1%，入世后 10 年面积平均值再扩大到 63.1%。2001 年新疆地区棉花产量平均值占全国的比例为 29.5%，入世前 10 年平均值提高到 37.2%，入世后 10 年再扩大到 75.4%。结果表明，加入世界贸易组织后，我国棉区向西北内陆新疆棉区转移的特点极为显著。

入世后 10 年，新疆棉田面积在 4 000 万亩以上，全国棉花面积在 5 500 万亩上下。由于各种原因"帮忙田"未能计入，统计面积小于实际面积很多，表明我国棉花生产具有较大的韧性。但是，新疆以外各地棉花面积都是减少的。

2022年，西北内陆新疆面积占全国的比例高达83.2%，产量占全国的比例达90.2%，形成所谓的"一花独放"的布局。

二、产值、成本和收益都大幅增长，波动都很大

（一）产值和收益大幅增长，现金收益波动大

单位面积产值是价格和单产的乘积，产值和收益是棉花生产的"稳定器"，是市场和产能对产品的集中体现。可喜的是，入世20年棉花产值和收益都取得了长足进步。据国家统计局数据（表4-2），主产品产值从2001年的689.60元/亩增长到2021年的3 526.47元/亩，增长了4.11倍。产值的增长得益于单产的大幅提高，皮棉产量从2001年的73.80kg/亩增长到2021年的130.93kg/亩，增长了77.4%。其中2020年棉花单产创新高达到149.51kg/亩，2021年产值创新高达到3 526.65元/亩。可见，受单产、价格等多因素影响，产值稳定性差。

表4-2 2019—2021年全国棉花产值和收益对比

单位：元/亩

年份	样本产量（kg/亩）	主产品产值	总成本	纯收益
2001[1]	73.80	689.60	580.00	157.00
2019[2]	137.25	2 156.26	2 012.62	143.64
2020[2]	149.51	2 584.65	2 059.10	525.55
2021[2]	130.93	3 526.47	2 194.89	1 331.58

注：①2001年数据来自《全国农产品成本收益资料汇编》，北京：中国统计出版社。②2019—2021年数据来自：全国棉花生产表观成本、产值和收益监测报告。

需要指出的是，由于全国棉区不断向西北内陆新疆转移，且面积比例越来越大，在全国棉花单产大幅提高的同时，产值提高，总成本也大幅提高。

收益为产值减去成本，反映植棉效益，是棉花生产的落脚点，更是稳定植棉面积的关键因素。棉花生产纯收益从2001年的157.00元/亩增长到2021年的1 331.58元/亩，增长了7.48倍。

（二）棉花生产成本保持高位

棉花生产成本由物化成本、人工费用、间接成本和固定生产折旧组成，加入WTO后棉花生产的物质费用整体呈现较大幅度的增长（表4-3）。

对表 4-3 的可比项目进行比较，与 2001 年相比，2021 年仅种子费下降 7.14%，其他各项都成倍数增长。其中地膜费增长 69.26%，与地膜加厚有关。病虫害草防治费用涨幅为 112.54%，这与大面积种植转 Bt 基因抗虫棉品种有关，也与病虫草发生危害程度有关。化肥费用基数大，增长 112.98%。排灌费增长 280.04%，与西北绿洲灌溉棉田比例大有关。机械作业费增长 309.17%，与西北内陆新疆机械化程度高有关。同时，地膜、化肥、排灌、机械作业等物质费用的增长与石油价格涨跌关系密切，但从整体看，棉花生产物质费用的增长态势与原农业部于 2015 年起倡导的"一控两减三基本"不相适宜。

固定费增长与农业生产工具增加有关，间接费增长与土地租赁费增长有关。

表 4-3　2019—2021 年全国棉花生产主要物化成本增长

单位：元/亩

年份	固定费	物质费							间接费
		种子	地膜	化肥	排灌	病虫草防治	化学调控和脱叶催熟	机械作业	
2001	610.71	54.50	29.99	192.25	71.36	67.96	—	92.57	60.92
2019	49.44	46.27	48.51	355.26	260.10	114.81	40.55	306.89	116.27
2020	55.89	48.09	48.03	359.57	262.22	129.02	41.07	323.02	190.76
2021	63.85	50.61	50.76	409.44	271.20	144.44	42.84	378.77	232.24
2021 年比2020 年（%）	14.24	5.24	5.62	13.87	3.42	12.00	4.31	17.26	21.74

注：①2001 年数据为《全国农产品成本收益资料汇编》，北京：中国统计出版社。②2019—2021 年数据来自：全国棉花生产表观成本产值和收益监测报告。③固定成本包括各种农业生产资料折旧费。④间接费用包括土地租赁、保险、贷款利息、农田水利、防灾减灾等各种公摊费用等。

近几年棉花生产用工数量已下降到 10 个/亩水平上（表 4-4）。其中人工总费用减少趋势更加明显。虽然家庭用工和顾工单价在增长但用工数量减少可予以抵消。用工量数量减少是机械化的替代功能不断增强所致，也有农艺管理措施简化的功劳（表 4-4）。

需要指出的是，当把家庭用工合理折价都转化为劳动收益，再加上现金收益，植棉单位面积收益，2019 年、2020 年和 2021 年每亩植棉收益分别为 529.58 元、842.13 元和 1 594.74 元。如果加上补贴则更多，植棉还是很合算的（表 4-2、表 4-4）。

表 4-4　2001—2021 年全国棉花生产用工情况

年份	人工总费用（元/亩）	总用工（个/亩）	家庭用工及作价		雇工及价格		
			家庭用工数（日/亩）	家庭用工折价（元/亩）	雇工数（日/亩）	雇工价格（元/日）	雇工费用（元/亩）
2001							
2016	1 393.72	16.50	14.30	1 164.26	2.20	104.30	229.46
2017	1 353.72	15.62	13.26	1 102.07	2.36	106.63	251.65
2018	1 194.91	13.45	11.34	962.91	2.11	109.95	232.00
2019	674.51	8.04	5.89	385.94	2.15	134.25	288.57
2020	601.42	6.95	4.84	316.58	2.11	134.88	284.84
2021	550.73	6.11	4.00	263.16	2.11	135.86	287.57
比上年（%）	−11.73	−12.10	−14.47	−12.63	−10.59	3.12	−7.81

注：①2001 年数据来自《全国农产品成本收益资料汇编》，北京：中国统计出版社。②2019—2021 年数据来自：全国棉花生产表观成本、产值和收益监测报告。

（三）每千克皮棉成本在"拐点"之后继续下降

监测报告指出，2019 年、2020 年和 2021 年，全国每千克皮棉表观生产总成本分别为 14.61 元、13.87 元和 16.98 元，每千克皮棉表观物化成本分别为 8.35 元、7.95 元和 10.22 元。

三、影响产值和收益的主要因素

产量、成本和价格要素共同影响棉花的产值和收益。2017/2018 年度和 2018/2019 年度全国棉花交售价格相对平稳，然而受中美贸易摩擦的影响，2019/2020 年度市场疲软，籽棉销售价格同比下降 20.7%（表 4-5）。

表 4-5　2001/2002—2022/2023 年度棉农籽棉售价变化

年度	籽棉售价（元/kg）	比上年度增减（%）	样本皮棉产量（kg/亩）
2001/2002	3.00	基本持平（估计）	73.80
2002/2003—2006/2007	5.00	—	76.4
2007/2008—2011/2012	7.13	42.6	90.9
2010/2011	10.59	73.4	83.3
2011/2012	7.67	−27.6	95.1
2012/2013	7.92	3.3	101.9

（续）

年度	籽棉售价（元/kg）	比上年度增减（％）	样本皮棉产量（kg/亩）
2013/2014	8.23	3.9	93.3
2014/2015	5.96	−27.6	94.2
2015/2015	5.69	−4.5	96.7
2016/2017	6.99	22.8	113.5
2017/2018	7.04	基本持平	105.94
2018/2019	7.01	基本持平	105.83
2019/2020	5.56	−12.84	137.25
2020/2021	6.88	23.74	149.15
2021/2022	10.33	50.15	130.93
2022/2023	6.40	−38.00	138.00

数据来源：2017/2018—2018/2019 年度为市场数据，其他各年度均为中国棉花生产预警监测数据。

成本因素影响植棉收益，分析指出，全球石油价格从 2001 年的 21.82 美元/桶上涨到 2013 年的 98 美元/桶，年均增长 13.34％，进而推动化肥、农药、地膜和柴油等价格的全面上涨持续了 10 多年。2014 年国际石油价格下降 50％诱发物化成本出现下降的"拐点"，2015 年以来国际石油价格在 50 美元/桶上下波动，反映在农业石化生产资料化肥、地膜和农药等单价都有所下降，这对农业生产是一个利好。2019 年国际原油价格上涨到 60～65 美元/桶，反映在柴油、地膜价格也在上涨。

人工成本上涨源自工业化、城镇化进程的加快。劳动力价格上调是农业劳动者价值的具体体现，农业劳动者的价值有效转移到农产品价格之中，则是资金从城市转移到农村的有效方式。

展望：就农业生产来讲只有依靠科学种田，按照投入产出的合理之比来安排生产才能控制成本。农业农村部提出到 2020 年全国化肥、农药"零增长"计划。这需要依靠科学施肥、科学用药、科学灌溉，还需要发展轻简栽培种植技术，如轻简育苗移栽，培育"代育代栽""统防统治""代耕代管代收"等社会化服务，才能实现"零增长"目标，棉花生产成本也将进一步降低。

2017—2019 年在新疆开展棉花目标价格改革，价格由市场形成，通过补贴保障植棉者的基本收益（见第三章）。

四、棉花品种科技进步加快

种子是重要的不可替代的农业生产资料，科技兴农，良种先行。入世

20 年，加上我国实行种子市场化改革，我国棉花品种科技进步加快，高峰时期出现在 2006—2010 年。近几年审定品种数量和种植品种数量都有所减少，商品用种"多、乱、杂"现象也有所收敛。

（一）品种审定数量和种植数量都有所减少

全国初次审定品种，2020 年、2021 年和 2022 年分别为 77 个、101 个和 143 个。

以省份为单位，2020—2022 年河北审定的棉花品种最多，为 53 个，该省棉花育种的科研机构和种业公司最多；新疆次之为 49 个，其中 2 年无审定品种；山东第三为 30 个，陕西则无审定品种，这是第一个退出审定棉花品种的省份（表 4－6）。

表 4－6　2001—2022 年全国棉花品种审定数

单位：个

年份	初次审定合计	国审	地审	地方审定															
				川	湘	鄂	赣	皖	苏	浙	冀	鲁	豫	晋	秦	津	疆	甘	辽
2001	25	4	21	0	1	2	1	0	3	1	3	3	4	2	1	0	2	1	1
2002	34	3	31	1	4	2	1	1	6	1	1	0	8	3	0	0	7	0	0
2020	77	26	62	6	3	8	7	1	2	3	8	11	5	1	0	0	0	3	4
2021	101	39	83	3	5	3	5	0	3	23	8	16	1	0	2	0	2	4
2022	143	49	131	1	3	7	5	5	3	4	22	11	13	2	0	0	49	2	4
2020—2022 合计	321	114	276	10	11	21	15	10	8	10	53	30	34	4	0	2	49	7	12

数据来源：中国棉花生产检测预警数据。

注：初次审定不计同一品种的重复审定，包括同一品种在不同年份的重复审定、国家审定与地方审定和不同省之间的审定，因而各地和国家审定不等于初次审定数。

按转基因分，2020—2022 年 3 年合计，以转 Bt 基因品种名义审定品种合计 279 个，占 71.5%；以非转基因名义审定品种 111 个，占 28.5%，除长江流域和辽河流域棉区以非转基因名义审定以外，其余都为西北内陆棉区。可见西北内陆棉区的转 Bt 环境释放历史遗留问题亟待解决，这一历史遗留问题已对科技进步和商品化应用产生了阻碍（表 4－7）。

棉花杂种优势利用方面，审定杂交种组合并没有减少，这 3 年共审定 71 个，占 18.2%。尽管长江、黄河棉花播种面积在缩减，育种科技创新力度仍保持足够的活力，生产应用为杂交种的 F_2 或 F_3。

按特色区分，包括长绒棉和彩色棉，这 3 年审定 11 个，占 2.8%。其中彩色棉建议申报备案即可，不需政府部门组织审定。

按熟性区分，根据种植制度改革的需要，审定生育期≤110d 的早熟性品种增多，2018—2022 年合计审定 95 个，其中 2020—2022 年审定 67 个。主要在长江流域和黄河流域棉区，其中生育期≤100d 有 10 个，分别是鲁棉 243（生育期 93d）、中棉所 141（94d）、中棉 EB001（94d）、鲁棉 532（95d）、邯 3206（98d）、中棉 EB004（96d）、中棉所 9701（100d）、GS 华棉 2270（100d）、冈棉 11 号（100d）、皖棉研 121（100d）等。

表 4-7　2020—2022 年全国棉花品种审定分类

单位：个

年份	合计	非转 Bt 基因			转 Bt 基因			生育期≤110d
		常规	杂交	特色	常规	杂交	特色	
2001	25	13	2	3	4	3	0	0
2002	34	22	3	3	4	2	0	3
2020	88	16	0	0	48	23	1	13
2021	122	24	0	0	76	20	2	34
2022	180	63	1	7	81	27	1	20
合计	390	103	1	7	205	70	4	67
占比（%）	100							

注：2002 年地方审定美国 Bt 棉品种 DP998。2001—2002 年品种见中国农业科学院棉花研究所. 中国棉花品种志（1978—2007）[M]. 北京：中国农业科学技术出版社，2009.

按高品质品种标准，即长度 30mm 及以上、断裂比强度 30cN/tex 及以上和马克隆值 3.7～4.6 相协调的指标，2018—2022 年审定品种中，长江流域 17 个，4 个亚区都有分布，都为省级审定。黄河流域棉区审定 4 个，国家和省级审定都有，显然数量较少。西北内陆棉区北疆早熟、特早熟亚区基本都为高品质品种，南疆早熟、早中熟亚区高品质品种占 90.0%，国家审定和省级审定都有；河西走廊亚区 4 个，都为省级审定。但南疆棉花公检品质与审定品种品质完全不是一回事（见第一章）。

然而，西北内陆棉区审定品种生育期呈延长趋势，北疆早熟亚区不少品种生育期大于 120d，南疆生育期突破 130d，这对机采棉早熟性是不利的，机采棉特别要求降低籽棉叶屑杂质含量，其中脱叶落叶干净是重要标准，而脱叶落叶干净的前期是早熟性好，叶片成熟，其品种的早熟性是基础。

种植品种（系）数量减少。据调查，在棉花生产供给侧结构性改革的推动下，新疆地方许多试点县、新疆生产建设兵团各产棉师市都在推进"一主一辅"，一地种植品种数从改革前的十几个、几十个减少到了几个。尽管这一做

127

法遭到一些企业的反对，按照"审定合法"原则与"优质优用"市场法则，对审定品种进行种植推荐不违背《种子法》，新疆已由政府部门推荐改为协会推荐。

欣喜的是，2021 年，中国农业科学院棉花研究所匡猛等构建了国家棉花标准样品 DNA 指纹数据库，积累入库品种 2 000 多个。国家审定棉花品种 SSR［以特异引物聚合酶链式反应（PCR）为基础的分子标记技术］指纹图谱平台已经搭建成功，给出了 1990—2017 年国家审定棉花 103 个品种的 SSR 图谱，每个品种均提供 60 个 SSR 核心引物位点的图谱。这一研究成果将对品种的真实性、纯度鉴定和遗传分析研究提供重要参考依据，特别是对参加区域试验品（系）、经营商品品种的真实性鉴定提供强有力的科技支持，对打击套牌、假冒等违法经营行为提供有力工具。

（二）杂交制种仍保持一定面积

我国棉花杂交优势利用仍在持续，制种面积仍保持一定规模。2020—2022 年，全国杂交棉制种面积仍保持 200hm^2 上下（图 4-1）。

制种区域主要在河南省商丘市、开封市，河北邯郸市，江苏省徐州市等老制种基地，一些企业也有规模制种基地。其中新疆闫氏德海种业公司选育高品质陆海杂交种，具有产量高、品级优，纤维长度、强度超"三三"的高品质，早熟性好，近几年在云南开展制种，深受当地政府和农民的欢迎。

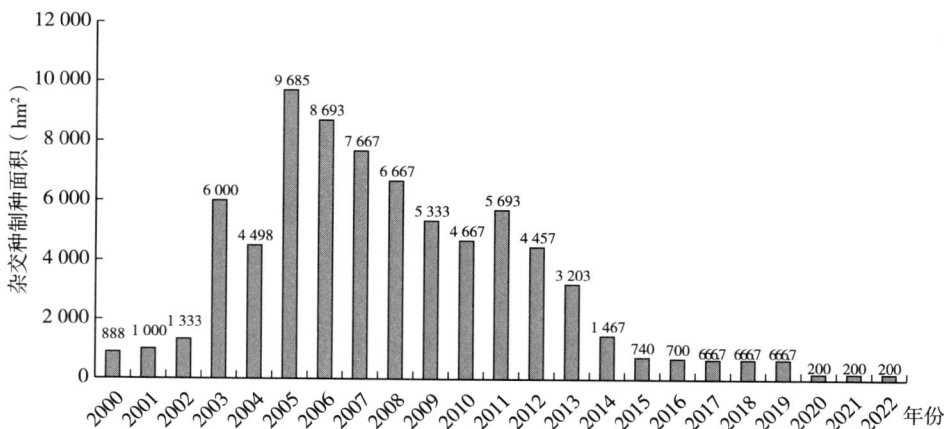

图 4-1　2000—2022 年全国棉花杂交制种面积

五、棉纺产能扩大，纺织用棉大幅增长，比例下降

加入世界贸易组织后我国棉纺织产能得到最大限度地释放，作为纱线加工

的纱锭装备呈倍数增长过程，作为纺织业重要的中间产品纱线产量也呈倍数增长过程，而作为纺织主要原料棉花的消费则呈现抛物线式的增长过程。

（一）棉纺织产能大增长

2000—2021年，全国棉纺纱锭保有量从3 443万锭增加到11 200万锭，增长了225.3%，年均增长率3.9%。大致划分为快速增长—高峰—平稳几个阶段。2000—2006年为快速增长阶段，是加入WTO后的第一个快速扩张，纱锭达到8 500万锭。2007年和2009年为第二个快速扩张期，纱锭进入1亿锭级，达到11 000万锭。2010年进入高峰，纱锭达到12 000万锭，到2022年略减至11 100万锭，纱加工产能保持相对稳定（图4-2）。

2000—2022年，中国纱线产量从571万t增长到2 876万t，增长404.7%，年均增长率6.9%。大致划分为快速增长—再次增长—高峰—下降几个阶段。2000—2006年为快速增长阶段，为加入WTO后第一次快速扩张，纱线产量达到1 440万t，增长了1.52倍。2007—2012年为第二次扩张，纱产量达到2 900万t。2013—2015年为第三次扩张，纱线产量达到3 000万t级，2016年和2017年高峰，纱线产量达到4 000万t级，2018年和2019年为收敛阶段，纱线产量下降到2 000万t级（图4-2）。

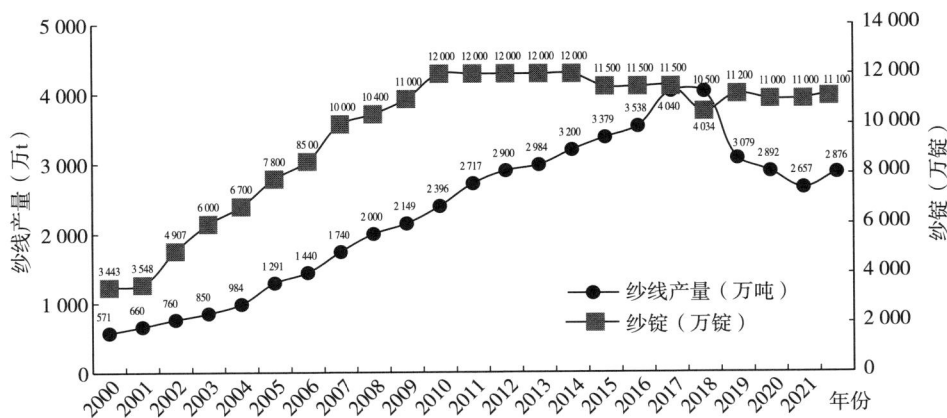

图4-2　2000年以来全国纱锭和纱线产量变化

注：数据据国家统计局、纺棉综合市场各方数据计算。

（二）纺棉大幅增长，用棉比例大幅下降

1999—2022年，中国棉纺纱线用棉量从370万t增长到729万t，增长97.0%，年均增长率2.99%。整体上，纺纱用棉量呈现典型的开口向下的抛物线，大致划分为快速增长—高峰—下降几个阶段。2000—2005年，纺织用棉增长1.18倍达到980万t。2006—2010年攀上高峰，纺织用棉量跨上1 000万t级，其中2010年达到1 350万t。2011年之后纺织用棉大幅下降，

在 675 万～829 万 t（图 4 - 3）。

需要指出的是，纱线中的用棉比例，20 世纪 50—70 年代 100％为棉花，那时全球还没有纺织用的化学纤维。80 年代化学纤维开始进入棉纺织业，那时纱线中棉花所占比例在 80.0％以上，90 年代下降到 75.0％上下。

入世 20 年，表观棉纺用棉比例的平均值为 41.4％。其中入世后的前 10 年，纱线表观用棉比例平均值约为 62.8％，后 10 年纱线表观用棉比例平均值为 26.8％。实际上自 2009 年开始纺棉比例大幅下降。

造成纺织用棉量比例减少的原因非常复杂，一是国内棉花价格高于国际市场是最主要的原因，各年中用棉量及增减比例变化与当年棉花价格有紧密关系。在棉价过高时化学纤维替代棉花的能力增强。二是劳动力成本不断上涨，其中人工费用上涨最为主要，导致纱线产量减少（图 4 - 2）。三是进口棉纱线的替代。我国是棉纱线净进口大国，入世 20 年我国年均净进口棉纱线 98.5 万 t。四是自 2018 年开始发生了中美经贸摩擦，我国棉纺织品和棉制服装对美欧出口额减少，也是造成纺织用棉减少的原因（见本章第二节）。

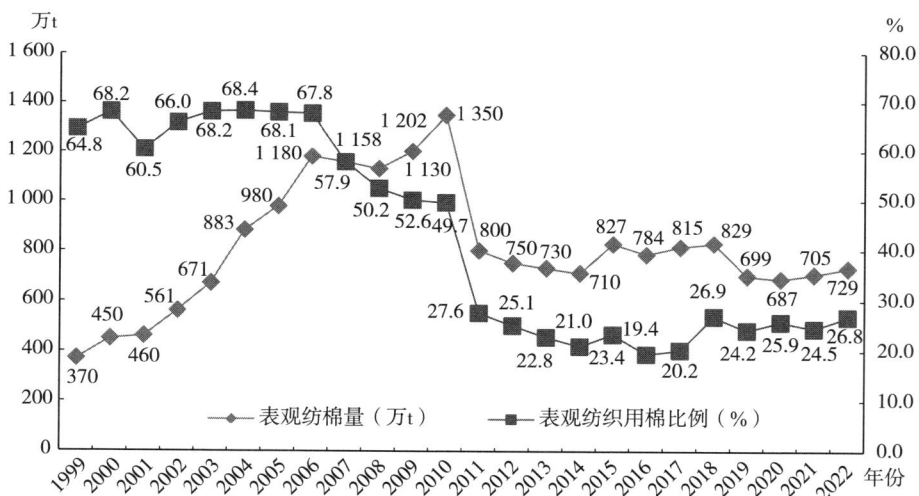

图 4 - 3　1999 年以来中国棉纺织表观用棉量及表观纺棉比例变化
注：数据据国家统计局、表观棉纺用棉量综合市场各方数据测算。

（三）棉纺织业转移

加入世界贸易组织后，我国棉纺织业产能经历了 2 次大的有规模的转移。

1. 第一次转移

改革开放至 20 世纪 90 年代，我国承接了全球纺织工业的转移，主要集中在沿海地区。90 年代末国家实施"东锭西移"，其中上海明确退出纺织工业。进入 21 世纪我国纺织工业开始规模化的大转移，第一步从沿海发达地区向内陆的河南、湖北、湖南、四川等转移，其中河南列为第二位，接着湖北、江西、湖南成为全国前10位的棉纺织大省。第二步继续内迁转移至新疆、宁夏和"出海"，最近10来年沿海省份福建也成为全国纺织业大省之一，主要是化学纤维纺织。

2. 第二次转移

这是一次国家号召有计划有目标的转移。2014年，第二次中央新疆工作座谈会确定发展纺织服装产业带动就业战略，接着出台了《国务院办公厅关于支持新疆纺织服装产业发展促进就业的指导意见》《新疆维吾尔自治区发展纺织服装产业带动就业的意见》《新疆维吾尔自治区发展纺织服装产业带动就业规划纲要（2014—2023年)》《新疆维吾尔自治区发展纺织服装产业带动就业2014年行动方案》等政策，配套出台一系列专项资金、运费补贴、社保和培训补贴、增值税支持、贴息等支持纺织服装业发展的优惠措施。在一系列利好政策和具体措施的支持下，一大批国内优强企业来新疆投资建厂，投资项目成倍增长，产业规模不断扩大，新疆形成了以棉纺织为主，针织、服装、家纺逐渐壮大的产业链体系。

到2019年，新疆规模以上纺织企业主要产品的生产能力为化学纤维102.2万t，棉纺环锭纺1 220.5万锭、棉纺气流纺78.6万头、棉布织机5 498台，分别比2014年增加58.9%、180.4%、430.2%和151.1%，新增就业岗位10.2万人。

据有关报告数据，2019年、2020年和2021年新疆棉纺产量分别为181.6万t、195.0万t和223.6万t。其中2021年新疆棉纺纱锭规模2 146万锭，棉花就地加工转化率38.0%。按500万t产量测算，包括进口原棉预计加工棉花占地产棉的35.0%上下。形成原因：一是新冠肺炎疫情冲击，劳动力流动性受到限制。二是"疆棉禁令"的制约，进疆企业不敢放开生产。

进疆棉纺织业具有总体优势，其中原料优势、劳动力、土地、用电和出疆运输补贴的优势最为明显，其中新疆用电成本不足内地的一半，出疆补贴高达700元/t，32^{s}棉纱线成本比内地便宜1 000元/t以上。然而，疆棉质量还存在明显不足，劳动者素质也有较大差距，特别是自遭遇美国的"疆棉禁令"需要多方面予以破解。

第二节　原棉、棉副产品及棉纺织品服装贸易变化

加入WTO后，由于全球纺织品贸易一体化的进程加快，我国棉纺织业综合优势得到充分高效的释放，棉花在国内外的贸易地位上升。在国际，我国成

为全球最大的原棉进口国；在国内，棉花成为主要进口的大宗农产品。近几年受国内库存量大、结构调整转型升级、中美贸易摩擦等因素影响，进口棉花数量减少。

一、原棉及棉副产品进口仍保持高位

（一）原棉累计进口量和主要来源地

加入世界贸易组织 20 年（2002—2021 年），我国累积进口原棉（税号52010000，未梳棉花）4 471.5 万 t，年均 224.0 万 t；积累进口额 827.8 亿美元；年均进口额 41.4 亿美元（表 4-8）。

按同期全国平均皮棉产量 600 万 t 测算，相当于进口了 7.5 年的产量。

表 4-8　加入世界贸易组织 20 年（2002—2021 年）中国进口棉花前 10 位来源地

国别	进口量（万 t）	进口量比重（%）	进口金额（亿美元）	进口金额比重（%）	进口均价（美元/t）
中国	4 471.5	100.0	827.8	100.0	1 851.3
美国	1 655.5	37.0	302.9	36.6	1 829.7
印度	931.2	20.8	171.9	20.8	1 846.0
澳大利亚	526.2	11.8	111.4	13.5	2 117.1
巴西	345.3	7.7	65.3	7.9	1 891.1
乌兹别克斯坦	334.7	7.5	58.3	7.0	1 741.9
布基纳法索	114.0	2.6	19.3	2.3	1 693.0
贝宁	82.8	1.9	13.8	1.7	1 666.7
马里	62.7	1.4	11.3	1.4	1 802.2
喀麦隆	60.9	1.4	10.8	1.3	1 773.4
科特迪瓦	36.6	0.8	6.9	0.8	1 885.2
其他	321.6	7.2	56.0	6.8	—
前 10 位合计/平均	4 149.9	92.81	771.8	93.2	1 859.8

注：据《海关统计》2002—2021 年各年整理。因四舍五入尾数有差异，总数也有差异。

在这 20 年时间里，我国进口原棉来源地（国家或地区）有 30 多个，其中2013 年进口量来源地最多，达到 64 个（图 4-4、图 4-5）。

在所有进口来源地之中，按数量计，美国位居首位、印度其次、澳大利亚第三、巴西位列第四、乌兹别克斯坦第五，数量分别占来源地的 37.0%、20.8%、11.8%、7.7% 和 7.5%，该 5 国合计占 84.8%。其中印度比例不断提高，美国比例不断下降，乌兹别克斯坦出口大幅减少。西非国家占进口总量的9.0%，其中布基纳法索最大，占比2.6%；其次是贝宁、喀麦隆、马里、科特迪瓦。因中美贸易摩擦，近几年我国从南美洲的巴西进口量大幅增长（表2-6、表2-7，图4-4和图4-5）。

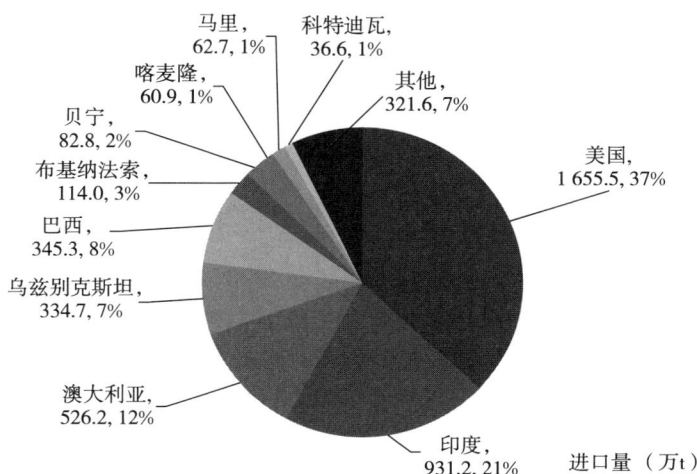

图4-4 加入WTO后20年（2002—2021年）进口原棉4 471.5万t主要来源地及比重

数据来源：中国棉花生产监测预警数据。

注：因四舍五入尾数有差异。

进口原棉单价平均值以澳大利亚最高，单价为2 117.1元/t，该国棉花品质最好，也说明国际棉花贸易的确存在优质优价。最低价格为西非国家贝宁，单价为1 666.7元/t，最高与最低相差21.3%。

2022年原棉进口来源地见第一章和附录。

（二）进口棉花特点

1. 进口棉作用

自2005年全球纺织品一体化之后，我国进口数量增长。据分析，进口动力：一是产不足需形成进口的原动力，国产棉无法满足加工能力扩大的需求，通过进口弥补数量上的短缺，形成进口的原动力。二是棉价"倒挂"形成进口的推动力。国际棉价特别是2012—2014年低于国内5 000元/t，进口国际低价原棉有利降低生产成本，谁获得进口配额谁就能获得"额外"利润。三是进口棉品质好于国产棉，形成进口的诱惑力。主要是美棉、澳棉无或少"三丝"等有害杂物，且品质的一致性好，以致于在40%的高关税条件下还有大量进口。

2. 进口棉问题

据国家质量检疫检验发布相关报告，一是数量上短重，缺斤少两。二是降质或质量不稳定，如品级、长度、细度、强度和成熟度等稳定性差，同一国家

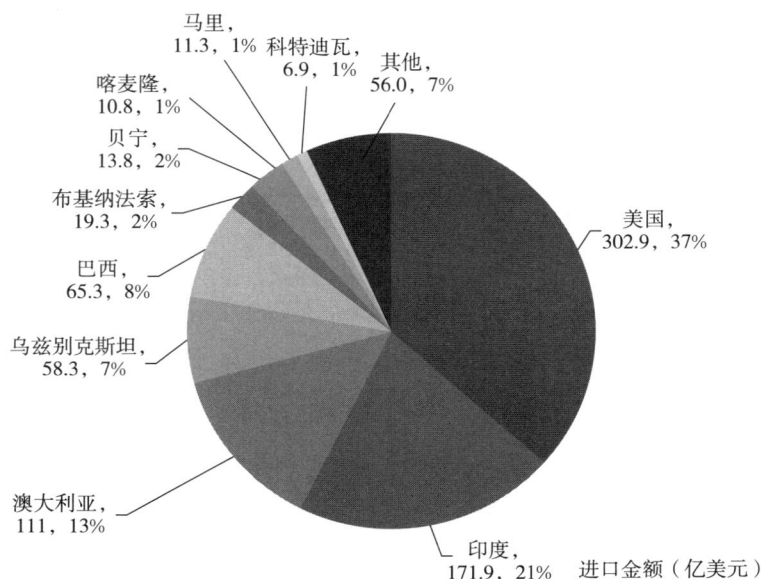

图 4-5　加入 WTO 后 20 年（2002—2021 年）进口原棉金融 827.8 亿美元主要来源地及比重
数据来源：中国棉花生产监测预警数据。
注：因四舍五入尾数有差异。

不同年份差异明显。三是含有植物检疫对象范围的病虫草等，还有有害杂物、霉烂和污染物。四是掺杂使假，低级、质量差混杂。五是棉包不规范，包装不良、破损和烂包，包装材料不符。六是贸易过程中问题。如货物批次不清和包号不清，码单与实际货物不符等。

3. 各国棉花质量不同

按品质一致性、清洁度和内在品质指标对主要进口来源地比较，美国原棉的综合品质最好，适合配棉和适纺中高支纱线。澳大利亚原棉适纺 40^s 以上的高支纱线，综合品质指标集中体现在一致性、清洁度最高，纤维长度、强度和细度指标的匹配性好，指标的稳定性相对较好。巴西原棉的品质次之。这几个国家位于国际棉花品质的第一方阵。西非科特迪瓦、苏丹、马里、乍得等国适纺中低支纱线，并含糖。印度有部分高品质原棉，其他原棉一致性、清洁度和内在品质偏差，适纺低支纱线，但价格相对便宜。

（三）我国棉花在国际贸易中的地位已发生显著变化

据 2023 年 ICAC 系统数据，中国入世 20 年平均进口原棉 230.0 万 t，占全球进口量的 26.4%。其中 2011/2012 年度进口量 534.0 万 t，占比达到 54.7%，为最高年景（图 4-6）。而这 20 年中国合计出口量仅 57.2 万 t。因

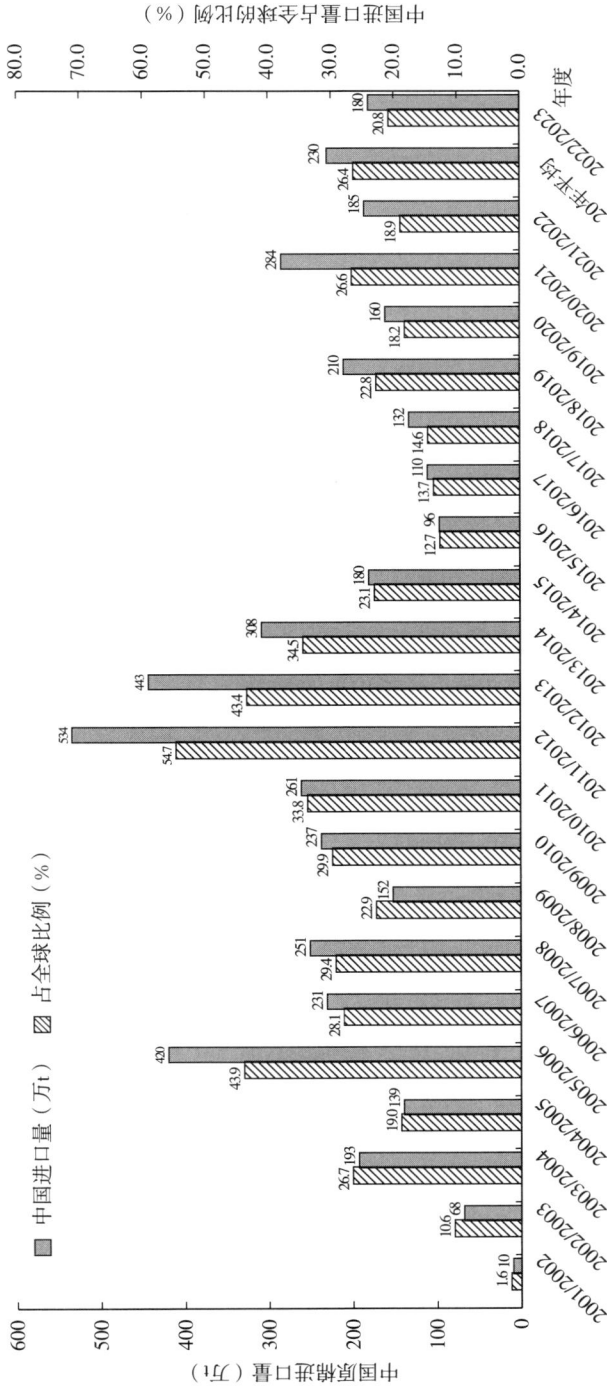

图4-6 2001/2002—2022/2023年度中国原棉进口量及占全球比例

注：数据至ICAC 2023年2月。

此，我国棉花在国际上的贸易地位为原棉净进口国。中国原棉进口量位居全球首位，其次是孟加拉国、土耳其、越南和印度尼西亚等国家。

进口弥补资源短缺，满足供求平衡，这是国际贸易的一般规则。然而，也出现价格调节贸易的新情况。2011—2014 年进口大幅增长主因是价格"倒挂"，最大"倒挂"达到每吨 5 000 多元，这 4 年合计进口 1 508 万 t，导致国产棉的严重积压，前 3 年（2011—2013）国家临时收储 1 610 万 t，结果出现"洋棉入市，国棉入库"的被动局面，表明过多进口对国产棉造成了严峻的冲击，由此衍生出后几年国产棉去库存的问题，并对之后的 10 多年全国棉花生产都产生很大的负面影响。

（四）棉短绒、废棉及棉的回收纤维进口

加入世界贸易组织的 20（2002—2021）年，我国累计进口棉短绒、废棉及棉的回收纤维 261.8 万 t，进口额 14.62 亿美元，平均单价 558.3 美元/t。棉短绒进口量和金额最多，废棉和棉的回收数量和金额较少。

近几年随着环境治理的加强和全国"蓝天保卫战"的推进，我国废棉及棉的回收纤维等进口已大幅减少并出口，但棉短绒进口量却大幅增长（表4-9）。

此外，我国还有棉籽油的进出口，出口数量达到几千吨级，进口量为百吨级。

相反，近几年我国棉短绒、废棉及棉的回收纤维却在出口。

表 4-9　2001—2022 年进口棉短绒、废棉及棉的回收纤维

年份	数量（万 t）	金额（万美元）	平均单价（美元/t）
2001	5.3	785.3	148.2
2002	2.3	456.0	198.3
2003	8.1	1 819.2	224.6
2004	7.7	1 954.2	253.8
2005	8.0	2 424.8	303.1
2006	16.4	5 347.7	326.1
2007	15.6	5 622.6	360.4
2008	7.8	3 279.8	420.5
2009	7.1	3 463.2	487.8
2010	10.0	5 029.3	503.0
2011	6.2	5 556.0	896.1
2012	10.8	11 080.0	1 025.9
2013	19.6	20 933.0	1 066.4

（续）

年份	数量（万 t）	金额（万美元）	平均单价（美元/t）
2014	18.1	10 979.3	607.0
2015	28.3	14 866.6	525.3
2016	34.2	20 810.1	608.4
2017	20.7	16 984.6	820.7
2018	5.3	2 514.4	476.1
2019	8.8	3 017.9	342.9
2020	7.3	2 514.0	344.4
2021	19.5	7 501.8	384.7
2002—2021 年合计	261.8	146 154.6	558.3
2022	9.0	5 011.5	557.1

数据来源：《海关统计》。

注：废棉税号包括 52021000、52029900 和 52029100。

二、棉花在大宗农产品贸易中的地位

入世 20 年贸易实践表明，棉花在国内粮棉油大宗农产品中的贸易地位显著上升。按累计进口总额计，棉花排第四，食用植物油排第三，谷物及谷物粉排第二，大豆排第一。即在全国粮棉油大宗农产品贸易中，棉花是仅次于大豆、谷物及谷物粉、食用植物油的第四大进口农产品。进口数量大，进口金额多，贸易逆差大是主要特点。

需要指出的是，由美国挑起的中美贸易争端并没有改变我国对美农产品的进口总量，但进口农产品的品种发生了变化。比如，2018 年大豆进口减少 750 万 t，比 2017 年减少 7.9%；而 2018 年食用植物油进口量增加 52.0 万 t，比 2017 年增长 9.0%，并且还在延续。2019 年我国食用植物油进口量创新高，达到 953 万 t，比 2017 年增长 376 万 t，增幅高达 65.2%。

我国进出口食用油品种繁多，品种之间也有替代性。进口食用植物油包括大豆油、花生油、菜籽油、棉籽油、棕榈油、橄榄油、葵花籽油、亚麻籽油、椰子油、芝麻油、玉米油等，基本涵盖了所有食用油品种，其中进口棕榈油的数量和比例都最大。

中美经贸摩擦之前美国是我国大豆进口的第一来源国，经贸摩擦之后巴西成为第一来源国，棉花也是如此。20 年的贸易实践证实，我国农产品进口无论是品种类型还是来源地都具有替代效应。

（一）大宗农产品进出口贸易（表 4 - 10、表 4 - 11）

1. 大豆

2020—2021 年，大豆进口总量 19 685 万 t，进口总额 930.67 亿美元。2020—2021 年，按进口额计，大豆在大宗农产品贸易中排第一。

入世 20 年总贸易：我国大豆贸易量逆差（净进口）11.48 亿 t，年均净进口 5 738.9 万 t（按 2022 年我国大豆产量 2 028 万 t，折算一年进口了 2.8 年的国产大豆产量）；贸易额逆差 5 210.3 亿美元，年均净进口额 260.5 亿美元，贸易份额也占全球极高的比例，可见大豆是我国最短缺的大宗农产品。

其中 2021 年大豆进口量 9 652 万 t，比 2020 年减 3.8%；进口额 535.4 亿美元，比 2020 年增 35.4%。

2. 谷物及谷物粉

2020—2021 年，共进口 10 109 万 t，总进口额 295.0 亿美元；共出口 685 万 t，总出口额 37.9 亿美元。平衡来看，2020—2021 年，进口较稳定的主要原因是价格差异，国际谷物和谷物粉价格都低于国内市场价格。据国家统计局，2020—2021 年全国稻谷产量 84 461.65 万 t，同比增 100.3%；小麦产量 27 119.83 万 t，同比增 2.3%；玉米产量 53 321.58 万 t，同比增 2.9%。

入世 20 年总贸易：我国谷物及谷物粉贸易量为净进口 21 889 万 t，年均净进口 1 094.5 万 t。但是，贸易额逆差 675.2 亿美元，年均净进口额 33.8 亿美元。虽然谷物及谷物粉贸易出口所占全球贸易市场的比例低，但意义极大，证明我国较好地解决了稻谷和小麦的口粮问题，粮食安全有保障，还对世界粮食有所贡献。这与国家高度重视农业，增加粮食生产投入，推动科学种粮紧密相关。其中 2021 年谷物及谷物粉进口量 6 536.0 万 t，比 2020 年增 82.9%；进口额 200.5 亿美元，比 2020 年增 112.2%。

3. 食用植物油

2020—2021 年，共进口食用植物油 2022.0 万 t，进口总额 145.08 亿美元。按进口额计，食用植物油在大宗农产品贸易中排第三。2020—2021 年《海关统计》无出口数据。

入世 20 年总贸易：我国食用植物油贸易量逆差 14 061.9 万 t，年均净进口 703.1 万 t，占全球贸易市场的比例极高；贸易额逆差 1 150.5 亿美元，年均净进口额 57.5 亿美元，贸易份额也占全球的比例高，可见食用植物油是我国较短缺的大宗农产品。

其中 2021 年食用植物油进口量 1 039 万 t，比 2020 年增 5.7%；进口额 10.59 亿美元，比 2020 年增 46.1%。

4. 原棉

2020—2021 年，共进口原棉 431.0 万 t，进口总额 76.8 亿美元。2020—

表4-10　2002—2021年我国粮棉油大宗农产品进出口数量平衡

单位：万t

项目	2020—2021年 出口量	2020—2021年 进口量	2020—2021年 平衡	20年(2002—2020) 平衡	2020年 进口	2020年 出口	2021年 进口	2021年 出口	2021年比2020年增减(%) 进口	2021年比2020年增减(%) 出口
谷物及谷物粉	685.0	10 109.0	−9 424.0	−21 889.0	3 573.0	354.0	6 536.0	331.0	82.9	−4.6
其中：小麦	—	1 815.0	−1 815.0	—	838.0	—	977.0	—	16.6	—
稻谷和大米	472.0	790.0	−318.0	−1 209.6	294.0	230.0	496.0	242	68.7	6.2
玉米	—	3 965.0	−3 965.0	−3 528.4	1 130.0	—	2 835.0	—	152.2	—
大豆	—	19 685.0	−19 685.0	−114 778.0	10 033.0	—	9 652.0	—	−3.8	—
原棉	—	431.0	−431.0	−4 389.1	216.0	—	215.0	—	−0.6	—
食用植物油和油籽	—	21 707.0	−21 707.0	−128 103.9	11 016.0	—	10 691.0	—	—	—
其中：食用植物油	—	2 022.0	−2 022.0	−14 061.9	983.0	—	1 039.0	—	−3.7	—
含：豆油	—	208.0	−208.0	−2 687.5	96.0	—	112.0	—	16.6	—
食用油籽	—	0	0	1 300.0	193.0	—	680.0	—	0	—
肥料	6 216.0	1 970.0	4 246.0	15 718.0	—	—	—	—	−14.3	13.1
化肥（07矿物肥料）	4 835.0	1 892.0	2 943.0	15 855.0	1 061.0	2 917.0	909.0	3 299.0	−13.3	—
尿素	1 074.0	0	1 074.0	10 278.2	1 014.0	2 237.0	878.0	2 598.0	—	−2.9

注：①资料据2002—2022年《海关统计》整理，因四舍五入尾数有差异。②小麦无出口。大豆出口含在食用油籽中，进口单列。食用油籽出口含大豆，大豆出口含在食用油籽中。③食用植物油含豆油、菜子油、芥子油等。化肥出口以尿素为主。③食用植物油总计=谷物及谷物粉+棉花+食用植物油和油籽。④粮棉油总计=谷物及谷物粉+棉花+食用植物油和油籽。⑤平衡=进口−出口。⑥净进口=进口−出口。逆差即进口大于出口，顺差即出口大于进口。⑦2009年食用植物油进口数量增长8.4%，数据应为885万t而非《海关统计》的816万t。

数据整理：李鹏程。

表4-11 2002—2021年我国粮棉油大宗农产品进出口额平衡

单位:百万美元

项目	2020—2021年 出口额	2020—2021年 进口额	2020—2021年 平衡	20年(2002—2020)平衡	2020年 进口	2020年 出口	2021年 进口	2021年 出口	2021年比2020年增减(%) 进口	2021年比2020年增减(%) 出口
谷物及谷物粉	3 790.9	29 501.5	-25 710.5	-67 518.7	9 449.1	2 026.7	20 052.4	1 764.3	97.7	-4.2
其中:小麦	0	5 424.8	-5 424.8	—	2 346.9	—	3 077.9	—	22.1	12.8
稻谷和大米	1 857.4	3 730.0	-1 872.5	-8 540.4	1 495.4	916.7	2 234.5	940.7	40.8	—
玉米	0	10 496.7	-10 496.7	-11 496.4	2 491.7	—	8 005.0	—	203.1	—
大豆	0	93 067.2	-93 067.2	-521 033.2	39 528.0	—	53 539.2	—	26.1	—
原棉	0	7 677.1	-7 677.1	-81 907.1	3 565.2	—	4 111.9	—	8.5	—
食用植物油和油籽	0	111 434.0	-111 434.0	-455 238.6	46 973.0	—	64 461.0	—	—	—
其中:食用植物油	0	14 508.1	-14 508.1	-115 052.5	7 445.0	—	7 063.1	—	24.0	—
含:豆油	0	1 785.0	-1 785.0	-21 902.3	725.4	—	1 059.6	—	35.8	—
食用油籽	0	0	0	13 369.7	1 640.9	—	6 563.4	—	0	—
肥料(07矿物肥料)	18 406.4	5 617.4	12 789.0	49 285.3	2 883.6	6 736.9	2 733.8	11 669.5	-11.6	73.2
化肥	14 647.7	5 297.0	9 350.6	47 483.6	2 711.5	5 096.0	2 585.5	9 551.7	-13.4	87.4
尿素	3 568.6	0	3 568.6	29 287.7	—	1 421.9	—	2 146.7	0	51.1

注:①资料据2002—2022年《海关统计》整理,四舍五入有差异。②小麦无出口。大豆出口含在食用油籽中,进口单列。食用油籽出口含大豆、花生、花生仁、无进口。食用植物油进口含豆油、菜子油、芥子油等。化肥出口以尿素为主。③食用植物油和油籽,出口=食用植物油(含大豆),进口=食用植物油和油籽。④粮棉油总计=各物及谷物粉+棉花+食用植物油+大豆。

数据整理:李鹏程。

140

2021 年原棉花出口 1.59 万 t，出口金额 0.3 亿美元。按进口额计，棉花在大宗农产品贸易中排第四。

入世 20 年总贸易：我国原棉贸易量逆差 4 389.1 万 t，年均净进口 219.5 万 t，占同期全球进口贸易的比例 28.6%；贸易额逆差 819.1 亿美元，年均净进口额 41.0 亿美元，贸易额占全球的比例最高，可见原棉也是我国短缺的大宗农产品之一。

其中 2021 年原棉进口量 215.0 万 t，与 2020 年 216.0 万 t 基本持平；进口额 41.1 亿美元，比 2020 年增 15.3%。

5. 肥料

2020—2021 年我国肥料进口总量 1 970.0 万 t，进口总额 56.2 亿美元。2020—2021 年肥料出口总量 6 216.0 万 t，出口总额 184.1 亿美元。可见，我国肥料出口较稳定，进口逐年增长。

入世 20 年总贸易：我国肥料顺差 15 718.0 万 t，年均净出口 785.9 万 t；贸额顺差 492.9 亿美元，年均净出口额 246.0 亿美元，贸易份额占全球的比例低，可见我国很好地解决了农业生产资料问题。

其中 2021 年化肥进口量 909 万 t，比 2020 年减 14.3%；进口额 25.9 亿美元，比 2020 年减 4.6%。

（撰稿：毛树春、李鹏程）

第三节　我国加入 WTO 二十年对棉花产业影响的基本评价

从入世 20 年（2002—2021 年）贸易平衡历程来看，我国棉花产业经历了"加工型"和"大进大出"到"优进优出"的贸易转型历程，通过进口原棉加工成棉纱线和棉机织物，进而纺织棉布和棉制服装，这 20 年我国原棉和棉纱线为净进口，棉机织物为净出口，我国从加工和贸易中获取相关利润，安置了大量劳动力，为农村劳动力的成功转移提供了良好的就业支撑。

自 2015 年以来，我国原棉进口贸易大幅缩减，棉纱线贸易逆差有所缩减，棉机织物贸易顺差有所放大。而原棉贸易、棉纱线贸易平衡后的差异仍在放大，棉机织物贸易平衡后的顺差也在放大。受中美贸易摩擦影响，贸易规模有所收敛。

展望未来，我国棉花产业"大进大出"的贸易加工要从数量效益型向质量效益型转变，形成"优进优出"和"国内国际双循环"的新格局，国际地缘政治斗争和新冠肺炎疫情加快这一新格局。全面提升棉织品及棉制服装在国际市场的竞争力将是新常态，而转型升级则是适应国内居民消费和出口贸易新情况新格局的新举措。

一、原棉贸易为大逆差

在入世 20 年（2002—2021 年）时间里，我国累计出口原棉 57.2 万 t，累计进口 4 444.5 万 t，贸易量逆差 4 387.3 万 t，年均 219.4 万 t；累计出口金额 9.1 亿美元，累计进口 827.8 亿美元，累计金额逆差 818.7 亿美元，年均 40.9 亿美元（表 4 - 12、表 4 - 13）。

表 4 - 12　2020—2021 年和入世 20 年我国原棉和棉纱进出口

单位：万 t、亿美元、亿 m

| 项目 | 原棉 | | | | 棉纱线 | | | | 棉机织物 | | | |
| | 出口 | | 进口 | | 出口 | | 进口 | | 出口 | | 进口 | |
	数量	金额	数量	金额	数量	金额	数量	金额	数量	金额	数量	金额
2020 年	0.6	0.9	215.8	35.7	27.0	10.6	190.0	42.5	68.3	99.1	2.0	4.6
2021 年	1.0	0.2	214.2	41.1	29.1	13.7	211.8	59.5	73.6	90.7	1.9	5.3
20 年合计	57.2	9.1	4 444.5	827.8	878.4	346.0	2 849.3	768.8	1 477.2	2 151.6	178.6	310.3
2022 年	3.4	1.1	192.8	52.3	28.1	13.4	117.6	36.1				
比 2021 年增长（%）	240.0	450.0	—10.0	27.3	—3.4	—2.2	—44.5	—39.3				

注：因四舍五入尾数有差异。

2022 年，我国进口原棉 192.8 万 t，进口额 52.3 亿美元；出口原棉 3.4 万 t，出口额 1.1 亿美元（表 4 - 12、表 4 - 13）。

表 4 - 13　2017—2019 年和入世 18 年我国原棉和棉纱进出口平衡

单位：万 t、亿美元、亿 m

| 项目 | 原棉贸易平衡 | | 棉纱线贸易平衡 | | 棉机织物贸易平衡 | |
	数量	金额	数量	金额	数量	金额
2015 年	—144.6	—25.2	—200.1	—47.0	77.3	128.3
2016 年	—88.7	—15.6	—162.0	—86.9	84.1	128.5
2017 年	—113.8	—21.6	—159.0	—38.0	85.9	130.6
2018 年	—152.6	—31.8	—165.8	—40.8	80.6	134.5

（续）

项目	原棉贸易平衡		棉纱线贸易平衡		棉机织物贸易平衡	
	数量	金额	数量	金额	数量	金额
2019 年	−179.7	−34.8	−157.5	−33.6	76.5	126.2
2020 年	−215.2	−35.1	−163.0	−31.9	66.3	94.5
2021 年	−213.2	−40.1	−182.7	−45.8	71.7	85.4
入世 20 年	−4 387.3	−818.7	−1 970.9	−422.8	1 298.6	1 841.3

注：因四舍五入尾数有差异。负数表示逆差，正数表示顺差。

二、棉纱线贸易为大逆差

在入世 20 年，我国积累出口棉纱线 878.4 万 t，累计进口 2 849.3 万 t，逆差 1 970.9 万 t，年均逆差 98.5 万 t；金额累计出口 346.0 亿美元，进口 768.8 亿美元，逆差 422.8 亿美元，年均逆差 21.1 亿美元（表 4-12）。

2022 年，我国进口棉纱线 117.6 万 t，进口额 36.1 亿美元；棉纱线出口 28.1 万 t，出口金额 13.4 亿美元（表 4-12、图 4-7、图 4-8）。

三、棉机织物贸易为大顺差

在入世 20 年，我国积累出口棉机织物 1 477.2 亿 m，累计进口 178.6 亿 m，贸易量顺差 1 298.6 亿 m，年均 64.9 亿 m；累计出口金额 2 151.6 亿美元，累计进口 310.3 亿美元，累计金额顺差 1 841.3 亿美元，年均顺差 92.1 亿美元（表 4-12、图 4-9）。

2021 年，我国棉机织物出口 73.6 亿 m，出口额 90.7 亿美元；进口 1.9 亿 m，进口额 5.3 亿美元（表 4-12、图 4-9、图 4-10）。

四、棉花及棉制品"大进大出"向"优进优出"转型取得新进展

从国际贸易来看，我国棉花产业经济呈现典型的加工业经济特征，形成"大进大出"的贸易格局，这是在加入 WTO 之后出现的新情况，即棉花进口多，棉纱线进口多，棉机织物出口多，服装出口多，通过加工和贸易获取的利益多。但是，近几年受全球经济复苏缓慢和中美贸易摩擦影响，进出口贸易都在收敛。

入世 20 年，我国累计净进口原棉 4 387.3 万 t，净进口棉纱线 1 790.9 万 t，净出口棉机织物 1 298.6 亿 m（图 4-11）。

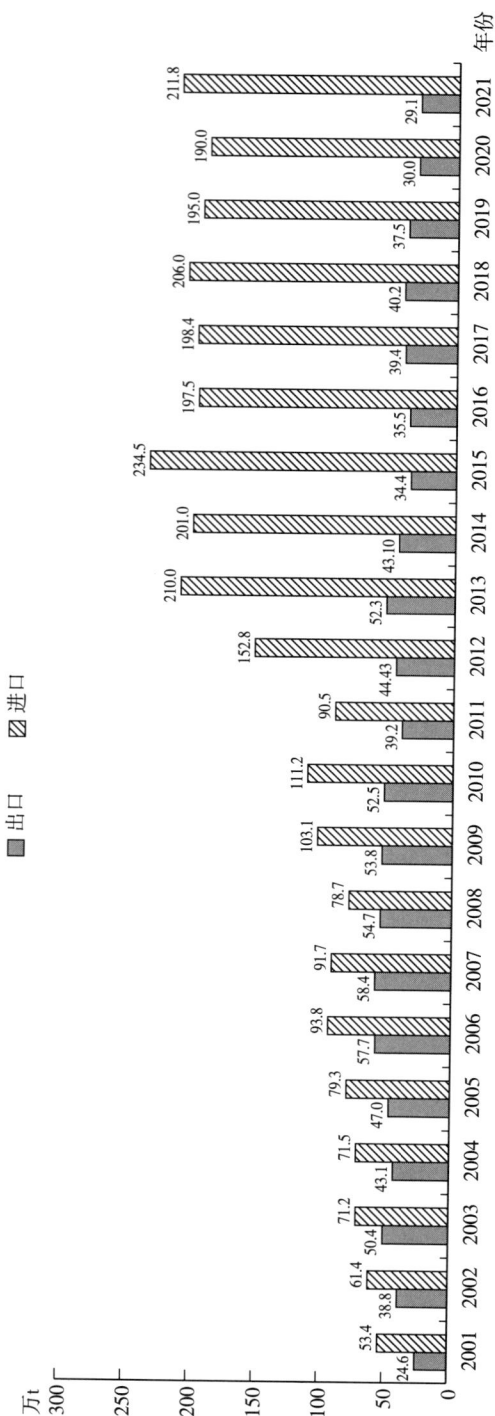

图4-7 2001—2021年我国棉纱线进出口数量

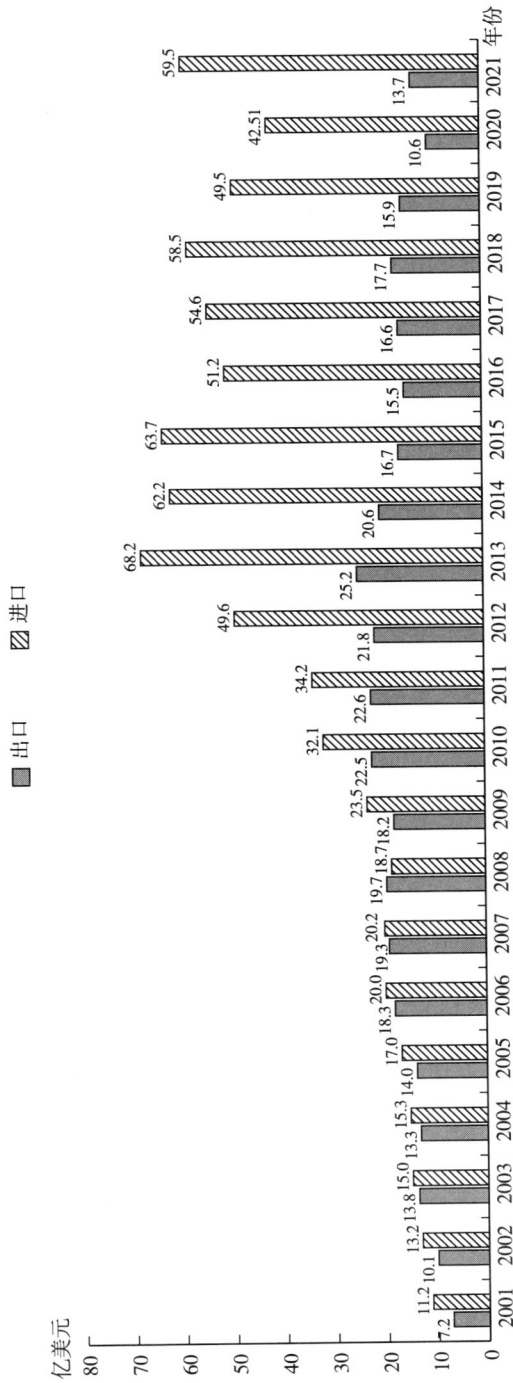

图4-8 2001—2021年我国棉纱线进出口金额

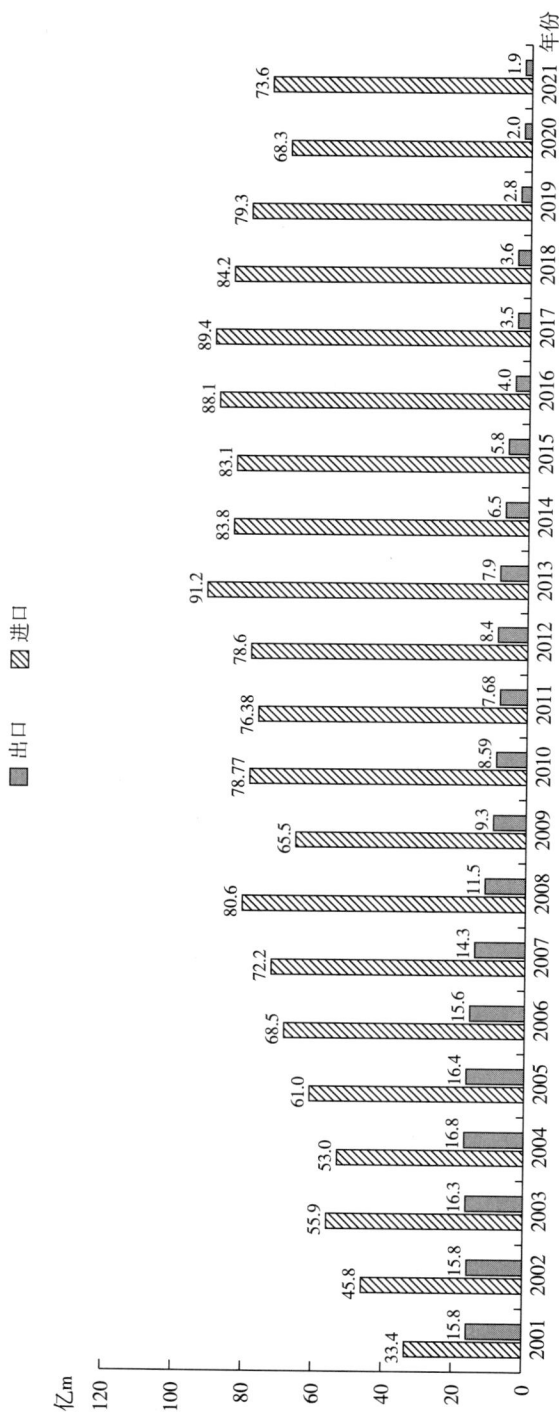

图 4-9　2001—2021年我国棉机织物进出口数量

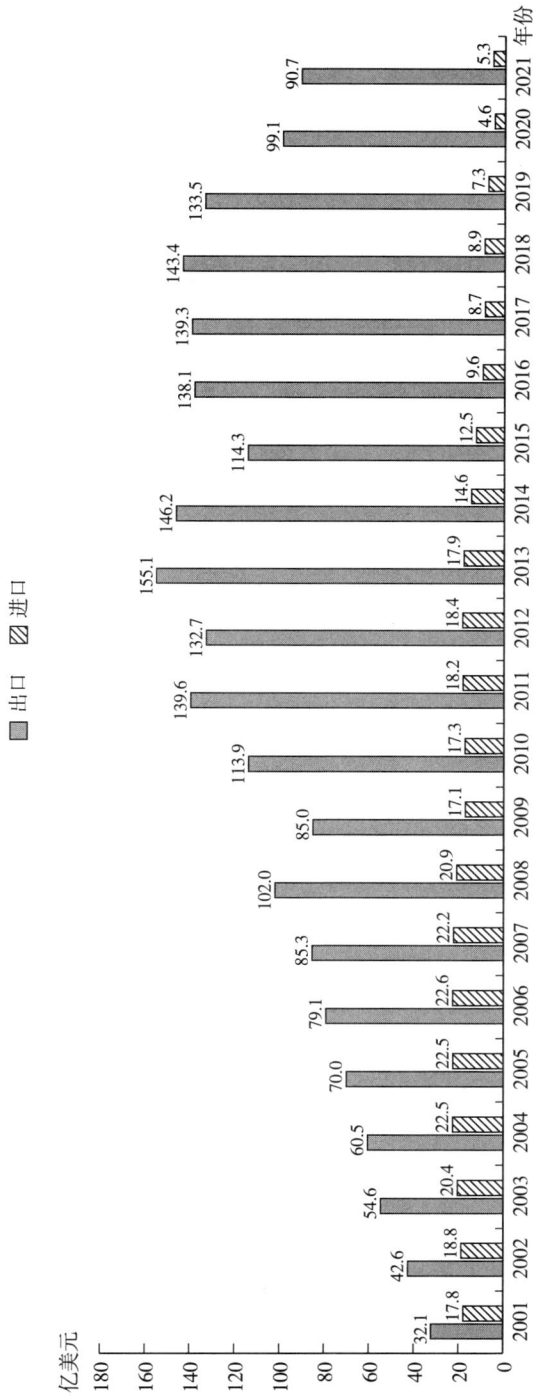

图 4-10 2001—2021 年我国棉机织物进出口金额

贸易量（亿m/万t）

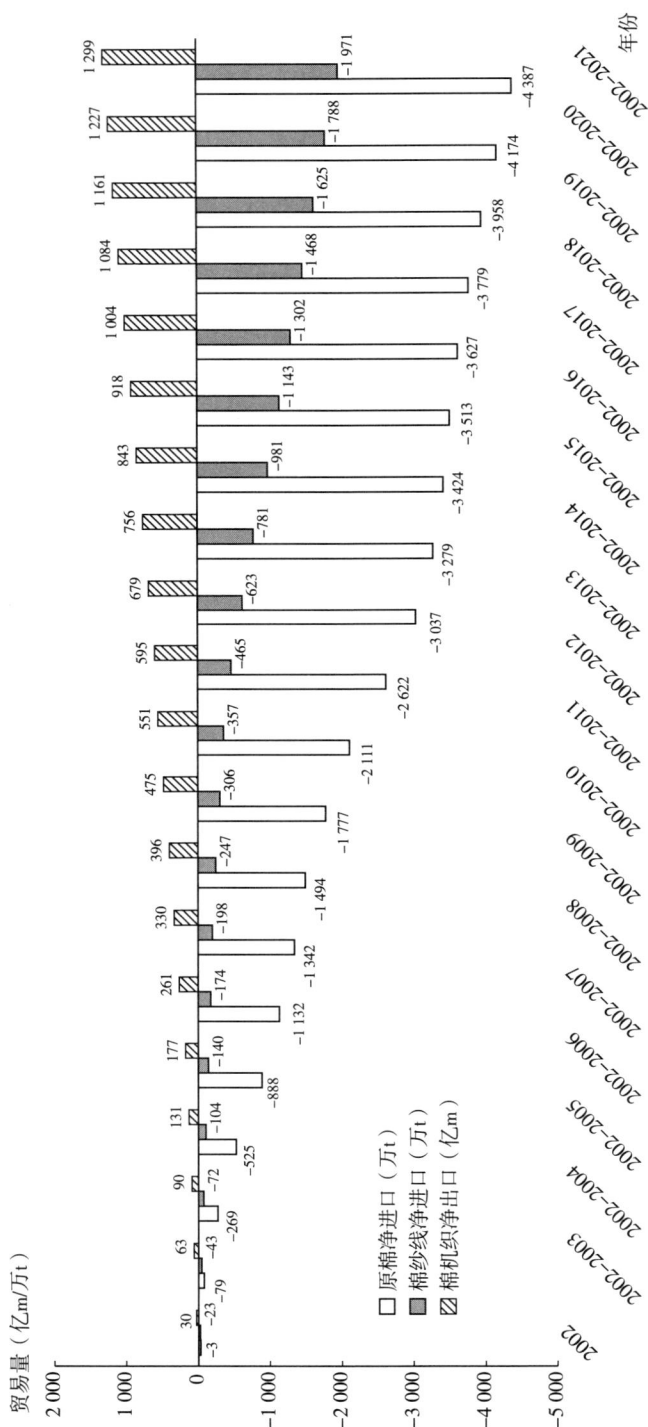

图4-11 入世20年中国原棉、棉纱线和棉机织物贸易量变化

注：2002—2003为2002年和2003年的累加值，后同。数据来自中国海关总署《海关统计》，下同。

入世 20 年，我国原棉＋棉纱线＋棉机织物贸易的出口总金额 2 506.7 亿美元，进口总金额 1 906.9 亿美元，累计贸易额顺差 599.8 亿美元，结果表明，贸易顺差的增长从"大进大出"向"优进优出"的转型取得了新进展（图 4 - 12），且 3 种产品相加的顺差都是不断增加的。

棉花初级加工产品"量减价升"是"优进优出"的具体体现，这是我国贸易结构转型升级提质增效取得的新进展，是比较优势理论的体现，通过贸易可以产生双赢和多赢的结果。在这样的贸易格局下，"量减价升"有利于提升进出口的品位和价值。通过贸易发挥各国的比较优势，形成具有竞争优势的集约化、规模化产业，从而发挥棉纺织业在增加就业、提高人民生活水平、推进社会进步方面的积极作用。

贸易顺差的增长还表明，在中美贸易摩擦与全球经济复苏进程缓慢的大背景之下，我国棉花产业有较强的韧性和适应能力，揭示国内产业链对国际市场变化具有较强的协调能力和应变能力，使得贸易更具韧性和新的平衡性。然而，中美经贸摩擦特别是"疆棉禁令"对纺织品出口美国和欧盟有很大的不利影响。

五、棉织品及棉制服装出口"十分天下占其三"

入世 20 年，我国棉织品及棉制服装出口额平均值为 696.0 亿美元，其中 2013 年跨上 1 000 美元的高台阶，2014 年达到 1 015.0 亿美元的顶峰，之后不断减少（图 4 - 13）。

入世 20 年，我国棉织品及棉制服装出口额占纺织品服装出口额比例的平均值为 33.2%，即棉织品及棉制服装出口占近 1/3 的市场份额，其中 2007 年出口比例最高达到 41.0%，自 2014 年之后每况愈下，2019 年之后下降到不足 30%。

棉织品及棉制服装出口额减少与我国倡导外贸从"大进大出"转向"优进优出"有紧密关系，也与国内居民消费增长、全球经济增长以及中美经贸摩擦等有关。尽管如此，我国棉织品及棉制服装业的韧性和出口优势依然存在。

国际地缘政治对棉纺织品服装出口也有很大影响。2018 年中美经贸摩擦暴发，美国对我国出口产品包括纺织品服装商品在内加征关税。2021 年美国联合其盟友，以所谓人权和强迫劳动为由，出台"疆棉禁令"，阻碍新疆有关棉产品进入国际市场。据孙瑞哲（2023 年 3 月 3 日）报告，2021 年我国对全球出口棉制纺织品服装减少 14.6%，2022 年再下降 3.6%。近几年，我国棉制纺织品服装对美欧出口减少 200 多亿美元。我国在美进口纺织品服装市场的比重从 2021 年的 30.5% 下降至 2022 年的 27.2%，2022 年我国对美出口棉制

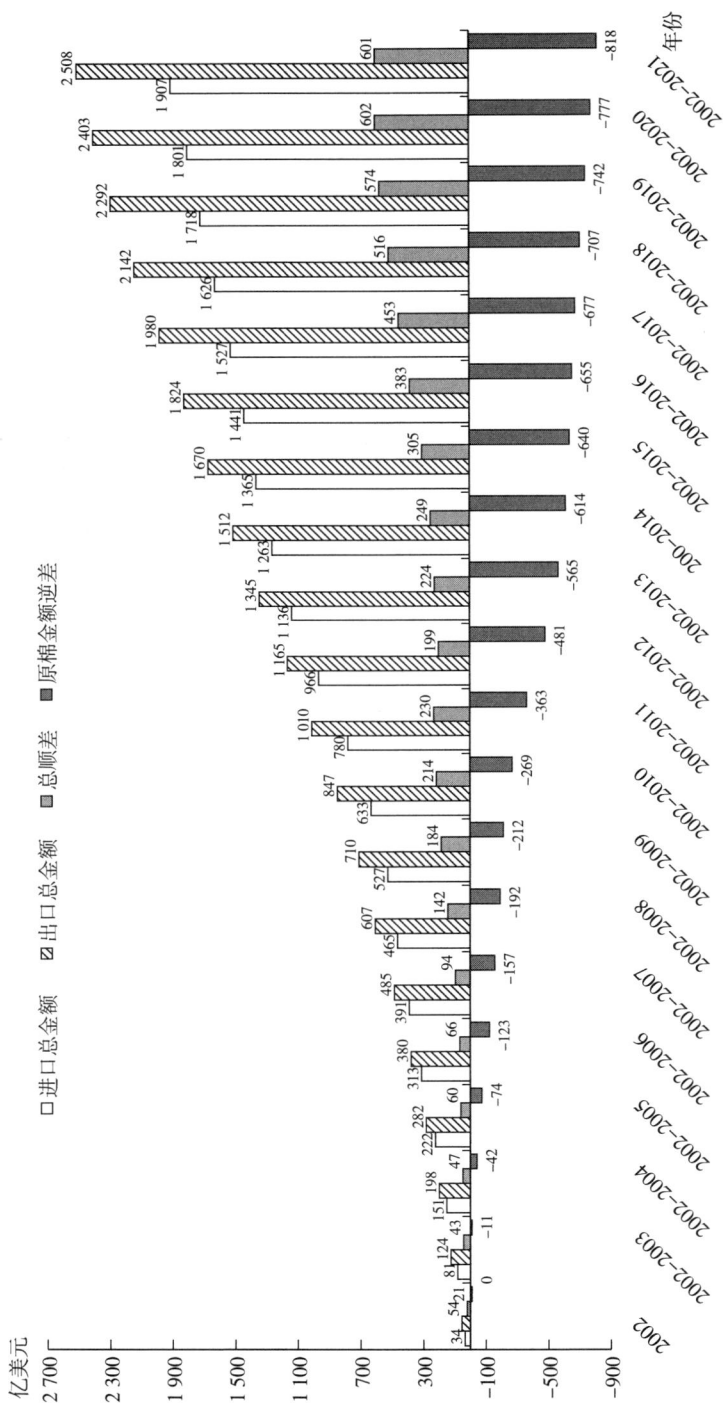

图4-12 入世20年中国原棉、棉纱线和棉机织物贸易金额变化

数据来源：中国海关总署《海关统计》。

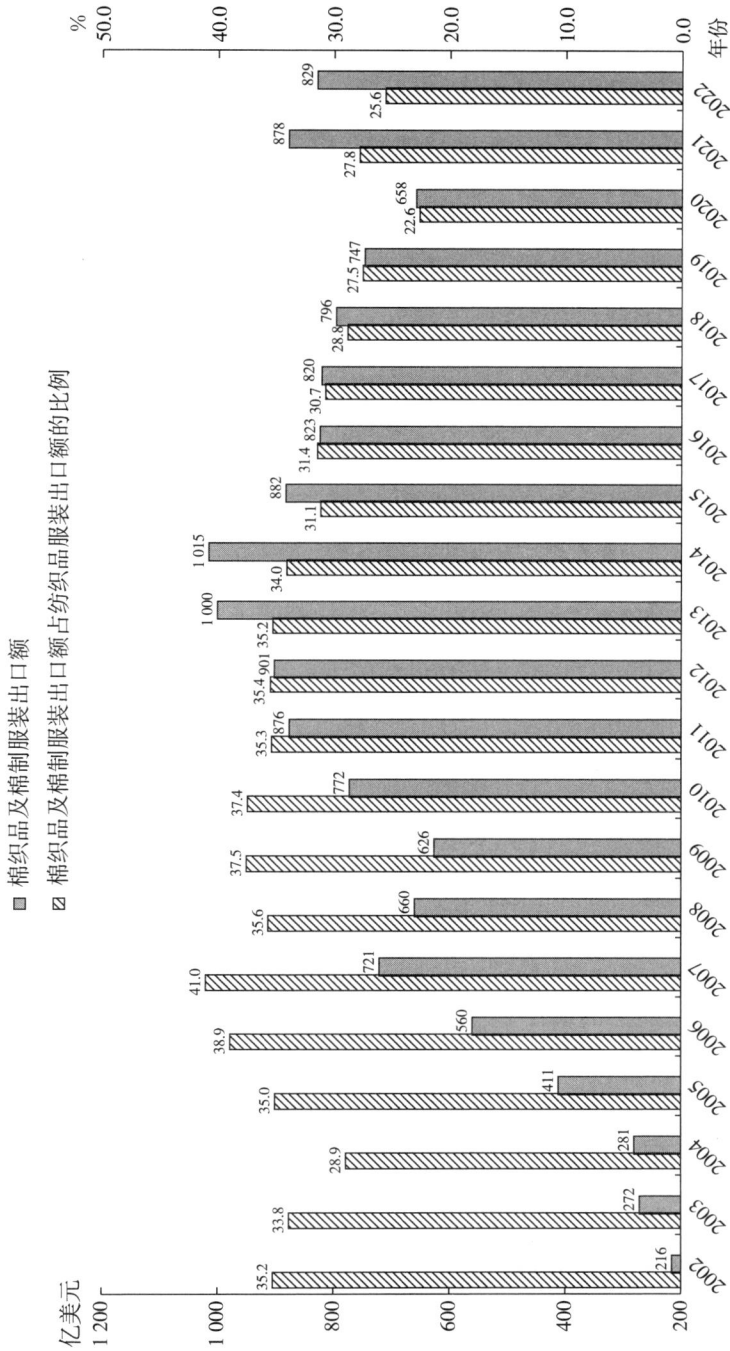

图 4-13　2002—2022 年中国棉织品及棉制服装出口

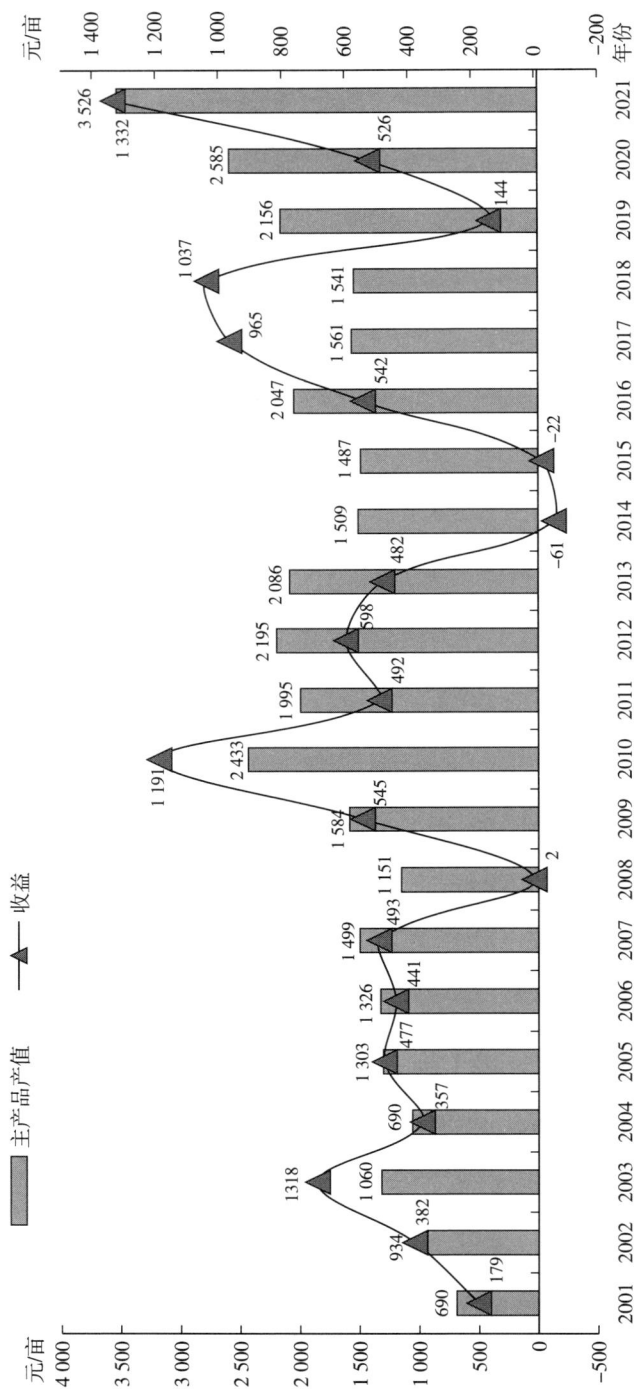

图4-14 2001—2021年中国棉花生产表观产值和收益对比

纺织品服装 166.4 亿美元，在同比 2021 年下降 27.8％的基础上再减少 7.4％。

六、棉花生产表观纯收益增长且有波动

入世 20（2002—2021）年，我国棉花生产表观纯收益整体呈增加的趋势，但受天气、市场、价格等多因素的影响，作为具有金融属性的棉花产品，表现出更大的波动性，突出问题是收益的不稳定和预见性差。自 2011 年实行目标价格改革试点到 2021 年度，目标价格显著增强了棉花生产收益的预见性。

在这 20 年中，棉花表观主产品产值比上一年增加年景有 12 年，减少年景有 9 年，基本持平年景有 1 年（图 4－14），其中表观主产品产值突破 2 000 元/亩有 7 年，如 2010 年达到 2 433 元/亩，近 3 年不断创立新高，其中 2021 年高达 3 526.5 元/亩。

在这 20 年中，棉花生产表观纯收益（不计补贴）增长年景有 12 年，减少年景有 8 年，增减幅度也较大，其中负收益年景有 2 年。2010 年、2018 年和 2021 年棉花生产表观纯收益超过 1 000 元/亩，其中 2010 年收益强势增长达到 1 191.0 元/亩，比上年增长 118％。2021 年纯收益 1 332.0 元/亩，比上年增长 153％。据分析，纯收益的大幅增长年景是受通货膨胀带动棉价大幅上涨的结果。相反，受经济紧缩和棉价大幅下跌的影响，如果叠加单产大幅下降，表观纯收益则大幅减少。

2011—2021 年，国家先后对全国棉花实行临时收储政策，对新疆棉花实行目标价格试点。当市场价格低于目标价格时即启动补贴，各年补贴因市场价格不同有很大差异，同期对新疆以外的 9 省按 2 000 元/t 进行补贴，这为保障棉花生产者的收益提供了政策支持，增强了收入的可预见性。

毛树春（2022）最新研究指出，我国棉花生产能够获得较高的总收益，包括生产性纯收益＋政策性补贴＋自用工劳动报酬，2019 年、2020 年和 2021 年分别为 1 196.0 元/亩、1 310.1 元/亩和 1 597.3 元/亩，即在棉花主产区和粮食主产区，种粮农民和种棉农民获得的总收益是较为接近的，这为全国粮食安全和棉花等重要农产品的有效供给提供了有力保障。

（撰稿：毛树春）

第五章
棉花热点问题专题研究

　　2022 年 10 月 16 日，中国共产党第二十次全国代表大会在北京召开，大会向全党、全国发出了全面实施乡村振兴战略的号召，吹响了"加快建设农业强国"的号角。

　　近几年是国民经济和社会发展第十四个五年计划的头几年，国务院和农业农村部陆续出台相关文件。2021 年 12 月国务院发布《"十四五"推进农业农村现代化规划》，同月农业农村部发布《"十四五"全国种植业发展规划》，2022 年 8 月农业农村部六部委印发《"十四五"全国农业绿色发展规划》，2022 年 9 月农业农村部办公厅印发《农业生产"三品一标"提升行动有关专项实施方案的通知》，2022 年 11 月农业农村部发布《到 2025 年化肥减量化行动方案》和《到 2025 年化学农药减量化行动方案》等。

　　从这些文件可见，质量兴农和农产品高产高质高效，绿色兴农和种植业绿色化是我国农业发展的主基调。归纳"十四五"多个规划中提出的总体目标是：提高农业的质量效益和竞争力，加快形成绿色低碳生产生活方式，走资源节约、环境友好的可持续发展道路，这对本身就是碳汇产业、绿色产业的农业而言极其重要。本章将围绕建设棉花强国及棉花稳定发展保障合理自给水平、棉花绿色高质高效进行解答，对标农业强国棉花怎么做进行探究，还专题论述棉花话语权问题，供参考。

第一节　"十四五"国家和政府部门农业和涉棉规划

一、相关规划

（一）党的二十大报告

党的二十大报告提出全面实施乡村振兴战略，吹响加快建设农业强国的号角。牢牢守住十八亿亩耕地红线，逐步把永久基本农田全部建成高标准农田，深入实施种业振兴行动，强化农业科技和装备支撑，健全种粮农民收益保障机制和主产区利益补偿机制，确保中国人的饭碗牢牢端在自己手中。提出高质量发展是全面建设社会主义现代化国家的首要任务，加快构建新发展格局，着力推动高质量发展，推动经济实现质的有效提升和量的合理增长。

（二）国务院"十四五"推进农业农村现代化规划

2021年11月12日，《国务院关于印发"十四五"推进农业农村现代化规划的通知》（国发〔2021〕25号），对农业农村绿色发展作出部署，提出"推进农业绿色发展，促进农业农村可持续发展"，推进质量兴农绿色兴农，涉棉内容见表5-1。

表5-1　国务院"十四五"推进农业农村现代化规划

文件名称	涉棉内容
国务院"十四五"推进农业农村现代化规划（国发〔2021〕25号，2021年11月12日）	战略导向：立足国内基本解决我国人民吃饭问题。把保障粮食等重要农产品供给安全作为头等大事，既保数量，又保多样、保质量，以国内稳产保供的确定性来应对外部环境的不确定性，牢牢守住国家粮食安全底线。 主要目标任务： 粮食等重要农产品供给有效保障。粮食综合生产能力稳步提升，产量保持在1.3万亿斤*以上，确保谷物基本自给、口粮绝对安全。棉花、油料、糖料和水产品稳定发展，其他重要农产品保持合理自给水平。 农业质量效益和竞争力稳步提高。农业生产结构和区域布局明显优化，物质技术装备条件持续改善，规模化、集约化、标准化、数字化水平进一步提高，绿色优质农产品供给能力明显增强。产业链供应链优化升级，现代乡村产业体系基本形成。 加强重要农产品生产保护区建设。以新疆为重点、长江和黄河流域的沿海沿江环湖地区为补充，建设棉花生产保护区。 棉油糖胶生产能力建设。改善棉田基础设施条件，加大采棉机械推广力度

---

*　斤为非法定计量单位，1斤＝500g，下同。

（续）

文件名称	涉棉内容
国务院"十四五"推进农业农村现代化规划（国发〔2021〕25号，2021年11月12日）	提升农业抗风险能力方面：稳定国际农产品供应链。实施农产品进口多元化战略，健全农产品进口管理机制，稳定大豆、食糖、棉花等农产品国际供应链。 粮食等重要农产品安全保障工程方面：棉油糖胶生产能力建设，改善棉田基础设施条件，加大采棉机械推广力度。 提高农机装备研发应用能力方面：推进粮食作物和战略性经济作物育、耕、种、管、收、运、贮等薄弱环节先进农机装备研制。 持续推进化肥农药减量增效。深入开展测土配方施肥，持续优化肥料投入品结构，增加有机肥使用，推广肥料高效施用技术。到2025年，主要农作物化肥、农药利用率均达到43%以上。 农业面源污染治理。深入实施农药化肥减量行动，在重点用膜区整县推进农膜回收。 耕地轮作休耕制度试点。在河北、新疆的地下水超采区实施休耕试点。 优化农业补贴政策。强化高质量发展和绿色生态导向，构建新型农业补贴政策体系。调整优化"绿箱""黄箱""蓝箱"支持政策，提高农业补贴政策精准性、稳定性和时效性

（三）农业农村部等部门"十四五"规划涉棉内容

2021年8月，农业农村部等6部门发布《"十四五"全国农业绿色发展规划》。该《规划》分析指出"我国农业绿色发展仍处于起步阶段，还面临不少困难和挑战——农业生产方式仍然较粗放。农业主要依靠资源消耗的粗放经营方式仍未根本改变。"对今后的总体要求是：对标基本实现美丽中国建设目标，落实中央碳达峰、碳中和重大战略决策，科学谋划农业绿色发展目标任务，加快农业全面绿色转型升级。提出到2025年发展目标是：农业绿色发展全面推进，制度体系和工作机制基本健全，科技支撑和政策保障更加有力，农村生产生活方式绿色转型取得明显进展。系统全面提出农业绿色发展和减碳的行动方案，指出深入推进农业供给侧结构性改革，首次提出农业生产"三品一标"行动，即品种培优、品质提升、品牌打造和标准化生产，提升农产品绿色化、优质化、特色化和品牌化水平（表5-2）。

2021年12月，农业农村部发布《"十四五"全国种植业发展规划》，该《规划》提出农业发展坚持绿色引领，提质增效，加快种植业生产方式绿色低碳转型，推动农业绿色高质量发展。到2025年，主要农作物化肥利用率从2020年的40.2%提高43%；农药利用率从2020年的40.6%提高到43.0%。

表 5-2　农业农村部等 6 部门《"十四五"全国农业绿色发展规划》

文件名称	农业及涉棉内容
农业农村部　国家发展改革委　科技部　自然资源部　生态环境部　国家林草局关于印发《"十四五"全国农业绿色发展规划》（2021 年 8 月 23 日）	面临挑战：农业主要依靠资源消耗的粗放经营方式仍未根本改变。 总体要求：对标基本实现美丽中国建设目标，落实中央碳达峰、碳中和重大战略决策，科学谋划农业绿色发展目标任务，加快农业全面绿色转型升级。 涉棉主要措施： 实施农业生产"三品一标"行动。深入推进农业供给侧结构性改革，推进品种培优、推进品质提升、推进品牌打造和标准化生产，提升农产品绿色化、优质化、特色化和品牌化水平。 推进农业绿色科技创新。推进绿色技术集成创新，加快绿色农机装备创制，建设农业绿色技术创新载体，加快绿色适用技术推广应用。 加强耕地质量建设。到 2025 年累计建成高标准农田 10.75 亿亩，并结合实际加快改造提升已建高标准农田。实施耕地保护与质量提升行动计划，开展秸秆还田，增施有机肥，种植绿肥还田，增加土壤有机质含量，提升土壤肥力。建立健全国家耕地质量监测网络，科学布局监测站点，开展耕地质量调查评价

　　该《规划》提出新疆棉花稳定在 3 600 万亩左右，针对高品质原棉短缺和集中度低，首次提出建设高品质棉花种植带，在新疆天山北坡适宜棉区、南疆巴音郭楞蒙古自治州和阿克苏地区，河北黑龙港地区，黄河三角洲及环渤海湾地区，以及江汉平原、洞庭湖鄱阳湖等沿江沿湖地区开展高品质棉花种植带建设，提升高品质棉花生产集中度，主要技术措施等（表 5-3）。

表 5-3　农业农村部《"十四五"全国种植业发展规划》

文件名称	农业及涉棉内容
农业农村部《"十四五"全国种植业发展规划》，（农农发〔2021〕11 号，2021 年 12 月 29 日）	棉花目标。棉花是重要的大宗农产品和纺织工业原料。2020 年播种面积 4 753 万亩，产量 591 万 t。到 2025 年，全国棉花播种面积稳定在 4 800 万亩左右，产量 590 万 t 左右，高品质棉占比达到 45% 左右。 棉花区域布局。着力建设西北内陆、黄河流域、长江流域三大优势棉区，巩固提升棉花生产保护区综合生产能力。西北内陆棉区。适度调减水资源短缺棉区、风险棉区、次宜棉区棉花种植面积。新疆棉花面积稳定在 3 600 万亩左右，扩大甘肃适宜区棉花种植面积。适度恢复黄河流域和长江流域棉区。力争黄河流域、长江流域棉花播种面积恢复到 1 100 万亩以上。引导滩涂地、盐碱地、重金属污染区适当扩种棉花。 建设高品质棉花种植带。在新疆天山北坡适宜棉区、南疆巴音郭楞蒙古自治州和阿克苏地区，河北黑龙港地区，黄河三角洲及环渤海湾地区，以及江汉平原、洞庭湖鄱阳湖等沿江沿湖地区开展高品质棉花种植带建设，提升高品质棉花生产集中度。

（续）

文件名称	农业及涉棉内容
农业农村部《"十四五"全国种植业发展规划》（农农发〔2021〕11号，2021年12月29日）	主要技术措施。西北内陆新疆棉区，推广集中成熟轻简高效栽培技术模式，大力提升棉花品质，提高机械化采收水平和质量。长江流域和黄河流域棉区重点推广中早熟、抗病品种和"直密矮株型"栽培模式。 棉田土地用养结合措施，在新疆的次宜棉区推广花生与棉花轮作，在黄河流域因地制宜推广花生与棉花等间套作。 推进市场化运营。依托产业联盟、行业协会和龙头企业，在粮棉油糖主产区创建地域特色突出、产品特性鲜明的区域公用品牌和特色产品品牌，支持企业打造有影响力、竞争力的知名品牌。 提升保障水平措施： 建设生产保护区。以新疆为重点，长江流域和黄河流域的沿海沿江环湖地区为补充，建设棉花生产保护区，稳定棉花种植面积。 推进品种更新换代。建设一批标准化棉糖生产基地，改善棉糖生产基础设施条件。加快选育推广一批纤维长度、强度、整齐度和成熟期相协调的优良棉花品种，鼓励发展长绒棉等高品质棉花种植，扩大优质棉花有效供给，提升棉花产需适配性。 推进全程机械化生产。推动棉花规模化生产经营，支持开展代耕代种、代育代栽、统防统治、代采代收等社会化服务，培育壮大种植大户和农民合作社、家庭农场等新型农业经营主体，引导棉糖生产提质增效。加快推进棉花、甘蔗生产全程机械化，研制适用性强的农机装备并持续改进，重点提升棉花机收质量。 推动绿色高质量发展： 推进化肥绿色增效、绿色防控与统防统治融合、节水增产增效和绿色种植制度

2022年9月，农业农村部办公厅印发《农业生产"三品一标"提升行动有关专项实施方案的通知》，这是对《"十四五"全国农业绿色发展规划》（农规发〔2021〕8号）的细化。该通知系统全面提出农业绿色发展和减碳的行动方案，指出深入推进农业供给侧结构性改革，推进品种培优、品质提升、品牌打造和标准化生产，提升农产品绿色化、优质化、特色化和品牌化水平。安排棉花优势区——西北内陆棉区、长江流域棉区、黄河流域棉区，建设一批"三品一标"基地。重点是稳定种植面积，提升机械化水平，着力发展"双28.5"高品质棉花，提高原棉质量和一致性。

2022年11月，农业农村部印发《到2025年化肥减量化行动方案》和《到2025年化学农药减量化行动方案》，提出2025年农药减施目标任务：水稻、小麦、玉米等主要粮食作物化学农药使用强度（单位播种面积化学农药使用折纯量）力争比"十三五"时期降低5.0%；果菜茶等经济作物化学农药使用强度力争比"十三五"时期降低 10.0％。进一步减少农用化肥施用总量，氮、磷、钾和中微量元素等养分结构更加合理，全国农用化肥施用量实现稳中有降。

（四）2023—2025 年目标价格

2023 年 4 月 10 日，国家发展和改革委员会、财政部发布《关于完善棉花目标价格政策实施措施的通知》（发改价格〔2023〕369 号）。该《通知》指出，现行棉花目标价格政策框架保持不变，支持力度保持稳定，保障棉农基本收益和植棉积极性。同时，完善政策实施措施，稳定棉花产量，促进质量提升，保障相关机制顺畅运行。

主要内容：①2023—2025 年新疆棉花目标价格水平为每吨 18 600 元，如遇棉花市场形势发生重大变化，报请国务院同意后可及时调整。②固定补贴产量。统筹考虑近几年新疆棉花生产情况以及当地水资源、耕地资源状况，对新疆棉花以固定产量 510 万 t 进行补贴。③完善操作措施。新疆维吾尔自治区和新疆生产建设兵团要着力提升质量，进一步用好目标价格补贴资金，在更大范围内实施质量补贴，合理确定质量补贴标准，利用"优质优补"引导优质棉花生产；采取有效措施，积极有序推动次宜棉区退出，推进棉花种植向生产保护区集中。解读如下：

一是引导提质增效，走质量兴棉之路。质量补贴从试点到全覆盖，有利于补机采棉的品质短板，解决疆棉"高价低质"的诟病，满足市场的新需求，提高竞争力。近几年，新疆地方和兵团转型升级提质增效取得新进展，主抓机采棉的覆盖加厚地膜，强化残膜回收和加工清理，"一地一种"和肥水定量限控，适当降低种植密度，全力提高早熟性，原棉的清洁度和一致性基础品质指标明显改善，高品质原棉（长度、强度双"28.5"、马克隆值 3.7～4.6）比例也有所提高，取得的经验弥足珍贵，要进一步总结，并与农业农村部提出的"十四五"高品质棉花带建设、"三品一标"示范基地建设相结合同步推进。

二是引导降低生产成本，走绿色兴棉之路。目标价格仍为每吨 18 600 元，没有回应生产成本上涨而提高的呼声。高投入、高成本、高产值和高收益是绿洲棉花生产的基本特征。近几年，绿洲棉花生产成本上涨是不争的事实，其中物化成本化肥、农药、地膜、种子、滴灌材料、灌溉水和机械作业的费用都在上涨，人工费用与土地租金上涨更快。要依靠科技进步，发展绿色植棉技术，改善生产条件和提高农业社会化服务水平，进一步降低生产成本。

三是引导退地减水，走可持续生产之路。这次目标价格设定固定补贴产量 510 万 t，按截至 2023 年 7 月 12 日的公检数据，2022 年新疆棉花产量 623.2 万 t，补贴产量将减少 100 多万 t，预计退减棉田面积 600 多万亩，这与"十四五"新疆"河（湖）令"农业用水占比从 95％下降到 90％相呼应，也与国家棉花生产保护区规划面积相对接。从长期看，定量补贴将有力遏制棉田面积的无限扩大，减轻绿洲农业水与地平衡的博弈。以水定地，适度规模，水地平衡是绿洲农业和棉花可持续发展的基本遵循，要贯穿于所有规划和支持政策之中。

四是引导建立统一市场，全面推行地方和兵团的籽棉交售互交互认，有利于减少管控环节，降低社会管理成本。

（五）棉纺织行业"十四五"发展指导意见

中国棉纺织行业协会发布"十四五"棉纺织行业发展指导意见，对棉花纺织消费提出 700 万 t 目标，在原料保障重点工程中提出了"提高原料质量，推动棉花目标价格改革与棉花质量挂钩，实现优质优补"等意见建议（表 5-4）。

表 5-4 棉纺织行业"十四五"发展指导意见

文件名称	涉棉内容
棉纺织行业"十四五"发展指导意见（中国棉纺织行业协会，2021 年 12 月）	棉纺织行业"十四五"时期主要发展目标： 棉纤维用量：2020 年 600 万 t，2025 年 700 万 t。 非棉纤维用量：2020 年 1 127 万 t，2025 年 1 300 万 t。 棉纱线产量：2020 年 1 641 万 t，2025 年 1 900 万 t。 构建产业安全发展体系： 进一步推进棉花管理体制改革，继续推进宏观调控与市场调控相结合的方式，促进棉花目标价格优质优补、常态化储备棉轮入轮出、进口棉配额管理、植棉面积合理优化等多政策的联动，发挥稳定市场的作用，保障用棉需求及产业安全。 原料保障重点工程： 1. 棉花产业安全保障。积极推进并保障棉花安全供应。推动进口棉花配额按需发放，推动棉花滑准税税率由滑动改为固定税率及降低滑准税率。 2. 棉花加工贸易监管改革。推动棉花加工贸易监管标准及方式进一步完善，推进棉花加工贸易进口实行"总量核销"，推进降低落棉税率改革。 3. 提高原料质量。推动棉花目标价格改革与棉花质量挂钩，实现优质优补。推动棉花标准质量指标的提高。推动减少或消除棉花异纤的技术研发和推广。推动上下游产业链及产学研的结合，促进非棉纤维质量和稳定性的提升。 重点攻关及推广的技术： 在现有技术的基础上，进一步提高检出率和稳定性，适应多种异纤识别分拣，检出率显著提升。

（六）近两年 1 号文件

2022 年 1 号文件：推进农业农村绿色发展。加强农业面源污染综合治理，深入推进农业投入品减量化，推进农膜科学使用回收，支持秸秆综合利用。建设国家农业绿色发展先行区。开展农业绿色发展情况评价。研发应用减碳增汇型农业技术，探索建立碳汇产品价值实现机制。

2022 年中央 1 号文件即《中共中央　国务院关于做好 2022 年全面推进乡村振兴重点工作的意见》，在"保障'菜篮子'产品供给"条目下提出"完善棉花目标价格政策"。首次在表述"完善棉花目标价格政策"之前删除了"新疆"二字，可以理解目标价格将对棉花生产保护区 3 500 万亩实行全覆盖，有利于保护内地 1 100 万亩棉花生产保护区棉农的权益，这对恢复内地棉花生产将是一项决定性措施，通过内地保护区的恢复再辐射带动 1 000 万亩，形成长江、黄河和西北新疆新的"三足鼎立"新型结构。新中国成立后 70 多年的实践证实，发展棉花生产"一靠政策"是颠扑不破的真理。

棉花面积哪里来？中央 1 号文件提出，强化现代农业基础支撑，分类明确耕地用途，严格落实耕地利用优先序，耕地主要用于粮食和棉、油、糖、蔬菜等农产品生产，永久基本农田重点用于粮食生产，高标准农田原则上全部用于粮食生产。把棉花排位在粮食之后，优于其他农产品，可见棉花在国内大宗农产品中的重要地位，也反映出党和国家稳定发展棉花的决心。

二、相关规划评议

（一）国家与部门机构之间的有效衔接不够

一些规划与规划之间存在不协调和矛盾之处。比如安排新疆 3 600 万亩棉田面积，与 2017 年全国棉花保护区面积、2015 年水利部联合 6 部委起草的经国务院批复的《全国水土保持规划（2015—2030 年)》、2012 年《国务院关于实行最严格水资源管理制度的意见》、2020 年新疆维吾尔自治区发布总河（湖）长第 3 号令《关于强化水资源刚性约束深入推进最严格水资源管理制度的通知》、2021 年新疆维吾尔自治区人民政府印发的《关于进一步强化水资源保护管理的实施意见》等有关绿洲减水退地存在明显矛盾，在水资源严格约束条件下，新疆棉田面积呈现明显的缩减态势，同时，相关研究提出水资源与粮食、棉花、果树和饲料平衡之后可承载的棉田面积为 2 400 万亩，可见地方政府以及地方不同部门执行起来难度较大，或许规划将要落空。

关于棉花保护区 3 500 万亩，除新疆以外，山东、河北、湖北、湖南、安徽还有 1 100 万亩，这应该看作部门和地方承担国家棉花的计划任务，恢复棉花生产首先是恢复保护区的棉花生产，有关"十四五"规划显然与前期相关规划衔接不够。

（二）目标、指标的强度不够

"十四五"规划的目标性强度不够，数量和质量的统筹协调性不够，必须明确农产品的质量存在于数量之中，任何时候数量都是第一位的。2021 年 12 月，中央经济工作会议首次提出"要正确认识和把握初级产品供给保障"。我们理解，我国初级大宗农产品的供应链安全问题首先是初级产品的数量安全，其次才是供给质量问题，数量与质量的协调是新时代高质量发展提出的新需求。要响应新需求，开拓新的提质增效途径，保障高品质、高质量初级产品供给是提高核心竞争力的内在要求。对棉花而言，数量短缺是长久的，提质增效、高品质原料有效供给也是长期需要解决的重大课题。

（撰稿：毛树春）

第二节　加快建设农业/棉花强国的思考

一、加快建设农业/棉花强国的解读

加快建设农业/棉花强国是我国"十四五"和今后相当长时间的目标任务，对标强国、大国棉花，我国棉花的优势和差距在哪里？结合"棉花产品稳定发展和保持合理自给水平"，对我国棉花底线和目标等进行解读。

（一）中美棉花表观占有量和居民表观消费量

美国是全球棉花生产大国和强国。据美国农业部数据，最近 20 年（2000—2019 年）美国棉花收获面积平均值 431.0 万 hm^2（播种面积平均值超过 500 万 hm^2，美国每年放弃管理面积超过 10%），棉花平均产量387.0 万 t，表观棉花占有量平均值 12.0kg/（人·年），高产年景表观占有量15~16kg/（人·年）。

我国是全球棉花生产大国、消费大国。据国家统计局数据，最近 20 年（2000—2019 年），中国棉花收获面积平均值 440.6 万 hm^2，棉花平均产量602.6 万 t，表观棉花占有量 4.51kg/（人·年），高产年景表观占有量5.0kg/（人·年）（表 5-5）。

美国居民纺织品表观消费量 41.5kg/（人·年）（2005 年），表观纺织品消费额 1 366.7 美元/（人·年）（约合 9 566.9 元人民币，2019 年）

2017 年，我国居民表观纺织品消费量 20.0kg/（人·年），已达到中等发达国家的消费水平。2019 年，我国居民表观纺织品消费额 1 338.1 元/（人·年），仅为美国同年的 14.9%，其中农村居民仅为城镇居民的 38.9%。在扩大内需加快构建以国内大循环为主体、国内国际双循环相互促进的新发展格局的背景下，预计 2030 年将达到 30kg/（人·年），表观纺织品消费额 2 000 元/（人·年），可见纺织品服装消费增长的潜力巨大。

（二）我国棉花的底线产量和底线面积问题

关于底线产量。21 世纪前 20 年平均（2020—2019 年）全国棉花产量平均值 602.6 万 t，国产棉花人均占有量平均值 4.51kg/人，其中元年代（2020—2009 年）最高为 4.62kg/人，十年代（2010—2019 年）下降至 4.40kg/人，降幅 4.8%，2021 年继续下降至 4.2kg/人。2022 年，由于总产提高与人口减少 85 万人，人均棉花占有量提高到 4.26kg/人，但仍低于前 20 年的平均值（表 5 - 5）。

表 5 - 5　2000—2022 年全国人均原棉占有量

项目	棉花总产量（1 000t）	全国大陆人口（万人）	居民人均棉花占有量（kg/人）	棉花单产水平（kg/hm²）	
				全国	新疆
20 年（2000—2019 年）平均值	6 026	133 699.6	4.51	1 398	1 766
元年代（2000—2009 年）平均值	6 016	130 263.3	4.62	1 208	1 596
十年代（2010—2019 年）平均值	6 037	137 137.0	4.40	1 588	1 936
"十二五"时期（2011—2015 年）	6 323	136 091.0	4.65	1 535	1 954
"十三五"时期（2016—2020 年）	5 780	140 000.7	4.13	1 778	2 026
2020 年	5 910	141 178.0	4.19	1 865	2 063
2021 年	5 731	141 260.0	4.06	1 893	2 046
2022 年	5 979	141 175.0	4.26	1 992	2 159

注：数据来自国家统计局。2022 年全国棉花实际总产量高于统计水平，市场估计 690 万 t，按此测算人均棉花占有量为 4.89kg/人。

以 21 世纪前 20 年人均原棉占有量平均值作为基数，按 2020 年 14.12 亿人口作为基数测算，全国居民原棉占有量应保持 4.51kg/人，国产棉花数量应在 636.7 万 t 水平上，在不考虑消费增量的前提下，按照 95% 的保证率水平，产量应为 604.9 万 t。因此，可以认为，600 万 t 是国产棉花的合理自给水平，即底线供给水平，这是保障 14 亿居民穿衣的合理自给水平。

然而，"十三五"时期我国棉花产量、居民人均原棉占有量比"十二五"时期下降，而人口增长，人民对美好生活的需求在增长，国产棉花的供给水平却在减少，国产棉花供不足需的矛盾显见。

（三）棉花单产水平

这里还有一组数据（表 5 - 5）：21 世纪前 20 年平均（2020—2019 年）全国棉花单产平均值 1 398kg/hm²，21 世纪十年代单产平均值 1 588kg/hm²，比元年代增长 31.45％。由于全国棉花布局在新疆维吾尔自治区，占全国面积的超过八成以上。再看新疆，21 世纪十年代（2010—2019 年）单产平均值 1 596kg/hm²，比元年代（2000—2009 年）增长 21.30％。新疆棉花的体量大，面积和总产都占很大比重，单产已达到极高水平，增产难度日益加大。分区看，北疆亚区的单产已达到极高水平，加上未来建设高品质棉花生产带，部分产量要让位于质量，主要是稳产。南疆亚区由于水资源缺乏和气候变化等多种原因，最近 10 年棉花单产水平呈现整体性的下滑势头，遏制单产下滑和提高品质是未来的重点。从全国来看，黄河流域单产在不断提高，其中河北省、山东省棉花单产超过 1 500kg/hm²，长江流域棉区单产水平比 20 世纪 90 年代下降了三成多，恢复单产水平的潜力大。

（四）底线面积

预测全国棉花平均单产水平 2025 年将在 1 733kg/hm²，比 2010—2019 年平均值增产 9.1％，600 万 t 产量需要 5 200 万亩。因此，"十四五"时期应坚持 5 000 万亩的底线面积和 600 万 t 的底线产量。

5 000 万亩棉田面积与 18 亿亩或 20 亿亩耕地的比例仅为 2.50％～2.78％。从历史和宏观层面看，除 20 世纪 60 年代几个年份的粮食危机以外，绝大多数年份在全国适宜产区安排 5 000 万亩耕地种植棉花，根本不存在粮棉争地的问题。

棉花的重要性和必要性都极为重要。棉花是纺织工业的原料，"有饭吃有衣穿"是中国共产党建党的初衷和神圣使命。"吃好穿好""吃得更好穿得更好"是新时代中国共产党的初心使命，是人口大国的责任和担当。从国家层面来看，市场经济条件下，在全国许许多多的大宗农产品中，只有棉花（目标价格）、水稻（最低收购价）和小麦（最低收购价）有价，可见吃饭和穿衣在国家层面是等同重要的。

棉花产品呈现"大进大出"的贸易格局，对多年数据进行平衡后发现，净进口原棉加工成棉纱线和净进口棉机织物最后都制成棉制纺织品和服装出口，而国产棉花是供居民消费的。

二、补短板，大力发展高品质棉花

我国是棉花生产大国，但不是棉花生产强国，对标美国和澳大利亚，我国原棉品质在清洁度和一致性上的差距大，高品质棉花供给短缺。据毛树春等研究，2016—2018 年高品质棉花缺口高达 58.5％，且集中度低，稳定性差。又据中国棉花协会报告，截至 2022 年 2 月棉花"公检"数据，2021 年国产高品质棉花仅占 29.5％（产量约 150 万 t，与需求 400 万 t 差距甚大）。为此，按照高质量发展的新需求，农业农村部在《"十四五"全国种植业发展规划》中提出，到 2025 年高品质棉花占全国棉花产量的比例提高到 45％。

（一）何为中高端品质原棉？

高品质原棉当下定义为适纺 40ˢ 及以上纱线的棉花。

高品质原棉主要指标：纤维长度 28.5mm 及以上，断裂比强度 28.5cN/tex，马克隆值 3.7～4.6，短纤含量 16mm 及以下，纺漂白纱和色纺纱分别控制在 11.5％和 15.0％以内，异性纤维控制在≤0.3g/t。

（二）中高端品质原棉的需求量大，缺口也大。

中高端品质原棉需求量。据 2020 年 8 月中国棉纺织行业协会发布的统计数据，我国纺织企业对高端品质原棉需求量占整个市场需求量的 80％。其中：40～50 支中端高品质占比 60％～70％，需求量 400 万 t；60ˢ 及以上高端品质占比 15％～20％，需求量 120 万～150 万 t；32ˢ 以下低端品质仅占比 10％～15％。

中高端品质原棉供给和短缺情况。据毛树春（2021）等的研究，2016—2018 年新疆公检原棉产量分别为 363.5 万 t（1 603.9 万包）、462.3 万 t（2 038.3 万包）和 501.9 万 t（2 222.6 万包），这 3 年新疆高品质原棉产量分别为 85.3 万、94 万和 175.1 万 t，理论上可供给高品质产量平均值为 118.1 万 t；这 3 年短缺量分别为 193.5 万、191 万和 112.7 万 t，平均短缺量 167.7 万 t；短缺率分别为 69.4％、67％和 39.2％，平均短缺率高达 58.5％。这些短缺量尚没有考虑异性纤维的含量，集中度不高，可采购能力弱。

（三）响应新需求，开拓大国棉花转型升级、提质增效新途径

1. 我国棉花转型升级提质增效的技术途径和方法

毛树春等于 2016 年对高品质棉花"金字塔"模型给予了解答。首先要解决原棉的清洁度（第一层级无有害杂物"三丝"污染）和一致性（第二层级，品种合理布局，一地种植一个；机采棉要特别强调提高棉花群体熟性的一致性）。第一层级和第二层级是提质增效的基础品质。第三个层级是轧花加工对品质的损害最小，要解决规范化加工/智能化加工问题，把机采棉纤维长度损失控制在 0.8mm 以内。第四个层级是纤维公检指标要合适。棉花品质国家公检是棉花议价和纤维使用价值的基础，一头连着农业一头连着工业，既要解决与籽棉的有效连接，又要解决与纺纱纱线品质的有效衔接，要研究提出适应国情和棉情的公检品质指标，强化质量导向。第五个层级是种植高品质品种——陆地棉长度、断裂比强度超"三零"品种，以及海岛棉超长绒等。再就是第三章第三节所述"好棉花还是监管出来的"。

2. 建设高品质棉花种植带

《"十四五"全国种植业发展规划》首次提出了高品质棉花种植带建设课

题，这是针对我国高品质原棉的集中度不高、可采购能力不强提出的新任务。通过规模种植带提高集中度，提高可采购能力和植棉者的要价能力。

高品质种植带产地包括新疆天山北坡适宜棉区、南疆巴音郭楞蒙古自治州和阿克苏地区，河北省黑龙港地区，黄河三角洲及环渤海湾地区，以及江汉平原、洞庭湖鄱阳湖等沿江沿湖地区等。除建设高产稳产农田以外，应围绕品质"金字塔"模型进行规划、建设和实施。

三、全球棉花强国、大国单产水平和品质比较

评价全球棉花竞争力涉及几个重要指标：一是棉花单产水平的高低，这是各国棉花竞争力的核心，单产水平高通常该作物具有明显的比较优势。产量高低是生态适宜性、农业生产条件、生产投入水平和科技支撑的综合体现。二是品质优劣。高品质是生态区优势、生产管理水平和科技支撑的集中体现，品质高则竞争力强，在全球完全可以实现优质优价，并有较强的话语权。三是棉花生产成本和产值的高低，按成本、产值和收益划分，全球棉花分为几个类型，高投入高产出高效益类型，中国和澳大利亚为一类；中等投入中等产出中等效益类型，美国、巴西和中亚的乌兹别克斯坦等为一类；低投入低产出低效益类型，印度、巴基斯坦和西非产棉国家等为一类。

（一）棉花单产水平比较

我国棉花有没有国际竞争力？回答是，国产棉花不仅有竞争力，从单产水平和成本来看具有较强的国际竞争力，但与发达国家棉花品质相比，差距较大。

中国是全球产棉大国中单产最高的国家之一。据国际棉花咨询委员会（ICAC）数据，最近10个年度（2010/2011—2019/2020），中国、美国、澳大利亚、巴西、巴基斯坦和印度6个产棉大国，面积占全球的73.5%，总产占全球的80.3%。按ICAC数据可以分成三个类型：一是高产国家，包括中国、美国、澳大利亚、巴西；二是中等产量国家，包括巴基斯坦、印度；三是低产、极低产国家，包括西非等。

按照ICAC数据，最近20个年度（2000/2001—2021/2022）全球和大国棉花单产平均值，中国棉花单产1 509kg/hm²，全球单产776kg/hm²，美国951kg/hm²，澳大利亚1 981kg/hm²，巴西1 538kg/hm²，巴基斯坦689kg/hm²，印度512kg/hm²，中国高于全球单产水平94.5%、高于美国58.7%、高于巴基斯坦119.0%、高于印度194.7%，与巴西基本持平，但低于澳大利亚23.8%（图5-1）。

按照美国农业部数据，过去20年（2000—2019年）我国棉花单产平均值

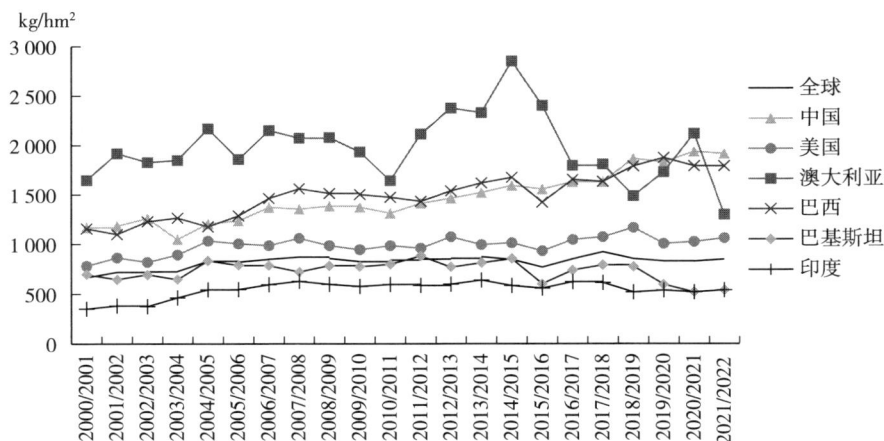

图 5 - 1 2020/2001 年度以来全球和主要产棉国家棉花单产水平比较

数据来源：ICAC 数据库，2021 年 12 月。

1 398.0kg/hm²，美国棉花单产平均值为 905.1kg/hm²，我国棉花单产高于美国棉花单产的 54.5%，这是我国棉花具有全球竞争力的基础，同期澳大利亚棉花单产 1 903.8kg/hm²，我国则低于澳大利亚 26.6%。

单产是天气、产区资源环境、农田水利设施和管理措施的综合反映，中国棉花单产水平高，表明中国棉花种植区域的气候适宜度是好的，种植技术先进，人民更加勤劳。

高产大量节省耕地面积。1984 年全国棉花产量 625.8 万 t，当时棉花播种面积 692.3 万 hm²，相当于每 1 000 万亩棉田面积生产皮棉 60 万 t。2022 年棉花产量 597.7 万 t，播种面积 300.0 万 hm²，相当于每 1 000 万亩生产皮棉 199.2 万 t，比较 1984 年棉花单产增长了 132%，与 1994 年相比，2022 年节省耕地面积 56.7%。高产更加符合我国人多地少这一特殊国情。

必须牢记绿色发展不能损害棉花高产水平，科技进步的着力点是破解高产与高品质的矛盾，协调两者的同步发展，任何有损棉花高产的技术措施都要叫停。

（二）强国、大国原棉品质/质量国际比较

品质是竞争力又一重要核心指标。美国棉花品质优良，品质类型齐全，既有高品质棉花也有中低端品质棉花，可以选择品质类型多，以"爱字棉"品种的品质最好，"爱字棉"系列及含有"爱字棉"（PHY、DP、ST 和 NG 等）遗传基础的高品质品种，实现美国棉花播种面积的全覆盖，反映基础品质的纤维清洁度高和一致性好，可纺织性能优良。美国棉花实行区域化种植，品种布局科学，常年有种植面积超过 20% 的"大品种"，为棉花一致性奠定了良好基础，加工品质优良，棉花品质排全球第一方阵。

澳大利亚也是全球棉花强国，按面积在全球属于棉花生产的中等国家，最高年景产量 125 万 t，但却是高品质棉花生产强国，也是棉花净出口国家。最显著特点是遗传品质的纤维长度、强度和细度指标相协调，纤维长度和强度位于"双三零"，商品棉品质大多为"双二九"上下，纤维清洁度和一致性更优，适纺高品质棉纱线，因清洁度高特别适合纺漂白棉纱。澳大利亚棉花生产品种布局科学，全国常年种植高品质 Sicot 系列品种 2 个，正所谓"一主一辅"布局。因品质优，价格高于我国进口原棉平均价格的 15% 上下。棉花品质在全球排第一方阵，其中高品质棉花优于美国。

我国原棉品质属于全球中等偏上水平。突出问题是基础品质不够，纤维清洁度和一致性差，加上价格高、性价比差，中低端品质长期处于供大于求状态。高品质棉花严重短缺，且集中度低，可供采购能力差。最大问题是品种遗传品质的长度、强度和细度指标的协调性不够，审定品种指标偏离纺纱实际需求，且品种布局"多杂乱"，缺乏"大品种"。

巴西棉花品质次于全球第一方阵品质。纤维长度、强度和细度较好，气候环境、品种布局有利高品质棉花生产，但清洁度、一致性和稳定性差。

印度、巴基斯坦棉花总体质量不高，清洁度、一致性、加工品质和信誉度都存在问题，但价格便宜，有性价比优势，这是我国选择进口的原因。印度有几个高品质陆地棉品种——S-6、MCU5 和 J34，以及陆地棉×海岛棉杂交种 DCH-32。因高品质原棉的数量有限，可采购能力差。巴基斯坦几乎不出口原棉，通过加工出口棉纱线，印度和巴基斯坦是我国棉纱线进口的主要来源地。

西非棉花品质属于全球中下等水平，因性价比高，加上布基纳法索、科特迪瓦、贝宁、马里，以及喀麦隆等纺织消费能力弱，也是我国棉花进口来源地之一。

中亚五国棉花品质属于全球中上等水平，也曾是我国进口来源地之一。其中乌兹别克斯坦棉花产量最大，哈萨克斯坦、塔吉克斯坦、吉尔吉斯斯坦、土库曼斯坦棉花生产大幅萎缩，可供采购量越来越少。近几年，由于乌兹别克斯坦棉纺织产能发展很快，原棉转为禁止出口。

（三）高新技术和专业机械比较

棉花是全球领先的转基因应用作物。美国转 Bt 基因抗虫棉进入第五代，新选育品种已全面取代 20 世纪 80 年代第一代的抗除草剂和抗棉铃虫品种，并兼具除病和抗其他害虫，多价转基因包括抗除草剂、抗虫、抗病、抗旱耐盐碱，优异农艺性状和高品质性状育种和应用走在全球前列，基因编辑技术已在美国棉花育种中应用。

在转 Bt 基因领域我国原本落后于美国，经过努力直到 2010 年才追赶上来，然而随后多年转 Bt 基因仍停留在第一代水平上，我国与美国的差距越来越大，学术界几乎没有反映，这不正常。在新疆地区，转 Bt 基因抗虫棉的历史遗留问题仍没有得到解决，导致我国主产棉区抗虫棉品种应用落后。

采棉机是农机领域的顶尖装备，也棉花专用的机械。机采棉是现代农业的顶尖技术。在采棉机领域，美国自 1850 年申请第一个采棉机发明专利到 1970 年代的推广应用，经历了 120 多年的发展历程，进入 21 世纪美国采棉机向大型化、信息化和智能化发展，采棉机的可靠性、稳定性和采收效率远远领先全球水平。机采棉现代化是一个农艺、农化和农机的深度融合过程，更是农业文明和工业文明交融汇合的发展过程。机采棉技术包括机械制造、动力、棉磨机、清花设备、除草剂和棉田杂草防除，转 Bt 基因抗除草剂品种，抗落絮、抗风暴和高品质的机采品种培育，脱叶剂发明和使用，农艺中行距配置、脱叶剂使用等，是一个庞大的系统工程。其中最先进指标为籽棉杂质含量的高低，美、澳机采棉含杂率仅相当于我国的手采棉。

我国采棉机和机采棉仅走过 25 年的发展历程，国产采棉机正在研制试验示范阶段，适合高产国情棉情的机采棉农艺、农化和农机三者融合的技术路线尚未形成，各自为战，产生的突出问题是机采籽棉叶屑杂质含量极高，现行地方标准机采籽棉杂质含量≤12%，要把 12% 叶屑杂质含量清理至原棉的 2.5%，需要对籽棉、皮棉进行多次清理，清理次数越多对纤维长度、强度和整齐度的伤害就越大，最终导致纤维品质指标全面下降，可纺性能降低。另外一个问题是，由于新疆棉花很值钱，在管控不严情况下，杂质含量更高。

在棉花生产效率方面，每生产 1t 皮棉所需的人工工时，美国 1950 年代需 640h，1970 年代需 110h，1990 年代需 1h。我国 2013 年需 1 754h，2021 年需 337h，测算我国大致相当于美国 1960 年代中期水平，落后 60 年。这里有两点情况：一是美国国土面积大，加上农场规模越来越大，无法比拟；二是随着机采棉的推广应用，新疆棉花耕种管收综合机械化率 90%，已达到相当高水平。

在国内合成生物技术方面，工业合成淀粉技术、工业合成蛋白质技术和工业合成葡萄糖和脂肪技术已完成试验阶段和示范性生产，而棉花合成生物技术尚未启动。

（四）种业比较

美国棉花种业公司规模大，商业育种和供种覆盖全球棉花领域，竞争优势明显。

据美国农业部网站的统计数据，2017—2020 年，美国经营棉花种业公司有 10 多家，以岱字棉公司（Deltapine）、美棉公司（Americot）和植物基因公司（Phytogen）为主，3 家公司经营品种合计占全美市场份额的 80% 以上，其中，岱字棉公司经营品种占全美棉花播种面积的比例最高，达到 25.9%～

40.0%，最大面积超过 3 000 万亩。美棉公司经营品种占全美棉花播种面积的比例次之，为 22.8%～30.7%，最大面积为 1 655.0 万亩；第三为植物基因公司，该公司占全美棉花播种面积的 14.4%～19.5%，最大面积为 1 294.0 万亩。

经过 20 年的市场化发展，我国棉花种业有很大进步。但是，我国棉花种业企业自主创新能力、种业规模、经营能力和市场份额仍处于较低水平，迄今仍没有一家棉花种业公司经营品种的市场份额达到 10%（500 万亩）。我国棉花种业公司有过"走出去"的尝试，但都没有规模，寿命较短。

四、全球棉花强国、大国棉花生产成本比较

（一）单位面积生产总成本

ICAC 对过去 23 个年度（1997/1998—2020/2021）开展了 5 次棉花生产成本调查，该调查采用统一表格并按汇率进行换算，经过整理所得的棉花生产总成本见图 5-2。

关于棉花生产总成本的最高值（图 5-2），在过去 23 个年度中，澳大利亚的最高值 4 488 美元/hm²（2020/2021），也是全球棉花生产总成本的最高值。中国最高值 3 765 美元/hm²（2015/2016），是全球棉花生产总成本的次高值。巴西最高值 2 435 美元/hm²（2015/2016），美国最高值 2 033 美元/hm²（2015/2016），印度最高值（灌溉棉田）1 483 美元/hm²（2015/2016），巴基斯坦最高值 1 488 美元/hm²（2015/2016）。

关于大国棉花总成本增长变化，最近 23 年度全球产棉大国单位面积棉花生产总成本大幅增长。与 1997/1998 年度相比，2020/2021 年度，中国上涨 262.7%，巴基斯坦上涨 160.7%、澳大利亚上涨 154.7%、印度上涨 83.8%、巴西上涨 19.5%（基础年度 2012/2013）、美国上涨 6.4%。结果指出，过去 23 个年度全球各国棉花生产总成本都在上涨。这与调查年份的土地租金、灌溉水费、农业生产资料投入水平和价格变化、人工费用等紧密相关。

中国与澳大利亚是全球棉花生产成本较高的几个国家之一。美国、巴西个别年度生产成本也很高，巴基斯坦和印度个别年度生产成本也呈现倍数的上涨，这与气候异常、旱涝灾害频发、病虫害暴发危害导致单产大幅下降有紧密关系。

中国单位面积棉花生产总成本，23 个年度平均值 2 972.4 美元/hm²，整体上呈现波动且下降趋势，最高值为 2015/2016 年度的 3 765.0 美元/hm²，最低值为 1997/1998 年度的 1 008.0 美元/hm²，最高值与最低值相差 2.74 倍。

美国单位面积棉花生产总成本，23 个年度平均值 1 414.0 美元/hm²，整体上呈现典型抛物线下降趋势，最高值为 2015/2016 年度的 2 033.0 美元/hm²，

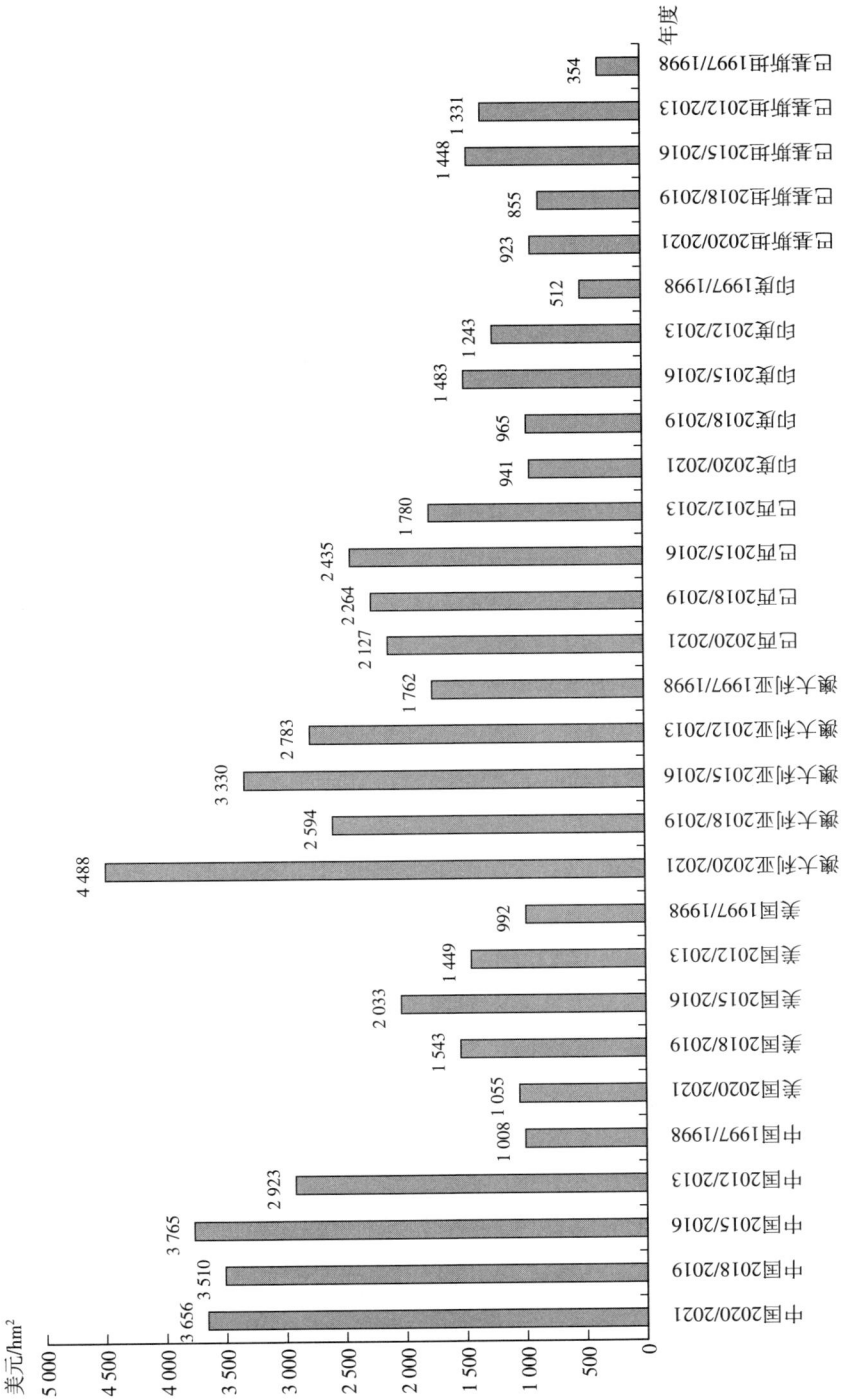

图5－2　全球产棉大国棉花生产总成本比较

数据来源：ICAC，2021年6月。

最低值为1997/1998年度的992.0美元/hm²，最高值与最低值相差1.05倍。

澳大利亚单位面积棉花生产总成本，23个年度平均值2 991.0美元/hm²，整体上呈直线上涨趋势，最高值为2020/2021年度的4 488.0美元/hm²，最低值为1997/1998年度的1 762.0美元/hm²，最高值与最低值相差1.55倍。

巴西单位面积棉花生产总成本，8个（2012/2013—2020/2021）年度平均值2 025美元/hm²，整体上呈现上涨态势，最高值为2015/2016年度的2 435美元/hm²，最低值为2012/2013年度的1 780美元/hm²，最高值与最低值相差36.8%。

印度单位面积棉花生产总成本，23个年度平均值为1 029.0美元/hm²，整体也呈现典型抛物线下降趋势，最高值为2015/2016年度的1 483.0美元/hm²，最低值为2015/2016年度的512.0美元/hm²，最高值与最低值相差1.90倍。

巴基斯坦单位面积棉花生产总成本，23个年度平均值1 139.0美元/hm²，与印度相似，也呈现抛物线下降趋势，最高值为2014/2015年度的1 448.0美元/hm²，最低值为1977/1998年度的354.0美元/hm²，最高值与最低值相差3.09倍。

（二）全球每千克生产成本

21世纪以来，全球棉花生产成本总体呈现快速增长态势。与1998/1998年度相比，2020/2021年度每千克皮棉净成本上涨132.0%，其中2012/2013年度上涨高达200.0%。同期每千克籽棉净成本上涨幅度为120.0%。与皮棉净成本相比较，籽棉成本相对稳定，而皮棉成本变化更大的原因，与衣分率变化和轧花加工成本变化等有关（图5-3）。

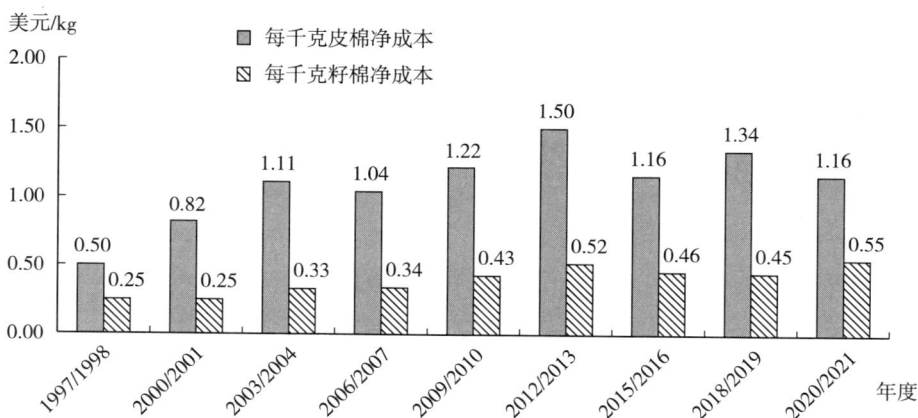

图5-3　1997/1998年度以来全球棉花生产成本变化
数据来源：ICAC，2021年6月。

（三）大国、强国每千克皮棉成本比较

从过去 23 个（1997/1998—2020/2021）年度每千克皮棉成本变化可见，各国波动都很大，这与调查年份的单产高低、农业生产资料价格和投入水平紧密相关。其中 2.09 美元/kg 为中国最高值，也是全球最高值。1.98 美元/kg 为美国最高值，1.70 美元/kg 为印度最高值，1.69 美元/kg 为澳大利亚最高值，1.34 美元/kg 为巴西最高值，1.22 美元/kg 为巴基斯坦最高值（图 5-4）。

中国，23 个年度每千克皮棉成本平均值 1.81 美元/kg，整体上呈现抛物线下降趋势，最高值为 2018/2019 年度的 2.09 美元/kg，与 1977/1978 年度最低值 0.89 美元/kg，最高值与最低值相差 1.35 倍。产生差异原因涉及调查年份的单产水平高低、投入品量的多少和价格等。

美国，23 个年度每千克皮棉成本平均值 1.67 美元/kg，整体上也呈现抛物线下降趋势，最高值为 2012/2013 年度的 1.98 美元/kg，最低值为 2020/2021 年度的 1.35 美元/kg，最高值与最低值相差 46.7%。产生差异原因也涉及调查年份的单产水平高低和投入品价格等。

澳大利亚，23 个年度每千克皮棉成本平均值 1.34 美元/kg，整体上呈现较大波动，最高值为 2012/2013 年度的 1.56 美元/kg，最低值为 2018/2019 年度的 0.95 美元/kg，最高值与最低值相差 64.2%。产生差异原因涉及调查年份单产水平高低和投入品价格等，其中降水量和灌溉是产生波动的最主要原因。

巴西，8 个年度（2012/2013—2020/2021）每千克皮棉成本平均值 1.06 美元/kg，整体上呈现上涨态势，最高值为 2018/2019 年度的 1.34 美元/kg，最低值为 2012/2013 年度的 0.73 美元/kg，最高值与最低值相差 83.6%。产生差异原因涉及调查年份单产水平高低和投入品价格等，其中单产高低是波动的最主要原因。

印度，23 个年度每千克皮棉成本平均值为 1.22 美元/kg，整体呈现上涨和波动态势，最高值为 2018/2019 年度的 1.70 美元/kg，最低值为 2015/2016 年度的 0.77 美元/kg，最高值与最低值相差 1.21 倍。产生差异原因涉及调查年份单产水平高低和投入品价格等，其中单产高低是波动的最主要原因。

巴基斯坦，23 个年度每千克皮棉成本平均值 0.92 美元/kg，与中国相似，整体上呈现抛物线下降趋势，最高值为 2018/2019 年度的 1.22 美元/kg，最低值为 2017/1998 年度的 0.68 美元/kg，最高值与最低值相差 79.4%。产生差异原因与印度相近。

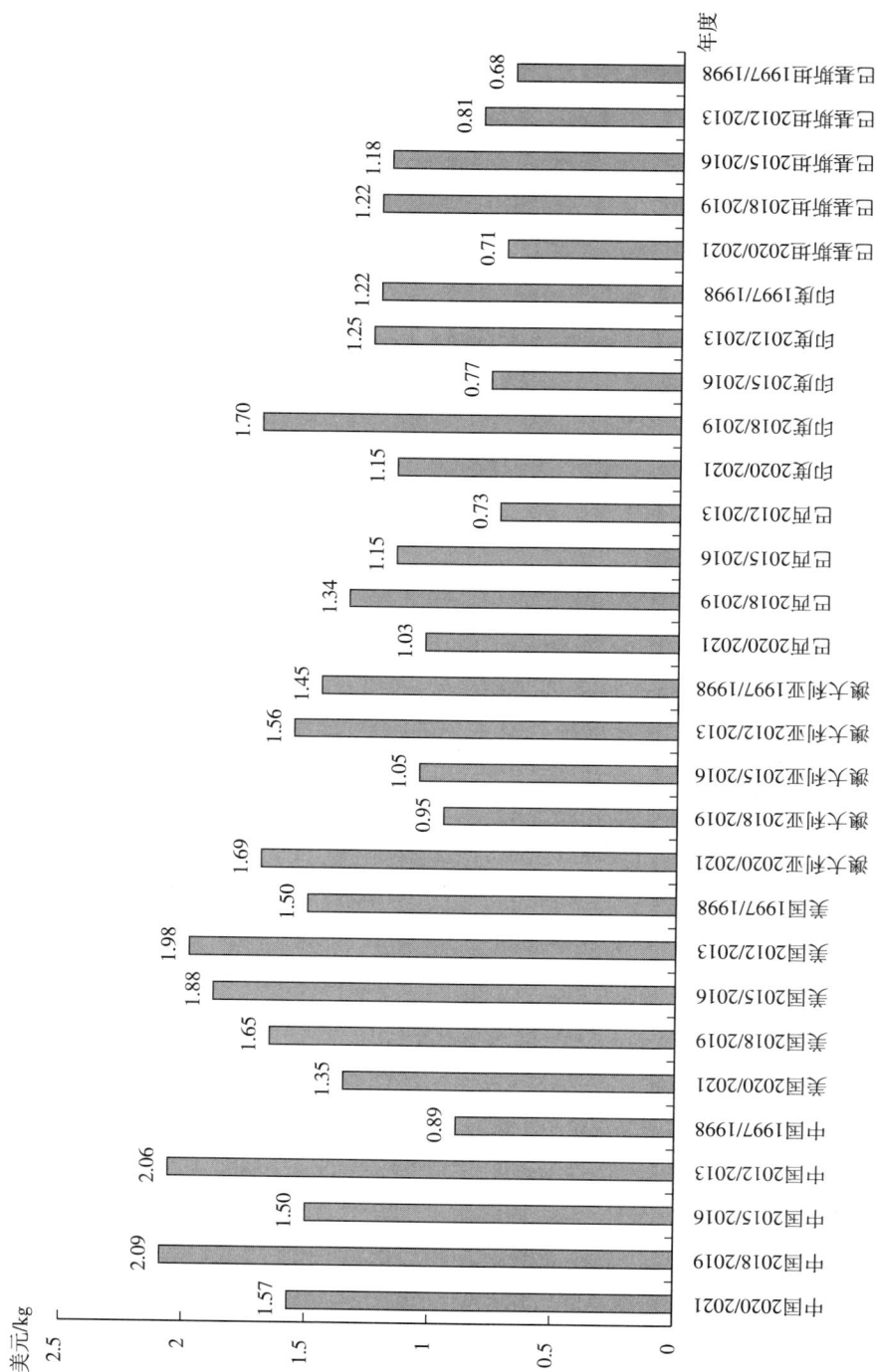

图 5—4 1997/1998 年度以来全球主要产棉国家每千克皮棉成本变化

数据来源：ICAC，2021年6月。

五、我国棉花生产成本偏高原因及降低棉花生产成本的途径、措施和方法

(一) 我国棉花生产成本偏高原因

一是使用先进农艺技术措施。包括育苗移栽和地膜覆盖，这是我国农业/棉花精耕细作典型代表性技术，在棉花高产栽培、抗耐盐碱栽培、两熟多熟种植保苗促进早熟栽培、节水栽培、省药栽培等中发挥出不可替代的作用。我国棉花生产物质费用约 234.4 美元/hm²，占生产总成本的 8.0%。虽然投入不大增产率却高达三成以上，实际增产籽棉达到 1 500kg/hm² 以上，因而先进农艺技术措施是我国棉花高产栽培的基础性、关键性技术措施。

二是新疆绿洲灌溉植棉，包括水费、电费、滴灌管材费等约 1 500 美元/hm²，占总成本的 25.0%。

三是棉田两熟多熟种植也是物化成本和人工费用偏高的主要原因。尽管全国棉区西移，据调查近几年全国棉田复种指数仍在 120% 上下。其中育苗移栽、地膜覆盖是两熟多熟种植棉花保苗高产栽培技术。棉田两熟多熟机械化程度偏低，种植管理费工费时，成本增加。

(二) 降低棉花生产成本途径

一是机器替代人工在加快，生产成本大幅降低。手采棉人工费 1 875.0 美元/hm²，近几年新冠肺炎疫情加快机械化采收进程，机采费用 468.8 美元/hm²，机采比人工采收可节省采收费用 75.0%，成本降低使得我国棉花竞争力显著提升，这也是"十四五"时期为什么大力推进长江、黄河流域棉花机采的主要原因，当然也要花大力气解决西北内陆新疆机采棉品质下降的突出问题。

综合来看，机器替代人工之后我国棉花生产成本预计可以降低 30%，未来我国棉花生产总成本控制在 3 000 美元/hm² 以下，实际上物化成本 1 875～2 340 美元/hm²，竞争力显著提升。

二是实行绿色生产有利降低肥水药物化投入，进而降低生产成本。

三是减少加工流通中间环节，有利于降低成本。美国和澳大利亚没有独立的棉花加工流通环节，加工厂为植棉者本身所有或委托代加工，只有加工成本，没有利润之说。鼓励兼并初级加工厂是我国棉花深化改革的一种思路。可以考虑两种试点推进方案：第一方案，鼓励和支持家庭农场、合作社、工商资本将轧花加工环节纳入生产（种植）系统，可以减少流通环节，减少市场主体，降低成本。一旦政府出台鼓励支持政策，这个方案可以实现。第二方案，鼓励和支持纺织企业产业化融合，将棉花种植纳入纺织系统，形成以终端为龙

头的产业链，从一些地方尝试来看，其效果并不理想，主要是农民这一市场主体的收益无法得到保障。

六、棉花种植可以获得较高经济收益

棉花是大田经济作物，种棉花能让农民增收致富。"要发家种棉花"是20世纪80年代山东省农村院墙上的宣传标语，"棉麦一起抓，重点抓棉花"是20世纪90年代河南省农业工作会议代表的发言，"夏收一片麦，秋收一片棉，一亩小麦吃全年，一亩棉花赚1 000元"是河南省商丘地区故黄河背河洼地内陆盐碱地改良、耕作制度改革取得的丰硕成果，通过改良解决了农民"吃饭穿衣和致富"问题。"种棉花一年小变样，两年大变样，三年致富奔小康"是21世纪头十年新疆农村脱贫、农民发家致富的真实写照。如今，新疆植棉规模扩大，新疆生产建设兵团双职工植棉面积80～90亩，家庭年收入超10万元，而地方家庭农场年收入高达50万～100万元。

此外，棉花种植有更大的乘数效应，凡是棉花种植地区，农村市场活跃，农业生产资料市场繁荣，而种植大豆、玉米、花生地区农资市场没有什么辐射带动效应。

棉花还是食饲药的原料作物，发展棉花生产也是发展油料生产，我国棉籽油是第三大国产植物油。按人均消费植物油20kg/年测算，1亩棉田可产棉籽油22.5kg，相当于每年解决6 000万人的食用植物油。另外还有800万t的棉籽蛋白，为养殖业提供优质植物蛋白质资源。亚洲的印度、巴基斯坦和西非产棉国家的情况也与我国类似。

（撰稿：毛树春）

第三节　全球棉花话语权观察和我国棉花话语权问题

棉花是全球地缘斗争中的最敏感作物，往往成为贸易摩擦的引爆点，其中话语权又作为地缘斗争的一种武器被使用，这与当今全球棉花话语权仍被欧美发达资本主义国家所控制有紧密关系。

大家知道，在"疆棉禁令"之前，还有2010年美国对乌兹别克斯坦棉花制裁的"乌棉禁令"，这一制裁直到2021年才被解除。

进一步看，全球棉花话语权的形成，与近现代300年全球棉花生产、棉纺织业/工业资本主义形成，全球棉花生产和纺织业的布局转移，为"棉花种植园"、棉纺织所需劳动力进行的奴隶贩卖、强迫劳动和人口迁移，全球棉花贸易和棉花金融和期货，改变人类生产生活最主要的棉花技术发明及关键技术装备原始创新等，有着千丝万缕的联系。这些内容在斯文·贝克特所著的《棉花帝国》一书中有着非常全面深刻的事实背景分析。

党的二十大报告指出"形成同我国综合国力和国际地位相匹配的国际话语权"，我国作为全球棉花生产大国和消费大国，在全球棉花话语权如何，以及如何建设我国棉花的话语权需要进行认真研究和阐述。

一、背 景

2021年3月24日，瑞典服装品牌商H&M官网发表声明："H&M集团不与位于新疆的任何服装制造工厂合作，也不从该地区采购产品/原材料。"由H&M抵制新疆棉引发一场支持新疆棉的热潮席卷全国。应该看到，"抵制疆棉"既是重要的政治、舆论话题，也是重要的学术问题，纳入学术研究范畴十分必要。

在政治和舆论看来，H&M集团抵制新疆棉花是美国"疆棉禁令"斗争的表面化，更是美国"以疆遏华"的战略支点，而"疆棉禁令"自2020年5月就已开始，9月美国众议院通过禁止新疆棉制品的立法，2021年1月13日，美国海关与边境保护局（CBP）发布公告，禁止进口所有来自中国新疆地区的棉花和番茄产品，包括从第三国家加工的相关产品。2021年3月欧盟宣布也效仿。这是美国及西方其他一些国家打压中国制造业后的又一卑鄙行径，其目的是以所谓"强迫劳动、种族灭绝"为借口试图搞垮新疆棉花，进而遏制我国棉花发展的企图。

在学术界看来，这次一批国际服装品牌抵制新疆棉的背后，一个总部设在瑞士的非营利机构浮出水面——瑞士良好棉花发展协会（BCI）。2019年该机构总部以所谓新疆"强迫劳动""种族灭绝"为由，暂停在新疆发放BCI棉花许可，导致新疆棉花被多个外国品牌抵制，此次陷入争议的品牌都是BCI会员。

由此引发棉花话语权问题，为什么BCI暂停发放新疆棉的许可证，其生产商、品牌商紧密跟进？据分析，这是BCI的认证在起关键作用，而认证是话语权的一种表达形式，是产品进入国际市场的一个通行证，以满足供应链审查日益严格以及对透明度和可追溯性的需求不断增长的需要，它的实质是对棉花产业链和供应链的主导权、定价权进行控制，并进一步延伸到棉花产业的稳定性、安全性问题。

本节梳理全球棉花产业话语权的形成、功能和影响力，有助于认识话语权及其体系，有助于我国棉花话语权的构建和运行，提高我国棉花产业应对话语权的能力。

二、全球和中国棉花话语标准、话语体系

（一）全球棉花话语标准、话语体系

1. BCI（瑞士良好棉花协会）**话语体系**

起源：由世界自然基金会（WWF）牵头利益相关方组织召开圆桌会议，其议题是讨论各部门的可持续发展前景，其中一个想法是发起良好棉花倡议（BCI）。包括阿迪达斯、GAP、H&M、宜家等国际品牌方，国际农业生产者联合会（IFAP）、教会间发展合作组织（ICCO）、国际金融公司、有机交易所、乐施会（Oxfam）、英国农药行动网络（PAN）和世界自然基金会（WWF）等机构和组织承诺提供支持。

成立：BCI成立于2009年，并发布了全球第一个（版）良好棉花标准。经过多次修改和完善，《良好棉花原则与标准》已形成涵盖可持续三大支柱——环境、社会和经济，并形成可持续原则和指标的标准体系。

标准试行和推广：2010年，项目在巴西、印度、巴基斯坦、西非和中非等地开展标准测试，并进行修改完善。2012年进入中国，在上海设立办事处。2013年以来，项目进入快速发展阶段，进行大规模培训棉农、发展会员，推进良好棉花的供给和需求。

会员：拥有会员2 600多家，分别全球各地，涉及社会组织、生产者、供应商和制造商、零售商和品牌商等领域。

全球参与实施BCI原则和标准有60多个国家。

2018年第二版BCI制订了7大原则42项通用标准，主要内容：良好棉花棉农应最大限度地减少作物保护措施的有害影响；良好棉花棉农应促进水资源的管理和保护，充分利用天然降水；良好棉花棉农应关注土壤健康，提出保持土壤健康技术措施和方法；良好棉花棉农应负责任地使用土地并加强生物多样性；良好棉花棉农应关注并保护纤维质量；良好棉花棉农应促进体面劳动；良好棉花棉农应运行有效的管理系统，种植全过程应可追溯，提高BCI认证棉花的透明度。

该协会打通了全球棉花产业链、供应链、品牌商和零售商，从供给端到消费端、从标准制订到落地实施，其话语体系比较健全。

从供应链、品牌商和零售商等收取经费，承诺会员缴费用于培训棉农和可持续技术推广，实际工作进村入户，非常"接地气"，执行效果需经第三方检验。BCI在我国的实施情况见表5-6。

BCI在中国工作的最高管理机构为秘书处。即秘书处→执行合作伙伴

（IP）→生产者单位经理（PU，管理一个大区，可以是地区或是一个小流域）→田间指导员（FF，管理服务一个到几个学习小组）→学习小组（LG，由多个植棉农户组成，在田间指导员指导下开展活动）。在新疆生产建设兵团采用以秘书处→战略合作伙伴（IP）→大农场经理（PU）组织团场连队实施。在棉花种植方面招募大量职员负责技术推广培训工作。

良好棉花工作费用按面积和农户数量拨付，第一年按 750 元/hm² 种植面积拨付，以后按推进年份的延长逐步减少。

表 5-6 良好棉花（BCI）在中国的实施情况

年份	单位数（个）	县团场数（个）		棉农数（人）	植棉面积（1 000hm²）		总产量（kt）	国内纱厂采购量（kt）	
		推进	认证		推进	认证		认证	购买
2016	24	42	39	51 746	4 820	4 013	932	286	234
2017	22	47	43	78 097	5 613	5 293	1 200	422	355
2018	21	37	30	81 245	4 980	4 307	890	468	468
2019	41	38	25	140 000	4 967	4 080	885	679	679

BCI 工作经费全部来自良好棉花总部拨付，这些经费是 BCI 从全球零售商、品牌商、棉纱厂、棉制服装企业等按企业规模收取的，很类似我国提倡的"以工补农"。

据报道，2019/2020 年度，BCI 标准已在全球 23 个国家实施，通过认证的良好棉花 600 万 t，占全球棉花产量的 24%，其中 BCI 零售和品牌会员采购了约 191 万 t。BCI 认证棉花已作为可持续棉花的标志在全球进行流通和交易，其中有美国 BCI、巴西 BCI 和印度 BCI 等，都有溢价。

BCI 的原则、标准、追溯和工作方法等为我国棉花话语的建立提供了重要的参考借鉴。

2. 美国棉花话语体系

美国是全球先进植棉国家，也是全球棉花标准化先进国家，拥有较强的棉花话语权，除国家法律、法规层面的棉花质量标准话语权以外，最近两年，美国也在推进政府层面以外的棉花话语权，出台了《美国棉花信任守则》（U. S. Cotton Trust Protocol），旨在促进棉花的可持续发展，倡导"保护世界，从每一块棉田开始""生态友好""致力于负责任的棉花生产，其核心仍是遵循可持续发展原则，推进最佳实践应用及供应链的可追溯性"，打造棉花"品质""可持续""可量化""透明"理念。

在《美国棉花信任守则》宣传册的介绍中，过去 35 年来美国致力于减少棉花对环境造成的影响，取得的效果包括：将生产 1 磅棉纤维所需的土地面积减少 13.0%；减少 50.0% 的土壤流失，与形成的新土壤实现平衡；水使用效率（每加仑水生产纤维数量）提高 18.0%；温室气体排放减少 39.0%；将生产籽棉和皮棉所需的能源消耗减少 15.0%，以此为基础设立更高的可持续发展目标。

美国农业部要求所有美资企业必须使用美版"认证系统"及"供应链追溯系统"，产品中美国棉花含量不低于 50.0% 的企业才能申请并通过美国国际棉花协会（CCI）认证，才允许在整个供应链和零售渠道使用"COTTON USA™"标志。

对认证企业资格要求：纺纱厂、制造商、批发商、采购公司、品牌商和零售商可以申请认证。若要在美国本土以外市场销售的产品上使用"COTTON USA™"标志，所有认证企业（纺纱厂、制造商、批发商、采购公司、品牌商和零售商），必须确保产品中（服装、家纺和无纺布）的美国棉花含量高于 50%。若要在美国本土市场销售的产品上使用"COTTON USA™"标志，产品中棉花含量必须高于 50.0%，且这 50% 的棉花中必须 100% 为美国棉花。

对于美国本土和美国本土以外企业，如果产品要在美国本土和美国本土以外市场销售，必须按照"美国本土"的要求申请认证。

所有会员按照规模大小每家缴费 500～20 000 美元/年，纺织企业再按购买美棉数量多少和产品中使用美棉的比例高低收费，承诺会员缴费用于培训棉农和可持续技术的推广。当然这些费用最终都将转移至消费者身上（表 5 - 7）。

表 5 - 7 《美国棉花信任守则》会员与企业使用收费标准

会员收费标准		企业使用收费标准（美元/t）				
企业规模（万美元）	收费（美元/年）	纺织消费量（t/年）	棉花所占比例			
			<35%	36%～70%	71%～99%	100%
<100	3 000	<5 000	8.50	8.00	7.25	6.50
100～1 000	5 000	5 001～20 000	7.50	7.00	6.25	5.50
1 001～5 000	10 000	20 001～50 000	6.50	6.00	5.25	4.50
5 001～10 000	15 000	50 001～100 000	5.25	4.75	4.00	3.50
>10 000	20 000	>100 000	4.00	3.50	2.75	2.25

《美国棉花信任守则》推出不到 2 年时间在全球招募 60 多名推广员，已获得全球 700 多家制造商、品牌商和零售商的认可，并在使用认证美棉的供应链和零售渠道都可使用"COTTON USA™"标志。自 2019 年起美国对我国改

变了过去推广的"美国棉花"模式，试图从 BCI 认证标准中抢一杯羹，这是棉花话语权国际竞争的一个典型案例。

3. 全球其他棉花话语体系

非洲棉倡议组织（Cotton Made in Africa，CMIA，总部位于德国汉堡市），2021 年德国 BRAX 公司，荷兰 Jolo 集团以及韩国的 Shinsegae 公司加入了非洲棉倡议组织，成为其新的品牌成员。CMIA 倡导棉花可持续生产，环境保护，并致力于改善小农家庭的生活工作条件。其迅速发展表明，无论大小企业，使用非洲棉花都有利于自身实现可持续发展目标。韩国 Shinsegae 公司的首席执行官表示，非洲棉花在社会和生态两个方面均符合可持续生产的标准，使用非洲棉花促进了公司实现纺织领域的可持续发展目标，并最终为客户带来所需要的可持续产品——传统产品的替代品。作为非洲可持续棉花生产的先锋军，CMIA 为构建时尚产业的小农家庭提高了发言权，且经过相关的专业培训，农户掌握了棉花种植以及提高产量的方法，受益匪浅。从 CMIA 的标准来看，非洲撒哈拉以南的 10 个国家中符合标准的可持续棉花产量占非洲棉花总产的 30%。据最新研究结果，CMIA 的生态足迹低于全球平均水平，温室气体排放量更是较全球棉花种植水平低 13%。

例外，公平贸易棉花（Fairtrade Cotton，PC）、有机棉（Organic Cotton，OC）和再生棉（Recycled Cotton，RC）等。这些标准的国际化、市场化的认可度都不是很高。其中有机棉需经有相关认证机构进行认证。

2012 年国际棉花咨询委员会（ICAC）设立了一个棉花辨识工作组以专门确认有机棉、非洲地产棉花和原产地棉花，发起和倡导的目的旨在帮助发展中国家农民提高棉花生产水平，促进棉农特别是从事棉花的女性农民增收。

（二）中国棉花话语体系

1. 中国棉花协会

中国棉花协会成立于 2003 年。该协会于 2009 年注册"中国棉花"标志，2011 年和 2013 年分别推出《中国棉花（COTTON CHINA）标志使用管理规则》和《中国棉花（COTTON CHINA）标志技术手册》，主要涉及成包皮棉和家纺服装两大类别，允许符合条件的企业在其产品上使用"中国棉花"标志。到 2020 年累计发放标志标签 120 余万张，授权使用"中国棉花"标志企业 36 家。中国棉花协会举办一系列推广活动和技术培训，以及开办电商平台和展览展示。但是协会无专门推广机构，也没有招募职员负责推广培训工作。

2021 年 3 月，中国棉花协会推出"中国棉花可持续项目"，签约著名演员佟丽娅担任项目的公益推广大使。2022 年 4 月发布《"中国棉花"可持续生产操作指南》团体标准，秉承环境友好、品质优良、尊重劳动和全程可追溯，制定 9 项指南及多条标准，涉及品种选择及种植管理、土壤健康及保护、有害生物综合防治与农药合理使用、资源与环境保护、农田及周边生态环境保护、农业化学品及废弃物管理、采收及收获后管理、职业健康、安全和福利、管理体系等。

"中国棉花可持续项目"倡导社会责任、可持续、高质量的棉花产业发展新模式。该项目通过向棉花产业链两端的延伸，在生产端建立棉花种植及加工的规范化标准和管理手册，引入第三方认证体系，确保在源头上提高棉花质量；建立全程可追溯平台，实现棉花质量关键指标的可追溯、可量化；通过与产业链各方尤其是品牌商、行业组织的深度合作，组建中国棉花推广联盟，扩大"中国棉花"认证产品市场份额，促进新疆棉及其他国产棉的消费，提升中国棉花产业整体竞争力。

2. 国家棉花产业联盟

国家棉花产业联盟（CCIA，简称国棉联盟）成立于 2016 年 11 月，全产业链会员有 200 多家，成立后即加快构建棉花话语体系，于 2019 年注册"CCIA 品牌"商标。联盟秉承"绿色、优质、创新、共赢"理念，以可持续和供给侧结构性改革为主线，推进中高端品质棉花规模化种植，采用"订单种植和产销对接"模式以补高品质的短板。

经过与生产方、加工方多次协商陆续推出了《CCIA 棉花生产技术指南（试行）》和《CCIA 棉花加工技术指南（试行）》《CCIA 中高端品质棉花品种》《CCIA 棉花种子质量团体标准》《CCIA 中高端品质细绒棉团体标准》《CCIA 棉花加工技术规程团体标准》《CCIA 团体标准体系》等包括种植、加工、纱线和棉布等一系列联盟标准，突出质量兴棉和绿色兴棉，随后不断制定和发布多项团体标准。

《CCIA 棉花生产技术指南（试行）》的重要技术和措施共 13 条，保障措施和支撑条件共 3 条，附则 3 条。《中高端品质棉花加工技术指南（试行）》规定了国家棉花产业联盟在棉花收购及加工全过程的基本技术要求，适用于国家棉花产业联盟的实验区、核心示范田和中高端品质棉花生产基地，并以该指南为依据制定各试验区、核心示范田和中高端品质棉花生产基地的棉花加工技术方案或操作规程，指导棉花的收购、加工和储运。

长期以来，困扰我国棉花订单生产、订单销售的机制难点问题终于得以破解，协议最大亮点是各主体的合作意愿强烈，明确平台方、生产方、贸易方、市场方各自应承担的主体责任，试图探索构建"共商共建共享共赢"的合作模式，这是我国棉花供给侧结构性改革在机制创新方面的一个标志性成就，是推进大国棉花上台阶的一个新举措。

国家棉花产业联盟举办一系列观摩和展览展示活动，已具有一定的市场认可度。联盟主要依靠依托单位（中国农业科学院棉花研究所）和会员单位予以推进。2022/2023 年度认证棉花生产和加工基地 243 个，认证面积150 万亩，认证籽棉产量 60 万 t。CCIA 正在转移产业链的链主，寻求生产链与供给链、品牌商和大型零售商有效联结，扩大话语载体，提高 CCIA 品牌的认可度。其中国家棉花产业联盟发布的两个指南，对后来构建国产化棉花话语体系提供了重要的参考借鉴。

3. 中国农业技术推广协会

2022 年 4 月，中国农业技术推广协会发布团体标准《中国高品质棉花可持续生产标准（试行）》。该标准倡导"高端品质、绿色生产、溯源可查"理念，按照"质量兴棉、绿色兴棉"要求，以补高品质棉花短板、提质增效为目标，提高棉花质量效益和竞争力，提升可持续生产能力。该标准制定了 8 项原则 37 条措施。高品质棉花可持续生产应遵循的八项原则，包括生产加工原则、病虫草害防控原则、土壤健康和科学施肥原则、水资源节约和可持续利用原则、保护并增强生物多样性原则、体面劳动原则、数字化技术应用原则和生产管理原则。

三、全球棉花话语及话语体系的基本特点

（一）棉花话语体系都以可持续为指导

棉花话语体系贯彻联合国《二十一世纪议程》（1992 年 6 月启动）和《2030 年可持续发展议程》（2016 年 1 月启动），以供给端的植棉业为起点，从减少水土流失，节约和保护水资源，保护土壤，减少石油化学品投入，农用化学品包装废弃物的回收和再利用等方面保护环境，有效应对全球气候变化，让子孙万代有地可种，有水可用，有资源可供开采利用，与环境保持友好关系。这与我国大力倡导和积极践行的绿色发展，"绿水青山就是金山银山"的理念完全相同。这些理念需贯彻到全生产链，在供应链上有重要标准体现和表达，以符合对棉花质量审查日益严格的需求。

（二）遵守国际规则、国际公约

BCI 强调遵守植棉者不得使用《斯德哥尔摩公约》《蒙特利尔议定书》和《鹿特丹公约》所列的禁用农药品种，以及必须逐步停止使用已知或推定为极度或高度危险的任何农药活性成分及其制剂。即我国淘汰或已退出的农药品种植棉者不能使用，需要指出的是，我国是《斯德哥尔摩公约》的成员，我国禁止和淘汰农药品种就是国际标准。

（三）倡导体面劳动、有尊严的劳动、和谐劳动

BCI 会员需遵守《国际劳工组织关于工作中基本原则和权力宣言》《国际劳动工组织——农业中的体面劳动 2003》《国际劳动工组织——农业安全与健

康公约 2001》《国际劳动工组织——禁止童工劳动公约和"国际消除童工劳动计划"》等。这与我国《宪法》规定的男女平等，《劳动法》规定的"禁止童工"、保护妇女儿童、劳动者享有职业卫生及安全保障、性别就业平等、薪酬标准同工同酬等都很相似。

（四）话语体系贯通全产业链

棉花话语体系包括植棉业、棉花加工业、纺织业、服装业和流通业等，是全产业的话语体系，在体系各环节都许可使用一定标识予以表达和区别。

（五）可追溯，提高透明度

即从产业的起点到终点都可追溯，追溯的前提是记录，包括从植棉者、种子、地块、皮棉、原棉，到纱线、布匹、印染和制衣、流通和消费，以及必要的活动行为等实行记录并公示，可追查，透明度高。

（六）认证和认证机构，第三方参与检验，提高可信度和透明度

BCI 机构本身是一家非营利、非政府的认证组织，职责就是推广 BCI 的认证标准，并由第三方国际机构进行现场检验和文件审查，对认证棉花进行单位编制和进入生产链系统的跟踪，以确认认证棉花从原料到终端产品的走向。

《美国棉花信任守则》由美国国际棉花协会组织认证，对每批认证棉花发放信任守则的唯一独特电子证书，信用系统平台信息供使用方进行验证和独立的第三方进行审计，以管理认证的每一包棉花和发放的每一份电子证书从生产链到供给链、零售商的完整性，提高认证棉花的可信度和透明度。

（七）经费可获得

BCI 在发展初期，在开展棉花标准和棉农能力建设等基础性工作时，就得到了来自国际组织和基金会的大力赞助，后期更是得到了政府部门和国际品牌商（包括阿迪达斯、GAP、H&M、宜家等国际品牌商）的支持，特别是品牌商的采购承诺，成为推动项目发展的主要市场化力量。目前，BCI 的资金来源主要为会员年费，BCI 按采购量缴纳的使用费以及来自国际非政府组织（NGO）的捐赠。其中 BCI 发展与创新基金曾接受来自美国国际开发署（US-AID）、德国联邦政府全资拨款的德国国际合作公司（GIZ）等有政府背景的NGO 组织高达百万美元的资助；可持续贸易倡议组织（IDH）作为 BCI 的发起人之一，也是主要的资助者。

（八）建立专家智库

BCI 建立了棉花及棉花产业领域由各方面专家组成的智库，该智库聚集的专家，包括国际规则、国内外法律，政策和市场调控措施，以及专业和产业链等领域的专家，旨在为标准制定、修改、执行和评价提出科学依据，同时对项目组开展分层次的技术培训等，功能是多方面的。

四、对构建我国棉花话语权的思考

我国历来主张经济贸易的全球化，这是因为中国市场国际化和国际市场中国化可以造福全人类，这是全球化多边贸易体制的一个基本特征。我国成为全球棉花生产大国、纺织品服装制造消费和出口大国持续了20年。据国家统计数据，2020年我国棉花产量591.0万t，位居全球第二（印度第一）；2020/2021年度棉纺织消费原棉810万t，位居全球第一；2020年服装鞋帽、针纺织品类商业零售额1.35万亿元，出口20 215亿元（合2 912.2亿美元），位居全球第一，是时候考虑建立我国棉花话语权了。

（一）建立适合我国国情、农情和棉情的标准体系

研究发现，BCI的7大原则42条标准也不怎么适合我国的国情、农情和棉情，因此需要建立适合我国国情和棉情本土化的国家标准。我国一些机构在制订标准或规范时一定要立足国情、了解农情和棉情，紧密围绕质量兴棉、绿色兴棉的国家目标找准标准的定位，提出规范的可量化的指标才能履行指导功能，绝对不能一味地迎合某些西方标准。标准的制订是一件大事情，要通过标准的实施进一步促进管理技术措施的改进以体现实用价值，提高棉花产业的质量效益和竞争力，促进棉花生产的可持续发展。

国家棉花产量联盟提出的生产和加工两个技术指南，立足质量兴棉和绿色兴棉，符合国家高质量的发展目标，通过多次协商研讨提出了生产方、加工方、纺织方等多方的认可标准，推出一系列关键指标，推进高品质棉花订单生产和订单销售，已与新疆生产建设兵团第七师、第二师、第一师等建立高品质原棉生产基地多处，与"上海永澳""河南永安""上海罗莱""361°""江苏联发"等10多家高品质纺织品服装企业对接，以补高品质原棉的短板，具有引领性和示范带动功能，其定位准确。

（二）长效机制问题

一是打通产业链，提高产业的认可度，提高认证产品的附加值，比如BCI认证棉花所纺的纱线，价格可提高1 000元/t。

二是落地工作必须扎实。要经常性和持久性地开展工作需建立标准推广服务队伍，不断提高从业人员的业务能力和职业素质，只有"进村入户"让棉农和企业真正有所依靠其标准才能得到落地，这方面BCI的实践有许多可资借鉴之处。必须明确，仅依靠会员的自律、自觉，标准很难得到有效贯彻执行，更不是依靠召开会议布置工作、组织几场观摩会就可以解决问题的。

三是第三方的认证具有独立性和市场的认可度。即不能完全依靠执行者的自评价，还需"他评价"才能获得更大程度的可信度，这是一种相互促进和相

互制约的机制。

此外，我国构建的棉花话语体系要进入国际市场、提高认证产品的附加值尚有很长的路要走，要有时不我待的紧迫感和责任感，要勇于担当作为。

（三）经费问题

棉花认证标准和认证体系的落地需要建立专业队伍予以实施，需要工作条件予以支持，需要建立平台与第三方检验等，这些都需要经费支持，且经费稳定可预期。前述 BCI 和美国国际棉花协会都有可预期的经费来源。比如当下国家棉花产业联盟机构不被民政部注册则不能收费，没有固定经费来源和投入，则标准体系、队伍、可追溯平台和认证认可等连续性、持久性都难以保障，我国其他认证机构也都面临经费的可获得性问题。

（四）多途径建立标准和认证体系

我国已形成一批具有国际影响力的大型纺织集团和跨国公司，市场化和国际化程度都很高，为了保障产业链和供给链的稳定，提升企业自身发展能力和竞争力，组建以企业为主导的棉花标准和认证话语体系是必要和可行的，同时组建独立的棉花标准机构也是可能的，国家应予以鼓励和支持。

（撰稿：毛树春）

第四节　新疆绿洲机采棉早熟性看苗诊断指标研究

一、机采棉早熟性的重要性和必要性

（一）早熟性是机采棉看苗诊断的有效指标

机采棉用什么指标来进行看苗诊断，这是学术问题，更是生产需要解决的新问题，为此提出早熟性作为判断机采棉是否成熟和脱叶落叶是否干净的指标，为机采棉促早发促早熟栽培和管理措施方法提供指导，集中解决叶片脱而不落的问题。

（二）提高清洁度

清洁度即棉纤维的清洁程度。影响棉花清洁度的因素包括铁铜、砖石一类硬物对加工机械产生损害，和非棉类毛发、羽绒、丝、残膜、塑料包装袋等软类异物对棉纱线品质产生损害。

混入籽棉的杂质包括三大类型：第一类是硬性物质，包括混入籽棉的砖头、铁和水泥物体等，这类杂质与手采棉一样易被清理。第二类是有害软类异性纤维物质，包括化纤丝、人和动物的毛发，以及家禽的羽绒等，这类通过加工不断变成更小颗粒，在纱布中生成有害的"疵点"，降低纱布品质，生产过

程中需要严格控制，也需要加工过程进行清理。第三类是棉花植物的叶屑杂质和杂草。需要说明的是，叶屑杂质和杂草本身不对纤维品质造成直接伤害，但含量过高的叶屑杂质在清理过程中对纤维品质造成较大的伤害。现行新疆地方棉花生产标准规定机采棉杂质含量不超过 12.0%。这一指标高于手采棉杂质含量（3%）9 个百分点。为了清除过高的叶屑杂质，在加工过程中要对籽棉和皮棉多次（7～9 次）清理，对纤维长度和强度造成很大的伤害，通常长度损失在 1mm 以上，同时强度和整齐度指数都会降低。

提高机采棉质量，实行清洁化生产，需要各个击破。这里主要论述提高早熟性进而降低叶屑杂质含量，以提高机采棉质量。

（三）机采棉打脱叶剂时的吐絮率指标

美国、澳大利亚机采籽棉杂质含量与我国手采棉相当，美国一些大学对各棉花生产州棉农提出的管理指导意见，要求喷施脱叶剂时的自然吐絮率指标不低于 40.0%，有的州要求不低于 60.0%。澳大利亚棉花机采时叶片几乎全部脱落，机采籽棉仅有铃壳、铃柄等杂质，机械加工易清除，其商品原棉内在品质与遗传品质基本一致，即机采棉清花和轧花加工对品质产生伤害很轻。

现行新疆地方和兵团标准都允许机采籽棉杂质含量指标≤12.0%，显然该指标已经很高了。因加工后的原棉杂质含量要求不超过 2.5%，必须在加工过程中反复清理杂质，对纤维品质造成很大伤害。

（四）为什么叶片脱而不落？

叶片脱而不落是新疆机采棉杂质含量高的根源，为什么叶片"脱而不落"？很多叶片倒挂在棉株上？据田间观察主要问题有：

一是叶片幼嫩，叶龄年轻，叶片不成熟。喷施脱叶剂和乙烯利之后，叶柄离层未能完全形成，结果叶片倒挂在主茎上，仔细观察叶柄基部有轻度环割现象，因而叶片下垂。通常成熟的叶片对脱叶剂反应敏感，不成熟叶片对脱叶剂反应不敏感。生理上，叶片寿命 70 天上下，之后进入衰老阶段。按 9 月 5 日前北疆喷施脱叶剂，倒推主茎最上部叶片出生时间应在 6 月 5 日，此时需打顶，打顶后还要长出 2～3 片新叶。

另外，成熟叶片粉碎后的叶屑黏着力下降，不成熟叶片叶屑黏着力强，难以清除。

二是与群体密度过大有关。窄行密株配置是导致群体拥挤的原因。这种群体枝叶茂密，相互支撑，若加上底部晚长出的叶枝，脱下的叶片散落在植株的中部，无法落到地面。

三是与高肥水供给紧密相关。高肥水尤其是高氮高水结合特别有利于叶片生长，延缓叶片寿命，棉株上部有赘芽生长现象，底部还有晚出生的叶枝。因此，机采棉中后期提倡适当减水特别要减少氮肥供给，是促进早熟的重要农艺措施。

四是与品种生育期有关。生育期是衡量品种早熟性的重要指标，北疆品种生育期不宜超过 115 天，南疆品种大多不能超过 128 天。然而，近几年新疆审定品种中生育期有延长的趋势，北疆最长 133 天，南疆最长达到 140 天（见第三章、第四章）。

五是棉田杂草清除情况。杂草也是籽棉的杂质之一，在常规管理中要及时清除杂草，采收前要对棉田杂草进一步清理。通过遥感监测，一些较大的家庭农场和合作社棉田杂草很多，杂草随着机采一并混入籽棉中也需要反复清理。

晚播棉田，大水大肥引起的旺长和贪青晚熟，形成更大的叶量，群体更加拥挤郁闭，叶枯而不落，不适合机采。

长势监测结果表明，2021 年新疆棉花的早熟性较差，各期积分 168.3 分，为最低；2022 年各期积分 342.9 分，表明早熟性相对较好，为脱叶落叶打下了良好基础，其中 2022 年因疫情原因，脱叶到机采时间延长，脱叶多，机采杂质含量低，为提高机采棉品质奠定了良好基础（表 5 - 8）。

表 5 - 8　新疆绿洲棉花早熟性看苗诊断指标

单位：%

区域	年份	四月苗	五月蕾	六月花	七月铃一	七月铃二	八月絮一	八月絮二	综合评分
新疆	2022	17.2	71.1	94.6	70.8	58.3	4.4	26.5	342.9
	2021	8.9	20.1	58.4	29.9	34.7	0.7	15.6	168.3
	2020	36.3	77.5	87.2	63.1	61.3	4.6	43.3	373.3
	历年	9.6	65.6	83.9	52.5	57.7	2.4	26.9	298.6
北疆	2022	11.3	85.7	91.4	75.3	65.2	4.5	33.5	366.9
	2021	0.1	12.0	59.0	17.7	37.8	1.5	19.4	147.5
	2020	13.5	90.0	99.0	57.0	58.2	5.5	54.4	377.6
	历年	0.6	50.0	80.3	35.6	51.2	3.0	28.8	249.5
南疆	2022	20.7	62.3	96.8	67.8	53.7	4.4	21.9	327.6
	2021	14.3	25.0	58.0	38.1	34.4	0.1	13.1	183.0
	2020	50.0	70.0	80.1	67.0	63.0	4.0	35.9	370.1
	历年	15.0	75.0	86.1	63.8	65.1	2.0	25.6	332.6

比较研究发现，提升新疆机采棉品质要以提高早熟性为"纲"，在早熟性的统领下，大幅度降低叶屑杂质含量，"纲举目张"才能使棉花纤维品质得到全面改善。

二、机采棉早熟性看苗诊断指标

陈冠文先生早期总结提出的绿洲手采棉花高产栽培的看苗诊断指标，具有重要的学术价值。本研究将其作为机采棉早熟性的看苗诊断指标，作为机采棉大田早熟性指导和管理的重要依据。

"四月苗"指 4 月底真叶 2 片/株及以上面积所占的比例；

"五月蕾"指 5 月底现蕾面积所占的比例；

"六月花"指 6 月底开花面积所占的比例；

"七月铃一"指 7 月 15 日成铃 3 个/株及以上面积所占的比例；

"七月铃二"指 7 月 31 日成铃 6 个/株及以上面积所占的比例；

"八月絮一"指 8 月 15 日见絮期面积所占的比例；

"八月絮二"指 8 月 31 日吐絮率达到 20％及以上面积所占的比例。

采用以上指标判断一个地区机采棉的早熟性，其中在打脱叶剂时要求群体吐絮率达到 40％。达到 40％时表示群体叶片成熟和早熟，喷施脱叶剂后脱叶和落叶的效果较好，机采籽棉杂质含量可大幅度降低，后期清花除杂次数可能减少，对棉纤维损伤可能减轻。

对以上各生长发育期各项指标相加，得分表示早熟性的差异程度，得分越高早熟性越好，得分越低早熟性越差。

测算新疆绿洲历年、2020 年、2021 年和 2022 年分别为 298.6 分、373.3 分、168.3 分和 342.9 分，可见历年早熟性尚好，2020 年早熟性得分最高，2021 年得分最低，表明早熟性很差，这与生产实际相吻合（表 5－8、图 5－5）。

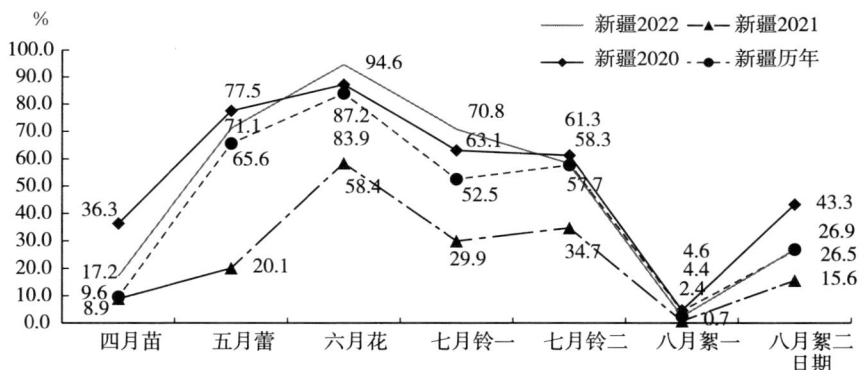

图 5－5　2020—2022 年和历年新疆棉区棉花早熟性指标

三、机采棉早熟性看苗诊断方法

（一）调查对象

以一个地区包括乡镇或县市为单位，新疆生产建设兵团以团场为单位，以大面积和群体为看苗对象。

（二）调查方法

按一地面积测算。

（1）选点。选择中等产量水平田块 3 块，每块田 5 点，按对角线方法选定，每点面积 $6.7m^2$。

当没有遭遇灾害或无生长不正常情况，调查点即固定下来。若遭遇灾害，棉花生长不正常，可以改换田块进行调查，按就近原则更换调查点。

（2）调查内容。按设计的表格栏目进行调查。计算 3 块田 15 个点的平均数，填入表中。

（3）农艺性状调查标准。

株高：高度测量的起点为子叶节（不是地面）到生长点的高度，打顶后为到顶尖的高度。株高单位 cm。用钢尺测量。

果枝：主茎上直接现蕾的枝条为果枝，不直接现蕾为叶枝。

蕾：花萼冲出苞叶的为蕾。

花：当日开放的白花为花。

初花期：计算全田 10％的棉株开花的面积比例（％）。

盛花期：计算全田 50％以上的棉株开花，或同一株已开花 2 朵的面积比例（％）。

未开花面积比例（％）。

铃：当日的红花和被苞叶包裹的为幼铃；铃直径≥3cm 为成铃。

吐絮：铃壳开裂可见每个瓣絮的铃为吐絮铃。

见絮：指棉田有开裂、吐絮棉铃的面积比例（％）。

见絮期：指棉田有 10％的棉株有开裂的铃的时期。

（三）估产方法

（1）8 月 31 日估产中的成铃，指铃的直径大于 3cm。机采棉估产调查时幼铃不计产量。

（2）籽棉单产。当年为预测籽棉单产，历年单产为过去 5 年的实际平均单产。机采籽棉产量需减去 10％的杂质含量。

（3）8 月 31 日的吐絮率指调查田块吐絮铃占总成铃的百分比。

（四）各月早发性、早熟性指标

四月苗—4 月底，全田棉株真叶 2 片/株以上，最低标准全田必须出苗，子叶平展为早发性好的棉田。

关于补种，同一田块补种时间在 15d 以内，原则上 5 月新疆机采棉不宜播种。

五月蕾—5 月底前，现蕾面积比例达到 60％以上的为早发性好的棉田。

六月花—6 月底，盛花期面积比例达到 60％以上的为早发性好的棉田。

新疆全区 6 月底—7 月 5 日打完顶。其中北疆 9 月 1—5 日，南疆 9 月 5—10 日，打完脱叶剂为管理适当。

七月铃—7 月底，成铃 6 个/株，面积达到 60％以上的为早熟性好的棉田。

八月絮—8 月底，吐絮率达到 40％，面积达到 50％以上的为早熟性好的棉田。

经过进一步研究可以提出遥感遥测看苗指标，可诊断机采棉田的杂草清除情况、早熟性和脱叶落叶情况，为机采棉田采收前进行质量评估和监管提供支持。

（撰稿：毛树春）

第六章 2020—2022年中国棉花景气报告选辑

2020—2022 年，在遭遇新冠肺炎疫情、极端异常气候、中美经贸摩擦冲击的影响下，我国棉花生产、收购、加工和市场经受了考验，运行相对平稳，呈现较强的韧性和耐力。项目组紧跟市场，及时调查棉花长势和市场运行，把握新情况，研究新问题，提出指导意见和建议，在服务生产中发挥较好的作用。

在 2020—2022 年新冠肺炎疫情防控期间，撰写中国棉花景气报告 40 多期，本章选择收录了 20 多期。由于本报告是系列出版物，不断生成新信息，许多数据具有阶段性或过程特征，在出版之际对错误和谬误之处进行了修正，对重要报告进行了简要点评，供研究参考。

如今是信息化的大爆炸时代，各种公众号、自媒体的棉花信息满天飞，如何在纷繁复杂的信息海洋中获取一种"理性"的信息，对全面认识棉花生产、棉花市场及其准确判断、科学决策将大有裨益。

中国棉花生产景气报告 NO：468　　　　　　　　出版日期　2020　02　14

新冠肺炎疫情对棉花
产业的影响及应对措施

中国农业科学院棉花研究所乡村振兴研究中心

2020 年春节前后，新冠肺炎（COVID-19）疫情暴发，对我国经济社会和人民生活造成较大影响，农业生产也不例外。为了解疫情对棉花的影响，中国农业科学院棉花研究所乡村振兴研究中心开展了调查问卷，调研了棉花生产、加工、流通、纺织、服装等涉棉企业 94 家，分布于北京、上海、广东、河南、江西、浙江、江苏、湖南、山东、安徽、四川、新疆等 12 省（区、市）；同时对相关部门信息进行了梳理和分析，以期探明疫情对现实造成的困境，为政府部门和涉棉企业决策提供可参考的信息和数据，以期精准施策，将疫情对棉花产业的负面影响降至最低。

一、疫情对棉花产业的影响

（一）对棉花生产的影响

1. 新疆棉区部分农资供应不足

2020 年 2 月之后棉花生产陆续进入春耕备播期，植棉者需要购买农业生产资料。调研显示，89％的棉农习惯于在 1—2 月准备农资，2 月底至 3 月初购齐所需生产资料。由于 2020 年 1 月底疫情的暴发和蔓延，农民出行及农资销售等受到影响，截至 2 月底 78％的棉农尚未购齐棉花播种所需的种子、地膜和滴灌带等农业生产资料。又据统计，截至 2 月底，新疆地区已冬储化肥 30 万 t（折纯量）、棉花种子 10.3 万 t（占需求量的 158％）、农膜 8.9 万 t 和农药 3 694t，总体来看，主要化肥农药备耕物资货源充足，能够满足春耕生产需要，但是地膜、滴灌带、土壤改良剂等可能存在短缺，原因是滴灌带、地膜生产厂家为了控制库存及资金挤压，采取边生产边销售，一般在春节后组织生产，而疫情导致复工时间延迟，内地工人暂时不能返回新疆，从而导致新疆地膜、滴灌带供应不足。

2. 农机服务不能及时跟进

内地棉区人力和物资相对充沛，疫情一旦解除，农资及农机服务能及时跟进。新疆棉花种植农机具检修一般在春暖时或融雪后进行，尤其是播种机的检修和调试，大致也要在 3 月上中旬进行，农机检修时间相对充足。但由于新疆目前大部分农用拖拉机为进口的大马力设备，很多配件需从自治区外甚至国外购买，受疫情管控交通运输和物流受到限制，部分配件可能无法及时购买，延缓检修进度。同时，部分农机手为疆外人员，因不能及时返疆，将对农机具的检修和服务产生影响。

根据当前疫情的防控情况，各地采取了多种应对措施。包括：①为生产资料的运输开通绿色通道，待疫情缓解和流动性增加后，生产资料将第一时间送到植棉者手中；②政府积极主动协助企业复工复产，有组织地开展集中采购农资；③农资经销商根据实际情况与老客户开展电话预约订货，疫情管控放松后送货上门；④植棉大户和农民合作社的新型市场主体，积极与厂家和供销商联系，确保物流运输畅通，还可以采取代购方法购买农资。伴随着各项政策的出台，农资对棉花种植的影响将会解除。

（二）对棉花交售与加工的影响

由于棉花收购主要在秋季进行，加工季节在当年 9 月到次年 1 月，疫情发生前绝大部分籽棉完成了加工，疫情管控对棉花交售情况影响很小。调研显示，全国 86% 的地方已完成全部交售；由于长江流域和黄河流域棉区因采收时天气影响，以及手工采收，导致交售时间推迟，但完成了九成以上的交售，其中，山东省滨州市的棉花交售完成率低于 85.0%。

2019/2020 年度棉花加工、公证检验工作都已接近尾声，截至 2020 年 1 月 21 日，新疆累计加工皮棉 497 万 t，预计占新疆全年总产量的 97.5%，疫情对棉花加工的影响不大。调查结果显示，各地加工厂基本上完成了收购籽棉的加工，其中，6% 的轧花企业已完成 60% 的加工量，14% 的企业已完成 80% 的加工量，其余企业已全部完成加工。但是，疫情防控期间加工厂停工，复工较难，黄河流域和长江流域棉区部分轧花企业受到的影响较大。同时，疫情防控期间下游用棉企业复工较少，订单减少，且棉花运输面临困难。因此，销售是加工企业面临的最大问题。

（三）对棉花现货和期货价格的影响

2019 年，由于中美贸易战，棉花产业下游市场整体行情不好，加之此次新冠肺炎疫情的影响，国内纺织企业停工时间长，复工复产延迟，用棉量较少，导致了棉花现货期货价格的波动。从 2020 年 1 月 23 日至 2 月 13 日变化来看，中国棉花价格指数（3128B）、郑商所期货价格指数以及外棉到港价格指数（滑准税，FCIndex M）都下降。其中中国棉花价格指数下降 400 元/t 左右，郑棉期货指数和外棉到港价格指数下降 500 元/t 左右。据分析判断，在疫情没有出现拐点之前，棉价将保持弱势下降的运行态势，当疫情出现拐点棉价也将跟随出现拐点。

（四）对纺织品生产的影响

疫情发生以来，医用纺织品（口罩、防护服等。其中口罩外层为黏胶无纺布，中间一层是熔喷布，防病毒依靠熔喷布，生产熔喷布主要原材料为聚丙烯）的需求极大，供给极为短缺，医用纺织企业早开工，开工足，但是医用纺织品大多为化学纤维。另外，新建医院、方舱医院对床上用品的需求大，这些大多数为棉纺织品，这些企业加速开工。除保障防护、医护用品的企业外，绝大部分用棉企业、纺织市场复工纷纷延后。

纺织业是劳动密集型产业，且我国棉纺行业中以小型民营企业居多，企业资金链普遍偏紧，员工来源不稳定，往年春节后普遍存在招工难的问题，2020 年在疫情的影响下此问题更加突出。延期复工导致节前订单不能及时完成，更无法承接新订单，损失大量客户，可能会导致部分小型生产企业由于无力承担工资及租金压力破产倒闭。但是我国纺织产业规模大，近几年普遍开工不足，2020 年一季度受到的影响有望在二三季度予以弥补。

此外，在疫情防控的影响下，物流运力严重不足，疆内至疆外公路交通基本停止，内地多省高速公路封闭，城市交通受到严格限制等，产棉大省新疆的原棉不能及时运输至河南、山东、河北等用棉大省，严重影响了下游用棉企业原料的采购。

又据了解，节后第一列火车的出疆棉已在 2 月 13 日复工开行。

（五）对纺织品消费的影响

纺织业的最终产品是服装，服装销售决定全产业链的原料消费与生产。新冠肺炎疫情暴发以来，国内零售门店关闭，网络服装产品零售依赖的物流暂停，春季大型订货会取消，海外订单不敢接，服装等纺织品市场消费整体疲软。据国家统计局数据，2020 年 1 月居民消费价格同比上涨 5.4%，其中，交通和通信、教育文化和娱乐价格均上涨 1.4%，医疗保健、生活用品及服务价格分别上涨 0.6% 和 0.2%，其他用品和服务价格上涨 1.8%；居住价格持平；仅衣着价格下降 0.5%。疫情可能会影响到 2020 年第一、第二季度，甚至全年纺织品服装的销售。为了应对疫情危机，服装企业正在对经营策略进行全面调整。

二、应对疫情措施

2020 年是我国坚决打赢脱贫攻坚战和全面建成小康社会的关键年，也是我国棉花产业转型升级提质增效的关键年。"守底线、优结构、提质量"是2020 年种植业的主要目标任务。2 月 10 日，农业农村部下发通知，要求不误农时抓好春耕备耕；同一日，全国农业技术推广服务中心发出《给广大农民朋友的一封信》，要求做好备耕备播和春季田间管理工作。

（一）稳定棉花播种面积

2020年2月10日，农业农村部发布2020年种植业工作要点，提出"力争棉花面积稳定在5 000万亩"，保障棉花有效供给的关键是提升棉花的供给质量，补齐质短板。当前棉花主产区在新疆、河北、山东和湖北等，其中2019年新疆棉花播种面积占全国的76.1%，产量占全国的84.9%，是我国棉花生产的重心。实际上，新疆棉花播种实际面积早已超过4 000万亩（包括"帮忙田"在内有4 500万亩）。在"水与地平衡"的处理方面，做好新疆棉花生产和提质增效工作极为重要。

（二）搞好棉花备耕备播工作

"人误地一时，地误人一年"，当下已到2月中旬，离春耕生产越来越近了，要积极开展备耕备播，及早进行农机具的检修工作。在做好疫情防控的前提下，开展农资需求调研，落实相关产品需求量，统筹调动产能，按需生产，降低农资投入品对生产的影响。建议有能力有条件的农资企业尽早开工复产，采用边生产、边销售的经营策略，重点解决地膜、滴灌带、农机配件等的原料供给、产品运输和销售等具体问题。鼓励和支持企业开展网上销售、微信销售，分门别类送货进村入户，可减少人员流动。同时，加强农资市场的执法监督，保障价格和供给稳定。

新疆农业主管部门要统筹安排，尽快统计需要从疆外国外购置的农机具及其零部件，提早订货，统筹安排；同时，根据南北疆气候差异，可统筹安排农机作业时间，尤其是整地方面，可以协调南北疆农机作业时间，提高农机利用率，降低农机对棉花生产的影响。

（三）加强线上技术培训和专家实地指导

建议农业农村部牵头组建棉花专家组，积极开展线上线下技术服务和培训。充分利用广播电视、微信等手段，开展在线培训、在线指导、在线答疑等技术培训活动。在做好疫情防控的前提下，组织专家组或农技人员进村入户开展实地指导和帮扶。

（四）充分发挥国家棉花产业联盟的作用

推进棉花"高品质"和"订单生产"，提升种植业的质量和效益，助力产业扶贫和农民增收。农业农村部认可国家棉花产业联盟提倡和推进创建"高品质"棉的产销对接模式，工作方法上推介"依托国家棉花产业联盟（CCIA），推动'技术方＋生产方＋需求方'一体化布局深度融合，建立高品质棉花生产基地，做响'CCIA'国家棉花品牌"，为此，国家棉花产业联盟应组织各成员单位积极认真做好落实工作。

（五）"疫情"为农业科研提出了全新课题

2020 年当春耕碰上"新冠肺炎疫情"，如何研究开发利用农业大数据，让农民（包括种植农场主、农民专业合作社、棉花集团公司以及小农户）足不出户购买农业生产资料，开展"一对一户""一对一块田"的春耕春播春管服务，一些农业公司正在大显身手解决生产急需问题。

中国棉花生产景气报告 NO：469 　　　　　　　出版日期　2020　09　14

2020年棉花丰收年景

毛树春

2020年，人努力，天帮忙，新冠肺炎疫情下棉花生产开局良好，得益于前中期天气相对平稳，没有出现大的气候异常和灾情，中后期秋爽有利于吐絮和收获，是棉花的丰收年景。然而，长江中下游因遭遇夏涝连秋湿，是棉花的减产年景。加上应对疫情防控实行的"量化宽松"政策，棉花价格大幅回升两成以上，又是一个增产增效的年景。

一、春季长势

2020年，全国棉花生产开局良好，当前棉花早发态势明显，长势较好，新冠肺炎疫情没有对棉花生产造成大的影响。

疫情对备播有不利影响。2020年春节前后，新冠肺炎疫情暴发，对我国经济社会和人民生活造成一定影响，农业/棉花也不例外。针对备耕备播，农业农村部及时下发通知"要求不误农时抓好春耕备耕"，印发《2020年种植业工作要点》，强调一边做好疫情防范一边加强备耕备播，充分发挥种子等农资企业电话预约、短视频促销、送货上门，使疫情对农业/棉花的影响降到最小，为完成棉花目标任务打下坚实基础。

长江流域棉区。疫情解封后，棉花播种，前作油菜、小麦收获正常，棉花育苗移栽也接近常年，生产开局正常。

黄河流域棉区。入春早，春季气温较常年偏高，大部分棉区棉花适宜始播期较常年偏早，其中地膜栽培的棉花提早了8～12d，早发，全苗。

西北内陆棉区。入春早，气温回升快速，4月初开播到4月下旬全部结束，播后出苗正常，苗全苗齐，缺苗断垄少，苗壮，整体对棉花生长有利，出苗和苗情长势好于常年，90.0％以上面积已做到"四月苗"。其中，北疆播种、滴水完成时间比2019年提早2～3d，出苗提早3～5d，出苗率均在80％以上。

5月上旬，全疆早发一类棉田的比例比常年多，达到4叶1心，三类苗已基本出齐苗。

北疆：5月中旬，一类棉田真叶6片/株，已见蕾，比上年同期早10～15d，早发苗占播种面积的70％。

南疆：5月中旬，一类棉田真叶5~6片/株，占播种面积的30%以上；二类苗真叶4~5片占60%；三类苗真叶3~4片占10%。播后受4月20日前后降雨、低温影响，苗期病害发生重于往年，总体进程较历年晚7d左右，明显好于2019年同期。

总体看，5月下旬气温正常，基本实现"五月蕾""6月花"的早发长势。

二、夏季长势

长江流域棉区。7月"入梅"以来，长江中下游遭遇大洪水，不少围堰决口或为蓄洪区，农田涝灾面积大，成灾面积大，有一定棉田面积绝收（但棉花播种面积、产量比重不大）。因渍涝棉花长势差——色黄、株小，大多没有封行，伏前桃和头伏成铃少；晚播的油后棉花迟发严重，直到7月底才见花，对产量有较大影响。

黄河流域棉区。7—8月黄河流域天气正常，从春季到初夏特别是6月气温偏高，7月天气凉爽呈现旱象，集中产区——华北没有明显的涝灾和旱灾，未出现极端异常高温，整体对棉花生长有利。8月上旬黄河进入雨季，各地降水量100~200mm，旱象解除，棉田没有渍涝，也没有强对流天气造成的倒伏问题。立秋后转晴天炎热天气，有利于棉花生长，丰产走向增强。

西北内陆棉区。2020年冬季降雪少，天山积雪少，来水量减少，"雪线"上移，春季初夏持续高温，积温明显比上年多，也比常年多，土壤比往年更加干旱，加上各地关闭不少机井，补水已没有机会，缺水将是常态，用好"少量多次"灌溉策略将对促进早发早熟产生积极作用。

2020年北疆前期高温早发，大面积棉花抓住了六月花、七月铃和八月絮的高产早熟长势。

7月北疆持续高温少雨，天山来水量减少，出现了几十年一遇的大旱，棉花受旱面积约600万~700万亩，6月下旬受旱棉田出现"蕾包头、花到顶"旱象，各地采取积极措施包括调水、利用井水、小水多次灌溉等方法，降低了旱情对棉花生长发育的影响。

7月底北疆多地棉田见絮，生育期提早了15d。4—7月的持续高温干旱，棉花出苗早、现蕾早、开花早、成铃早、吐絮早。到7月底出现早熟早衰症状——叶片发黄、开花到顶和见絮，受旱棉田减产预期加大。

7月南疆棉花长势明显好于2019年同期。普遍受旱，旱田棉花长势情景如同北疆，但程度轻很多。可喜的是，7月南疆未出现极端异常高温天气，气温明显偏低3~5℃，阴天多、雨天多。从巴州、阿克苏地区、第一师部分棉田来看，未见蕾铃脱落，黄萎病发生面积不大，伏蚜发生面积不大（也未见红蜘蛛），采用生物生态方法控制较好，没有造成危害，花已到倒数第三个果枝，发育较早，一些田块和个别品种成铃达到7～8个/株，产量潜力很大；也可见开花仅3个果枝，偏晚，旺长棉田不多，长势明显好于上年同期（2019年前期低温减产高达10%），需继续观察。但是，入夏以来，南疆气温明显偏低（高温和低温天气都偏低3～5℃），阴雨天多，要关注低温、多雨对棉花早熟性和"两痿病"的影响。

8月上旬南疆遭遇高温，部分棉田旱情严重，但高温在35～36℃范围危害不大，8月中旬气温下降至34℃以下对棉花生长仍有利。

新疆受水情（退地减水、天山来水量减少）、疫情（7月17日开始"宅家"）的双重影响，8月新疆棉花的早熟性普遍趋好。

三、秋季长势

除长江中下游棉区以外，9—10月秋季整体呈现秋爽天气，是一个早发早熟年景。

长江流域棉区。9—10月长江中下游仍维持秋涝秋湿天气，高湿天气导致吐絮慢，僵瓣花占比高，品质下降，是减产年景。

黄河流域棉区。9—10月天气晴好，雨量适中，日照时数多，光热资源充足，有利于纤维发育和棉铃正常开裂吐絮，总体长势较好，吐絮畅，是丰收年景。

西北内陆棉区。新疆棉花单产提高，早熟性好，吐絮早，是丰产年景。北疆开采时间早，价格明显回升，采收进度加快，交售进度快，出现地头抢收抢购现象，南疆开秤和大量上市时间晚于北疆，同样出现不除杂不扣水分一口价，价格也更高。

中国棉花生产景气报告 NO：470　　　　　　　　出版日期　2020　10　14

2020年新棉价格上涨因素分析

毛树春

在新冠肺炎疫情背景下，2020年"金九银十"呈现籽棉价格上涨，原料价格上涨带动期货价格上涨，期货现货价格上涨带动棉纱线全产业链产品价格上涨，供给端价格上涨超过20％。本文分析指出，2019年和2020年前三季度减费降税积累的"热钱"达到5.46万亿元。由于流动性充裕，实体经济拥有的"热钱"需要寻找棉花这样的产业链条极长、附加值极高的大宗农产品通过投机予以释放，其情景或与2008年华尔街金融危机有相似之处。

在一片上涨的因素中虽然也有需求端需求恢复的因素，但不是主要的。按照这一逻辑应是8月疫情防控期间的价格延续，而市场实际运行则相反。

"高价棉"一举摧毁由供给侧结构性改革树立的按质论价、优质优价的质量提升成效。

然而，供给端推动价格上行能否与消费端形成共振，国内需求正在复苏之中，需构建"双循环"新格局提升居民消费水平；国际疫情仍在蔓延，经济复苏进程缓慢，可以判断近一两年难以恢复到疫情前的消费水平，需进一步观察。

一、全产业链共振上涨，供给端涨幅超过20％

2020年"金九银十"新疆棉花价格"中开高走"，与2019年度"中开低走"市场平稳运行的情景形成鲜明的对比。

北疆机采时间从9月底开始到10月中旬已基本收尾，边采边交售，机采棉售价从9月18日的5.1元/kg上涨到10月12日的6.4元/kg，涨幅25.5％，10月16日继续上行达到6.6元/kg，正在破"7"。且机采棉不论杂质和水分含量，一并收购，一些加工企业在地头"抢棉花"。早期采收交售的棉农说"价格高走，令人损失了一辆高档轿车"（表6-1）。

南疆手采棉，从9月中旬开秤价5.8元/kg上涨到10月中旬的7.40元/kg（按棉籽价格，折算皮棉），涨幅27.6％，并向破"8"上行（16日喀什地区手采棉达到8.45元/kg，10月19日巴楚县手采棉达到8.6元/kg、机采籽棉达到7.4元/kg）。

北疆机采籽棉 9 月中位数 5.47 元/kg，同比涨 1.64 元/kg，涨幅 42.8%；至 10 月中旬中位数 6.26 元/kg，同比涨 1.56 元/kg 籽棉，涨幅 33.2%。南疆手采 9 月中位数 6.54 元/kg，同比涨 0.94 元/kg，涨幅 16.8%，至 10 月中旬中位数 7.22 元/kg，同比涨 1.22 元/kg，涨幅 20.3%。

表 6-1 典型年景籽棉售价价格比较（至 10 月 31 日）

年份	采摘方法	9 月	10 月	11 月	12 月	年度籽棉售价加权平均
2019	机采	4.90	4.70	5.00	5.00	5.56
2019	手采	5.60	6.00	5.90	5.95	
2020	机采	6.01	6.58			6.60
2020	手采	6.79	7.75			

注：2020 年新疆价格整体上涨，9 月价格低，10 月价格高。但是北疆、南疆各地，及农户之间的交售价格差异很大，单价最大差达到 1 元/kg 籽棉。同一户不同采收时期差异也很大，达到 0.5 元/kg 籽棉，也是前期低后期高，各种价格都有交售。因涉及补贴，早期交售的棉农甚是伤心。

同时，2020 年棉籽价也呈"中开高走"态势，棉籽从开秤价 1.90 元/kg 增长到 2.40 元/kg，涨幅 26.3%（10 月 14 日询价 2.45 元/kg）。

双节后，棉花原料价格的上涨已牵引期货价格的上涨，10 月 9 日主力合约 CF2101 为 13 295 元/t，比节前的 9 月 30 日的 12 795 元/t 涨 500 元/t，涨幅 3.91%。10 月 12—16 日，主力合约 CF2101 从 13 870 元/t 增长到 14 560 元/t，增长 690 元/t，涨幅 4.9%，后市或将高位稳定运行。

棉花的现货和期货上涨推动了棉纱线纺织品价格的上涨，价格能否向服装延展？据中国纱线网 10 月 15 日报道，在"双节"后，山东纱线价格上涨 300～1 000 元/t。山东聊城某龙头企业提价 300～800 元/t，山东滨州某龙头企业提价 500～1 000 元/t，安徽某龙头企业提价 1 000～1 500 元/t，上海某龙头企业提价 500～1 000 元/t，江苏某龙头企业提价 300～500 元/t，且随着棉纱价格上涨，坯布价格涨 0.1～0.3 元/m。

至此，全产业链形成了棉花、纺织品全产业链共振式上涨。棉花、棉纺织品节后出货快于节前，不少纱厂反映近期纱线销售为 2020 年最快时期，当前销售真是一个"爽"！

然而，"高价棉"造成"一地鸡毛"，不讲品种，不论品质，不讲杂质多少与水分（有的仅看一看水分），混等混级，"眉毛胡子一把抓"，只管收购。近几年推进的供给侧结构性改革、提升品质树立按质论价、优质优价的成效也付之东流，的确把市场"引歪"了。

另外，新疆各地售价差异极大，前期与后期差异大，不同地区最高差异达 1 元/kg 水平。

政府监管严重缺位，协会机构未见话语表述，虽然一些企业有自律维护的行为，但是声音小，效果差。

二、供需基本面与全球经济增长预期

从全球新冠肺炎疫情、国内外供需基本面等来判断，新棉价格"中开高走"已脱离了供给和消费的基本面。

（一）棉纺织品消费量减少，库存量大，供大于求的格局依然存在

2020年棉花生产呈现弱的"双减"趋势，即播种面积和总产量双减少，即便如此仍是"弱势平衡"状态。棉花纺织品消费也减少。全年棉纺织品产量687万t，同比减少37.4万t，减幅5.2%，全年纺织品消费量比2018年减少140万t（表6-2）。

表6-2 棉花工厂消费量的估测

单位：万t

月份	2018年	2019年	2020年
1月	64.0	61.1	39.0
2月	56.2	65.1	30.0
3月	71.2	70.3	56.0
4月	72.7	70.6	58.0
5月	74.9	66.5	57.0
6月	73.5	55.9	57.0
7月	69.9	55.5	55.0
8月	67.8	52.2	54.0
9月	73.7	53.5	54.0
10月	71.6	56.6	73.0
11月	66.9	58.6	78.0
12月	64.6	58.5	76.0
合计	827.0	724.4	687.0

注：数据源自上海一家期货公司研究院结果。

然而，我国原棉库存仍有779.0万t（中国棉花协会）。1—8月进口原棉104.7万t，同比减少21.4%。

（二）"双节"期间服装消费并没有出现"井喷"现象，服装出口仍难以恢复到疫情前水平

8月服装鞋帽、针纺织品类零售额967亿元，同比增长4.2%；1—8月零售额6 936亿元，同比下降15.0%。1—8月服装出口826.1亿美元，同比下降12.3%。1—9月服装出口978.30亿美元，同比下降10.3%。

（三）全球新冠肺炎疫情仍在蔓延，欧洲、北美服装消费主要市场正在遭遇第二波疫情

至10月30日，全球新冠肺炎确诊病例累计达到4 342.7万例，日增51.5万例；累计死亡病例115.9万例，日增8 235例，可见疫情在全球蔓延势头还在加速（表6-3）。

表6-3 2020年全球新冠肺炎确诊病例增长情况

日期	全球确诊病例		全球死亡病例	
	累计（万例）	新增（万例/d）	积累（万例）	新增（例/d）
3月31日	85.1	0.0	4.2	0.0
4月30日	322.3	8.0	9.9	6 346
5月31日	603.7	10.1	36.5	4 847
6月30日	1 037.2	16.1	50.5	5 165
7月31日	1 747.5	22.4	67.4	5 443
8月10日	1 996.2	24.9	73.0	5 611
8月20日	2 251.8	25.6	78.7	5 702
8月31日	2 395.5	25.9	82.1	5 473
9月10日	2 684.0	26.2	87.8	5 753
9月20日	2 962.3	29.6	93.4	5 361
9月30日	3 256.0	28.7	96.8	5 140
10月10日	3 559.4	32.8	104.2	5 951
10月20日	3 904.0	35.4	108.7	5 124
10月31日	4 342.7	51.5	115.9	8 235

注：数据据"头条""疫情实时追踪""全国今日确诊病例"整理。4—7月为月平均值，8月10日、8月20日和8月30日为旬平均值，9—10月相同。

美国累计病例位居全球第一，10月31日突破900万例达到931.8万例，积累死亡病例突破20万例达到23.5万例。印度、巴西、西班牙、法国、英国、意大利、加拿大、波兰等疫情也都非常严重。

目前有多款新冠疫苗正在进行试验，大面积应用需到 2021 年上半年。世界卫生组织建议优先对卫生工作者和老年人进行疫苗接种。

三、推动棉花价格上涨的因素

为什么会出现原料、纺织品价格"高走"态势？据分析，"量化宽松"背景下，流动性充裕、"热钱"炒作、轻度通货膨胀可能是主要因素。

（一）流动性充裕，实体经济拥有"热钱"

2019 年和 2020 年上半年全国减税降费合计达到 3.86 万亿元。其中 2019 年减税降费合计 2.36 万亿元（框 6 - 1），今年上半年新增减费降税 1.5 万亿元（框 6 - 2），前三季度减税降费 1.78 万亿元（框 6 - 3）。这些钱可能进入实体经济，证实我国社会的流动性充足。这与应对新冠肺炎疫情，国家加大减费降税和增加投入有紧密关系。

框 6 - 1

"1 日 1 日起实施小微企业普惠性减税、个人所得税专项附加扣除；4 月 1 日起实施深化增值税改革措施；5 月 1 日起降低社会保险费率。"财政部部长刘昆表示，2019 年全年减税降费 2.36 万亿元，有力地支持了实体经济稳定发展。

（刘昆.2019 年中央决算报告：实施积极财政政策促进经济社会持续健康发展，2020 年 6 月 18 日）

框 6 - 2

据财政部 2020 年 8 月 7 日发布的《2020 年上半年中国财政政策执行情况报告》，上半年全国新增减税降费 15 045 亿元，其中 2020 年新出台措施减费降税 8 941 亿元，2019 年新增减费降税 6 104 亿元，有效应对疫情冲击和纾解企业困难，支持复工复产发挥积极作用。预计 2020 年全年减费降税超过 2.5 万亿元。

（财政部长，刘昆 2020 年 8 月 7 日答记者问）

框 6 - 3

11 月 3 日，国家税务总局介绍了 2020 年前三季度税务部门落实减税降费、组织税收收入、深化"放管服"改革、优化税收营商环境等情况。数据显示，2020 年前三季度，全国累计新增减税降费 17 834 亿元，其中新增减税 15 109 亿元，新增社保费降费 2 725 亿元。

（中研网 . http：//www.chinairn.com/hyzx/20191103/102442379.shtml）

在流动性充足的背景下，使得"热钱"炒作投机成为可能。据有关调研，2019 年一些规模纺织企业获得亿元级的利好，这些流动性需要"事件"予以释放，棉花可能是所选的大宗农产品。包括新增棉花加工生产线，租赁轧花厂收购加工棉花等。

新疆籽棉加工企业有 800 多家，轧花生产线原本就过剩，今年又增加了 69 条，不少轧花厂实行整体出租，"热钱"是始作俑者。

北疆皮棉产量约 200 万 t，按照籽棉 6 000 元/t 折算，需要收购资金约 300 亿元，作为炒作资金至少需要 100 亿元。

（二）轻度通货膨胀因素

当前我国实体经济情景与 2009 年有相似之处。2020 年增发特别国债与新增专项费合计 2.6 万亿元（框 6 - 4），其中 1.60 万亿元具有扩张效应，加上减费降税 3.86 万亿元，总计达到 5.46 万亿元。但是民间投资增长较慢，1—8 月，民间投资同比下降 2.8％。实体经济"热钱"需要释放，棉花作为产业关联度最高的大宗农产品，正是投入的热点产品。

其情景也与 2008 年相似。为了应对 2008 年秋季华尔街金融危机，我国在当年年底即开始投入，2008—2010 年总计投入"四万亿元"。2009 年秋季农产品价格大幅回升，籽棉交售价格同比回升 34.5％；2010 年大宗农产品全面进入通胀情景，最高籽棉价格突破 12.0 元/kg，年度均价同比高涨 73.4％，最高皮棉价突破了 3 万元达到 3.1 万元/t。

框 6 - 4

前期出台的部分阶段性减税降费政策，执行期限延长到 2020 年年底。小微企业、个体工商户所得税延缓到明年缴纳。

2020 年增发 1 万亿元的特别国债，还有 1.6 万亿元是新增的专项费，合计 2.6 万亿元。其中 1 万亿元特别国债采用特殊转移支付，全部用于地方，它不是应对项目的扩展，是解决地方政府因疫情冲击地方财政的困境，解决吃饭问题，所以具有很强的维稳性质，其中 1.6 万亿元具有扩张效应。

（刘昆.2019 年中央决算报告：实施积极财政政策促进经济社会持续健康发展，2020 年 6 月 18 日）

（三）减产预期

受水情和疫情影响，按照"退地减水"要求，2020 年新疆棉花"帮忙田"面积的确在减少。据调研，一些县国有土地退耕面积达 20 万亩，近几年关闭不少机井。又因全疆棉花普遍受旱，特别是北疆遭遇几十年一遇的大旱，6 月中下旬出现"蕾包头、花到顶"的旱情，再加上 7 月中旬到 8 月下旬新冠肺炎疫情在乌鲁木齐局地暴发，全疆"居家令""隔离 40d"以上，田间管理受到影响。但是，全疆棉花的早熟性好于往年，吐絮采收提早 10d，为"热钱"炒作提供了可能。

然而，北疆因旱情高品质棉花数量减少幅度较大，而南疆 7—8 月极端高温天气少，品质或有较大改善。

受价格"高走"影响，2020 年籽棉杂质和水分都偏高，商户因"粥少僧多"抢资源，不讲究品质和杂质含量，将对棉产品品质产生不利影响。

（四）订单转移

近期，网传一些疫情严重国家的纺织品服装订单转入我国，其中印度因疫情极为严重，至 10 月 15 日新冠肺炎确诊病例累计突破了 730 万例，仅次于美国排第二，巴基斯坦确诊病例 32.1 万例，孟加拉国确诊病例 38.6 万例，是疫情下生产链和供给链变化的重大反应。然而，新棉涨价发生在订单转移之前。

（五）经济复苏好于预期

我国经济增长预期前景看好。IMF 9 月预测，2020 年中国 GDP 增速为 1.9%，比 6 月上调了 0.9 个百分点，全球经济复苏好于预期。中国是主要经济体中唯一正增长的国家，证实我国应对新冠肺炎疫情积极有效，短期内控制了疫情，局地疫情暴发后实行精准管控，复工复产抓落实到位，通过"六稳"落实"六保"，我国正成为全球经济复苏的一盏"明灯"和最重要经济引擎。

2020 年年初我国新冠肺炎疫情暴发，全国人民"宅家"，一季度经济停滞，GDP 增速为－6.8%。由于疫情控制有力，复工复产到位，二季度 GDP 增速由负转正为 3.2%。三季度内需疲软有所改善，预计 GDP 增速达到 5.4%。四季度将继续改善，预计 GDP 增速达到 5.5%～6.0%，预计全年 GDP 增长 2.3%上下。

（六）不利或风险因素

国内。目前国内经济的恢复并不平衡，供给侧的恢复快于需求侧，需求侧中投资的恢复快于消费，如居民消费率持续降低，"双节"并没有出现纺织品服装购买"井喷"现象。

国际。海外疫情峰值未到，全球经济复苏不确定性较大，大宗商品价格缺乏大幅上涨的基础。正与前述我国纺织品出口主要市场美国、欧盟正遭遇"第二波"疫情，进口与消费端能否有效恢复难以预料。1—8 月，美国服装进口同比减少 25%，其中 8 月同比减少 13.0%，可见服装出口仍在恢复中。

中国棉花生产景气报告 NO：475　　　　　　　　　　　　出版日期　2021　07　07

2021 年新疆棉花前期长势和
中期管理意见（二）

毛树春　赵富强　练文明　刘新兰　李茂春　康　巍

按照"五月蕾、六月花"的早熟长势指标，至 6 月底，盛花期面积比例比 2020 年少 43.9 个百分点，比历年少 23.8 个百分点；未开花面积比例比 2020 年多 28.8 个百分点，比历年多 25.5 个百分点，这"一少一多"现象表明今年棉花生长发育进程滞后常年 7～10d。

7 月进入高温阶段，以迟发增早，增结伏桃，减少秋桃，防贪青晚熟为主攻目标，按长势长相划分类型，以肥水调控为重点，加强田间管理，力争有个好收成，实现高产早熟高品质。为此，提出管理意见建议，供决策参考。

一、划分类型

精准看苗、分类管理是指导生产管理措施的基本原则。针对复杂苗情，在精准看苗的基础上，以苗情实际状态为依据，对症开方，促进转化。

二、中期管理主攻目标

以迟发增早，增结伏桃，减少秋桃，防贪青晚熟为主攻目标，"因苗因田因品种"分类管理，以强化水肥调控为关键，达到"六月花、七月铃、八月絮"的高产早熟高品质目标。

三、主要管理措施

（一）分类管理方法

一类棉田，早发，棉株健壮，早春播种，6 月底进入盛花期，有成铃，这类棉田需按正常肥水调控进行管理，力争高产再高产，重点抓"防早衰"。

二类棉田，迟发，营养生长不足，打顶后对弱苗棉田保持适量水肥供给，对旺长棉田要适量减水减氮，稳磷增钾，打顶后上部果枝现蕾 2 个需重点调控。

三类棉田，迟发，7 月上旬进入开花期。一是旺长棉田，如枝叶幼嫩，植株高，叶大节稀，适量减水减氮，打顶后上部果枝现蕾 2 个需重控。二是重播或缺水棉田，株高矮，苗小苗老，无或少果枝，棉田不能封行，建议放弃管理。

（二）管理要点

坚持"枝到不等时，时到不等枝"的打顶原则。打顶时间不迟于 7 月 5 日，重播迟发非机采棉田打顶时间不应迟于 7 月 10 日。提倡人工打顶，增结多结上部成铃，这是针对今年因迟发、果枝数少提出的特殊要求。

特别强调，化学打顶棉田要对中后期的肥水进行减量控制，以防二次生长。

叶枝（营养枝、油条）也要打顶。今年前期气温偏低，低温与水氮肥碰头，叶枝多达 2～3 个/株（一些棉株中部仍出现叶枝），叶枝多的株高都要降低。叶枝可促进集中现蕾开花成铃，对稀植或缺苗有较好的补偿功能，但叶枝也要打顶，即当叶枝出生 2～3 个二级果枝时可打顶。

化学调控是关键。打顶前"看苗化控"，以少控轻控为原则。打顶后，当上部果枝现蕾 2 个即重控，一些肥水过多、长势偏旺棉田增加重控的次数。

综合防治病虫害。坚持"预防为主，综合防治"的方针，抓好棉蚜、红蜘蛛和棉铃虫等的绿色防控工作。

（三）极端异常高温天气应对

7 月上旬北疆进入高温炎热烧烤阶段，月初气温 35℃，极端高温达到 37～38℃，有利有弊。

一是"高温逼熟"，高温加快生殖生长弥补前期迟发，比如开花速率激增，6 月底棉田不怎么见花，但到 7 月 5 日花开 2～3 个果枝，7 月上旬开花至中部，前期迟发被追赶上来。因高温和生殖生长加快，营养生长受抑制，二三类棉田都不能封行。

二是极端高温易导致不孕籽增多，铃重减轻，缺水棉田棉桃脱落增加，纤维发育加快，绒长缩短。当日气温差小于 12～13℃，马克隆值升高。

三是应对措施。保障水供给，滴灌间隔时间从原 8～11d 缩短至 4～5d，每次滴水量可减少，提倡滴灌增加钾肥，有利提高棉花对高温、病害的抗逆能力，提高铃重和改善品质。

2021 年 7 月底新疆棉花长势和中后期管理意见

毛树春　赵富强　练文明　王西和　徐海江　刘新兰
曹　阳　马　丽　李茂春　康　巍　杨　丹　郝宏飞

2021 年是新疆绿洲棉花的减产年景。监测指出，7 月底北疆棉花生长指数 83.2，少于上年同期 16.8 个百分点。7 月底南疆棉花生长指数 85.5，少于上年同期 14.5 个百分点，但幼铃数都比上年和历年同期的多。

按照"六月花、七月铃"的早熟高产高质的长相指标，至 7 月底，成铃 6 个/株及以上、成铃 4～5 个/株、成铃 3 个/株及以下面积所占比例呈现"一少一多一多"现象，生长发育进程仍滞后常年 7～8 天。

8 月是棉花产量和品质形成的最后期，是增结末伏桃、促进迟发棉花转化、化解晚熟风险的关键时期。为此，提出中后期管理意见供参考。

一、长势和早熟性

2021 年棉花前期迟发苗情与 2020 年前期早发苗情形成鲜明对比。

北疆长势。至 7 月 31 日，北疆棉花生长指数 83.2，比早发的 2020 年少 16.8 个百分点。成铃数 5.8 个/株，比 2020 年少 1.1 个/株，比历年少 0.3 个/株。幼铃数 3.6 个/株，比 2020 年多 0.7 个/株，比历年多 0.4 个/株（见附表 1）。

北疆早熟性。至 7 月 31 日，成铃 6 个/株及以上、成铃 4～5 个/株与成铃 3 个及以下，所占面积的比例呈现"一少一多一多"现象，比早发的 2020 年迟发 7d 以上，也比历年晚。

南疆长势。至 7 月 31 日，南疆棉花生长指数 85.5 点，也比上年少 14.5 个百分点。成铃数 4.6 个/株，比 2020 年少 0.7 个/株，比历年少 0.6 个/株；幼铃数 3.5 个/株，比 2020 年多 0.3 个/株，比历年少 0.2 个/株。

南疆早熟性。至 7 月 31 日，成铃 6 个/株及以上、成铃 4～5 个/株、成铃 3 个/株及以下所面积的比例与北疆一样，也呈现"一少一多一多"现象，比 2020 年迟发 7～8d，也比历年晚。

二、2021 年棉花大面积迟发主要原因

2021 年新疆棉区春季气候变化异常，气温偏低，降水偏多，光照不足，气候的稳定差，7 月气温回升，对前期气温有弥补作用，但南疆与北疆的差异大。

（一）北疆气温偏低，积温减少；南疆气温高，前期低温基本得到弥补

北疆棉区 7 月气温回升快速，但仍明显偏低。4—7 月≥10℃活动积温 2 453.2℃，比 2020 年少 263.3℃，少 9.6%；比历年少 169.6℃，少 6.5%。4—7 月≥20℃活动积温 1 917.5℃，比 2020 年少 216.3℃，少 10.1%；比历年少 78.8℃，少 3.9%。前期"冷凉"天气导致大面积迟发，7 月高温苗情转化加快（表 6 - 4）。

表 6 - 4 2021 年 4—7 月新疆典型棉区气温变化

项目	4—7 月≥10℃ 活动积温（℃）	4—7 月≥20℃ 活动积温（℃）	7 月最高气温日数（d）	
			≥35℃及以上	其中≥37℃及以上
北疆				
2021 年	2 453.2	1 917.5	14.5	6.5
2020 年	2 716.5	2 133.8	2.5	0.0
历年	2 622.8	1 996.3	7.0	2.5
南疆				
2021 年	2 615.6	2 067.1	14.3	7.0
2020 年	2 675.9	2 042.7	8.3	3.3
历年	2 705.6	2 043.5	7.0	2.0

7 月最高气温出现的日数比 2020 年和历年偏多，其中≥35℃以上高温日数 14.5d，比 2020 年多 12d，比历年多 7.5d，其中≥37℃以上的极端高温天气 6.5d，比 2020 年多 6.5d，比历年多 4d。高温损害花粉活力，导致授粉受精不良，在北疆棉田能观察到"歪嘴桃"。

南疆棉区气温回升快。4—7 月≥10℃活动积温 2 615.6℃，比 2020 年少 60.3℃，少 2.3%；比历年少 90.0℃，少 3.3%。4—7 月≥20℃活动积温 2 067.1℃，比 2020 年多 24.5℃，多 1.2%；比历年略多。7 月高温对前期低温有弥补作用，7 月气温回升快是苗情转化加快的主因。

7 月南疆最高气温出现的日数比 2020 年和历年偏多，其中≥35℃以上高

温日数 14.3d，比 2020 年多 6.0d，比历年多 7.3d，其中≥37℃以上的极端高温天气 7.0d，比 2020 年多 3.7d，比历年多 5d。

（二）前期灾害频发，棉田受灾面积大，成灾面积大

2021 年新疆棉区低温和寒潮天气、局地大风、沙尘暴、冰雹、强降水频发，棉花初（开）播时间早，结束时间晚，播期延长。大风沙尘揭膜导致重播面积、补种面积大，缺苗面积大，"大小苗"多，田间整齐度差。

从南疆现场来看，对产量和品质造成损害较大的灾害有：一是 3 月 27 日—4 月 3 日播种，播后遭遇低温强寒潮和降雨，反复多次重播补种。二是 5 月 11—12 日大风，大面积重播，局部地区占播种面积 1/4 以上，这类棉田晚熟风险特别大。三是 4 月 22—23 日大风揭膜后重播或补种，也对产量和品质产生不利影响。另外，因前期"僵苗"时间长，进入 7 月肥水碰头化控没有跟上，一些棉田形成"高脚苗"，下部成铃少而小，也对产量造成不利影响。

7 月高温和极端高温天气的日数偏多，对授粉受精产生不利影响，一些棉田出现"歪嘴桃"，这部分成铃的铃重和品质也受到影响。

8 月初，北疆气温曾下降到 30℃以下，雨日多，南疆气温尚可，后期绿洲天气会不会"帮忙"？如果"秋高气爽"，初霜期正常或后移将有利，如果初霜早临，迟发晚熟的棉花将会"雪上加霜"。

北疆大部棉田"三虫"得到有效防治，南疆二代棉铃虫危害重于往年，一些棉田伏蚜发生危害偏重，红蜘蛛未造成危害。在阿克苏棉田曾观察到烂铃。

三、中后期管理要点

8 月是棉花产量形成的最后时期，生产上主攻增加末伏桃和提高单铃重，促进早熟。针对前中期迟发，以及 5 月大面积的晚播棉田，要大力化解晚熟风险，实现"七月铃、八月絮"的高产早熟目标，其中打脱叶剂前自然吐絮率达到 40% 是机采棉重要的早熟性指标。管理要点如下：

（一）划分类型

根据今年的实际情况，一类棉田 7 月底花已上顶，成铃 6 个/株及以上，有幼铃 2～3 个/株，这类棉田既要防早衰又要防二次生长，力争高产再高产。二类棉田主要来自 4 月下旬重播棉田，7 月底成铃 4～5 个/株；小部分来自早播棉田，这类棉田虽然早播，7 月底成铃仅 3～4 个株，有的棉田株高达到 120cm 以上，应防旺长。三类棉田为 5 月重播棉田。这类棉田 7 月底开花仅 2～3 个果枝，铃少而小，密度大，个体小，群体大，隐蔽重，晚熟是突出问题。

（二）"四防"技术措施

"四防"是 8 月田间管理的主要工作。"四防"指防旺长、防贪青晚熟、防二次生长和防早衰。

水和化学调控是关键。防旺长、防贪青晚熟、防二次生长的重点是减少滴灌供水，提倡减少每次滴灌供水量，适当增加滴灌次数。

看苗化控，最后一次化控的缩节胺用量宜大些。

防早衰的关键也是水，适当供水。

化解晚熟风险、减少水供给和看苗化学调控是有效措施。

关于绿洲棉花"盖顶肥"问题。北疆：8 月棉田不提倡施用氮磷肥，如果氮肥使用不当容易引起二次生长和贪青晚熟，确要施氮，时间要提早到 8 月初，8 月下旬停止水肥供给。南疆：8 月棉田少施氮肥，施用时间不能迟于8 月上旬。在绿洲 8 月提倡叶面喷施磷酸二氢钾肥 1～2 次，具有养根保叶的功效，8 月下旬停止叶面施肥。

综合防治病虫草害。采用综合措施防治棉铃虫、红蜘蛛、蚜虫和杂草等，前期增施钾肥有减轻"两萎病"发生危害的效果。清除田间杂草，为机械化采收做好准备。

2021年8月底新疆棉花长势和后期管理意见

毛树春　赵富强　练文明　王西和

徐海江　曹　阳　马　丽　李茂春

摘要：2021年是绿洲棉花的减产年景。监测指出，8月31日，北疆棉花生长指数98.6，略少于上年同期；南疆棉花生长指数88.1，少于上年同期11.9百分点。

整体看，与丰收的2020年相比，预期减产幅度8.0%～10.0%，采收时间延后。其中高产田减产幅度或超过一成，中产田或减半成，低产田基本持平，后期天气对盖顶桃有影响。

——减产要素：成铃数与收获密度减少，特别是普遍迟发晚熟，前期气候异常是减产的主因，另有缺水和病虫为害等。后期天气仍对早熟性、产量和采收产生影响。

——提高采收质量是后期管理工作的重点，"两减"——减少叶屑杂质和异性纤维含量是目标任务。早熟性是基础，要求打脱叶剂之时自然吐絮率达到40%，力争脱叶落叶干净，控制异性纤维。

——新疆高度重视棉花提质增效。秉承"好棉花是种出来的，也是加工出来的，还是监管出来的。"做好"两减""三不"和"一有序"是后期棉花管理的重点工作，新疆地方、兵团纷纷召开会议聚焦"脱叶、采收、收购、加工各环节，落实质量管理工作责任"，为之叫好；地方出台规范棉花市场行为、提高质量监管效能的措施，值得期待。

由于前期迟发后期晚熟，今年新疆机采棉采摘时间较2020年推迟7～8d，大规模采收将在"十一"期间展开。

内地棉区8月中旬已有零星籽棉上市，收购价格高开高走。9月初，国内籽棉收购价格跟随期现货市场短暂回调之后又再度上涨，新疆手摘棉收购价格多在10.5元/kg左右。

8月是棉花产量形成的关键期，9月是棉花产量和品质形成的最后期，也是收获前准备和机采收获时期，为此，提出后期管理意见供参考。

一、长势、产量预期和早熟性

北疆长势。至 8 月 31 日，北疆棉花生长指数 98.6，与 2020 年接近，成铃数 7.3 个/株，与 2020 年同期相当，比历年多 0.7 个/株（见附表 1）。

北疆籽棉产量预期。至 8 月 31 日，预计单产略减 2.4%，上部盖顶桃还受天气影响。

北疆早熟性。熟性比 2020 年和历年都明显偏晚。至 8 月 31 日，吐絮率 20% 及以上面积比例为 19.4%，少于 2020 年 35 个百分点，少于历年 9.4 个百分点；吐絮率低于 9% 面积比例为 31.5%，比 2020 年多 25.5 个百分点，比历年多 23.0 个百分点。

南疆长势。至 8 月 31 日，南疆棉花生长指数 88.1，比 2020 年少 11.9 个百分点。成铃数 5.9 个/株，比 2020 年少 0.8 个/株，与历年相当。

南疆籽棉产量预期。至 8 月 31 日，预计减产 8.6%，晚熟性将对上部成熟和产量产生重要影响。

南疆早熟性。同北疆一样，南疆熟性比 2020 年和历年都明显偏晚。至 8 月 31 日，吐絮率 20% 及以上面积比例为 13.1%，少于 2020 年 22.8 个百分点，少于历年 12.5 个百分点；吐絮率 9% 以下面积比例为 51.1%，比 2020 年多 27.8 个百分点，比历年多 23.1 个百分点。

二、2021 年绿洲棉区气候异常

（一）前中期气温偏低

北疆棉区气温偏低，前中期呈现冷凉特征。4—8 月 ≥10℃ 活动积温 3 388.7℃，比 2020 年少 120.4℃，少 3.4%，与历年相当。4—8 月 ≥20℃ 活动积温 2 839.9℃，比 2020 年少 142.7℃，少 4.8%，比历年多 143.9℃，多 5.3%（表 6-5）。

北疆 8 月气温偏高，其中 8 月上旬气象条件对大部棉区棉铃生长及裂铃吐絮有利。8 月中旬气温偏低，日平均气温 ≤20℃ 日数有 2～5d，最低气温下降到 15℃，对成铃不利。8 月降水量少于 2020 年和历年。

南疆棉区气温偏低。4—8 月 ≥10℃ 活动积温 3 302.6℃，比 2020 年少 82.7℃，少 2.4%；比历年少 202.6℃，少 5.8%。4—8 月 ≥20℃ 活动积温 2 656.6℃，比 2020 年少 60.1℃，少 2.2%；比历年少 94℃，少 3.4%。其中 8 月 ≥20℃ 活动积温比 2020 年少，比历年多。≥35℃ 高温和 ≥37℃ 以上的极端高温日数，少于 2020 年和历年，对棉花结铃和品质有利。

表 6-5　2021 年 4—8 月新疆典型棉区气温变化

项目	4—8月≥10℃ 活动积温（℃）	4—8月≥20℃ 活动积温（℃）	8月	
			≥20℃活动积温	降水量（mm）
北疆				
2021年	3 388.7	2 839.9	758.7	12.1
2020年	3 509.1	2 982.6	725.5	38.1
历年	3 371.9	2 696.0	744.7	15.3
南疆				
2021年	3 302.6	2 656.6	688.8	6.1
2020年	3 385.3	2 716.7	730.3	4.1
历年	3 505.2	2 750.6	680.4	11.2

（二）前期灾害频发，棉田受灾和成灾面积大

据不完全统计，受前期不利气候影响，2021 年全疆 5 月播种面积超过 300 万亩，占播种面积的 7.5%，重播时间最晚在 5 月 22 日，这些棉田的熟性没有保障，将对产量和品质造成很大影响。

病虫害：南疆阿克苏棉田烂铃现象出现时间早，最多烂铃 2 个/株，过去观察在中上部，今年在中下部。受低温多湿影响，北疆局部黄萎病发生严重。

另外，8 月 16 日一师和阿瓦提县局部棉田遭受冰雹，过雹棉田损失大。

（三）展望

据新疆气候中心预测，9 月全疆气温总体偏高，4 次强度强的天气过程对棉花有利有弊。9 月上旬全疆大部地区天气晴好，气温回升。其中北疆大部气温偏高、降水量偏少。9 月中下旬，北疆大部气温偏低、降水偏少。北疆大部初霜期出现在 10 月中旬，比常年偏晚。

三、后期管理要点

秉承"好棉花是种出来的，好棉花也是加工出来的，好棉花还是监管出来的"。做好"两减""三不"和"一有序"是后期棉花管理工作的重点。

（一）规范脱叶，做到"两减"

"两减"即减少叶屑杂质含量和减少异性纤维混入，提高清洁度。

棉花机械化采收，要求喷施脱叶剂时，自然吐絮率达到 40% 为早熟性的适宜指标，许多地方要求达到 30%，这对减少叶屑杂质含量不利。

8 月下旬后，绿洲棉花停止施肥。

清除田间地头杂物特别是残膜、滴灌带、农药、化肥包装袋等有害杂物。

晚熟棉田、旺长棉田实行机械化采收，脱叶剂或许打两次，机采或许两次。

脱叶规范，落叶干净，减少杂质含量。北疆 9 月 5—15 日、南疆 9 月 15—25 日采用机载高地隙喷雾机喷施脱叶剂。

特别提示晚熟棉田、旺长棉田不适合机械化采收，需组织劳动力采收。

（二）规范机械化采收，做到"三不"

规范采收，做到"三不"，即不采超水棉、不采超杂棉、不采超残膜棉，采收籽棉含水率和杂质含量不超过"双十二"标准。

先机采后回收残膜，可降低残膜混入机会，有效控制"三丝"污染，原棉异性纤维含量不超过 0.3%。

（三）规范市场行为，做到运行有序

市场运行有序是后期管理的重点工作之一。今年以来，为了提高质量监管能力，规范市场运行秩序，新疆地方和兵团出台了许多规则需要落实。

1 月 22 日，新疆生产建设兵团办公厅印发《完善棉花目标价格政策实施方案》，全面规划提质增效的对策、方法和保障措施。

6 月 29 日，新疆维吾尔自治区发改委等发布《关于规范我区棉花采收和加工行为的通知》的征求意见稿，对植棉者和棉花加工企业的交易行为进行了规范，明确了惩戒办法，提出了工作要求和保障措施，9 月 3 日正式发文。

8 月 15 日，兵团召开棉花质量工作专题会议，强调"聚焦脱叶、采收、收购、加工各环节，落实质量管理工作责任"，各师市出台脱叶技术规范，开展技术培训，8—11 月兵团对师市派质量提升督导组。

8 月 20 日，新疆棉花协会召开会议，倡议"提升棉花质量，树立品牌意识"，强调"以提高新疆棉花质量为核心，提高棉花收购质量，把控好加工过程质量；各企业不宜抢收，不能压级压价坑农害农，也不能抬级抬价坑市场"。

棉农期待新棉价格高于上一年，市场预期也很高，或许出现抢购现象。在此背景下，加强收购环节质量控制、监管市场秩序极为重要。

中国棉花生产景气报告 NO：480　　　　　　　　出版日期　2021　09　30

2021年9月新疆棉花采收、交售和价格（一）

毛树春

一、新棉价格高开高走

（一）新棉价格大幅上涨五成以上

2021年新疆新棉价格高开高走。9月中旬手采籽棉价 9.5～11 元/kg，去年同期 5.9～6.5 元/kg，比去年同期高 61.0%～69.2%；9月下旬 9.8～10.9 元/kg，2020 年同期 6.5～6.6 元/kg，比 2020 年同期高 50.8%～65.2%。9月下旬机采籽棉 9.0～9.5 元/kg（散花/圆膜），2020 年同期 5.55～5.73 元/kg，比 2020 年同期高 62.2%～65.8%，相当于皮棉价格 20 000～22 000 元/t（见附表4）。

（二）一日三价

9月底，北疆机采籽棉收购价出现"半天两个价、一天三个价"的现象，石河子、昌吉、奎屯等地 41%～42% 衣分籽棉收购价已整体保持 9 元/kg，轧花厂开票价多在 9.10～9.30 元/kg。

9月底，南疆手摘籽棉收购价企稳反弹，衣分 42%～43%、水分 8%～10% 籽棉回升至 10.40～10.60 元/kg，喀什部分地区 43% 及以上衣分籽棉交售价甚至突破 11 元/kg。

（三）市场走向

今年新疆棉花比去年晚 7～10d，大量机采棉上市时间将在国庆节之后。在此之间将出现新的情况：一是新增棉花经纪人，将收购、预售上来的籽棉转售给高价抢收的轧花厂，赚取价差；二包地收购，一些大中型经纪人装备齐全，自备采棉机、运棉车等，到田间地头与农民协商包地收购；三是"下蛋机"（圆模）采收面积增加，特别是水分与杂质含量低，有利于改善品质，受到植棉者和轧花厂的欢迎。

（四）由于晚熟，高价籽棉所占比例不大

北疆棉花几乎全部实行机械化采收。由于北疆晚熟，采收和交售进度都明显慢于去年同期，到 9 月 30 日采收进度约 10%，因 2020 年棉花早熟，国庆

节前的采收进度在 40％以上，相比较今年晚 30 个百分点，慢了 75％。国庆节的前 2 日北疆棉区普遍降雨，气温下降至 0℃，籽棉采收和大量上市将在 10 月 8 日之后。

南疆手采棉花约占总量的 30％以上，喀什地区、图木舒克市及阿克苏地区一些县较集中。南疆棉花同样晚熟，在高价拉动下手采棉花采取边采收边销售，但采收和销售都是渐进式。机采时间在 10 月中旬至 11 月。这些棉花都没有受到高价影响。

高价诱导籽棉抢收抢售，一些棉田脱叶不彻底就采收了，也有水分和杂质超"12"问题。

2021 年新疆高开高走收购的籽棉，占全疆棉花比例不足 10％，90％棉花等待节后市场和价格。

二、供需基本面及保供给措施

（一）产量减少，消费量增长，但整体处于供大于求的状态

监测结果，2021 年棉花呈现"三减"态势。一是全国棉花收获面积 4 798.3 万亩，减幅 4.4％。二是单产 119.4kg/亩，减幅 3.9％，其中新疆单产预计大幅下降。三是预计总产 572.8 万 t，减幅 9.8％，减少 62.4 万 t，其中新疆总产将降至 500 万 t 水平。

棉花消费呈现恢复性增长。1—8 月纺织品消费 628 万 t，比 2020 年同期增长 222 万 t，涨幅高达 54.7％，为近 6 年最高水平。

1—8 月我国进口原棉 178 万 t，同比增长 58.5 万 t，增长 49.0％。其中发放配额 70 万 t，加上 1％关税配额 89.4 万 t，合计 159.4 万 t。

7—9 月储备棉轮出 60 万 t 全部成交。

到 9 月底，全国全社会棉花资源量 792.5 万 t，国家还有库存原棉 800 多万 t，"供大于求"仍是我国原棉供需的基本面。

（二）节后加大储备棉投放、进口原棉投放，追加进口配额

国家将采取增加储备棉投放等措施，加大市场资源供应量，促进棉花市场平稳运行。

一是储备棉继续投放。原定投放时间 7 月 5 日至 9 月 30 日，现决定延长。国家将进一步加强棉花市场调控，加大市场资源供应量，后续储备棉投放单日挂牌规模、投放时间、竞价交易办法等事宜另行公告。为做好相关准备和衔接工作，9 月 30 日暂停储备棉挂牌交易。

二是增加原棉进口。有关部门决定增发一批棉花进口滑准税配额，组织相关企业抓紧从国内保税区进口自有棉花，及时投放市场，定向满足棉纺企业用

棉需求。

三是增加进口原棉的投放。中纺集团有限公司 9 月 30 日发布进口棉资源 10 月集中投放市场的公告。另有 3 家分别是北京九达纺织品集团公司、天津纺织工业供销公司和上海纺织原料公司，这 4 家合计进口 89.4 万 t 的 33.0% 的份额。

四是过高价格的确存在市场风险。中国农业发展银行出台限制用农发行贷款高价收购籽棉的措施，对超出价格由贷款者自备资金购买。

五是限电停产，对棉花纺织消费有不利影响。

三、我国棉花市场特点与调控对策

（一）我国棉花市场特点

1. 资源稀缺性特点

棉花永远是我国的稀缺性资源，棉花存在刚性和长期短缺的可能，同时"僧多粥少"的加工能力也将长期存在，易诱发抢购和推动市场价格高走，有人用"内卷化"来形容棉花收购企业的竞争，"出更高价格来争夺有限资源"很是合适。

2. 具备投机炒作机会

北疆棉区在全国棉花最早成熟，收获期比其他棉区早 10 多 d，资源量 220 万 t，不要多少钱就可以掀起市场的波涛，具备投机和炒作的特点。

（二）市场调控和干预将是长期的

在目标价格政策的支持下，新疆业已成为全国棉花的重心，2021 年地方和兵团为提质增效出台了一系列对策措施。不采超杂超水棉是种植环节质量控制的最后一环，而"一试五定"则是收购和加工环节的重要措施，严禁收购"超水超杂"的效果怎么样，抢收大战的冲击将会有多大，实际上是在考验新疆能否接得住/管得了市场，需要进一步观察。

长势监测和调控措施应更有效。中国棉花协会于 9 月 14 日发布 2021 年新疆棉花增产报告，该报告没有反映新疆棉花"迟发晚熟"的特征。建议涉及全国监测预警研究的报告需要多方面专家进行会商，对棉花长势和产量的预测不能仅靠一家之言。

对棉花市场进行干预是我国棉花调控的长期任务，前述加大储备棉投放和追加滑准税进口配额都是措施之一。同时要研究出台目标价格有效引导新疆棉花提质增效的措施方法。

迟发晚熟导致的结果是，采收延后、交售延后和加工延后，10 月 3 日新疆加工皮棉产量比去年同期减少 70%，随后的采收和加工将会一一印证新疆的大幅度减产。

棉花收购工作服务热线开通。10 月 4 日，新疆维吾尔自治区、新疆生产建设兵团公布了棉花收购工作服务热线，服务内容包括：一是发展和改革委员会系统涉及的棉花价格及其管理，二是农业农村系统的棉花采收和农机管理，三是市场监督管理系统的市场秩序和质量管理，回答植棉者等主体对新疆棉花市场诸方面提出的问题、意见、建议。

2021 年 10 月新疆棉花采收、交售和价格（三）

毛树春

摘要： 2021 年新棉价格高开高走，10 月价格坚挺，籽棉收购价格大幅高于中国棉花价格指数（3128B）和国际 Cotlook A 指数，植棉者、轧花厂和国家三方都在博弈，销售市场经历了抢购到观望，惜售到僵持，"半天两个价、一天三个价"，产地与产地之间差异也大，正像棉农所讲，卖棉花就像炒股一样。

手采棉成为 2021 年的稀缺资源。手采棉因杂质含量低（3% 上下，比机采棉标准含杂率 12% 低 9 个百分点），收购价格则明显高于机采棉一成多（11.3%），优质优价在博弈中得到有效体现，这为棉花科研、种植和加工提出了许多值得认真思考的新问题和新课题，我国棉花科学试验研究的确应面向生产，解决机采棉技术问题，满足生产的需求。

11 月初国内外棉花现货价格继续走高。

一、2021 年度新棉价格高开高走

北疆：2021 年 9 月中下旬机采籽棉按 9.0～9.5 元/kg（散花/圆膜）开秤，而 2020 年同期为 5.55～5.73 元/kg，高于 2020 年同期的 62.6%～65.8%。北疆机采棉最高价格出现在 10 月下旬，达到 10.82 元/kg，中旬几乎持平，下旬回落，与上旬相比降幅为 5.4%（见附表 4、图 6-1）。

南疆：手采开 9 月开秤价 10.55 元/kg，此后一路走高，最高达到 12.0 元/kg 籽棉，10 月下旬有所回落。机采棉 10 月中旬达到最高的 10.45 元/kg，下旬也有所回落。

二、手采棉"优质优价"得到充分体现

手采棉越来越成为稀缺性资源，手采棉价格明显高于机采棉。从时间来看，价格差异从 10 月上旬的 0.8 元扩大到中旬的 1.0 元/kg 再到下旬的 1.2 元/kg，平均差价 1.16 元/kg，比机采棉高 11.3%（图 6-1）。

当手采棉转化成皮棉时，10 月 11 日和 15 日平均高 1 625 元/t，高 7.4%；

元/kg

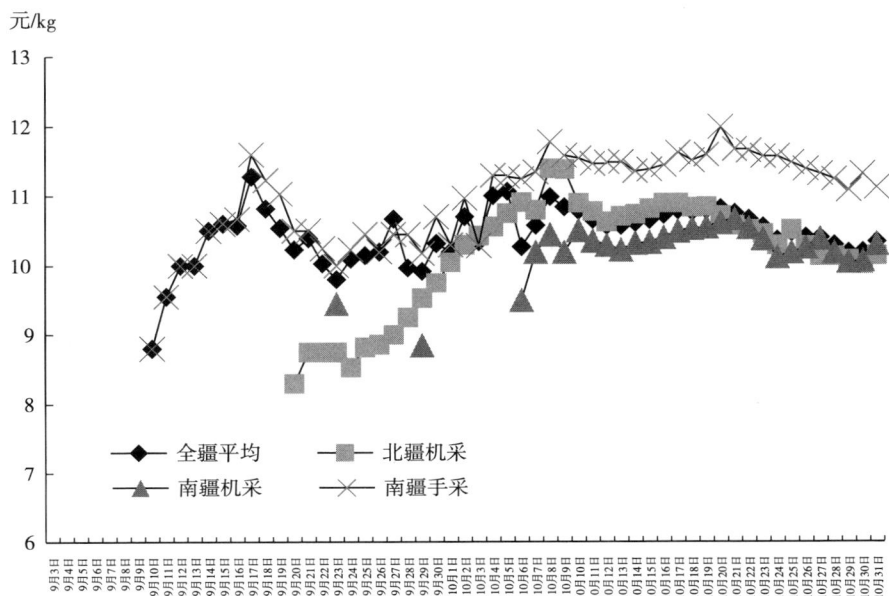

图 6-1　2021 年 9 月 3 日到 10 月 31 日新疆籽棉价格走势

注：综合中国棉花生产监测预警数据，以及国家棉花市场监测系统、丝路小棉袄、中国棉花信息网、农悠悠、疆农助手等数据并整理。

10 月 18—22 日平均高 2 710 元/t，高 12.5%；10 月 25—29 日平均高 3 070 元/t，高 14.9%。

价格是市场的"牛鼻子"，是衡量质量的一把标尺。按新疆 2021 年籽棉单产 400kg/亩测算，机采费用单位面积约 200 元/亩，每千克采收费用 0.5 元，"圆膜"（蛋蛋）略高些，"散花"略低些；手采籽棉费用 2.5 元/kg（比 2020 年籽棉费用 2.2 元/kg 涨 13.6%），单位面积采收费用 1 000 元/亩。

2021 年"优质优价"在手采棉与机采棉之间有足够的响应，手采棉是稀缺资源和高品质棉花的代名词，市场对机采棉花认可度明显偏低，这给棉花科研、种植和加工提出了许多值得认真思考的新问题和新课题。

三、宏观层面相对稳定，微观层面波动大

据观察，9—10 月宏观层面价格相对稳定，从 9 月下旬到 10 月，机采棉价格分别经历了每千克 10、12 元、11 元、10 元、9 元几个阶段，其中北疆后期价格略低是采收后期、品质下降的正常现象。

微观层面波动大，南疆、北疆及同一地区的价格差异巨大。正像棉农所

讲，卖棉花就像炒股一样。即便在同一日的上午和下午，机采棉价格差异达到 0.5～1.0 元/kg 籽棉。价格波动对棉农收入产生很大影响。兵团职工一般承包地 40～50 亩，1kg 籽棉价格相差 0.2～0.5 元，按 400kg/亩计，收入差 80～200 元/亩，一个家庭收入可以相差好几千元。早期与中后期的交售，籽棉价格相差 1～2 元/kg，一个家庭的收入相差 1 万～2 万元。

四、从抢收购到短时间观望僵持

9 月下旬到 10 月上旬，从轧花厂抢收到植棉者惜售，再到收购企业的观望，10 月中旬处于僵持，一些企业收收停停。

10 月 8 日继续交售，价格维持前几日水平，9 日收购价格上涨势头被遏制，抢收购之潮暂时告一度段落，有的轧花厂停收，10—11 日下调籽棉价格 0.21（机采）～0.35（手采）元/kg，降幅为 1.9%（机采）～3.0%（手采）。

因北疆封冻早，满地"圆膜"，不能实施粉碎秸秆、揭膜和耕翻地的冬前作业，棉农和地方农业部门领导很是焦虑。为此，10 月中旬北疆棉农抱团与卖家（轧花厂）进行谈判，结果也不理想。

中国棉花生产景气报告 NO：483　　　　　　　　出版日期　2021　11　03

2021 年 10 月新疆棉花采收、交售和价格（四）

——国家着手调控

毛树春

自 10 月 8 日储备棉投放市场后，为控制籽棉价格继续上涨和保持市场平稳运行发挥了应有作用。然而，投放的储备棉成交率不高（平均 59.4%），说明储备棉既要有数量更要有质量保障。

一、国内外棉花价差扩大，国家着手调控

（一）国庆节期间国家着手调控

为了加大市场资源供应量，促进棉花市场平稳运行，国庆节前和节日期间政府提出增加储备棉投放和进口原棉的投放。

一是储备棉继续投放。国家将进一步加强棉花市场调控，加大市场资源供应量。原定投放时间 7 月 5 日—9 月 30 日，现决定延长。投放期间每个法定工作日原则上投放 1.5 万 t 左右，根据市场形势等情况动态调整。

二是增加进口原棉投放。9 月 30 日中纺集团有限公司发布进口棉资源 10 月集中投放市场的公告。另有 3 家分别是北京九达纺织品集团公司、天津纺织工业供销公司和上海纺织原料公司，这 4 家合计进口 89.4 万 t 的 33.0% 的份额。

10 月 14 日，国家发展改革委经贸司王建军司长在山东省德州市棉花储备库开展专题调研指出，当前国家棉花储备资源充足，供应总体有保障，但近期国内棉价过高，超出了下游企业的承受能力，市场风险不断积聚，国家将进一步加强棉花市场调控，引导棉价回归合理区间，要求中储棉公司全力做好出库投放工作，充分发挥中央储备棉"压舱石"作用，促进棉花市场平稳有序运行和棉纺产业健康发展。

（二）国内外棉价差仍很大

由表 6-6 可见，9 月中下旬，1% 关税的价差在 800～1 752 元/t，而理论国际价差在 1 162～3 513 元/t。

10 月初到月底，1％关税的价差在 3 033～3 887 元/t，平均值达到 3 346 元/t，理论国际价差平均值达到 5 274 元/t。如此高的国内外价差国内纺织企业无法消化，可见国家调控仍要继续发力。

表 6-6 2021 年 9 月以来国内外棉价差异

日期（月—日）	CC Index 3128B（元/t）	籽棉收购价格				Cotlook A 指数			价差（元/t）	
		籽棉（元/kg）		皮棉（元/t）		美分/磅	理论国际价格（元/t）	1％关税折价（元/t）	理论国际价	1％关税折价
		手采	机采	手采	机采					
9—20	18 045 (21)	10.51	—	21 475	—	102.15	14 531.6	16 293	3 513	1 752
9—30	19 104 (29)	10.12	9.39	20 500	18 675	111.65	15 961.3	18 302	3 143	802
10—7	20 152	11.55	10.84	24 075	22 300	120.05	17 162.5	18 990	2 990	1 162
10—11	21 699	11.20	10.63	23 200	21 775	119.25	16 951.6	18 666	4 747	3 033
10—15	21 591	11.46	10.73	23 850	22 025	116.20	16 214.5	18 388	5 377	3 203
10—18	22 109	11.60	10.74	24 200	22 050	116.35	16 493.4	18 411	5 616	3 698
10—19	22 136	12.00	10.76	25 200	22 100	116.20	16 474.0	18 388	5 662	3 748
10—20	22 192	11.68	10.76	24 400	21 775	117.20	16 533.1	18 521	5 659	3 671
10—21	22 180	11.66	10.55	24 350	21 575	119.85	16 881.3	18 989	5 299	3 191
10—22	22 142	11.58	10.42	24 150	21 250	115.35	16 283.5	18 255	5 859	3 887
10—25	22 126	11.40	10.23	23 700	20 775	117.40	16 519.1	18 376	5 607	3 750
10—26	22 214	11.40	10.21	23 700	20 725	117.60	16 464.3	18 407	5 750	3 807
10—27	22 313	11.25	10.18	23 325	20 650	118.20	16 634.0	18 501	5 679	3 812
10—28	22 279	11.50	10.07	23 950	20 375	119.95	16 913.1	18 775	5 366	3 504
10—29	22 301	11.33	10.05	23 525	20 325	123.10	17 343.6	19 268	4 957	3 033
10 月平均	21 956	11.51	10.46	23 971	21 362	118.20	16 682.15	18 610	5 274	3 346

注：①9 月 20 日和 9 月 30 日为 9 月 21 与 9 月 29 日数据。10 月 15 日为 14 日美分/磅。衣分按 40％，棉籽价 3.2 元/kg，籽棉价 10.51 元/kg，相当于皮棉价 21 475 元/t。②按当日汇率计算。③理论国际价格＝A 指数×汇率×磅换算成吨的转换系数。

二、储备棉投放效果

储备棉的成交率逐步下降。10 月储备棉投放量从 1.5 万 t/日提高到 3.0 万/日，合计投放 43.71 万 t；10 月成交率从 100％下降到 33.3％，合计成交量 27.45 万 t，平均成交率 59.4％（表 6-7）。

储备棉投放后，为控制籽棉价格上涨和保持市场平稳运行发挥了积极作用。从数据来看，10 月 8 日及 10 月 11—15 日储备棉轮出 11 万 t 之后，籽棉价格从 10 月 7 日的 10.84（机采）～11.55 元（手采）/kg 到 10 月 15 日的 10.73（机采）～11.46（手采）元/kg，虽然略有回落，但没有达到预期目标，在 10 月 11—15 日这周内价格反而回升了，与国际市场价格的差距拉大了，市场评论认为，棉花价格已脱离了供需的基本面。

投放储备棉有价格优势。据反映，因储备棉价格低于新棉价格，有厂家购买内地储备棉运至新疆，原因是储备棉的价格比新疆现货价格（机采棉 21 943 元/t）低 1 463 元/t，低 6.7%；比手采棉均价 24 182 元/t 低 3 702 元/t，低 15.3%。

储备棉成交率为什么越来越低？投放储备棉成交率第一周为 88.2%，第二周下降到了 43.0%，第三周下降至 39.0%，可见随着投放时间的延长，成交率越来越低，最低仅 29.8%，看来市场不怎么买账，要求投放高品质原棉的呼声越来越高。因此，储备棉作为"压舱石"必须过质量关口（表 6 - 7）。

表 6 - 7　2021 年 10 月国家储备棉投放

日期 （月—日）	挂牌量 （万 t）	成交均价 （元/t）	折 CC Index 3128B （元/t）	涨跌 （元/t）	最高价 （元/t）	最低价 （元/t）	成交量 （万 t）	成交率 （%）
10—8	1.50	20 878	22 566				1.50	100.0
10—11	2.57	18 241	20 155	−2 411	21 100	16 690	2.57	98.0
10—12	2.50	18 380	19 911	−244	22 090	16 750	2.42	96.8
10—13	2.50	18 032	19 689	−222	22 060	16 010	1.67	66.8
10—14	2.51	18 204	20 023	339	21 100	16 990	2.15	85.7
10—15	2.50	18 595	20 438	410			2.34	93.6
10—18	2.60	18 888	20 590	152	21 160	17 310	1.63	62.6
10—19	3.01	18 387	20 182	−408	20 130	17 290	1.34	44.6
10—20	3.01	18 533	20 608	426	20 580	17 080	1.30	43.4
10—21	3.01	18 712	20 414	−194	19 820	27 470	1.04	34.5
10—22	3.00	19 026	20 706	292			0.94	29.8
10—25	3.00	18 595	20 463	−240	20 080	17 450	1.00	33.3
10—26	3.00	19 332	21 017	554	23 080	17 610	1.27	42.3
10—27	3.00	19 475	21 098	81	21 430	17 350	1.21	40.3
10—28	3.00	19 221	20 956	−142	21 440	17 500	1.03	34.3
10—29	3.00	18 805	20 674	−282	21 250	17 420	1.34	44.7
合计/平均	43.71	18 832	20 593		21 178	17 917	24.75	59.4

数据来源：中国储备棉信息中心。

三、后市展望

11月初，国内外棉花现货价格继续走高。11月3日，CC Index 3128B 为 22 316 元/t，比 10 月 29 日 22 301 元/t 涨 15 元/t，涨幅 0.07％；11 月 2 日 Cotlook A 指数 127.70 美分/磅，比 10 月 29 日涨 4.6 美分/磅，涨 3.7％。

中国棉花生产景气报告 NO：484　　　　　　　出版日期　2021　11　07

2021年新疆棉花采收、交售和价格（五）

——采收、交售进度延后，机采费用上涨，销售价格高位

毛树春

摘要： 由于前期大面积迟发，后期晚熟，2021年新疆棉花采收进度滞后，开采时间约晚于早熟的2020年7～10d，10月上旬采收面积比例明显低于2020年，至10月20日，采收进度62.9%，慢于2020年同期累计进度5个百分点。至10月31日全疆采收面积积累比例88.2%，与2020年同期相当。

由于采收进度滞后，2021年棉花交售进度也滞后，开秤时间滞后7～10d，至10月20日，交售累计进度44.8%，慢于2020年同期积累进度8.7个百分点。至10月31日全疆交售进度积累比例70.1%，与2020年同期相当。

2021年机采棉机面积比例提高到81.2%，比2020年扩大2.2个百分点。

2021年采收费用上涨。机采费194.07元/亩，比2020年增长17.1%。手采费用2.08元/kg籽棉，比2020年增长13.7%。

2021年棉价高开高走。至10月31日，棉农交售籽棉价格算术平均值10.36元/kg，比2020年同期6.73元/kg，增长3.63元/kg，涨幅53.9%。手采籽棉平均售价11.19元/kg，高于机采籽棉平均售价10.15元/kg，高10.2%。

因迟发晚熟，2021年机采棉需要二次复采的面积比例相当大。

一、新疆棉花采收进度慢于去年同期

2021年新疆棉花采收起点时间晚于2020年同期。9月20日采收起点累计进度为2.4%，低于2020年起点时间累计进度6.8个百分点。到10月31日采收累计进度达到88.2%，基本达到2020年同期的累计进度，这主要受高价的拉动（图6-2）。

9月20日北疆起点累计采收进度为2.5%，低于2020年同期积累进度16.9个百分点，到10月31日采收积累进度95.9%，低于2020年同期3.8个百分点。2021年10月上旬、中旬进度极慢，受前期迟发、后期晚熟、吐絮慢、低温和雨雪天气所阻。

9 月 20 日南疆起点积累进度为 2.4%，与 2020 年同期相当。到 10 月 31 日采收累计进度为 79.3%，慢于 2020 年同期 3.7 个百分点。至 10 月末，南疆棉田仍有两成多的棉花需要采收，预计要到 11 月中旬才能采收完毕。南疆采收慢，一是晚熟棉田面积大，二是与规范机采作业有关，即上午 10 点之后开采，下午 10 点必须停采，做到不采"超水棉"。另外，一些地方柴油短缺也影响采收进度。

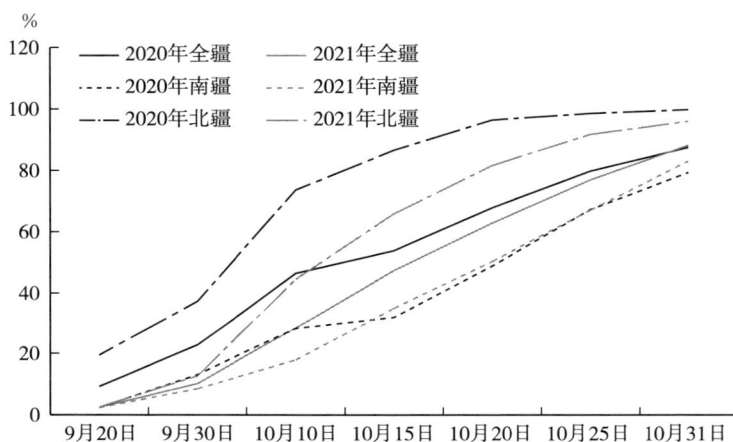

图 6-2 2020—2021 年新疆棉花采收进度

由于前期迟发，后期晚熟，2021 年全疆有相当棉田面积需要二次复采，一些地区复采面积达到 90%，相对早熟的棉田复采籽棉产量为 30kg/亩，占产量的 8%～10%，极为晚熟棉田复采籽棉产量为 100kg/亩，约占 25%，其中 5 月播种棉田约占一半。

二、新疆棉花交售进度前中期慢于上年同期

2021 年全疆棉花交售进度慢于去年同期，开秤时间滞后。9 月 20 日交售起点累计进度为 0.7%，低于 2020 年起点时间累计进度 5.5 个百分点。9 月 30 日、10 月 5 日、10 月 10 日、10 月 20 日和 10 月 25 日分别低于 2020 年同期 10.6、15.9、9.9、8.7 和 2.6 个百分点，到 10 月 31 交售累计进度 70.1%，基本达到 2020 年同期的累计进度，与采收一样，也主要受高价的拉动（图 6-3）。

9 月 20 日北疆起点交售累计进度为 0，即开秤时间晚于 2020 年同期 7d 以上，10 月上旬、中旬交售进度慢，除采收进度慢以外，还有棉农惜售、轧花厂收购观望、停收等原因。到 10 月 31 日交售积累进度 86.5%，慢于 2020 年同期 11.9 个百分点（图 6-3）。

9 月 20 日南疆起点交售积累进度为 1.2%，与 2020 年同期相当。10 月上旬、中旬交售进度快于 2020 年同期，主要受高价的拉动，基本采取即采即买，少有惜售现象。到 10 月 31 日交售累计进度 59.1%，也因高价快于 2020 年同期交售累计进度 5.1 个百分点（图 6-3）。

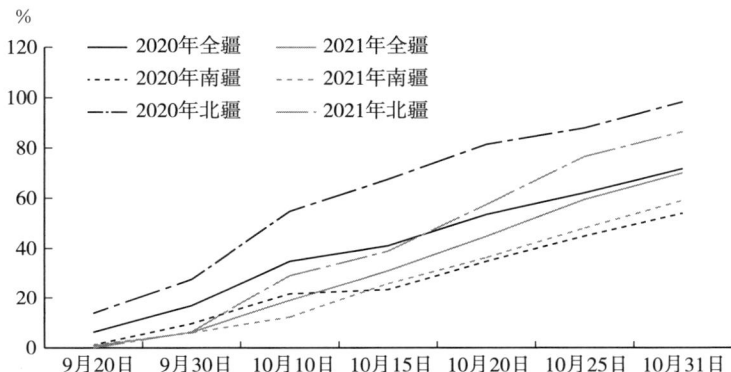

图 6-3 2020—2021 年新疆棉花交售进度

三、棉花手采和机采面积比例

2021 年新疆棉花机械化采收面积不断扩大，全疆机采率达到 81.8%，约提高 2.2 个百分点，其中北疆机采率达到 98.0%，提高 1 个百分点；南疆机采率达到 71.0%，提高 3 个百分点（表 6-8）。

全疆机采棉存在一些差异，其中喀什地区机采面积比例最低，约 40%，阿克苏地区和巴州约 60% 上下，南疆兵团 3 个师市机采面积达到 95.0%。

四、手采和机采费用

2021 年棉花采收费用上涨，这与柴油价格与雇工费用上涨紧密相关。全疆机采棉费用 194.07 元/亩，涨幅 17.1%。其中北疆 197.50 元/亩，涨幅 25.2%，南疆 191.79 元/亩，涨幅 12.2%（表 6-8）。

另外，复采机械作业费用为 50~60 元/亩。

手采棉价格继续上涨，2021 年全疆手采籽棉费用 2.08 元/kg，涨幅 13.7%，其中南疆 2.00 元/kg，涨幅 15.6%，按单位面积籽棉产量 400kg/亩测算，手采费用 800 元/亩，机采费用 194.07 元/亩，节省成本 605.93 元/亩，节省 75.7%。

表 6-8　2021 年新疆棉花机采面积比例及手采和机采费用

年份	机采棉面积比例（%）			手采棉费用（元/kg）			机采棉费用（元/亩）		
	全疆	南疆	北疆	全疆	南疆	北疆	全疆	南疆	北疆
2021	81.8	71.0	98.0	2.08	2.00	2.20	194.07	191.79	197.50
2020	79.6	68.0	97.0	1.83	1.72	2.00	165.68	170.98	157.73

注：2021 年机采圆膜价格高于机采"散花"，北疆机采圆膜价格 241.82 元/亩，高于"散花"57.9%；南疆机采圆膜价格 198.57 元/亩，高于"散花"7.3%。

五、棉农籽棉交售价格大幅上涨

2021 年棉农籽棉交售价格高开高走，虽然中间有些小幅波动，但整体相对稳定。

（一）机采棉交售价格

2021 年全疆机采籽棉交售起点价格 8.50 元/kg，高于 2020 年起点价格 5.95 元/kg，高出 42.9%。9 月 30 日至 10 月 31 日基本稳定在"10 元/kg"的水平上，棉农交售籽棉价格的算术平均值为 10.43 元/kg，高于 2020 年同期价格 60.7%（图 6-4）。

2021 年全疆复采籽棉售价在 5.0～6.0 元/kg，最早也有 7.0 元/kg 的报道。

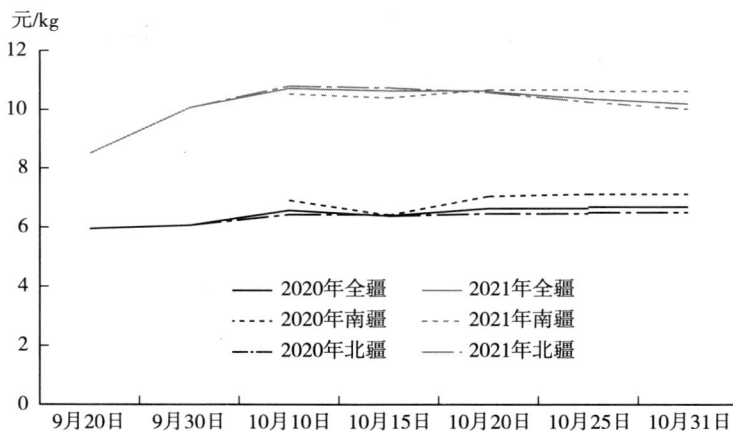

图 6-4　2020—2021 年新疆机采棉交售价格

（二）手采棉交售价格

2021 年全疆手采籽棉交售起点价格为 10.04 元/kg，高于 2020 年起点价格 6.83 元/kg，高出 47.0%。9 月 30 日至 10 月 31 日手采籽棉交售价格基本稳定在"11.0 元/kg"的水平上，棉农交售籽棉价格的算术平均值为 11.38 元/kg，高于 2020 年同期价格 7.58 元/kg，高出 50.1%（图 6 - 5）。

9 月 20 日到 10 月 31 日，2021 年手采籽棉交售价格算术平均值为 11.19 元/kg，高于同期机采棉售价算术平均值 10.15 元/kg，高 10.2%。

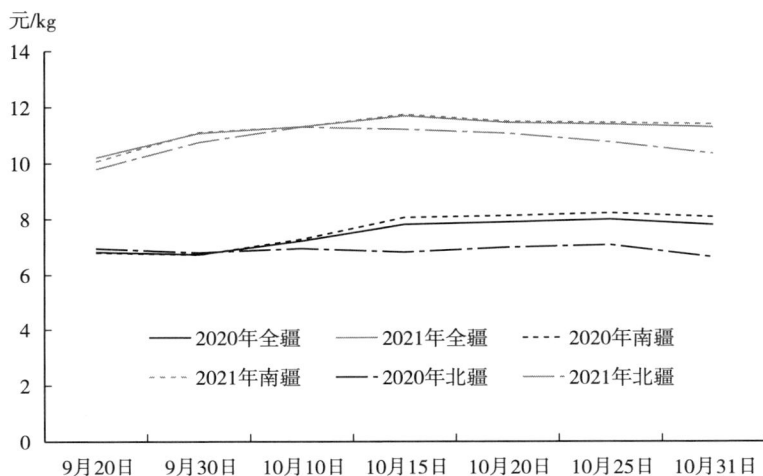

图 6 - 5 2020—2021 年新疆手采棉交售价格

（三）全疆棉农籽棉交售价格

至 10 月 31 日，2021 年全疆棉农手采、机采籽棉交售加权价格 8.81 元/kg，高于 2020 年同期价格 6.21 元/kg，高出 41.9%。9 月 30 日至 10 月 31 日基本稳定在"10 元/kg 籽棉"的水平上，算术平均值为 10.62 元/kg，高于 2020 年同期 6.82 元/kg，高出 55.7%（图 6 - 6）。

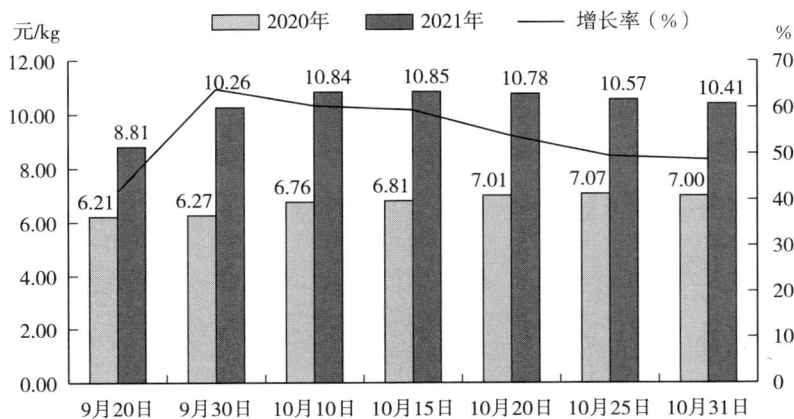

图 6 - 6 2020—2021 年新疆棉花交售价格及其增长率

2021 年新疆棉花采收、交售和价格（七）

——产量预测和阶段公检品质

毛树春

摘要： 2021 年监测绿洲棉花收获密度、单株成铃分别减少 1.4％和 7.4％，复采面积增加对成铃和单铃重还有影响，预测籽棉产量和实收籽棉产量分别减少 8.2％和 7.3％，阶段加工轧花衣分率降低多个百分点，预测皮棉单产减幅将超过一成。

阶段性品质指标明显改善，其中长度、比强度、细度指标提高较多，证实一系列提质增效措施发挥了积极作用。但因今年迟发晚熟复采霜后花比例大，全年品质待公检完毕才能作最后评估。今年棉价高开高走，新疆棉花的水杂特别值钱，提质增效与超水超杂的斗争将是长期的。

一、2021 年新疆棉花产量构成和产量预测

2021 年是新疆棉花的减产年景。据监测结果，收获密度、单株成铃数和籽棉产量都呈减少趋势（表 6－9）。

（一）产量构成

2021 年收获密度 11 416.3 株/亩，比 2020 年减少 163.6 株/亩，比历年减少 905.4 株/亩，减幅分别为 1.4％和 7.3％，这与播种期和苗期不利气候有关，缺苗率高，大小苗棉田面积大，也与近年提倡适当稀植有关。北疆收获密度比 2020 年减少 288.8 株/亩，减幅 2.4％，比历年减少 144.2 株/亩，减幅 1.2％。南疆收获密度比 2020 年减少 80 株/亩，减幅 0.7％；比历年减少 938.4 株/亩，减幅 7.8％。

2021 年成铃数 6.3 个/株，比 2020 年减少 0.5 个/株，减幅 7.4％，比历年多 0.3 个/株，增加 5.0％，其中 2021 年晚播棉田成铃率减少较多，霜后花的铃重比较轻。

（二）籽棉产量预测

9 月预测 2021 年籽棉产量 366.4（实收 369.9）kg/亩，比 2020 年减少

32.7（实收 29.2）kg/亩，减幅 8.2（实收 7.3）%；比历年增产 8.6（实收 12.1）kg/亩，增幅 2.4（实收 3.4）%。

又据轧花加工进度报告，2021 年衣分率 38%，按实收籽棉产量测算，皮棉产量 140.6kg/亩。其中 2020 年衣分率在 42% 水平上，2021 年约减少 4 个百分点，预计皮棉产量减幅超过 10%。

表 6-9 2021 年新疆棉花产量构成及籽棉产量预测

区域	年份	收获密度 （株/亩）	成铃数 （个/株）	预测籽棉产量 （kg/亩）	实际收获籽棉产量 （kg/亩）
全疆	2021	11 416.3	6.3	366.4	369.9
	2020	11 579.9	6.8	399.1	399.1
	历年	12 321.7	6.0	357.8	357.8
北疆	2021	11 960.4	6.8	405.0	424.6
	2020	12 249.2	7.0	440.1	440.1
	历年	11 816.2	6.1	379.5	379.5
南疆	2021	11 053.6	5.9	340.6	333.4
	2020	11 133.6	6.7	371.8	371.8
	历年	11 992.0	5.9	343.3	343.3

数据来源：中国棉花生产监测预警数据。

另外，北疆棉花单产高于南疆。2021 年高于南疆 27.4%，2020 年高于南疆 18.4%，历年北疆高于南疆 10.5%。可见南疆棉花单产正处于下降阶段。

二、阶段公检棉花品质明显改善，相关对策取得阶段性成效

（一）阶段性公检品质指标明显改善

至 10 月 31 日，2021 年新疆棉花公检锯齿细绒棉产量 465.0 万包（约 100.9 万 t，占产量 21.0%），比 2020 年同期 585.7 万包（预计皮棉产量 127.1 万 t，占产量 20.6%），减幅高达 20.6%（与长势、预测产量存在高达吻合）；略多于 2019 年同期 5.9 万包（表 6-10）。

至 10 月 31 日，颜色级 3 及以上占 80.20%，比 2020 年和 2019 年分别提高 2.60 和 -4.3 个百分点。

至 10 月 31 日，2021 年纤维长度 28.85mm，比 2020 年和 2019 年延长 0.85 和 0.22mm。其中 29mm 及以上比例达到 69.83%，比 2020 年和 2019 年提高 45.78 和 13.85 个百分点。

表 6 - 10　2021 年新疆棉花公检锯齿细绒棉品质比较（至 10 月 31 日）

项目	2021 年	2020 年	2019 年	2021 年度与上两年的差值	
				2020 年	2019 年
公检量（万包）	465.00	585.70	459.10	−120.7	5.9
颜色级 1～3 级比例合计（%）	80.20	77.60	84.50	2.60	−4.3
纤维长度加权平均值（mm）	28.85	28.00	28.63	0.85	0.22
长度 29mm 及以上比例（%）	69.83	24.05	55.98	45.78	13.85
马克隆值 A 档比例（%）	4.36	1.43	10.03	2.93	−5.67
马克隆值≥5（C2）档（%）	30.25	46.53	34.52	−16.28	−4.27
断裂比强度平均值（cN/tex）	29.12	28.08	28.76	1.04	0.36
断裂比强度强及很强比例（%）	54.26	23.88	44.07	30.38	10.19
长度整齐度指数平均值（%）	82.63	82.19	82.64	0.44	−0.01
长度整齐度指数高档（%）	38.66	25.18	38.79	13.48	−0.13

数据来源：中国纤维质量监测中心。

注：断裂比强度高档为 83.5%～85.9%；长度整齐度指数高档为 83.0%～85.9%及以上。

至 10 月 31 日，2021 年断裂比强度 29.12cN/tex，比 2020 年和 2019 年分别提高 1.04 和 0.36cN/tex。其中断裂比强度强及很强比例占 54.26%，比 2020 年和 2019 年分别提高 30.38 和 10.19 个百分点。

至 10 月 31 日，2021 年马克隆值 A 档占 4.36%，比 2020 年和 2019 年分别提高 2.93 和−5.67 个百分点。其中马克隆值其≥5（C2）档占 30.25%，比 2020 年和 2019 年分别下降 16.28 和 4.27 个百分点。

需要指出的是，因 2021 年绿洲棉花迟发晚熟严重，需复采的都是霜后花，其霜后花的马克隆值极低、比强度极小、纤维成熟度差，但纤维长度缩短不多，整体品质有待公检完毕才能进行全面评价。

（二）提质增效的一系列措施发挥积极作用

有人认为，"种"与"加工"环节对品质影响为"三七开"或"四六开"，怎么种占大头，怎么加工占小头，而监管则是一个乘数。

2021 年以来，新疆出台一系列提质增效对策措施。从 2 月兵团出台《完善兵团棉花目标价格政策实施方案》到 9 月新疆地方出台《关于规范我区棉花采收和加工行为的通知》，从年初"一主两辅"的品种布局到优质优价的落地，从不采超水超杂到打击籽棉掺杂使假，从加工规范到质量抽查，通过市场监管促进奖罚措施落地。这些举措正在发挥积极作用，也取得了阶段性进展，其中兵团派出督导工作组和协会开展行业自律的做法值得提倡。

然而，在籽棉高价与实施目标价格的背景下，新疆棉花的"水与杂"已变得特别值钱，提质增效与超水超杂的斗争将是长期的。

中国棉花生产景气报告 NO：487　　　　　　　　　出版日期　2021　11　26

2021年新疆绿洲棉花采收、交售和
价格简要总结（八）

毛树春

摘要：2021年新疆棉花采收进度慢于早发早熟的2020年。至11月20日，全疆采收进度为98.0％，慢于2020年同期1个百分点。

2021年机械化采收率达到81.8％，在2020年比2019年提高19个百分点的基础上，再提高2.8个百分点，显然疫情加快了机械化采收进程。

2021年复采面积扩大，复采籽棉产量和售价都有提高。

棉农籽棉交售进度慢于2020年同期。至11月20日，全疆交售进度95.7％，慢于2020年同期0.8个百分点。

2021年新疆棉农籽棉交售价格高开高走。至11月20日棉农籽棉交售价平均值为10.14元/kg，比2020年同期平均价6.73元/kg，增长50.7％。其中：棉农机采籽棉交售价平均值为10.16元/kg，比2020年平均价6.50元/kg增长56.3％；棉农手采籽棉交售价平均值为11.21元/kg，比2020年平均价7.47元/kg增长50.1％。

一、采收进度和机械化采收率

（一）采收进度慢于2020年同期

至11月20日，全疆采收进度为98.8％，慢于2020年同期1个百分点。2021年因前期迟发后期晚熟，采收起点时间滞后，9月20日至10月15日，采收进度落后于2020年同期，直到10月25日才基本达到2020年采收率水平（见附表3、图6-7）。

北疆11月5日采收进度达到99.0％，但比早熟的2020年滞后10d；南疆11月20日达到98％，慢于2020年同期，这与晚熟有关。

（二）机械化采收比例大幅提高

近两年，因新冠肺炎疫情限制人员流动，加快了棉花机械化采收的进程。2020年全疆机采率达到79.0％，比2019年增加19百分点。2021年达到81.8％，再提高2.8个百分点，其中北疆达到98.0％上下，南疆达到71.0％，南疆中的喀什地区机采比例相对较低。

棉花机械化采收形成现实生产力，是 21 世纪特别是近 10 年我国植棉业现代化进程中的重大事件之一。机械化采收显著提高劳动生产效率，大幅节省采收费用。如果没有机械化采收，像今年的晚熟棉田采收进度将大大延后。

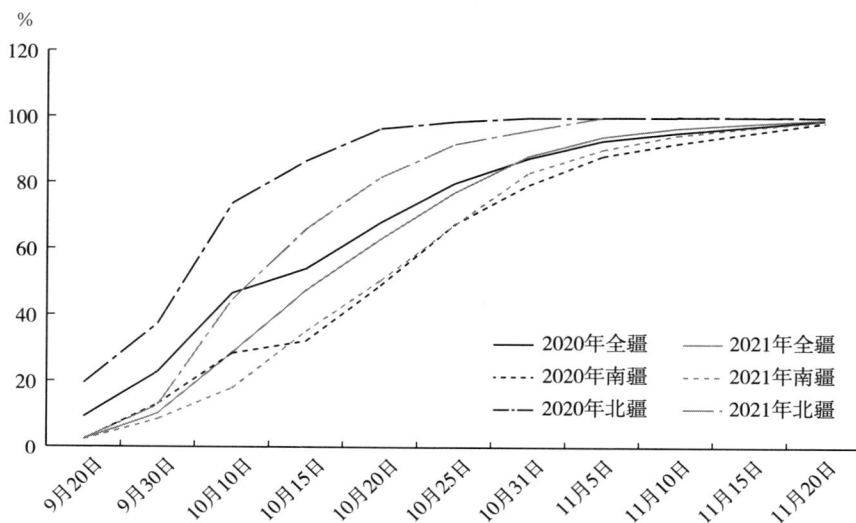

图 6-7 2020—2021 年新疆棉花采收进度比较

（三）复采面积扩大，复采籽棉产量和售价都提高

复采棉花相当于霜后花，仍有利用价值。

2021 年复采面积占机采面积的 24.0%，比 2020 年扩大 5.9 个百分点。复采籽棉单产 30.7kg/亩，比 2020 年 25.0kg/亩增长 22.8%。复采籽棉售价 6.94 元/kg，比 2020 年 5.12 元/kg 增长 35.5%。复采费用 70.0 元/亩，比 2020 年 50.0 元/亩增长 40.0%。

分析复采面积增长原因：一是复采面积扩大与晚熟紧密有关，复采棉田全疆都有分布，其中一些产地复采占机采面积的比例高达 85.0%。二是复采仍有利可图。

二、2021 年棉农采收进度和交售价格

（一）交售进度

至 11 月 20 日，全疆交售进度达到 99.9%，慢于 2020 年同期 0.8 个百分点。2021 年因前期迟发后期晚熟，采收起点时间滞后，交售进度也滞后。9 月 20 日至 10 月 25 日，交售进度滞后于 2020 年同期，直到 10 月 31 日才基本达

到2020年交售进度水平。10月中旬一段时间棉农存在观望心态，期待价格更高有惜售现象，企业观望和迟疑放慢了收购，交售进度放慢一些（附表3、图6-8）。

至11月5日北疆交售进度达到96.1%，但比早熟的2020年滞后3.7个百分点；南疆交售进度达到74.6%，快于2020年同期，这与价高催收有关。

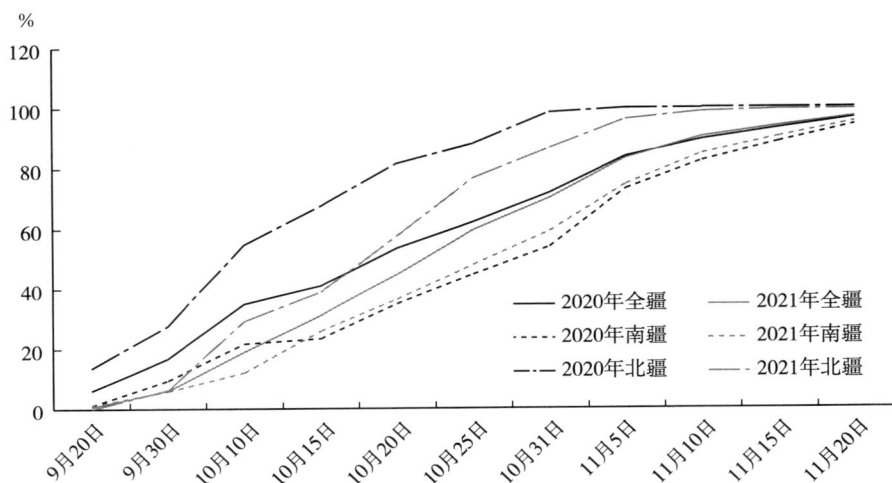

图6-8　2020—2021年新疆棉花交售进度比较

（二）籽棉交售平均价格

2021年棉农籽棉售价高开高走。至11月20日棉农籽棉交售均价9.62元/kg，比2020年同期交售均价6.73元/kg，增长42.9%（附表4）。

2021年按平均衣分率38%和棉籽价3 200元/t测算，理论皮棉平均成本21 463元/t；2020年按衣分率42%和棉籽价3 100元/t测算，理论皮棉平均成本价19 862元/t，2021年比2020年增长8.1%。

籽棉售价呈现开口向下的抛物线形。从9月20日起点价8.84元/kg上升到10月15日最高价10.85元/kg，回落到11月20日9.04元/kg籽棉，比2020年同期分别增长44.3%、59.4%和36.5%。

（三）棉农手采籽棉交售平均价格

至11月20日，棉农手采籽棉交售均价11.21元/kg，比2020年交售均价7.47元/kg，增长50.1%（附表4、图6-9）。

手采籽棉价格也呈现开口向下的抛物线形，11月15日最高售价达到11.71元/kg，比2020年同期上涨49.9%，此后处于高位缓慢回落或持平状态。

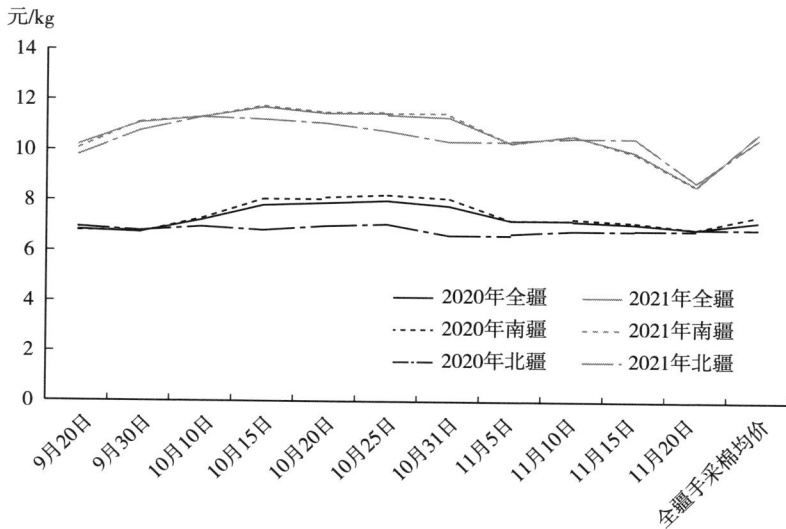

图 6-9　2020—2021 年新疆棉农手采棉交售价格比较

（四）棉农机采籽棉交售平均价格

至 11 月 20 日，棉农机采籽棉交售均价 10.16 元/kg，比 2020 年交售均价 6.50 元/kg，增长 56.3%（附表 4、图 6-10）。

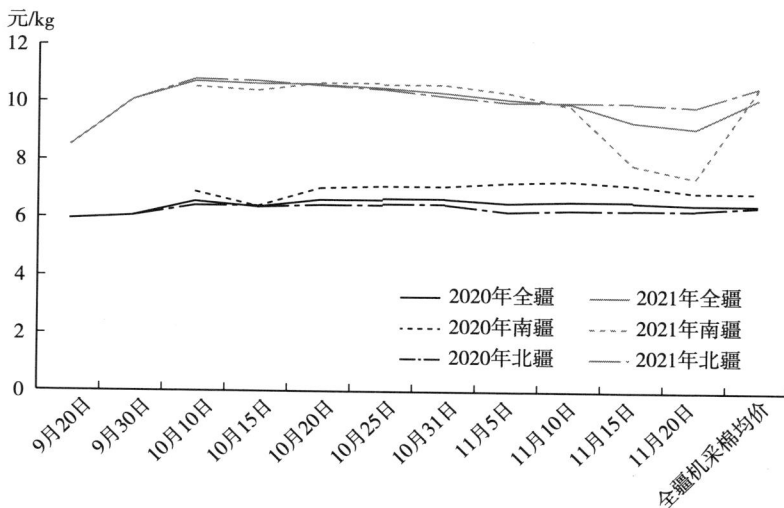

图 6-10　2020—2021 年新疆棉机采棉交售价格比较

机采籽棉价格也呈现开口向下的抛物线形，10 月 10 日最高售价达到 10.72 元/kg，比 2020 年同期上涨 63.4%，此后也处于高位缓慢回落或持平状态。

2021年新疆棉农手采籽棉平均售价11.21元/kg，机采棉平均售价10.16元/kg，手采棉价格高出1.05元/kg，高10.3%，按单位面积籽棉产量350kg/亩测算手采增加收益367.5元/亩，手采平均费用2.2元/kg籽棉，采收费用为770元/亩，手采方式相当亏损402.5元/亩。这是机械化采收进程加快的重要原因。

2020年手采籽棉交售均价7.47元/kg，机采籽棉交售均价6.50元/kg，手采高于机采0.97元/kg，高14.9%，可见在价格相对低时，手采与机采价差更大，价格高时，两者的价差在缩小。

手采籽棉的杂质含量低，可分级销售，对纤维的损害小，品质相对有保障，越来越成为稀缺性棉花资源。

中美经贸摩擦观察

毛树春

　　中美经贸摩擦由美国总统唐纳德 J. 特朗普（Donald J. Trump）执政时期发起，2018 年，由美国单方面发起的经贸摩擦升级成为关税贸易战，强行推行"美国优先""让美国重新强大"。2020 年 1 月 15 日，中美双方在美国华盛顿签署《中华人民共和国政府和美利坚合众国政府经济贸易协议》（以下简称《协议》），　《协议》约定 2020—2021 年我国扩大自美进口额增量不少于 2 000 亿美元。2021 年 1 月 20 日美国由拜登（Joe Bide）总统执政，拜登当局继续奉行单边主义，反华手段不断翻新，并与"人权"挂钩对我国新疆及其高新技术企业实行精准打击，我国积极应对，维护经贸利益。

一、加征关税

　　2018 年 6 月 15 日，美国政府依据所谓"301 调查"单方面认定结果，宣布对原产于中国的 500 亿美元商品加征 25％的关税。7 月 6 日，中美贸易战爆发，美国对从进口我国 500 亿美元商品之中的 340 亿美元加征 25％的关税；8 月 27 日起，又对进口我国 160 亿美元商品加征 25％的关税。为维护自身正当权益和维持多年贸易体制，我国不得不对进口美国价值 340 亿美元商品加征 25％的关税，予以对等反制。

　　2019 年 9 月 24 日，美国对进口我国 2 000 亿美元商品加征 10％的关税（加上之前 500 亿美元 25％的关税，共计 2 500 亿美元），我国不得不对进口美国价值约 600 亿美元商品加征 25％的关税（涉及农产品有大豆、棉花、高粱等）。

　　2019 年 12 月 13 日，中美就第一阶段经贸协议文本达成一致，美国贸易代表办公室（USTR）发表声明公告，3 000 亿美元 A 清单商品（9 月 1 日加征）的关税由 15％降至 7.5％，3 000 亿美元 B 清单商品（原定 12 月 15 日加征）将暂停加征，包括自 2019 年 5 月 13 日起加征关税的排除等（表 6 - 11）。

　　2020 年，中美经贸摩擦摩擦继续，经过双方谈判加征关税税率开始下调并排除税率品种。

　　2021 年 1 月拜登上台后，美国企业和政界一些人士纷纷行动，或要求政府对进口中国产品免税，或呼吁政府扩大对华产品的关税豁免范围。

2021 年 3 月美国新任贸易代表戴琦称，美国尚未准备好取消对华关税。尽管 2020 年中美两国签署了旨在结束贸易战的协议，但是关税举措并没有取消。10 月，中方刘鹤副总理与戴琪大使举行视频通话，双方就中美经贸协议的实施情况交换了意见，中方始终认为，取消加征关税符合中美两国消费者和生产者的根本利益，有利于世界经济复苏。

表 6-11　中国自美国进口产品贸易额增量目录

单位：亿美元

项目	品种名录	美国对中国出口产品贸易额比 2017 年的增量		
		第一年	第二年	第三年
农产品	油料种子、肉类、谷物、棉花、其他农产品、水海产品	125	195	320
制成品	工业机械、电气设备和机械、药品、飞机（订单及交付）、汽车、光学设备和医疗设备、钢材、其他制成品	329	448	524
能源产品	液化天然气、原油、石化产品、煤炭	185	339	524
服务	知识产权使用费、商务旅行和旅游、金融服务和保险、其他服务、云和相关服务	128	251	379
总计		767	1 233	2 000

数据来源：平安证券研究所。

二、我国扩大自美进口

（一）"协议"扩大进口指标

中美经贸协议第一阶段约定，"从 2020 年 1 月 1 日至 2021 年 12 月 31 日两年内，中国应在 2017 年基数之上，扩大自美采购和进口制成品、农产品、能源产品和服务不少于 2 000 亿美元"（其中商品 1 621 亿美元，服务 379 亿美元）。其中农产品部分，2020 年和 2021 年分别较基年新增 125 和 195 亿美元；制成品部分，两年分别较基年新增 329 和 448 亿美元；能源产品部分，两年分别较基年新增 185 和 339 亿美元；服务类产品部分，两年分别较基年新增 128 和 251 亿美元（表 6-11）。

（二）协议执行情况

"协议"使得中国进口农产品和能源品的比重有效提升，但进口制成品的比重仍处于下行通道。受中美博弈影响，农产品（指清单规定的农产品所在的 HS2 行业类别，后同）的进口比重波动最为明显，从 2017 年的 18.7％连续两年下滑至 2019 年的 10.1%，2020 年回升至 14.2%。

2020 年受新冠肺炎疫情影响，国际油价大幅下跌，我国进口能源产品呈现"数量增，金额减"的特点。

2020 年，中美双边货物贸易总值 4.06 万亿元，增长 8.8%，占同期我国进出口总值的 12.6%。其中，对美出口 3.13 万亿元，增长 8.4%，自美进口 9 318.7 亿元，增长 10.1%。

据《海关统计》，2020 年，中美两国贸易额为 5 867.21 亿美元，同比增长 8.3%。其中，中国对美国出口 4 518.13 亿美元，同比增长 7.9%；自美国进口 1 349.08 亿美元，同比增长 9.8%。

据《海关统计》，2021 年，中美贸易额为 7 556.45 亿美元，同比增长 28.7%。其中，中国对美国出口 5 761.14 亿美元，同比增长 27.5%；中国自美国进口 1 795.31 亿美元，同比增长 32.7%，也高于美国官方统计的美国对全球出口的增幅（23.1%）。其中中国自美农产品进口额 330 亿美元，比 2020 年增长 25.0%。

我国自美国进口原棉，2020 年进口量 97.7 万 t，进口额 16.10 亿美元（均价 1 648 美元/t）；2021 年进口量 82.9 万 t，进口额 16.01 亿美元（均价 1 931 美元/t），与 2017 年进口量 51.7 万 t、进口额 9.92 亿美元（均价 1 919 美元/t）相比，进口量分别增长 89.0% 和 60.3%，进口额分别 62.3% 和 61.4%。可见，2020 年棉花进口存在"量增价减"现象，价格受国际市场影响较大。

关于进口未能如约完成，这与很多方面有关。一是中方承诺从美国增加进口 1 621 美元商品，但没有规定 2021 年的进口实绩。二是双方承认将基于市场价格和商业考虑开展采购活动，即采购是有条件的。三是协议第 7.6 条规定，"如因自然灾害或其他双方不可控的不可预料情况，导致一方延误，无法及时履行本协议的义务，双方应进行磋商。"2020 年新冠肺炎疫情暴发，严重冲击世界经济，打乱了供给链，这是不可预测、不可控的情况，所带来的延误是必然的，双方应该进行磋商。鉴于此，美国认为"中方没有落实中美第一阶段疆棉协议中的采购承诺，美国政府将考虑对华采取贸易措施"；中方认为，中美经贸第一阶段协议执行情况应双方进行磋商，而不是美方所谓重启"301调查"，其"301 调查"已被认定违反世界贸易规则。

"疆棉禁令"及其影响

毛树春

特朗普政府时期对我国实行加征关税的普遍性打击，而拜登政府时期转向对我国实行定向精准打击，美西方反华手段不断翻新，采取多种恶劣行径对新疆造谣抹黑，目的是实现美国"以疆制华"图谋，与美国的斗争将是长期的。在这场斗争中，棉花成为典型的地缘政治斗争作物，棉产品也成为典型的地缘政治斗争产品。美国实施"疆棉禁令"将对我国新疆棉花生产和消费产生长期的负面影响，对此我们应有足够的认识。

一、美西方禁止使用新疆棉

2020年5月，美国宣布制裁新疆棉花使用实体清单企业，新疆华孚色纺集团公司被列入其中。6月17日，美国参众两院签署《2020维吾尔人权政策法案》。7月1日，美国政府发布"新疆供应链商业咨询公告"限制疆棉使用，接着新增4家国内纺织企业实体清单——新疆昌吉溢达纺织有限公司、和田浩林发饰品有限公司、和田泰达服装有限公司与南京新一棉纺织印染有限公司。9月14日，美国宣布制裁新疆准噶尔棉麻有限公司。12月2日禁止从新疆生产建设兵团进口棉花和棉制品（棉纱、棉纺织品与棉制服装）货物。

2021年1月13日，美国海关与边境保护局（CBP）发布公告，禁止进口所有来自新疆地区的棉花和番茄产品，包括从第三国家加工的相关产品，约有43批棉花产品在美国入境口岸被扣留。

2021年7月13日，美国发布更新版的《新疆供应链商业咨询公告》，以及美国国务院推出"负责任采购工具"网站，提供包括11个产业和44种商品的"强迫劳动"风险资讯、风险管理工具，协助企业了解并减少在供应链中使用"强迫劳动商品"。12月14日美参众两院通过"维吾尔强迫劳动预防法案"，目的是实现美国"以疆制华"的图谋，竭尽全力对新疆造谣抹黑。12月23日，拜登签署《预防新疆强制劳动法案》。

二、品牌商抵制新疆棉

2021 年 3 月 24 日，瑞典服装品牌商 H&M（亨内斯—毛里茨公司）官网发表声明"H&M 集团不与位于新疆的任何服装制造工厂合作，也不从该地区采购产品/原材料"，以此抵制新疆棉。境外服装品牌阿迪达斯、耐克、优衣库跟进。

24 日当晚共青团中央微博发文"新疆棉花不吃这一套""一边造谣抵制新疆棉花，一边又想在中国赚钱，痴心妄想"。接着，央视评指出，H&M 抵制新疆棉花只会换来中国消费者"自卫"，一些网友愤怒并要求该公司离开中国。

3 月 25 日，全国各界抗议西方公司"砸碗"做法，揭露抵制行动背后阴谋，奋起捍卫新疆棉，响彻互联网。H&M 股票暴跌，市值蒸发 48 亿元，耐克市值蒸发 463 亿元。由 H&M 抵制新疆棉引发一场全民爱国棉、爱新疆棉的热潮席卷全国。

3 月 26 日，中国棉花协会、中国纺织品进出口商会、中国棉纺织行业协会、国家棉花产业联盟、中国人民保险公司等行业机构纷纷发表声明支持新疆棉花，阐明中国棉纺织业在全球产业链、供给链和消费链中的基础作用不容破坏，禁用新疆棉违反国际贸易规则。赞同中国商务部的立场，对于跨国企业在中国正常的经营活动和构建产业链供应链的努力，我国始终持欢迎和支持态度。

"我支持新疆棉花""支持新疆棉""大美新疆我们共同守护"等热点话题冲上网络热搜，无论是普通网友还是名人明星，无论是企业还是消费者，都以团结一致的行动支持新疆棉花。多位明星发表解约代言声明，表示"新疆棉花有一颗中国心"。数十家国货品牌力挺新疆棉，包括李宁、安踏、美斯特邦威、森马、鸿星尔克、菌曼等。外交部发言人发表声明，中国光明磊落，中国人民友善开放，但中国人民的民意不可欺、不可违。

三、BCI 停发新疆棉认证证书

在一批国际服装品牌最近两年抵制新疆棉的背后，一个总部设在瑞士的非营利机构组织浮出水面——良好棉花发展协会（BCI）。2019 年该组织以所谓"强迫劳动"为由，暂停在新疆发放 BCI 棉花许可，导致新疆棉花被多个外国品牌抵制。此次陷入争议的品牌都是 BCI 会员。《环球时报》记者对 BCI 上海代表处表示，"新疆地区所有执行合作伙伴的项目中从未发现违反 BCI 禁止强迫劳动的标准的情况"，然而，BCI 总部以"强迫劳动与体面劳动问题"为由仍要推进所谓"调查整改措施"。

BCI 推动抵制新疆棉花背后离不开政治与意识形态的操纵，美国国际开发署是 BCI 的重要赞助商，而且 BCI 理事会中有大量欧美零售品牌商的派驻代表。BCI 组织与美国棉花协会、澳大利亚棉花协会的关系密切。

2021 年 3 月 26 日，BCI 上海代表处发表声明，指出 BCI 全体中国地区的工作人员坚定不移地支持中国棉花产业的可持续发展，与合作伙伴开展良好棉花项目，旨在为棉花产区环境、经济和社会发展带来积极影响。中国区项目团队严格遵照 BCI 的审核原则，从 2012 年开始对新疆项目点所执行的历年第二方可信度审核和第三方验证，从未发现一例有关强迫劳动的事件。BCI 上海代表处将与新疆执行合作伙伴继续保持沟通，共同维护供应链的可持续发展。BCI 中国团队呼吁所有中国区会员及相关利益方同心协力，积极支持国家有关部门关于中国棉花可持续标准的制定工作，为中国棉花产业的可持续健康发展贡献力量。

2021 年 3 月 27 日，国家棉花产业联盟（CCIA）召开国棉高质量发展及 CCIA 品牌对接研讨会。会议指出，推进我国棉花产业由量向质转型升级，是落实供给侧结构性改革的必然要求，是保证我国棉花产业健康稳定发展的必由之路。国家棉花产业联盟积极推进中高品质订单种植，产销对接，补高品质短板。会议声明"坚决反对基于谎言和虚假信息污名化新疆棉花、排除新疆棉花及棉织品的行为"。

2021 年 3 月 27 日，CCTV-1 焦点访谈栏目、3 月 28 日早间新闻以"白棉花为什么上了'黑名单'"为题，介绍了 BCI 中国区上海代表处和 BCI 用户等当事人一起发声支持新疆棉，阐明了代表处为维护新疆棉所做的大量工作，据理力争第二方和第三方认证证实新疆棉无任何"强迫劳动"行为，揭露 BCI 总部受控美国和西方一些国家及相关组织抹黑、扼杀新疆棉行径，澄清了相关问题。

推行"疆棉禁令"最终吃亏的是美国消费者。棉花争端事件最大危害是扰乱了生产链和供给链，推高纺织品成本，欧盟、美国和东南亚的消费者将不得不为棉花制品支付更多的费用。国际纺织制造商联合会也在关注美国提出的"疆棉禁令"，强调全球纺织产业链的稳定和安全，疆棉制品符合全球纺织业的共同利益。

据中国棉花信息网研究报告，按 2019 年各项数据测算，对美国出口的新疆棉用量为 50 万～55 万 t。市场认为，对美国、欧盟出口的棉纱线、棉机织物和棉制服装等，新疆棉用量大致在 160 万～180 万 t。

2020 年美国棉花品种监测报告

冯　璐

一、2020 年美国陆地棉种植品种

2020 年 9 月美国农业部发布报告，当年全美种植陆地棉品种增 10 个至 128 个（另有 8 个海岛棉品种），增 8.47％。

2020 年美国陆地棉面积减 12.9％为 7 278 万亩。全美陆地棉占播种面积 0.5％以上（面积 36.4 万亩以上）的品种 40 个，比 2019 年减少 8 个，合计占陆地棉播种面积的 84.5％，减 3.6 个百分点；其中以 DP 1646 B2XF 的面积最大占 21.35％，其次为 NG 5711 B3XF，占 6.62％；第三为 PHY 400W3FE，占 5.07％（表 6 - 12）。

表 6 - 12　2017—2020 年美国陆地棉品种经营公司、市场份额和品种数量

棉种公司名称	经营品种占播种面积比重（％）				经营品种数量（个）			
	2017 年	2018 年	2019 年	2020 年	2017 年	2018 年	2019 年	2020 年
Deltapine	35.87	37.23	41.01	36.89	22	20	23	27
Americot	26.95	30.71	22.75	28.10	16	20	22	23
Phytogen	14.36	15.06	17.78	19.51	24	29	20	24
Bayer Crop Science-Fiber Max	9.62	7.73	6.59	4.87	15	15	16	14
Dyna-Gro/All-Tex	7	4.22	5.53	3.50	18	15	14	18
Bayer Crop Science-Stoneville	4.57	2.97	3.83	5.57	10	12	15	14
Croplan Genetics	0.88	1.66	2.24	1.29	3	7	7	6
Miscellaneous	0.48	0.37	0.27	0.26	1	1	1	1
Concho	0.28	—	—	—	1	—	—	—
Seed Source Genetics	极少	0.06	—	极少	1	1	—	1

二、2020 年美国陆地棉品种经营公司

2020 年全美经营棉种公司 8 家，其中前 5 家公司占市场份额的 94.94%。第一家 Deltapine 公司，占市场份额的 36.89%，比上年减 4.12 个百分点。第二家 Americot 公司，占市场份额的 28.10%，增 5.35 个百分点。第三家 Phytogen公司，占市场份额的 19.51%，增 1.73 个百分点。第四家 BASF-Stoneville 公司，占市场份额的 5.57%，增 1.74 个百分点。第 5 家 BASF-Fibermax 公司，占市场份额的 4.87%，减 1.72 个百分点（表 6-13）。

表 6-13　2020 年全美棉种经营公司及市场份额

单位：%

经营公司	全美	东南部	中南部	西南部	远西部
Deltapine	36.89	49.62	65.44	25.31	31.85
Americot	28.10	32.71	13.69	30.59	21.04
Phytogen	19.51	9.76	11.94	24.81	17.01
BASF-Stoneville	5.57	6.15	3.88	5.64	11.79
BASF-FiberMax	4.87	—	—	7.60	10.25
ALL-TEX/DYNA-GRO	3.50	0.85	2.51	4.59	5.29
CROPLAN	1.29	0.79	2.24	1.24	—
Miscellaneous	0.26	0.11	0.29	0.22	2.76

三、2020 年美国陆地棉品种种植分布

美国主栽品种的优势地位明显。2020 年种植面积最大品种为 DP 1646 B2XF，面积 1 554 万亩，占全美棉田的 21.35%，分布在亚拉巴马州、阿肯色州、佛罗里达州、路易斯安那州、密苏里州、密西西比州、北卡罗来纳州、南卡罗来纳州、得克萨斯州和弗吉尼亚州。该品种由岱字棉公司经营（Deltapine）（表 6-14）。

表6-14 2020年美国陆地棉种植面积最大品种名称、种植面积和分布地区

棉花品种名称/经营公司	播种面积（万亩）	播种面积占比（%）	主要分布州
DP 1646 B2XF/Deltapine	1 554	21.35	亚拉巴马州、阿肯色州、佛罗里达州、路易斯安那州、密苏里州、密西西比州、北卡罗来纳州、南卡罗来纳州、得克萨斯州、弗吉尼亚州
NG 5711 B3XF/Americot	482	6.62	亚拉巴马州、佛罗里达州、佐治亚州、路易斯安那州、新墨西哥州、俄克拉何马州、南卡罗来纳州、得克萨斯州
PHY 400 W3FE/Phytogen	369	5.07	阿肯色州、亚利桑那州、加利福尼亚州、堪萨斯州、路易斯安那州、密苏里州、密西西比州、北卡罗来纳州、俄克拉何马州、得克萨斯州、弗吉尼亚州
NG 4936 B3XF/Americot	349	4.80	亚拉巴马州、阿肯色州、亚利桑那州，路易斯安那州、密苏里州、密西西比州、田纳西州、弗吉尼亚州
PHY 350W3FE/Phytogen	310	4.26	得克萨斯州、俄克拉何马州、南卡罗来纳州、北卡罗来纳州、堪萨斯州、弗吉尼亚州
NG 4545 B2XF/Americot	229	3.15	新墨西哥州、俄克拉何马州、得克萨斯州
NG 3406 B2XF/Americot	151	2.08	堪萨斯州、俄克拉何马州、得克萨斯州
DP 1845 B3XF/Deltapine	143	1.96	俄克拉何马州、得克萨斯州、密苏里州
NG 3930 B3XF/Americot	132	1.82	得克萨斯州、俄克拉何马州、新墨西哥州、北卡罗来纳州、堪萨斯州
NG 3500 XF/Americot	128	1.76	得克萨斯州、俄克拉何马州
ST 5600 B2XF/BASF-Stoneville	125	1.72	得克萨斯州、南卡罗来纳州、俄克拉何马州、密苏里州、亚利桑那州
DP 1820 B3XF/Deltapine	119	1.64	俄克拉何马州、堪萨斯州、得克萨斯州
PHY 480W3FE/Phytogen	116	1.60	堪萨斯州、北卡罗来纳州、俄克拉何马州、得克萨斯州
DP 1840 B3XF/Deltapine	115	1.58	亚拉巴马州、佛罗里达州、佐治亚州，南卡罗来纳州
DP 1948 B3XF/Deltapine	115	1.58	俄克拉何马州、得克萨斯州
PHY 444WRF/Phytogen	110	1.51	堪萨斯州、得克萨斯州

（续）

棉花品种名称/经营公司	播种面积（万亩）	播种面积占比（％）	主要分布州
DP 1549 B2XF/Deltapine	109	1.50	亚利桑那州、加利福尼亚州，新墨西哥州、得克萨斯州
ST 5707 B2XF/BASF-Stoneville	107	1.47	俄克拉何马州、得克萨斯州
DP 1725 B2XF/Deltapine	106	1.45	亚拉巴马州、阿肯色州、田纳西州
DP 1518 B2XF/Deltapine	98	1.35	阿肯色州、密苏里州、密西西比州、田纳西州
合计	4 969	68.27	

注：①B2、B3 是 Bollgard（保铃棉）第二代、第三代的简写，其特征为具有 2 个（Cry1Ac＋Cry1Ab）和 3 个抗虫基因（Cry1Ac＋Cry1 Ab＋Vip3A）。②W、W3 是 Widerstrike 简写，其特征为具有两个（Cry1Ac＋Cry1F）和三个（Cry1Ac＋Cry1F＋Vip3A）抗虫基因。③XF 是 Xtendflex 简写，其特征为抗麦草畏、抗草甘膦、抗草铵膦除草剂。④FE 是 Enlist 简写，其特征为抗 2,4－D、抗草甘膦和抗草铵膦。⑤RF 是 roundup ready Flex 的简写，表示棉株在 2 片真叶后喷施草甘膦也具有抗性。

四、2020 年美国海岛棉种植品种

2020 年美国比马（海岛棉）种植面积 118 万亩，比 2019 年下降 17.2％。种植品种 8 个，与 2019 年持平，主要分布在亚利桑那州、加利福尼亚州、新墨西哥州和得克萨斯州，主要品种是 PHY 881 RF、PHY 841 RF 和 DP 348 RF，Phytogen 为最大经营公司（表 6－15）。

表 6－15　2020 年美国海岛棉品种名称及分布情况

单位：％

经营公司名称	品种名称	占播种面积比例		
		亚利桑那州	加利福尼亚州	全国
Phytogen	PHY 881 RF	57.75	93.34	81.60
Phytogen	PHY 841 RF	12.81	5.10	5.40
Deltapine	DP 348 RF	—	0.67	4.99
Deltapine	DP 341 RF	10.01	0.19	2.90
Deltapine	DP 358 RF	—	—	2.21
Gowan Cotton	HA 1 432	—	0.44	1.62

（续）

经营公司名称	品种名称	占播种面积比例		
		亚利桑那州	加利福尼亚州	全国
Company	PHY 888 RF	14.68	0.21	0.71
Phytogen	MISC	4.76	0.05	0.57

注：RF 是 roundup ready Flex 的简写，其特征为抗草甘膦。

五、中美转外源基因比较

到 2020 年代，美国转外源 Bt 基因进入了第五代，转基因抗性包括抗虫、抗除草剂、抗病的多抗性时代，在生产中得到大面积应用。在转外源基因领域我国原本落后于美国，经过努力，直到 2010 年基本追赶上来，但在随后多年转外源 Bt 基因仍停留在第一代水平上，与美国的差距越来越大。这在学术界几乎没有明显反映，很不正常。

另外，新疆棉区转 Bt 基因抗虫棉的历史遗留问题仍没有得到解决，导致我国抗虫棉在最大的棉区应用水平落后。

点评：收录美国品种监测报告，有利于了解美国棉花品种技术水平、种植情况和公司经营状况。该监测报告详细登记品种有什么生物学特性、什么公司经营什么品种，在什么地方种植和种植多大面积，对政府和市场了解棉花生产情况极有帮助，也为研究美国棉花公司的科技水平和种子市场化提供有益借鉴。

该报告 2021 年和 2022 年停止。

中国棉花生产景气报告 NO：492　　　　　　　　出版日期　2022　07　05

2022 年新疆棉花前期长势和中期管理意见

毛树春　赵富强　徐海江　练文明　王西和　马　丽
曹　阳　李茂春　冯　涛　程少雨

2022 年 4—6 月新疆绿洲气候偏高，极端天气少发，棉花长势偏强，大面积早发。按照"五月蕾、六月花"的早熟长相指标，至 6 月底，进入盛花期面积比例高达 52.7%，比 2021 年和历年分别提高 37.8 个百分点和 14.0 个百分点，生长发育进程提早 7～10 天。

7 月棉花进入花铃期，是产量形成的关键期，也是病虫害发生危害的高峰期，针对前期早发，气温偏高，普遍干旱，中期田间管理应以水肥为中心，以增结伏桃和防早衰为目标。

一、6 月苗情特点

2022 年棉花早发苗情与 2021 年前期早发苗情形成鲜明的对比，棉花长势接近于 2020 年。

（一）6 月 15 日长势和早熟性

长势。至 6 月 15 日，与上年同期相比，2022 年新疆棉花生长指数 111.6，比 2021 年多一成，略差于历年同期。株高 47.7cm，比 2021 年和历年高 13.5cm 和 11.1cm。现蕾数 8.1 个/株，比 2021 年多 2.9 个/株，略少于历年。这与品种有紧密关系，其中内地品种现蕾数偏少和现蕾时间偏后（表 6 - 16）。

表 6 - 16　2022 年 6 月 15 日新疆棉花长势

日期 （年/月/日）	株高 （cm）	真叶数 （片/株）	生长指数 （%）	现蕾数 （个/株）	"五月蕾"面积比例 （%）
全疆					
2022/6/15	47.7	11.4	111.6	8.1	95.5
2021/6/15	34.2	10.2	84.5	5.2	93.7
2020/6/15	43.6	12.3	109.3	9.0	100.0
历年 6/15	36.6	11.8	100.0	8.3	90.0

（续）

日期 （年/月/日）	株高 （cm）	真叶数 （片/株）	生长指数 （%）	现蕾数 （个/株）	"五月蕾"面积比例 （%）
北疆					
2022/6/15	46.6	11.8	128.0	9.0	100.0
2021/6/15	34.1	9.2	86.6	6.8	90.0
2020/6/15	43.0	11.0	110.0	10.3	100.0
历年 6/15	34.8	10.0	100.0	8.4	90.0
南疆					
2022/6/15	48.5	11.1	103.0	7.5	95.5
2021/6/15	34.3	10.8	83.1	4.3	94.0
2020/6/15	43.9	13.0	108.9	8.2	100.0
历年 6/15	37.7	12.8	100.0	8.3	90.0

注：生长指数为当年同一农艺性状与上年之比的百分率。

从区域来看，南疆长势偏弱些。

早熟性。至 6 月 15 日，全疆棉花基本现蕾，但从现蕾时间和强度来看，时间提早 7～10d。从区域来看，虽然南疆生长早发，但现蕾略偏后。

从区域来看，北疆早熟性更强些。

（二）6 月 30 日长势和早熟性

长势。至 6 月 30 日，与上年同期相比，2022 年新疆棉花生长指数为126.3，好于 2021 年两成多（表 6-17）。

表 6-17 2022 年 6 月 30 日新疆棉花长势

日期 （年/月/日）	盛花期 面积比例 （%）	初花期 面积比例 （%）	未开花 面积比例 （%）	果枝数 （个/株）	现蕾数 （个/株）	株高 （cm）	生长指数 （%）
全疆							
2022/6/30	52.7	41.9	5.4	8.32	14.1	66.9	126.3
2021/6/30	14.9	44.0	41.6	6.8	11.4	64.3	77.6
2020/6/30	58.8	28.4	12.8	8.0	14.7	71.6	115.7
历年 6/30	38.7	38.0	16.1	7.0	12.7	69.9	100.0

（续）

日期 （年/月/日）	盛花期 面积比例 （%）	初花期 面积比例 （%）	未开花 面积比例 （%）	果枝数 （个/株）	现蕾数 （个/株）	株高 （cm）	生长指数 （%）
北疆							
2022/6/30	66.2	25.2	8.6	7.6	16.4	67.2	114.8
2022/6/30	3.4	57.0	41.0	6.5	14.3	62.8	76.1
2021/6/30	89.0	10.0	1.0	8.1	18.8	72.5	122.9
2020/6/30	28.6	59.1	19.7	7.7	15.3	69.6	100.0
南疆							
2022/6/30	43.7	53.1	3.2	8.6	13.1	66.6	136.2
2021/6/30	21.8	36.2	42.0	7.0	9.6	65.2	78.0
2020/6/30	40.6	39.5	19.9	7.9	12.3	71.1	109.8
历年 6/30	44.7	25.3	13.9	6.5	11.2	70.0	100.0

全疆平均株高 66.9cm，比 2021 年高 2.6cm，比历年矮 3.0cm。现蕾数 14.1 个/株，比 2021 年和历年分别多 2.7 个/株和 1.4 个/株。

从区域来看，北疆棉花现蕾数比南疆多。

早熟性。至 6 月 30 日，2022 年全疆棉花盛花期面积比例占 52.7%，比 2021 年增加 37.8 个百分点，比历年增加 14.0 个百分点。全疆棉花未开花面积仅占 5.4%，比 2021 年少 36.2 个百分点，比历年少 10.7 个百分点。"一多一少"揭示棉花生育进程提早 7～10d，6 月底可见成铃，这与早发的 2020 年有相近之处。

从区域来看，北疆提早更为明显，一些产地 6 月底成铃数高达 3～4 个/株。

二、2022 年棉花大面积早发的主要原因

2022 年 4—6 月新疆棉区气温偏高，降水偏少，高热干旱气候的特征明显，与 2021 年同期形成鲜明的反差。

（一）气温偏高，积温大幅增加

新疆绿洲 6 月日平均气温 25.9℃，比 2021 年和历年分别高 1.2℃ 和 1.7℃，北疆日平均气温明显高于南疆 1.4℃（表 6 - 18）。

2022年4—6月绿洲典型棉区≥10℃活动积温2 007.0℃，比2021年增加202.6℃，增11.2%；比历年多207.3℃，多11.5%。

表6－18 2022年4—6月新疆绿洲典型棉区气温变化

年份	6月平均气温（℃）	4—6月≥10℃活动积温（℃）	其中6月≥10℃活动积温（℃）	6月≥35℃最高气温出现的日数（d）	4—6月降水量（mm）
全疆					
2022	25.9	2 007.0	784.3	11.8	3.9
2021	24.7	1 804.4	740.5	3.4	7.4
2020	24.0	1 949.5	721.1	5.4	7.1
历年	24.2	1 799.7	730.1	3.6	15.5
北疆					
2022	26.7	1 971.2	801.0	13.0	9.2
2021	24.0	1 730.0	720.5	5.0	5.2
2020	24.3	1 944.8	729.6	5.0	14.7
历年	24.9	1 786.9	757.9	4.0	23.1
南疆					
2022	25.3	2 062.4	759.3	10.0	0.4
2021	25.1	1 841.3	753.6	1.0	8.8
2020	23.8	1 947.3	714.9	6.0	2.0
历年	23.7	1 819.7	712.6	3.4	10.5

北疆增温高于南疆。4—6月≥10℃活动积温北疆1 971.2℃，比2021年增加241.2℃，增13.9%；比历年增加184.3℃，增幅10.3%。南疆2 062.4℃，比2021年增加221.1℃，增幅12.0%；比历年增加242.7℃，增幅13.3%。

其中绿洲6月≥10℃活动积温784.3℃，比2021年多43.8℃，多5.9%；比历年多54.2℃，多7.4%。北疆偏多更明显。

（二）高温天气多发，全疆大面积出现气象干旱

2022年绿洲6月≥35℃以上的最高气温出现的日数11.8d，比2021年多8.4d，多247.1%；比历年多8.2d，多227.8%。其中最高气温达到40℃以上，这在6月不多见。极端高温营养生长被抑制，生殖生长则加快，易诱发害虫发生危害，但对"两萎病"产生明显抑制作用，因而病害普遍偏轻。

6月中下旬，全疆受两场大范围、长时间的高温天气影响，塔城乌苏至哈密市北部沿天山一带及阿克苏地区出现中重度气象干旱，至6月28日全疆气象干旱影响范围达 78 万 km²，其中中旱及以上面积 33 万 km²，昌吉州、哈密市等地发生重度气象干旱，阜康、米泉、巴里坤等县出现特旱。

（三）灾害天气少发，受灾面积极小

与 2021 年新疆棉区低温和寒潮天气、局地大风、沙尘暴、冰雹、强降水频发的情景完全相反，2022 年灾害性天气少发，补种、重播面积极少。

三、中期田间管理技术措施

7 月棉花进入花铃期，是产量形成的关键期，也是病虫害发生危害的高峰期，针对前期早发，气温偏高，普遍干旱，中期田间管理应以水肥为中心，以增结伏桃和防早衰为目标。主要措施如下：

勤滴灌，水肥耦合，适当补充钾肥。滴灌棉田通常氮磷过量，适当减少氮磷肥，增施钾肥。

另外，如果发现上部叶片的叶柄出现"环带"症状，适当补充硼肥。

坚持"枝到不等时间，时到不等枝"原则，打顶时间不迟于 7 月 5 日。

化学调控，打顶前"看苗化控"，高温干旱季节以少控轻控为原则。

综合防治病虫害。坚持"预防为主，综合防治"方针，抓好棉蚜、红蜘蛛和棉铃虫等害虫的绿色防控工作。

极端高温易导致蕾铃脱落和"干蕾"问题，不孕籽增多（可见"鸭嘴桃"），铃重减轻，纤维发育加快，绒长缩短。应对极端高温天气也应以保障水供给为中心，滴灌间隔时间从原 8～10d 缩短至 4～5d，每次滴水量可减少，提倡滴灌增加钾肥，有利于提高棉花对高温、病害的抵抗能力，提高单铃重和改善纤维品质。

中国棉花生产景气报告 NO：495　　　　　　　出版日期　2022　09　05

2022年8月新疆棉花长势和收获期管理意见

毛树春　赵富强　练文明　徐海江　王西和

曹　阳　李茂春　杨　丹　马　丽　程少雨

8月绿洲棉花早熟丰产走向呈转弱趋势。监测指出，绿洲棉花生长指数8月15日为117.5，31日为106.2，分别好于去年同期17.5个和6.2个百分点，也好于历年同期10.7个百分点。

按照"七月铃、八月絮"的早熟高产高质的长相指标，至8月15日和8月31日，成铃分别为6.7个/株和6.9个/株，见絮期面积比例4.4％，吐絮20％及以上面积比例26.5％，生长发育进程提早，然而因天气、化学打顶（二次生长）等原因局部棉田的早熟性也出现转弱情况，当前绿洲秋高气爽有利于吐絮和脱叶催熟。

9月是棉花收获期，为此提出收获期管理措施意见建议，供参考。

一、长势和早熟性

2022年棉花早发早熟苗情与2021年迟发晚熟苗情形成鲜明对比（表6-19）。

（一）8月15日长势和早熟性

（1）全疆。至8月15日，全疆棉花生长指数118.3，好于2021年18.3个百分点。成铃数6.7个/株，比2021年多1.0个/株，比历年多1.1个/株。幼铃数1.2个/株，比2021年少，比2020年和历年多。

早熟性。至8月15日，全疆见絮期面积占比4.4％，比迟发的2021年早10d，也比历年早。

（2）北疆。至8月15日，北疆棉花生长指数127.0，好于2021年27.0个百分点。成铃数7.7个/株，比2021和历年多1.6个/株。幼铃数1.2个/株，比2021年少，比2020年多。

早熟性。至8月15日，北疆见絮期面积占比4.5％，比迟发的2021年早10d，略差于早发的2020年。

（3）南疆。至8月15日，南疆棉花生长指数112.5，好于2021年12.5个百分点。成铃数6.1个/株，比2021年多0.7个/株，比历年多0.8个/株；幼铃数 1.3 个/株，比 2021 年少，比历年多。

早熟性。至 8 月 15 日，南疆见絮期面积占比 4.4%，比迟发的 2021 年早 7d，略好于早发的 2020 年。

表 6 - 19　2022 年 8 月 15 日新疆棉花长势和早熟性

年份	密度（株/亩）	成铃数（个/株）	幼铃数（个/株）	生长指数（%）	见絮期面积比例（%）	铃开裂面积比例（%）
全疆						
2022	12 354.2	6.7	1.2	118.3	4.4	7.7
2021	11 308.1	5.7	1.6	90.5	0.7	
2020	11 683.9	6.3	0.8	119.3	4.6	
历年	11 626.0	5.6	1.1	100.0	2.4	
北疆						
2022	12 732.4	7.7	1.2	127.0	4.5	1.6
2021	11 631.4	6.1	1.6	95.3	1.5	
2020	10 800.0	6.4	0.5	120.0	5.5	
历年	10 464.2	6.1	1.3	100.0	3.0	
南疆						
2022	12 102.1	6.1	1.3	112.5	4.4	11.7
2021	10 856.3	5.4	1.6	85.7	0.1	
2020	10 611.3	6.3	1.0	118.9	4.0	
历年	11 170.0	5.3	1.0	100.0	2.0	

（二）8 月 31 日长势和早熟性

（1）全疆。至 8 月 31 日，全疆棉花生长指数 107.8，好于 2021 年 7.8 个百分点。成铃数 6.9 个/株，比 2021 年多 0.4 个/株，比历年多 0.7 个/株（表 6 - 20）。

早熟性。至 8 月 31 日，全疆吐絮 20% 及以上面积比例占 26.5%，吐絮 9%～10% 面积比例占 30.8%、吐絮 9% 及以下面积比例占 42.7%，明显差于迟发的 2021 年。

（2）北疆。至 8 月 31 日，北疆棉花生长指数 106.8，高于 2021 年 6.8 个百分点。成铃数 7.8 个/株，比 2021 年多 0.5 个/株，比历年多 1.2 个/株。

早熟性。至 8 月 31 日，北疆吐絮 20% 及以上面积比例占 33.5%，吐絮 9%～10% 面积比例占 46.3%、吐絮 9% 及以下面积比例占 20.2%，总体好于迟发的 2021 年，略差于早熟的 2020 年。

（3）南疆。至 8 月 31 日，南疆棉花生长指数 108.5，好于 2021 年 8.5 个百分点。成铃数 6.4 个/株，比 2021 年和历年多 0.5 个/株。

早熟性。至 8 月 31 日，南疆吐絮 20％及以上面积比例占 21.9％，吐絮 9％～10％面积比例占 20.4％、吐絮 9％及以下面积比例占 57.7％，总体好于迟发的 2021 年，略差于早熟的 2020 年。

表 6 - 20　2022 年 8 月 31 日新疆棉花长势和早熟性

日期	密度 （株/亩）	成铃数 （个/株）	生长指数 （％）	吐絮 20％及以上 面积比例 （％）	吐絮 9％～10％ 面积比例 （％）	吐絮 9％及以 下面积比例 （％）
全疆						
2022 年	12 354.2	6.9	107.8	26.5	30.8	42.7
2021 年	11 308.1	6.5	92.3	15.6	41.1	43.3
2020 年	11 683.9	7.0	116.2	43.3	40.1	16.6
历年	11 626.0	6.2	100.0	26.9	53.0	20.2
北疆						
2022 年	12 732.4	7.8	106.8	33.5	46.3	20.2
2021 年	11 631.4	7.3	98.6	19.4	49.1	31.5
2020 年	10 800.0	7.4	120.0	54.4	39.6	6.0
历年	10 464.2	6.6	100.0	28.8	62.8	8.5
南疆						
2022 年	12 102.1	6.4	108.5	21.9	20.4	57.7
2021 年	10 856.3	5.9	88.1	13.1	35.8	51.1
2020 年	10 611.3	6.7	113.6	35.9	40.4	23.7
历年	11 170.0	5.9	100.0	25.6	46.4	28.0

二、8 月绿洲棉区天气特征

（一）8 月棉区天气呈现凉爽特征

8 月绿洲棉区天气明显转向"凉爽"，月平均气温 23.5℃，比 2021 年和历年分别低 0.8℃和 0.6℃；日照时数 260.7h，比 2021 年和历年少 60.3h 和 85.0h；降水量 23.1mm，比 2021 年和历年多 16.4mm 和 10.3mm，低温、降水和少阳出现时间在 8 月上旬和下旬，整月未出现≥35℃高温和≥37℃极端高温天气（表 6 - 21）。

整体看，2022 年绿洲棉区天气由 4—7 月的"干热"转向 8 月的"凉爽"，其中南疆程度重于北疆，这是早熟性转弱和成铃数增加较少的天气原因。监测可见，7 月 31 日绿洲成铃 6.0 个/株，8 月 31 日成铃 6.9 个/株，在长达 31 日时间里，仅增加 0.9 个/株。另外还有 2～3 代棉铃虫危害和化学打顶等原因，中上部成铃大幅减少，其中南疆重于北疆。

绿洲棉区前中期热量仍然丰富。4—8 月≥10℃活动积温 3 736.8℃，比 2021 年多 341.4℃，多 10.1%；比历年多 284.9℃，多 8.3%。≥20℃活动积温 3 166.4℃，比 2021 年多 340.8℃，多 12.1%；比历年多 437.6℃，多 16.0%。8 月无≥35℃高温和≥37℃极端高温天气。

北疆：8 月平均气温比 2021 年低 1.0℃，比历年低 0.7℃。日照时数比 2021 年减少 47.2h，减幅 14.9%，比历年减少 41.8h，减幅 13.4%，降水量减少。

前中期棉区气温偏高，4—8 月≥10℃活动积温比 2021 年多 159.2℃，多 4.7%；比历年多 171.0℃，多 5.1%。4—8 月≥20℃活动积温比 2021 年多 143.9℃，多 5.1%；比历年多 287.8℃，多 10.7%。

表 6 - 21　2022 年 4—8 月新疆绿洲典型棉区气温变化

年份	4—8 月≥10℃活动积温（℃）	4—8 月≥20℃活动积温（℃）	8 月平均气温（℃）	8 月日照时数（h）	8 月降水量（mm）	8 月最高气温日数（d）	
						≥35℃及以上	其中≥37℃及以上
全疆							
2022	3 736.8	3 166.4	23.5	206.7	23.1	0.0	0.0
2021	3 395.4	2 825.6	24.3	267.0	6.7	2.6	0.0
2020	3 505.1	2 946.1	25.1	266.7	16.7	5.0	1.2
历年	3 451.9	2 728.8	24.1	291.7	12.8	3.8	1.9
北疆							
2022	3 542.9	2 983.8	24.1	269.0	4.0	0.0	0.0
2021	3 383.7	2 839.9	25.1	316.2	12.1	2.0	0.0
2020	3 509.1	2 982.6	24.6	289.0	38.1	2.0	1.2
历年	3 371.9	2 696.0	24.8	310.8	15.3	4.0	1.9
南疆							
2022	3 866.0	3 288.2	22.9	165.1	35.9	0.0	0.0
2021	3 399.8	2 816.0	23.8	234.2	3.1	3.0	0.0
2020	3 502.4	2 921.7	25.4	251.9	2.4	7.0	2.0
历年	3 505.2	2 750.6	23.6	279.0	11.1	3.7	1.8

南疆：8 月平均气温比 2021 年低 0.9℃，比历年低 0.7℃；日照时数比 2021 年减少 69.1h，减幅 29.5％，比历年减少 113.9h，减幅 40.8％；降水量 35.9mm，比 2021 年增加 32.8mm，增幅 1 058.1％；比历年增加 24.8mm，增幅 223.4％；累计雨日数 15d 为历史最多。阴雨日数多、加上 2～3 代棉铃虫危害脱落增加和化学打顶等原因，单株成铃数从 7 月 31 日 6.0 个/株增长到 8 月 31 日 6.4 个/株，在这 30d 时间里仅增 0.4 个/株。

但是，2022 年前中期棉区气温偏高的特征仍明显，4—8 月≥10℃活动积温比 2021 年多 466.2℃，多 13.7％；比历年多 360.8℃，多 10.3％。4—8 月≥20℃活动积温比 2021 年多 472.2℃，多 16.8％；比历年多 537.6℃，多 19.5％。

（二）前中期气候灾害少发，局地病虫害为害偏重

2022 年绿洲棉区前中期天气相对平稳，天气灾害明显偏轻，常年频发的冰雹今年极为少发，北疆、南疆仅在 4 月各出现一次，为历年罕见。

2022 年高温出现时间提早至 6 月下旬，6—7 月极端高温对棉铃发育有不利影响，其中裂铃、烂铃出现时间提早至 7 月而且位于中下部，这与往年位于中上部不一样。据分析这与高温和极端高温引起的气温日较差变化（≥15℃）关系密切。裂铃、烂铃等铃病在南疆局地发生较为严重，一些田块可见裂铃、僵铃 5 个/株。

陆地棉大多为转 Bt 基因抗虫棉品种，具有一定杀虫能力，但因极端高温抗虫棉毒蛋白合成受到影响，局地遭受危害。棉蚜局地发生严重。

农艺上出现一些新情况新问题，大面积化学"打顶"后，局地棉田出现"二次生长"，症状为上部再生叶片小、叶片数多、叶片重叠，密密麻麻。原因在于打顶后氮肥供给过多，灌溉水量大和灌溉结束时间推后引起。这类棉田的早熟性明显转弱。

三、后期管理要点

9 月是棉花管理的后期和收获期，打脱叶剂前自然吐絮率达到 40％是机采棉减少叶屑杂质含量的重要指标，北疆第一次脱叶剂已经喷施，南疆即将开始。参考引用石河子市采收前准备工作、兵团农业机械化协会《2022 年提升兵团棉花机械化采收质量的倡议书》等，收获期管理要点如下：

（一）采收前工作

（1）清除棉田杂草。棉田杂草需认真组织劳动力清理，并检查清理效果。

（2）回收残膜。采收前回收采棉一定要多次、重复回收，机采后回收残膜棉田要求压实边膜及滴灌毛管等。

（3）脱叶剂配方和喷施方法。选择晴好天气施药，要求使用脱叶剂后 5～7d 晴天，日平均气温 18℃以上，日最低气温 12℃以上。9 月上旬秋高气爽，最低气温 20℃，最高气温达到 30℃有利于脱叶催熟。雾滴要小，棉株上中下层喷洒均匀，保证下层均匀受药。第二次间隔 5～7d（表 6-22）。

（4）喷施脱叶剂。看苗方法：一是正常棉田适量偏少，过旺棉田适量偏多。二是早熟品种适量偏少，晚熟品种适量偏多。三是喷期早的适量偏少，喷期晚的适量偏多。四是密度小的适量偏少，密度大的适量偏多。五是不提倡无人机喷施，建议使用拖拉机喷施。

（5）脱叶彻底和落叶干净。实践中，拖拉机吊喷可以喷施到棉株的基部，叶面平喷效果不理想，在无人机喷施棉田，中下部叶片仍为绿色，采收后棉田一片绿色（因脱叶剂没有喷施到位），这些绿色叶片进一步污染籽棉，对纤维色泽产生很大不利影响。

表 6-22 2022 年石河子市脱叶剂几种推荐配方和使用方法

配方	第一次使用	第二次使用
81%噻苯隆·敌草隆水分散粒剂	瑞脱龙 20g/亩＋专用助剂 20ml/亩＋乙烯利 70～100ml/亩	瑞脱龙 10g/亩＋专用助剂 10ml/亩
540g/L 噻苯·敌草隆悬浮剂	亩使用量 13～15ml/亩＋1∶4 助剂＋乙烯利 70～100ml	使用量 10～12ml/亩＋1∶4 助剂
50%噻苯隆悬浮剂	第一次亩用量：逸采 30～40ml＋植物油助剂 30～40g＋乙烯利 70～100ml	第二次亩用量：逸采 20ml/亩＋50%敌草隆粉剂 2.4g/亩＋植物油助剂 20g/亩
其他含量的噻苯·敌草隆悬浮剂	根据棉花长势、气候条件、种植模式等决定使用次数。用药原则为：密度小、早熟棉田建议喷施一次；长势偏旺棉田、晚熟品种、密度大棉田建议喷施两次，在第一次喷施后 5～7d 喷施第二次 配制方法：①采用二次稀释法配药：配药时将脱叶剂和乙烯利分别在两个桶中配制成母液。在药箱里先加入一半的水，再加入乙烯利母液，做到边加药边搅拌，同时进行回水搅拌，确保药液充分混匀，然后加入脱叶剂母液搅拌均匀，最后加入助剂搅拌均匀（含大豆卵磷脂的喷雾助剂需要先加入药箱，改善水质），将水加满，搅拌均匀。②用水量不宜过大，以 25～35kg/亩为宜	

（二）规范机械化采收

8 月 29 日，新疆生产建设兵团农业机械化协会发出《2022 年提升兵团棉花机械化采收质量的倡议书》，提出适宜机采的看苗方法和"十不采"等，难能可贵。

（1）适宜机采的看苗方法。一是棉花种植模式必须符合采棉机采收的要求。二是棉花最低结铃离地高度至少 20cm，未倒伏。棉田脱叶率达到 93％以上，吐絮率达到 95％以上，籽棉含水率低于 12％，棉株上无杂物，如无塑料残物、化纤残条等。

（2）"十不采"。以下条件不能用采棉机采收棉花：一是棉田脱叶率达不到 93％，二是吐絮率达不到 95％，三是滴灌毛管、地膜未压实埋好，四是雨天或有露水，五是田间有杂草未清除，六是地头未拾出转弯区，七是棉田安全消防措施不到位，无消防水车，八是地头装卸区未清理地膜并铺设白棉布，九是无跟车人员，十是夜间水分超标。

（3）不开快车、不突击作业。机车作业时间控制在每小时 6km 以内，不漏采、不重复采，按规定时间清理采摘头尘土和棉杂等。

（三）加强监管

要秉持"好棉花是种出来的，也是加工出来的，还是监管出来的"理念。因此，加强监管是提升机采棉采收和加工质量的重要环节。2021 年采收和加工期间由发展改革、农业农村、质量、纪检等部门组成督导组对棉花采收和加工现场进行督导，发现问题及时纠正，严厉打击不脱叶采收、恶意加水加沙、二次机采棉混入一次机采棉交售等掺杂使假行为。

中国棉花生产景气报告 NO：496　　　　　　　出版日期　2022　09　07

2022年新疆绿洲棉花产量评估和内在品质展望

毛树春　李茂春　杨丹

2022年是新疆绿洲棉花的丰产和早熟年景。根据监测结果，新疆绿洲棉花有几个特点：一是单产提高，监测单产提高10％，是收获密度增加、成铃数增加和衣分提高共同作用的结果。二是预计总产增长9.0％达到552.6万t，其中收获面积减少1.6％，总产增长主要来自单产。三是早熟性好，早熟性综合分值达到342.9分，明显好于2021年，略差于2020年的373.3分。四是内在品质有变化。预计北疆主要品质指标趋于协调，南疆大部马克隆值趋向偏高，长度、细度和强度的协调性趋差。五是2022年绿洲棉区气候异常，春旱，春季天气平稳，未出现强寒潮低温大风，冰雹也极少，4—7月气温明显偏高，8月气温略低，9月上旬气温偏高，9月中旬气温偏低。另据新疆气候中心发布的评价报告，2022年新疆经历了1961年有气象记录以来最热夏季，夏季日最高气温47.7℃出现在托克逊（7月23日），但未破历史同期及新疆高温纪录。

要秉承"好棉花是种出来的，也是加工出来的，还是监管出来的"的大棉花质量关，规范脱叶、机采加工行为，是提高棉花质量的最后一个关口。

一、产量评估

（一）长势明显好于2021年

监测结果显示，2022年新疆绿洲棉花生长指数平均值为125.1，好于2021年的25.1个百分点，表现出成苗率高，苗足，早发，群体整齐度高。这与2022年绿洲气候"干热"，热量丰富，没有出现灾害性天气有紧密关系，其中北疆长势好于南疆（附表1）。

（二）丰收年景

根据监测结果，一是棉花收获密度增加、成铃数增加和衣分提高共同作用，促进单产提高，监测单产提高10％，其中单株成铃数增加6.2％，收获株数增加9.4％，预计单铃重因高温干旱将会有所减轻，衣分提升0.015。二是预计总产增长9.0％达到552.6万t，其中收获面积减少62.7万亩，减幅1.6％，主要是北疆退地减水和改种口粮，总产增长主要来自单产的提高（表6-23）。

按区域，北疆稳产性、增产幅度大于南疆，仅 9.1％监测点减产；南疆有 14.3％监测点减产，其中 2021 年受灾地区的增产幅度较大。

表 6－23　2022 年新疆绿洲棉花监测评估（截止时间：2022 年 9 月 5 日）

年份	收获密度（株/亩）	果枝数（个/株）	成铃数（个/株）	籽棉产量（kg/亩）	皮棉产量（kg/亩）	监测面积（万亩）	总产（万 t）监测	统计	公检
2022	12 369.0	9.3	6.9	397.9	143.2	4 000.0	573.0	—	
2021	11 308.1	9.0	6.5	373.2	129.3	3 921.3	507.0	512.9	530.7
2020	11 683.9	9.7	7.0	402.2	144.8	4 080.0	590.8	516.1	576.8

注：皮棉产量：2022 年和 2020 年衣分按 0.4，2021 年衣分按 0.385，均按 90％估测。

（三）早熟性指标是最好的一年

2022 年是新疆绿洲棉花早熟性较好的年景。按照绿洲棉花早熟性指标"四月苗、五月蕾、六月花、七月铃和八月絮"评估，2022 年绿洲棉花早熟性综合评分 342.9 分，明显好于 2021 年的 174.6 分，略低于 2020 年 30.4 分（图 6－11）。

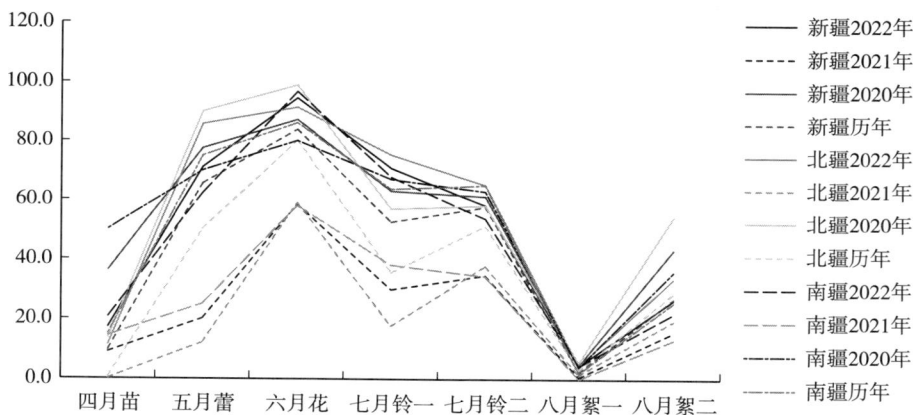

图 6－11　近几年新疆绿洲棉花早熟性指标

注：①"四月苗"指 4 月底真叶 2 片/株及以上面积的比例，②"五月蕾"指 5 月底现蕾面积的比例，"六月花"指 6 月底开花面积的比例，"七月铃一"指 7 月 15 日成铃 3 个/株及以上面积的比例，"七月铃二"指 7 月 31 日成铃 6 个/株及以上面积的比例，"八月絮一"指 8 月 15 日见絮面积的比例，"八月絮二"指 8 月 31 日吐絮率达到 20％及以上面积的比例。

（四）内在品质趋势预测

气候变化对棉花内在品质指标如纤维长度、强度、细度和成熟度均有影响，其中长度和马克隆值对气温日较差的反应敏感。据观测记录，2022 年新疆绿洲气候变化对内在品质的趋势影响有如下判断（表 6－24）。

表 6-24 近几年 6—8 月新疆绿洲棉区气温日较差变化

项目		2022 年	2021 年	2020 年	历年
北疆 乌苏市	6 月下旬最高气温平均值（℃）	36.7	28.9	28.8	32.1
	6 月下旬最低气温平均值（℃）	23.4	15.3	15.5	20.1
	6 月下旬气温日较差（℃）	13.3	13.6	13.3	12.0
	7 月上旬最高气温平均值（℃）	31.8	37	31.4	33.4
	7 月上旬最低气温平均值（℃）	18.7	24.2	18.7	21.1
	7 月上旬气温日较差（℃）	13.1	12.8	12.7	12.3
	7 月中旬最高气温平均值（℃）	33.2	32.5	33.2	33.3
	7 月中旬最低气温平均值（℃）	20.4	20.8	21.2	19.4
	7 月中旬气温日较差（℃）	12.8	11.7	12	13.9
	7 月下旬最高气温平均值（℃）	35.0	34.7	32.6	33.6
	7 月下旬最低气温平均值（℃）	20.9	21.8	19.8	21.5
	7 月下旬气温日较差（℃）	14.1	12.9	12.8	12.1
	8 月上旬最高气温平均值（℃）	33.2	33.6	33.5	33.3
	8 月上旬最低气温平均值（℃）	21.7	19.4	20.3	20.6
	8 月上旬气温日较差（℃）	11.5	14.2	13.2	12.7
	8 月中旬最高气温平均值（℃）	30.9	29.4	31.5	30.5
	8 月中旬最低气温平均值（℃）	17.9	17.9	18.1	18.6
	8 月中旬气温日较差（℃）	13.0	11.5	13.4	11.9
	8 月下旬最高气温平均值（℃）	27.8	32	29.6	29.9
	8 月下旬最低气温平均值（℃）	16.2	18.1	17.1	17.5
	8 月下旬气温日较差（℃）	11.6	13.9	12.5	12.4
南疆 阿拉尔市	6 月下旬最高气温平均值（℃）	34.8	33.0	31.9	31.4
	6 月下旬最低气温平均值（℃）	18.9	18.5	17.6	17.2
	6 月下旬气温日较差（℃）	15.9	14.5	14.3	14.3
	7 月上旬最高气温平均值（℃）	34.6	35.2	33.4	33.0
	7 月上旬最低气温平均值（℃）	21.6	20.2	17.9	17.4
	7 月上旬气温日较差（℃）	13.0	15.0	15.6	15.6
	7 月中旬最高气温平均值（℃）	32.4	32.5	31.2	33.4
	7 月中旬最低气温平均值（℃）	17.4	19.4	17.9	17.9
	7 月中旬气温日较差（℃）	15.0	13.1	13.3	15.4
	7 月下旬最高气温平均值（℃）	36.0	34.7	33.3	33.5
	7 月下旬最低气温平均值（℃）	20.5	20.6	18.3	18.6

（续）

项目	2022	2021	2020	历年
7月下旬气温日较差（℃）	15.5	14.1	15.0	14.9
8月上旬最高气温平均值（℃）	29.8	32.3	34.8	33.2
8月上旬最低气温平均值（℃）	18.2	18.5	20.9	18.7
8月上旬气温日较差（℃）	11.6	13.8	13.9	14.6
南疆 阿拉尔市 8月中旬最高气温平均值（℃）	31.9	31.2	31.5	30.9
8月中旬最低气温平均值（℃）	19.6	15.4	18.6	17.1
8月中旬气温日较差（℃）	12.3	15.8	12.9	13.9
8月下旬最高气温平均值（℃）	26.6	31.6	32.2	30.1
8月下旬最低气温平均值（℃）	16.6	16.8	17.7	16.9
8月下旬气温日较差（℃）	10.0	14.8	14.5	13.2

北疆亚区，6月下旬最高气温平均值≥35.0℃，加快生殖生长，加速现蕾、开花和成铃进程，气温日较差为13.3℃，对纤维伸长和加厚产生不利影响。7月下旬最高气温平均值达到35.0℃，最低气温比历年略有下降，这时马克隆值趋向偏大。整体看，全球气候变暖，气温升高，北疆亚区花铃期气温日较差在13～14℃，对棉花纤维长度、强度和细度有利，马克隆值为3.6～4.7，过去马克隆值偏小的次适宜棉区则有较大改善，长度、强度和细度指标值趋向协调，适合生产高品质棉花区域在扩大。

南疆亚区，从6月下旬到7月下旬最高气温和最低气温的双升高，气温日较差≥15℃对长度和细度有较大不利影响，这段时间的成铃约占70%，纤维长度趋向偏短，马克隆值趋向偏大；8月天气相对温和，最高气温和最低气温都偏低，气温日较差在10.0～12.3℃，有利于纤维伸长和加厚，这时马克隆值偏小。整体看，全球气候变暖，气温升高，南疆亚区花铃期气温日较差在15℃上下，对棉花的纤维长度、强度和细度指标趋向不利，马克隆值为4.7～5.5，适合生产高品质棉花的区域在缩小。相反过去次适宜棉区则有较大改善，长度、强度和细度指标趋向协调。为了生产长度、细度和强度相协调的高品质棉花，应采取多种途径和方法改良马克隆值。

另外，如果高温与干旱互作，则纤维缩短、细度变粗，马克隆值偏大，长度、细度和强度更加不协调，纤维的可纺性能进一步下降。

二、加强监管，全方位提高棉花质量

打脱叶剂前自然吐絮率达到 40% 是机采棉减少叶屑杂质含量的重要指标。进入 9 月绿洲气温回升，秋高气爽，艳阳高照，最低气温回升到 20℃、最高气温达到 30℃ 对脱叶催熟和采收有利，要抓住利好天气规范喷施脱叶催熟剂，做到脱叶落叶干净。

加强监管是提升机采棉采收和加工质量的最后一个关口。2021 年采收和加工期间由发展改革、农业农村、质量监督、纪检等部门组成督导组对棉花采收和加工现场进行督导，发现问题及时纠正，要严厉打击不脱叶采收、恶意加水加沙、二次机采棉混入一次机采棉交售等掺杂使假行为。

点评：9 月 7 日，预测新疆棉花单产提高，预测产量超过 550 万 t，在全国各行各业预测中的时间为最早，增产幅度为最大。最终产量 610 万 t，创历史新高。

2022 年新棉市场展望

毛树春

摘要：针对国内外复杂形势，消费疲软和疆棉滞销，当前现货价格不断下滑，预计新棉价格或中开中走或中开低走；内地与新疆价格或出现分离。要密切关注新棉拒收购、压级压价和"卖棉难"问题。

2022 年以来，国内外棉花市场呈现矛盾重重、问题纷繁复杂的状态。如，国内外棉价经历了冲上新高和回落态势，其情景与全球新冠肺炎疫情持续蔓延、俄乌冲突和极端异常天气等事件暴发密切相关，全球经济复苏减弱的大背景下，"疆棉禁令"与国内外棉价背离，新棉市场展望悲观情绪浓厚。

本期报告紧密结合 2021 年 12 月中央经济工作会议指出的"我国经济发展面临需求收缩、供给冲击、预期转弱三重压力"，试图厘清国内外棉情变化，对新棉市场提出趋势预测，供决策参考。

一、需求收缩、价格背离与"疆棉禁令"

（一）棉花消费减少

1. 纺织消费、进口减少

1—7 月纺织原棉消费量 444 万 t，同比减少 110 万 t，减幅 19.3%，但高于 2020 年同期 352 万 t，高 26.1%。1—7 月纱线产量 1 527.9 万 t，同比减少 6.3%；布产量 210.1 亿 m，同比减少 4.7%。

1—7 月进口原棉 125.6 万 t，同比减少 43.4 万 t，减幅 25.7%；进口棉纱线 78.5 万 t，同比减少 52.5 万 t，减幅 66.9%。

2. 纺织品服装内销减少，出口增长

1—7 月国内服装类商品零售额 5 130.7 亿元，同比减少 6.9%。1—8 月纺织品服装出口 2 203.0 亿美元，同比增长 11.0%，其中纺织品出口 1 022.7 亿美元，同比增长 10.2%，服装出口 1 180.3 亿美元，同比增长 11.6%，其中 8 月出口增长势头减弱。

（二）棉花供给冲击

国内原棉的库存量较大，资源总量处于丰富到过剩状态，各方预计棉花库

存量在 850 万 t 上下，库存消费比在 110％水平上。

然而，我国高品质原棉短缺率高达 58.5％（差距 300 万 t），且集中度低，稳定性差，可采购能力弱，供不足需的矛盾尖锐。

（三）主因简析

1. 疫情拖累

全球新冠肺炎仍在大流行之中，据"海外头条"，新冠肺炎感染病例从 2021 年 12 月 31 日的 2.87 亿例增长到 2022 年 8 月 31 日的 5.96 亿例，增长 107.7％，净增 3.09 亿例；同期死亡病例从 544.6 万例增长到 640.0 万例，增长 17.5％，净增 95.4 万例，全球经济复苏进程和纺织工业转好的趋势受阻。国内自 3 月以来疫情多地散发，棉花消费减少。

2. "疆棉禁令"

自 6 月 21 日起美国海关和边境保护局实行"疆棉禁令"，禁止进口新疆所有产品，含新疆农业（棉花、番茄、哈密瓜、香梨和大蒜）产品和棉纺织业产品。有分析指出，疆棉有近 200 万 t 参与全球贸易，我国及东南亚纺织服装制造业对新疆棉花及其制品的采购使用非常谨慎，国内市场对"疆棉禁令"抑制消费情况估计不足。

疆棉滞销是"疆棉禁令"的结果。至 2022 年 7 月底，2021 年新疆生产棉花的销售率仅 40％（200 多万 t 滞销，另外有 100 万 t 在流通领域），2021 年高价收购也是原因之一。

3. 俄乌冲突和极端异常气候

2 月 24 日俄乌冲突爆发，美欧西方对俄掀起制裁浪潮，导致全球生产链和供给链受较大影响，受制裁的反噬，美欧能源、食品和化肥价格高涨，CPI 高企，纪录不断刷新，加上疫情持续，极端旱灾席卷欧洲、美洲，各大机构纷纷下调 2022 年的全球经济预期。如世界银行从 1 月的 4.1％下调至 6 月的 2.9％，调低 1.2 个百分点；IMF 从 4 月的 3.6％下调到 7 月的 3.2％，调低 0.4 个百分点。预测全球经济进入高通胀、快加息、低（负）增长的"滞涨时期"，美欧经济衰退风险的预期不断增强，衰退程度强于 2008 年全球金融危机。

（四）国内外棉花价格背离

1. 国际棉价高企

Cotlook A 指数从 1 月的均价 132.33 美分/磅（相当于 19 721 元/t，按汇率 6.76 测算，低于国内 CCIndex 3128B 2 809 元/t）上涨到 5 月的均价 163.75 美分/磅（相当于 24 404 元/t，高于国内 CCIndex 3128B 3 218 元/t），6 月和 7 月均价下降到 154.17 美分/磅和 131.03 美分/磅，国际棉花价格高企是疫情纾困投入大量资金造成的通胀。然而，价格走向背离了弱势需求的现实。8月价格逐步下降，9月8日Cotlook A指数下降至120.15美分/磅。

2. 国内外价格背离

2月国内价格创新高，此后由高走低，国内价格低于国际市场价，按1%完税价分别是——4月低1 629元、5月低3 059元、6月低5 168元、7月低2 840元。"疆棉禁令"也是国内价格背离国际价格的原因，因价格背离出现新疆棉"卖不掉"，外棉进口"买不起"的两难境地。

另外，国际市场预期供给短缺，包括巴基斯坦因涝、美国因干旱的减产，以及估测新疆棉及其制品有160万t直接参与国际贸易，若加上棉纱线和面料等，限制疆棉使用意味着全球棉花短缺量（短缺200万t）更多。

（五）疆棉收储未能提振市场信心

为了解决疆棉滞销问题，自7月11日始，中央储备棉公司启动轮入收储新疆棉，每个工作日采购6 000t，至8月30日，实际采购成交率不到一半，其中8月10—30日均无成交，至9月9日仅有1日有成交，可见收储未能提振市场信心。

二、新棉市场展望

新冠肺炎疫情暴发3年来，全球经济经历了2020年大幅增加纾困资金，接着全球经济进入轻微通胀，当年新疆棉花价格回升，2021年全球进入高通胀，棉花价格大幅上涨，经济形势复杂（疫情持续——疆棉禁令——俄乌冲突——欧美CPI高企，经济低速增长、高通胀和加息浪潮）。当前全球经济收缩，国内现货价格不断下滑，预计新棉市场或出现价格下降和"卖棉难"问题。当然，也不排除社会资金进入收购环节支撑价格上涨的可能性。

1. 新棉或中开中走

预计籽棉开秤价5.0元/kg上下（机采）～5.6元/kg上下（手采），其情景或略好于2019年。今年是本轮目标价格的最后一年，疆棉有目标价格兜底。

2. 价格分离

即内地棉与新疆棉价格出现分离，内地棉价格高于新疆棉。

3. "卖棉难"问题

今年全国棉花丰收，新疆棉花的库存量大，要密切关注新棉拒收购、压级压价和"卖棉难"问题。

点评：早发早熟不能早收获，确有"卖棉难"问题。新疆棉区秋收季节的疫情防控致棉花采收、交售、收购、加工和公检进度大幅放慢，一度处于停止状态。

中国棉花生产景气报告 NO：498　　　　　　　出版日期　2022　09　30

2022年9月30日全国棉花采收和交售进度

毛树春

摘要：受国内外需求收缩、价格背离、"疆棉禁令"和天气等因素的影响，今年新棉采收进度快，然而收购市场启动慢，交售进度慢，开秤价格回落，9月籽棉均价大幅下降56.7%。当前棉农交售和收购企业都处于胶着、僵持的矛盾状态，要密切关注国庆节后的市场变化。

2022年全国棉花早发早熟。9月以来，全国棉区秋高气爽，阳光普照，少雨无雨，长江秋夏连旱，黄河高温多阳，气候干燥，加快棉花吐絮和采收，西北气温回升，南疆高温，北疆少雨，脱叶、落叶好，吐絮进程加快。在有利天气条件下，长江、黄河棉花采收进度快，新疆因疫情防控流动性限制，采收进度慢，南疆一些产地因封控，棉田仍处于8月底的状态。当前棉农交售和收购企业都处于胶着、僵持的状态，要提早防范"卖棉难"，供决策参考。

一、采收进度、交售进度和价格

（一）采收进度

至9月30日，全国棉花采收进度17.0%，快于2021年2.1个百分点，然而不同棉区差异极大（附表3）。

长江中下游，受夏秋连旱影响，吐絮早，吐絮快，采收进度达到49.6%，快于2021年同期17.2个百分点。

黄河流域，受秋旱影响，棉田普遍干燥，吐絮早，吐絮快，采收进度达到74.4%，快于2021年同期36.9个百分点。其情景与2021年夏涝连秋湿恰好相反。

西北内陆，采收进度6.10%，慢于2021年同期4.1个百分点。与2021年相比，今年棉花早发早熟，生育期早7～10d，加上9月气温回升，短时气温高达35℃，少雨多阳，有利于化学脱叶催熟，且脱叶和落叶干净，吐絮快，但受新冠疫情管控影响，采收进度慢。据跟踪调查，北疆个别家庭农场采收进度达到75.0%，但南疆一些棉田仍未开采。

（二）交售进度

至 9 月 30 日，全国棉花交售进度 5.0％，慢于 2021 年 3.2 个百分点。不同棉区差异都放慢（附表 3）。

长江中下游，受夏秋连旱影响，吐絮早，吐絮快，交售进度 9.8％，慢于 2021 年同期 4.4 个百分点。

黄河流域，交售进度 27.5％，快于 2021 年同期 17.5 个百分点，与 2021 年同期多雨秋湿采收进度慢相比，交售进度也慢。

西北内陆，交售进度 1.6％，慢于 2021 年同期 5.8 个百分点。据跟踪调查，北疆少数企业开秤收购，北疆个别家庭农场采收进度达到 75.0％，因价格低未交售。南疆少数手采棉有交售，大多企业还未开秤。

（三）籽棉售价

至 9 月 30 日，全国籽棉交售低开低走，开秤价 5.69 元/kg，与 2021 年同期 9.85 元/kg 相比，下降 42.2％。9 月均价 5.72 元/kg，与 2021 年同期 10.08 元/kg 相比，下降 43.3％。虽然三大棉区价格都下降，但也存在明显差异（附表 4）。

长江中下游，开秤价 7.34 元/kg，与 2021 年同期 7.98 元/kg 相比，下降 8.0％。9 月均价 7.37 元/kg，与 2021 年同期 8.48 元/kg 相比，下降 13.1％。

黄河流域，开秤价 7.70 元/kg，与 2021 年同期 9.30 元/kg 相比，下降 17.20％。9 月均价 7.93 元/kg，与 2021 年同期 9.33 元/kg 相比，下降 15.0％。

西北内陆，机采棉开秤价 5.26 元/kg，与 2021 年同期 10.11 元/kg 相比，下降 48.0％。机采棉 9 月均价 5.26 元/kg，与 2021 年同期 10.34 元/kg 相比，下降 49.1％。其中手采籽棉 9 月均价 7.06 元/kg，与 2021 年同期 10.97 元/kg 相比，下降 35.6％。

二、后市展望

今年是个丰收年景，提高机采棉质量尤为重要。秋高气爽年景棉花越收越多，熟相好。除 8 月上中旬黄河局地有烂铃以外，其他产地都无烂铃。预计长江、黄河流域总产 100 万 t（相当于新疆阿克苏地区的总产）上下，新疆农户、团场职工、家庭农场、合作社高产场户层出不穷，与 9 月估产相比预计增加 15 万～20 万 t，总产将达到 565 万～570 万 t，创历年新高。

新疆前中期早发早熟，9 月高温多阳，机采棉脱叶效果好，加上采收时间推后，落叶效果好，这对减少机采棉的叶屑杂质含量有利（自检杂质含量 8％），表观品相好（内在品质指标不一定）。机采棉要规范采收行为，提高采收质量，加强采收环节监管，严厉打击恶意加水加沙等行为。

当前急需解决的问题。新冠疫情防控与棉花采收、交售、收购两不误是当前新疆一些产地急需解决的问题。北疆昌吉阜康的做法是对农机手每日核酸采样检测，保持采收人员的合理流动。南疆一些产地因 8 月中旬较早封控，据反映，一些轧花厂检修工作尚未完成，工人没有完全到位，难以保障正常开工。因此，疫情防控要做到人员的合理流动，尽最大努力保障采收、交售、收购和轧花的用工需求。

新棉价格或低开低走，内地与新疆价格或出现分离。受需求收缩影响，新疆绿洲的情景或略好于 2019 年，当年 9—12 月中国棉花价格指数（CCIndex 3128B）在 12 900～13 100 元/t，折算籽棉售价 5.00 元（机采）～6.00 元（手采）/kg。个别微信公众号散布目标价格提高到 19 500 元/t 是谣言。

受"疆棉禁令"影响，内地与新疆价格或出现分离情形，内地价格高于新疆，黄河流域大部分售价 8.0 元/kg，长江流域略低，与品质有关，其中黄河三角洲订单种植面积籽棉售价 8.4 元/kg。当然，也不排除流动性的冲动，出现"抢购"的情形。

关注市场走向，谨防"卖棉难"问题。今年全国棉花丰收，新疆陈棉库存量大，要密切关注新棉市场变化，谨防拒收购、压级压价。

点评：9 月 30 日预测全国棉花总产 690 万 t 是准确的。

中国棉花生产景气报告 NO：499　　　　　　　　　出版日期　2022　10　06

新疆绿洲棉花机械化采收表观成本核算报告

毛树春

摘要： 跟踪记录表明，北疆棉花机械化采收户主表观费用 300 元/亩，CP690 采棉机采收费用 132.73 元/（亩·台），表观净利润 75.00 元/（亩·台）。按 1 台采棉机有效采收日数 30 日，采收面积 240 亩/（台·日），一个采收季节最大采收面积为 7 200 亩/台。1 台 CP690 采收机相当于 800 个劳动力的籽棉采收量，效率极高。采棉机为规模较大的家庭农场和专业合作社提供了现代农业装备保障，提高机采棉质量以形成更大的植棉规模和更高的植棉效益是当前和今后绿洲棉花可持续发展的主要任务之一。

棉花机械化采收作业由户主和采收农机公司机主两个市场主体完成。根据跟踪记录，棉花机械化采收费用包括物质费用、人工费用、折旧、保险、贷款利息和额外费用等，按此细分项目归类整理和测算分析。

一、农场户主表观费用

（一）第一遍采收

（1）植棉户主概况。北疆昌吉州阜康市胡泽宇家庭农场 2022 年植棉面积 1.2 万亩，2021 年因采棉机问题采收时间较晚，今年早动手，9 月 19 日开始机采，10 月 5 日采收完第一遍，持续时间 17d。

（2）农场户主表观费用。经记录测算，采收第一遍户主表观总费用 300.88～310.88 元/亩（按 300 元/亩计），其中支付农机公司费 210～220 元/亩，占总费用的 70.00％～73.33％（计 71.37％）；脱叶催熟、圆包装车卸车运输、采收辅助和额外费用等 85.88 元/亩，占总费用的 28.63％（表 6-25）。

（3）支付。约定当收到交棉款后第一次支付，第二次支付在 12 月前。

（4）费用比较。与 2021 年第一遍支付机采费 240 元/亩相比，2022 年有所降低。

（5）交售、装车、卸车和运输费用。在棉田交售，2022 年 10 月 4 日在地头过磅。装车、卸车费用各 20.0 元/亩，费用与 2021 年相同。实际支付运输费用 0.1 元/亩。

（二）采收第二遍

（1）复采 10 月 6 日到 10 月 8 日，因采收单产仅为 10 多千克/亩，销售价格较低。

（2）第二遍采收费用 60 元/亩。与 2021 年 60.00 元/亩相比相同。

（3）装车、卸车和运输费用。

二、采收农机公司表观费用和收益

（一）第一遍采收

（1）石河子创洁农业科技有限公司。该公司共有 CP690 采棉机 5 台，大圆包 2.1～2.2t/包，另有油罐车 1 辆，装柴油 30t；包膜工具车 1 辆，车队计 25 人（表 6-25）。

表 6-25 2022 年北疆棉花机械化采收农场主和农机公司采收表观成本测算

项目	农场主费用明细	采收农机公司费用明细
物质费用	1. 脱叶剂催熟剂费。脱叶剂 12g/亩＋乙烯利 25g/亩，打 2 次，按面积分摊 24.00 元/亩。 2. "圆包"装车、卸车费各 20 元/包，计 40 元/车，按面积分摊 8.00 元/亩（包括人工和柴油费用）。 3. 运输费。按距离远近平均 0.1 元/kg 测算，按面积分摊 43.0 元/亩。 合计 75.00 元/亩。 4. 消耗柴油。1 车装、卸圆包 14 个（相当棉田面积 65 亩），消耗柴油 136.9L（里程 370km），按面积分摊 2.11 L/亩。柴油购买价 7.59 元/L，费用 16.01 元/亩，占 40 元/亩的 40.00%，另 23.99 元/亩为人工、杂费和收益等。	1. 采棉机维修费。正常更换采摘头和其他部件，每台 30 万元/年。采收面积 1.4 万亩，按面积分摊 21.43 元/亩。 2. 包膜加连胶黏合剂费。包膜厚度 1.1mm，购买价 30 000 元/t，用量 4.5～5.0kg/包，费用 135.00～150.00 元/包。按采收籽棉单产 430kg/亩，5 亩 1 包（250 元/t 包膜），按面积分摊包膜费 37.50 元/亩。 3. 柴油费。柴油购买价 7.40 元/L，机采棉消耗 4.0L/亩，按面积分摊 29.60 元/亩。 合计 88.53 元/亩，占总费用的 66.75%。 4. 复采费 60.00 元/亩。其中消耗柴油 1L/亩，计费 7.40 元/亩；包膜费 10.00 元/亩和人工费 14.00 元/亩，其余为毛利润。
人工费用	1. 脱叶剂催熟剂无人机施 2 遍，人机费按面积分摊 8.00 元/亩。 2. 辅助收获人工费，按面积分摊 15.00 元/亩。 合计 23.00 元/亩。	1. 采棉机维修人工费。按 5 人台车维修时间 100d，每人每月 6 000 元测算，5 人计 105 000 元，5 台车采收 7.0 万亩，按面积分摊 1.50 元/亩。 2. 机手人工费。每台采棉机的机手 2 人，采收时间 50d，机手工资 4 800 元/日，作业面积 14 000 亩/台，平均人工采收费用为 280 元/日×50d＝240 000 元，按面积分摊 17.14 元/亩。 3. 采收机辅助人员费。辅助人员 3 人/台，计费为：260 元×50d×3 人＝39000 元，采收 1.4 万亩，按面积分摊 2.79 元/亩。 4. 人工不可预见费，面积分摊 1.00 元/亩，合计 22.43 元/亩，占总费用的 16.90%。

（续）

项目	农场主费用明细	采收农机公司费用明细
采棉机折旧费	无人机折旧费，按面积分摊 1.00 元/亩。	1. 采棉机折旧费。CP690 购买均价 550 万元/台，无补贴。使用年限 15 年，每年分摊 36.67 万元，按新机 10% 和旧机折旧 15% 的均值 12.5% 测算，折旧费 4.59 万元，采收面积 1.4 万亩/台，按面积分摊 3.27 元/亩。 2. 油车和其他辆折旧，按面积分摊 10.00 元/亩计。 3. 车库折旧费，按面积分摊 1.00 元/亩。 合计 14.27 元/亩，占总费用的 10.75%。
保险、利息及额外费用	1. 采棉机手吃住。2 台车 10 人，吃饭住宿费每人每天 40 元，按面积分摊：17 天×10 人×40 元/（d·人）/12 000 亩=0.57 元/亩（面积分摊）。 2. 雇佣厨师 1 人，每日 150 元，按面积分摊：17 天×150 元/d/12 000 亩=0.22 元/亩。 3. 核酸检测每日 1 次，支付检测车费每次 60 元，按面积分摊：60 元×17 日/12 000 亩=0.88 元/亩。	1. 采棉机保险费。保险费是 2.6 万元/台（保额 600 万元），按面积分摊 1.86 元/亩。 2. 采收季机手保险费。保险费 660 元/人（保额 60 万/人），每旦 5 人，计 5 人×660 元/人=3300 元，按面积分摊 0.24 元/亩。 3. 贷款及利息。该公司每年贷款 700 万元，年利息 7.2%（月利息 6 厘），月息 4.2 万元（3—12 月贷款计 9 个月），利息 37.8 万元，采收 7.0 万亩，按面积分摊 5.40 元/亩。 合计 7.50 元/亩，占总费用的 5.65%。
总计	1. 实际支出平摊费 90.88 元/亩； 2. 第一遍支付机采费 210～220 元/亩。合计 300.88～310.88 元/亩（按 300 元/亩计）。 3. 复采 60.00 元/亩。	实际支出 132.73 元/亩（按 137.00 元/亩计）。 机采表观收益 72.77～82.77 元/亩（按 75.00 元/亩计）。

2022 年，阜康市胡泽宇家庭农场雇佣该车队 CP690 采棉机 2 台，每车农机手 2 人，计 4 人，辅助人员 3 人，计 6 人，总计 10 人组成一个小型采收车队。

（2）机采作业面积。经测算，全疆有效采收日数 40d（其中北疆实际采收 20d，南疆采收 20d），采收面积 350 亩/（台·d），采收面积 1.4 万亩/台（全季节采收面积 280 亩/d，因采棉机多存在竞争，即便是 CP690 也有较大难度）。

2022 年，胡泽宇家庭农场从 9 月 19 日开始到 10 月 5 日结束，实际采收 17d，采收面积 1.2 万亩，采收效率 353 亩/（车·日）（期间下雨停采 3d）。

（3）表观总费用。经反复沟通，按面积平摊的采收费用 132.73 元/亩，其中维修费、包膜费、黏胶费和柴油费 88.53 元/亩，占总费用的 66.70%；人工费 22.43 元/亩，占总费用的 16.90%；采棉机、油罐车和车库折旧 14.27 元/亩，占总成本的 10.75％；工作人员、采棉机保险费、利息和额外费 7.50 元/亩，占总费用的 5.65％。

（4）表观收益。按户主支付采收费 210～220 元/亩，机采表观净收益 75.00 元/亩。再按一个采收季采收面积 1.4 万亩/台测算，合计表观收益 105 万元/台。

（二）第二遍采收

支付复采费 60.00 元/亩。其中

消耗柴油 2.1L/亩，柴油购买价 7.59 元/L，费用 16.7 元/亩；

人工费 14.00 元/亩；

复采为散花，未打包。

三、机械化采收效率测算

（1）效率。按 1 个标准劳动力测算，手工采收籽棉 60kg/标准工作日（8h 为 1 个标准工作日），籽棉 400kg/亩需 6.7 个工时/亩。

1 台采棉机可采收面积 240 亩/标准日，240 亩手采需人工 1 608 个工时，（1 台采棉机 400 亩/日为非标准工作日），机采需配合人力 5 人（40 个工时），机采 6 人/（台·240 亩），采收效率提高了 32.5 倍。

测算 1 台采棉机一个采收季节有效采收日数 30d，采收面积为 30×240＝7 200 亩，等同 7 200 亩面积需要人力 1 074.6 人。通常雇工采收加班加点，1 台采棉机相当于 800 个劳动力的采收量。

（2）费用。按表观人工采收费 2.2 元/kg 籽棉，测算表观采收费为 880 元/亩，机采费为 220 元/亩（相当于 0.55 元/kg 籽棉价格），节省成本达 3.0 倍，且劳动强度显著减轻，主动性增强。

户主收益。机采棉售价约低于手采棉 10.0％，按 2021 年售价 1 元/kg 籽棉，少 400 元/亩，差额为 660－400＝260 元/亩，机采比手采增收率达到 65.0％。

（3）问题。机械化采收在显著提高劳动生产效率的同时也存在机采棉质量明显下降的新问题，其主因是杂质含量高，多次清花除杂致纤维长度损害大（损害 0.8～1.5mm）。因此，大幅提升机采棉质量是迫在眉睫的事情。

（4）结论。采棉机为规模较大的植棉家庭农场和专业合作社提供了现代装备保障，提高机采棉质量以形成更大的植棉规模和更高的植棉效益是今后绿洲棉花可持续发展的主要任务之一。

2022 年 10 月 20 日全国棉花采收和交售进度

毛树春

摘要： 今年全国棉花丰收，秋阳秋爽的天气有利于吐絮，有利于采收。然而，棉花市场不温不火，交售收购进度慢，籽棉交售价格中开中走，上涨缓慢。至 10 月 20 日，累计均价 6.25 元/kg 籽棉，比 9 月均价 5.72 元/kg 籽棉，环比回升 9.3%，同比大幅下降 40.4%。价格走低棉农有惜售情绪，要防范"预售制""打白条"风险。棉花是易燃品，秋爽天干物燥，要防范存放棉花发生火灾事故。

2022 年是我国棉花的丰收年景，秋高气爽年景棉花越收越多，秋桃晚秋桃都是自然吐絮，熟相好，预计 2022 年全国棉花总产将超过 650 万 t，是 2010 年后又一个（2012 年全国棉花总产 660.8 万 t）高产年景。实践表明，在疫情冲击和消费疲软背景下，我国棉花表现出较强的韧性，抗冲击能力强。

一、采收进度、交售进度和价格

（一）采收进度快

至 10 月 20 日，全国棉花累计采收进度 71.3%，快于 2021 年同期 3.1 个百分点。然而不同棉区有较大差异（附表 3）。

长江流域，受夏秋连旱影响，吐絮早，吐絮快，累计采收进度达到 80.3%，快于 2021 年同期 4.0 个百分点。

黄河流域，国庆节后天气转好，气温高，采收进度 83.8%，快于 2021 年同期 18.4 个百分点，加快 28.4%。

西北内陆，累计采收进度 68.8%，采收进度与 2021 年同期相当。北疆开采时间早，采收进度加快。然而，受新冠疫情管控和人机流动的限制，南疆不同产地采收进度差异大。

（二）交售进度慢

至 10 月 20 日，全国棉花累计交售进度 29.4%，慢于 2021 年同期11.5 个百分点。然而，不同棉区交售有快有慢。

长江流域，累计交售进度 33.2%，慢于 2021 年同期 22.6 个百分点。

黄河流域，累计交售进度 38.0％，快于 2021 年同期 16.0 个百分点。这与 2021 年秋湿采收和交售进度的基数低有关。

西北内陆，累计交售进度 28.0％，慢于 2021 年同期 16.8 个百分点。据跟踪调查，疫情限制人员流动，开秤企业数量减少，售价走低，惜售现象普遍。

（三）籽棉售价

至 10 月 20 日，全国籽棉交售价格低开低走，累计售价 6.25 元/kg，与 2021 年同期相比，下降 40.4％。虽然三大棉区价格都下降，但也存在明显差异。长江、黄河分散产地无价无市。

长江流域，籽棉售价 7.63 元/kg，与 2021 年同期相比，下降 18.1％。

黄河流域，籽棉售价 8.08 元/kg，与 2021 年同期相比，下降 11.7％。这与 2021 年夏秋连涝、烂铃多品级低有关。今年山东高品质订单棉花的售价在 8.40 元/kg 水平上。

西北内陆，籽棉加权售价 5.87 元/kg，与 2021 年同期相比，下降 45.5％。南疆籽棉售价高于北疆，这与南疆仍有一定比例手采棉有关，而北疆基本实行机械化采收。机采籽棉圆包售价高于方模棉花和"散花"，地方棉售价普遍高于兵团棉。

二、后市展望

今年是个丰收年景，预计全国棉花总产超过 670 万 t。秋高气爽年景棉花越收越多，熟相好，早秋桃和晚秋桃都是自然吐絮，熟相好，仍保持长江、黄河 100 万 t 的产量预测，西北新疆总产将超过 570 万 t，创历年新高。

预计 2022 年全国棉花总产将超过 670 万 t，是又一高产年景。实践表明，在疫情冲击和消费疲软背景下，我国棉花表现出较强的韧性，抗冲击能力较强。

消费疲软，国际价格稳中有降，国内现货价格坚挺。受需求收缩影响，全球棉价走低。10 月 10 日到 10 月 20 日，国际棉花 Cotlook A 指数从 102.55 美分/磅下降到 10 月 20 日 95.8 美分/磅，降幅 6.6％；同期中国棉花价格指数（CC Index 3128B）从 15 492 元/t 上涨到 15 930 元/t，呈现相对稳定和坚挺状态。

当前急需解决疫情防控与采收、收购问题。10 月初以来北疆一些棉区进入"居家、静默"状态，人员流动受到严格限制，棉花交售几乎处于停止状态。因此，疫情防控背景下要尽最大努力保障采收、交售、收购和轧花的用工需求。

籽棉交售"预售制"仍然存在"打白条"的风险。新疆有关部门明确指出"预售制"行为涉嫌变相"打白条"，且严重扰乱了市场秩序，若经相关部门查实，将予以诚信经营评价降级处理。

棉花是易燃品，秋爽天干物燥，棉花无论野外露天堆放还是家里存放都要防范火灾事故。

点评：10 月 20 日预测全国棉花产量超过 670 万 t，在时间上是最早的。至 2023 年 4 月 17 日，新疆公检产量 613.7 万 t，新疆以外产量 80 万 t 不变，全国产量 690 万 t，2022 年是历史上的第四个高产年景。

中国棉花生产景气报告 NO：504　　　　　　　　出版日期 **2022 11 06**

2022年10月31日全国棉花采收和交售进度

毛树春

面对新冠疫情冲击和消费疲软环境，我国棉花表现出较强的韧性，抗冲击能力强，今年"金九银十"棉花市场不温不火，售价中开中走，至10月31日，采收进度86.6%，与2021年同期相比基本持平；累计交售进度48.9%，同比大幅减慢13.7个百分点；至10月31日均价6.31元/kg籽棉，同比大幅下降41.2%，环比下降3.4%，棉农惜售情绪浓厚。

要关注疫情防控背景下的市场行情变化，要防范"预售制""打白条"风险。棉花是易燃品，天干物燥，防范棉花野外露天堆放和家里存放火灾事故，最好的办法是采收即销售。

一、采收进度、交售进度和价格

（一）采收进度快

至10月31日，全国棉花累计采收进度86.6%，与2021年同期基本持平，然而不同棉区有较大差异（附表3）。

长江流域，受夏秋连旱影响，吐絮早，吐絮快，累计采收进度达到91.4%，快于2021年同期10.2个百分点。

黄河流域，国庆节后天气转好，气温高，累计采收进度90.0%，快于2021年同期10.5个百分点，受秋收秋播影响，一些植棉大户缺少劳动力，采收进度慢。

西北内陆，累计采收进度85.6%，采收进度略低于2021年同期。其中北疆与甘肃河西走廊采收基本结束。然而，受疫情管控和人机流动的限制，南疆不同产地采收进度差异大。

（二）交售进度慢

至10月31日，全国棉花累计交售进度48.9%，慢于2021年同期13.7个百分点。整体上，因售价走低惜售现象普遍，棉花交售呈现不温不火状态，虽然各流域都减慢，但新疆减慢更多。

长江流域，累计交售进度38.2%，慢于2021年同期33.4个百分点。

黄河流域，累计交售进度55.0%，慢于2021年同期15.1个百分点。

西北内陆，累计交售进度 49.2%，慢于 2021 年同期 20.9 个百分点。据跟踪调查，疫情限制人员流动，收购企业数量减少，人手不足，加上售价走低，惜售现象普遍。

（三）籽棉售价稳中趋降

至 10 月 31 日，全国籽棉交售价格中开中走，累计售价 6.25 元/kg，与 2021 年同期相比下降 41.2%，环比下降 3.4%（附表 4）。

虽然三大棉区价格都下降，但长江和黄河降幅小得多。

长江流域，籽棉售价 7.43 元/kg，与 2021 年同期相比下降 20.3%。

黄河流域，籽棉售价 8.00 元/kg，与 2021 年同期相比下降 24.0%。

西北内陆，籽棉加权售价 5.90 元/kg，与 2021 年同期相比大幅下降 45.3%。在新疆，南疆籽棉售价高于北疆，这与南疆手采棉仍有一定比例有关，而北疆基本实行机械化采收。地头销售价高 0.2 元/kg 籽棉。机采圆包棉售价高于方模棉和"散花"，另外地方售价普遍高于兵团。

二、后市展望

消费疲软，国际价格持续稳中下降，国内现货价格相对坚挺。受需求收缩影响，全球棉价走低。10 月 8 日到 10 月 31 日，国际棉花 Cotlook A 指数从 101.3 美分/磅下降到 89.50 美分/磅，降幅 11.6%；同期中国棉花价格指数（CC Index 3128B）从 15 490 元/t 上涨到 15 496 元/t，呈现相对稳定和坚挺状态。

当前急需要解决疫情防控与采收、收购问题。疫情防控背景下要尽最大努力保障采收、交售、收购和轧花的用工需求。

针对棉花收购工作中存在的棉农惜售、"打白条"和收购加工环节忽视质量等突出问题，11 月 1 日，新疆维吾尔自治区发展和改革委员会、农业农村厅、市场监督管理局联合印发《2022 年度自治区棉花市场秩序和质量专项整治工作方案》，在全区组织开展棉花市场秩序和质量专项整治行动，维护棉花市场正常秩序，加强棉花质量监督管理，确保新棉收购工作顺利进行。

中国棉花生产景气报告 NO：506　　　　　　　出版日期　2022　11　15

2022 年 11 月 10 日全国棉花采收和交售进度

毛树春

　　面对疫情防控和消费疲软的环境，我国棉花表现出较强的韧性和耐力，抗冲击能力强。11 月上旬棉花市场延续"金九银十"不温不火的行情，棉花售价中开中走，至 11 月 10 日，采收进度 94.9％，与 2021 年同期持平；累计交售进度 65.9％，同比大幅减慢 21.9 个百分点；籽棉均售价 6.35 元/kg 籽棉，环比上涨 1.6％，同比大幅下降 39.2％。

　　在疫情防控条件下棉花交售和加工要保持韧性和耐力，坚持质量第一，安全第一，关注资金结算和防火安全等问题。

一、采收进度、交售进度和价格

（一）采收进度快

　　至 11 月 10 日，全国棉花累计采收进度 94.9％，与 2021 年同期持平，然而不同棉区有较大差异（附表 3）。

　　长江流域，受夏秋连旱影响，吐絮早，吐絮快，机采基本完毕。

　　黄河流域，采收进度明显快于 2021 年的秋湿年景。

　　西北内陆，累计采收进度 95.0％，采收慢于 2021 年同期。其中北疆与甘肃河西走廊采收基本结束，南疆不同产地采收进度差异大。

（二）交售进度慢

　　至 11 月 10 日，全国棉花累计交售进度 65.9％，慢于 2021 年同期的 21.9 个百分点。整体上，长江流域、黄河流域因售价走低惜售现象普遍，西北内陆因疫情管控交售进度放慢。

　　长江流域，累计交售进度 50.4％，慢于 2021 年同期 13.2 个百分点。

　　黄河流域，累计交售进度 55.0％，慢于 2021 年同期 15.1 个百分点。

　　西北内陆，累计交售进度 68.8％，慢于 2021 年同期 22.1 个百分点。据跟踪调查，疫情限制人员流动，收购企业数量大幅减少，加上开工企业的人手不足，因 11 月上旬售价回升，惜售现象有所缓解。

（三）籽棉售价稳中回升

　　至 11 月 10 日，全国籽棉交售价格中开中走，累计售价 6.35 元/kg，环比回升 1.60％，与 2021 年同期相比下降 39.18％（附表 4）。

虽然三大棉区价格都下降，但长江和黄河降幅小得多。

长江流域，籽棉售价 7.43 元/kg，与 2021 年同期相比下降 22.77％。

黄河流域，籽棉售价 7.77 元/kg，与 2021 年同期相比下降 13.67％。长江和黄河下降幅度小与 2021 年销售价格基数偏低有关。

西北内陆，籽棉加权售价 6.06 元/kg，与 2021 年同期相比大幅下降 43.21％。在新疆，南疆籽棉售价高于北疆，是因南疆有一定比例的手采棉，而北疆基本实行机械化采收。地头籽棉销售价高 0.2～0.3 元/kg 不等。不同包型机采籽棉售价有明显差异，"圆包"售价高于"方模"和"散花"，"圆包"最高加价 0.2～0.3 元/kg 籽棉。地方籽棉售价高于兵团，11 月上旬有所缩小。

二、加工进度严重滞后

至 11 月 10 日，2022 年度内地因棉花早熟，采收进度快于 2021 年度（附表 3）。

因疫情管控原因，新疆公检进度大幅滞后，至 11 月 10 日，公检皮棉 38.71 万 t，比 2021 年同期 177.51 万 t，大幅放慢 78.19％。其主因是公检加工企业数量大幅减少，2022 年度新疆公检加工企业 447 家，而 2021 年同期为 923 家，减少 51.57％。已开工的企业也因人手没有完全到位，开工率不足。

三、后市展望

消费疲软，国际价格持续稳中下降，国内现货价格相对坚挺。11 月上旬国际棉价回升，11 月 1 日到 11 月 10 日，Cotlook A 指数从 89.20 美分/磅上涨到 103.55 美分/磅，涨幅 16.09％；同期中国棉花价格指数（CC Index 3128B）从 15 420 元下降到 15 256 元/t，降幅 1.06％，呈现相对稳定和坚挺状态。

中国棉花生产景气报告 NO：508   出版日期 2022 11 25

2022 年 11 月 20 日全国棉花采收和交售进度

毛树春

——疫情下全国棉花生产表现出强大的韧性、耐力和耐心。

——11 月上旬，全国棉花采收完毕，南疆进入扫尾阶段，11 月中旬南疆局地棉田待采收。

——11 月中旬北疆交售进入尾声，南疆交售超过八成，内地棉花惜售现象严重。

——11 月中旬籽棉售价呈现相对稳定态势，新疆棉售价呈现回升的态势，内地未见回升。

——公检加工皮棉的进度上，新疆严重滞后，内地较快。

面对疫情防控和消费疲软的大环境，我国棉花表现出较强的韧性和耐力，抗冲击能力强。11 月上旬棉花市场延续不温不火的行情，售价中开中走，至 11 月 20 日，采收进度 97.7%，与 2021 年同期基本持平；累计交售进度 81.2%，同比减慢 11.5 个百分点；籽棉年均售价 6.31 元/kg 籽棉，环比基本持平，同比下降 34.3%。

在新冠疫情防控条件下棉花交售和加工要保持韧性和耐力，坚持质量第一，安全第一，关注资金结算和防火安全等问题。

一、采收进度、交售进度和价格

（一）采收进度快

至 11 月 20 日，全国棉花累计采收进度 97.7%，与 2021 年同期基本持平，然而不同棉区仍有差异（附表 3）。

长江流域，受夏秋连旱影响，吐絮早，吐絮快，采收快。

黄河流域，采收进度明显快于 2021 年同期，2021 年秋湿，采集进度慢。

西北内陆，累计采收进度 97.4%，慢于 2021 年同期 1.4 个百分点。其中北疆与甘肃河西走廊 11 月上旬采收结束，11 月中旬南疆大部进入扫尾阶段，局地仍有棉田待采收。

（二）交售进度慢

至 11 月 20 日，全国棉花累计交售进度 81.2%，慢于 2021 年同期 11.5 个百分点。整体上，长江流域、黄河流域因售价走低，惜售现象普遍，西北内陆因疫情管控交售进度减慢。

长江流域，累计交售进度 63.2%，慢于 2021 年同期 24.6 个百分点。

黄河流域，累计交售进度 51.6%，慢于 2021 年同期 13.4 个百分点。

西北内陆，累计交售进度 86.9%，慢于 2021 年同期 9.9 个百分点。

（三）籽棉售价稳中趋升

至 11 月 20 日，全国籽棉交售价格中开中走，售价 6.31 元/kg，环比基本持平（降 0.6%），与 2021 年同期相比下降 34.27%（附表 4）。

长江流域，籽棉售价 7.48 元/kg，与 2021 年同期相比下降 22.56%。

黄河流域，籽棉售价 7.63 元/kg，与 2021 年同期相比下降 18.66%。

长江流域和黄河流域下降幅度相对较小，与 2021 年销售价格基数偏低有关。

西北内陆，籽棉加权售价 6.02 元/kg，与 2021 年同期相比大幅下降 37.42%。

二、加工进度严重滞后

至 11 月 20 日，内地因棉花早熟，采收进度快于 2021 年。

因疫情管控原因，新疆公检进度大幅滞后，至 11 月 20 日，公检皮棉 70.21 万 t，比 2021 年同期 245.94 万 t，大幅减少 71.45%。其主因是公检加工企业数量大幅减少，2022 年度新疆公检加工企业 624 家，而 2021 年同期为 937 家，减少 33.4%。

三、后市展望

棉花消费市场疲软，国际棉价稳中有降，国内棉花现货价格相对坚挺。11 月国际棉价回升，11 月 1 日到 18 日，Cotlook A 指数从 89.20 美分/磅上涨到 104.50 美分/磅，涨幅 17.15%；同期中国棉花价格指数（CC Index 3128B）从 15 420 元下降到 15 183 元/t，降幅 1.54%，呈现相对稳定状态。

在疫情防控条件下，棉花交售和加工要保持韧性和耐力，坚持质量第一，安全第一。

附　　录

附表 1　2020—2022 年新疆棉花生长指数

单位:%

| 年份 | | 月/日 | | | | | | | | |
		4 月苗	5/31	6/15	6/30	7/15	7/31	8/15	8/31	年平均
新疆	2020	36.3	103.6	109.3	115.0	109.0	111.1	119.3	116.2	111.9
	2021	8.9	83.0	84.5	77.2	56.8	84.6	90.5	92.3	81.1
	2022	17.2	121.8	111.6	126.3	176.9	123.8	118.3	107.8	127.0
北疆	2020	13.5	118.0	110.0	122.9	118.9	112.8	120.0	120.0	117.5
	2021	0.0	77.0	86.6	76.1	55.2	83.2	95.3	98.6	81.7
	2022	11.3	149.8	128.0	114.8	216.5	113.8	127.0	106.8	136.7
南疆	2020	50.0	94.0	108.9	109.8	102.4	110.0	118.9	113.6	108.2
	2021	14.3	87.0	83.1	78.0	57.9	85.5	85.7	88.1	80.8
	2022	20.7	103.1	103.0	136.2	150.5	130.4	112.5	108.5	120.6

附表 2　2020—2022 年新疆机采棉早熟性指标

单位:分

年份		四月苗	五月蕾	六月花	七月铃一	七月铃二	八月絮一	八月絮二	综合得分
新疆	2022	17.2	71.1	94.6	70.8	58.3	4.4	26.5	342.9
	2021	8.9	20.1	58.4	29.9	34.7	0.7	15.6	168.3
	2020	36.3	77.5	87.2	63.1	61.3	4.6	43.3	373.3
	历年	9.6	65.6	83.9	52.5	57.7	2.4	26.9	298.6
北疆	2022	11.3	85.7	91.4	75.3	65.2	4.5	33.5	366.9
	2021	0.1	12.0	59.0	17.7	37.8	1.5	19.4	147.5
	2020	13.5	90.0	99.0	57.0	58.2	5.5	54.4	377.6
	历年	0.6	50.0	80.3	35.6	51.2	3.0	28.8	249.5
南疆	2022	20.7	62.3	96.8	67.8	53.7	4.4	21.9	327.6
	2021	14.3	25.0	58.0	38.1	34.4	0.1	13.1	183.0
	2020	50.0	70.0	80.1	67.1	63.0	4.0	35.9	370.1
	历年	15.0	75.0	86.1	63.8	65.1	2.0	25.6	332.6

附表 3　2021—2022 年全国棉花采收和交售进度

单位：%

	11月20日累计采收进度		11月10日累计采收进度		10月31日累计采收进度		9月30日累计采收进度		11月20日累计交售进度		11月10日累计交售进度		10月31日累计交售进度		9月30日累计交售进度	
	2022	2021	2022	2021	2022	2021	2022	2021	2022	2021	2022	2021	2022	2021	2022	2021
全国	97.7	97.9	94.9	94.9	86.6	87.2	17.0	14.9	81.2	92.7	65.9	87.8	48.9	62.6	5.0	8.2
长江流域	99.1	98.9	95.6	92.4	91.4	81.2	49.6	32.4	63.2	87.8	50.4	63.6	38.2	71.6	9.8	14.2
湖南	99.9	99.9	96.0	95.0	87.5	82.5	60.0	30.0	34.0	95.0	29.0	82.0	23.0	75.0	9.0	20.0
湖北	98.5	97.6	97.0	95.0	88.0	90.0	65.0	51.0	85.0	95.0	50.0	85.0	50.0	85.0	11.0	35.0
江西	99.9	99.9	90.0	85.0	65.0	60.0	40.0	20.0	85.0	95.0	50.0	96.0	40.0	45.0	10.0	1.0
安徽	99.9	99.9	99.0	97.0	82.0	78.0	40.0	20.0	65.0	99.0	50.0	96.0	41.0	72.0	10.0	5.0
江苏	99.9	99.9	96.0	90.0	78.0	70.0	43.0	41.0	47.0	55.0	38.0	45.0	20.0	22.0	9.0	10.0
黄河流域	98.3	90.0	94.3	92.4	90.0	79.5	74.4	37.5	51.6	65.0	55.0	70.1	55.0	70.1	27.5	10.0
河南	99.9	99.0	95.0	95.0	84.8	60.0	72.5	55.0	32.5	65.0	55.0	70.1	25.0	30.0	2.5	5.0
山东	97.5	95.0	93.6	86.0	81.6	59.8	78.8	35.0	48.5	65.0	45.0	44.0	45.0	75.0	25.0	10.0
河北	99.0	85.0	95.0	83.0	95.0	70.0	70.0	40.0	55.0	65.0	55.0	35.0	55.0	70.0	30.0	10.0
陕西	99.0	95.0	92.0	88.0	85.0	70.0	70.0	40.0	65.0	68.0	60.0	65.0	60.0	65.0	0.0	19.0
西北内陆	97.4	98.8	95.0	96.6	85.6	88.2	6.1	10.2	86.9	96.8	68.8	90.9	49.2	70.1	1.6	7.4
新疆	97.4	98.8	95.0	96.6	68.8	67.9	7.8	12.7	86.9	99.9	68.8	90.9	49.9	70.1	1.0	9.5
北疆	99.9	99.9	99.7	99.9	89.3	81.6	5.0	8.5	94.2	99.9	70.1	99.9	50.4	86.5	2.0	6.0
南疆	95.1	98.0	91.8	83.0	64.7	50.4	17.0	14.9	82.0	94.8	64.7	84.3	49.1	59.1	5.0	8.2
甘肃	99.9	99.9	99.3	99.9	75.0	85.0			93.0	99.0	93.0	99.0	20.0	50.0		

注：全国为按面积比例计算的加权平均值。

附表 4　2021—2022 年籽棉交售价格

单位：元/kg

	年均		至11月20日		至11月10日		至10月31日		至10月20日		至9月30日	
	2022	2021	2022	2021	2022	2021	2022	2021	2022	2021	2022	2021
全国	6.40	10.45	6.31	9.60	6.35	10.44	6.25	10.63	6.47	10.63	6.60	10.08
长江流域	7.47	9.19	7.48	9.66	7.43	9.62	7.43	9.32	7.63	9.32	7.37	8.48
湖南	7.66	9.18	7.60	9.80	7.60	9.50	7.60	9.50	7.90	9.30	7.60	8.40

	年均		至11月20日		至11月10日		至10月31日		至10月20日		至9月30日	
	2022	2021	2022	2021	2022	2021	2022	2021	2022	2021	2022	2021
湖北	7.32	9.30	7.40	9.30	7.30	9.30	7.40	9.50	7.50	9.60	7.00	8.80
江西	7.44	8.85	7.60	9.80	7.60	9.80	7.20	8.40	7.40	9.40	7.40	7.80
安徽	7.24	9.25	7.20	9.80	7.20	9.80	7.50	9.60	7.70	8.60	6.60	9.00
江苏	7.82	9.35	7.60	9.60	7.60	9.70	(6.90)	9.60	—	9.70	8.26	8.40
黄河流域	7.88	9.50	7.63	9.38	7.77	9.00	8.00	10.53	8.08	9.15	7.93	9.33
河南	7.97	9.23	7.00	8.75	10.77	9.36	7.05	9.30	7.25	9.30	7.80	8.95
山东	7.98	9.48	7.85	9.75	7.94	9.62	7.90	9.34	8.16	9.30	8.05	9.65
河北	7.78	9.08	7.40	9.00	7.60	9.10	8.10	9.20	8.00	9.00	7.80	9.00
陕西	7.80	8.50	7.60	9.00	7.60	9.00	7.60	8.80	7.60	8.60	8.60	7.60
西北内陆	6.04	10.64	6.02	9.62	6.06	10.67	5.90	10.78	5.87	10.78	6.35	10.34
新疆	6.07	10.64	6.02	9.62	6.06	10.67	5.90	10.78	6.14	10.78	6.22	10.34
北疆	5.75	10.53	6.00	9.77	5.96	10.63	5.83	10.36	5.79	11.08	5.19	10.06
南疆	6.32	10.96	6.03	7.86	6.12	10.70	5.95	10.77	6.60	11.84	6.90	10.53
甘肃	6.61	10.46	6.52	10.13	6.52	10.13	6.10	10.19	6.90	10.80	7.00	10.70

注：新疆机采棉按"圆包""方模"和"散花"计算平均售价，北疆按机采棉计算售价，南疆及甘肃棉价为机采棉和手采棉的加权平均售价。

附表5　2019—2022年中国棉花价格指数（CC Index328B）

单位：元/t

月份	2019年	2020年	2021年	2022年
1	15 425	13 841	15 277	22 530
2	15 500	13 409	15 826	22 844
3	15 580	12 162	15 948	22 739
4	15 659	11 405	15 566	22 618
5	15 069	11 653	15 950	22 122
6	14 146	11 958	15 985	20 389
7	14 151	12 156	16 945	16 776
8	13 534	12 476	18 016	15 834
9	12 962	12 797	18 237	15 684
10	12 723	13 953	21 448	15 722
11	13 060	14 533	22 538	15 229
12	13 154	14 795	21 970	14 970
年均	14 208	12 937	17 892	18 815

数据来源：中国棉花信息网（已修正）。

附表 6　2019—2022 年国际棉花价格 Cotlook A 指数

单位：美分/磅

月份	2019 年	2020 年	2021 年	2022 年
1	82.35	79.07	87.24	132.33
2	81.15	76.57	92.76	138.41
3	83.81	67.69	91.45	141.13
4	87.25	63.53	90.73	155.32
5	80.36	65.70	90.89	163.75
6	77.65	67.80	94.50	154.17
7	75.54	68.52	97.70	131.03
8	70.78	69.95	101.30	124.42
9	71.31	70.81	103.68	117.60
10	73.88	74.82	117.38	99.68
11	74.84	77.72	126.54	100.95
12	75.83	81.02	120.04	100.87
年均	77.83	71.98	101.39	129.70

数据来源：中国棉花信息网的每日数据。FE 指远东。

附表 7　2020—2022 年全国和产棉省份棉花播种面积、总产和单产

单位：千 hm²，万 t，kg/hm²

	2020 年			2021 年			2022 年		
	播种面积	总产	单产	播种面积	总产	单产	播种面积	总产	单产
全国	3 168.9	591.1	1 865.2	3 028.2	3 168.9	591.1	3 000.3	597.7	1 992.2
四川	2.3	0.2	949.8	2.1	2.3	0.2			
湖南	59.5	7.5	1 252.2	60.2	59.5	7.5	64.6	8.2	1 273.7
湖北	129.7	10.8	831.9	120.7	129.7	10.8	115.8	10.3	892.4
安徽	51.2	4.1	800.9	34.4	51.2	4.1	30.3	2.6	844.5
江西	35.0	5.3	1 511.0	11.0	35.0	5.3	19.7	2.2	1 101.5
江苏	8.4	1.1	1 269.5	5.8	8.4	1.1	4.2	0.6	1 396.2
上海	0.0	0.0	1 370.0	0.0	0.0	0.0			
浙江	4.8	0.7	1 426.5	4.0	4.8	0.7	3.4	0.5	1 387.9
河南	16.2	1.8	1 111.1	11.5	16.2	1.8	10.9	1.4	1 252.8
河北	189.2	20.9	1 102.5	139.8	189.2	20.9	116.1	13.9	1 196.9
山东	142.9	18.3	1 280.6	110.2	142.9	18.3	113.3	14.5	1 277.8
山西	1.1	0.2	1 377.1	0.7	1.1	0.2			

	2020 年			2021 年			2022 年		
	播种面积	总产	单产	播种面积	总产	单产	播种面积	总产	单产
陕西	0.7	0.1	1 036.1	0.3	0.7	0.1			
天津	7.8	1.0	1 313.0	3.7	7.8	1.0	2.5	0.3	1 301.9
新疆	2 501.9	516.1	2 062.7	2 506.1	516.1	2 046.4	2 496.9	539.1	2 158.9
其中兵团	865.3	213.4	2 466.0	869.0	213.4	2 466.0	850.6	215.4	2 535.0
甘肃	16.6	3.0	1 814.7	16.2	16.6	3.0	20.3	4.0	1 962.2
辽宁	3 168.9	591.1	1 865.2	3 028.2	3 168.9	591.1			

注：兵团数据来自《新疆生产建设兵团统计年鉴》和《新疆生产建设兵团国民经济和社会发展统计公报》，其他数据来自国家统计局快报数。

附表 8　2020—2022 年全国和主要省份纱、布产量

单位：万 t，亿 m

省份	2020 年		2021 年		2022 年	
	纱	布	纱	布	纱	布
全　国	2 618.3	459.2	2 873.7	502.0	2 719.1	467.5
山东省	339.9	42.1	375.5	46.6		
河南省	297.5	14.5	329.2	19.3		
江苏省	311.5	87.3	347.2	83.6	302.1	48.7
福建省	548.5	77.8	556.9	83.2	517.7	70.0
湖北省	269.8	41.3	325.9	52.4		51.4
浙江省	137.0	113.1	153.0	123.4		67.7
河北省	60.8	9.8	60.2	10.5	49.3	7.9
江西省	143.5	7.8	154.3	9.7		7.2
湖南省	129.0	1.7	104.2	1.4		
四川省	60.8	14.9	73.5	13.9	70.8	12.1
安徽省	78.7	7.4	68.3	8.4		
广东省	25.4	20.7	25.3	27.2		20.2
新　疆	192.0	5.1	223.6	6.7	188.9	8.5
其中兵团	68.4	1.7	75.1	2.0	53.8	2.1
陕西省	35.2	8.2	36.4	8.2	35.7	6.5
山西省	2.2	0.2	2.4	0.2		
上海市	1.0	1.0	1.3	0.7		

注：全国纱、布产量数据来自《中国统计年鉴》，省份数据来自各地统计局数据，因四舍五入尾数有差异。

附表 9　2020—2022 年我国原棉进口量和进口额前 10 位的来源地

单位：万 t，亿美元

序号	2020 年			2021 年			2022 年		
	国家	进口量	进口额	国家	进口量	进口额	国家	进口量	进口额
1	美国	97.67	16.05	美国	82.87	16.01	美国	113.21	30.51
2	巴西	61.82	10.41	巴西	64.36	12.11	巴西	57.73	15.35
3	印度	25.28	3.87	印度	40.93	7.84	印度	3.14	0.92
4	澳大利亚	11.74	2.25	布基纳法索	3.64	0.71	贝宁	2.91	0.77
5	苏丹	3.16	0.44	贝宁	3.57	0.70	苏丹	2.23	0.53
6	布基纳法索	2.82	0.43	澳大利亚	3.49	0.76	布基纳法索	2.01	0.55
7	贝宁	2.61	0.44	苏丹	2.64	0.41	澳大利亚	2.00	0.60
8	马里	2.04	0.32	马里	1.96	0.37	缅甸	1.95	0.31
9	墨西哥	1.01	0.16	墨西哥	1.41	0.26	埃及	1.82	1.07
10	缅甸	1.00	0.12	科特迪瓦	1.36	0.25	喀麦隆	1.09	0.28
合计	10	209.15	34.49	10	206.23	39.42	10	188.08	50.89
全球总计	33	215.79	35.62	37	214.23	41.05	32	192.75	52.33

注：数据来自《海关统计》快报数，因四舍五入尾数有差异。

附表 10　2020—2022 年全国原棉进口量和进口额前 10 位的省份

单位：万 t，亿美元

序号	2020 年			2021 年			2022 年		
	省份	进口量	进口额	省份	进口量	进口额	省份	进口量	进口额
1	北京	104.16	16.66	北京	78.15	14.48	北京	113.73	30.09
2	山东	52.18	8.74	山东	55.24	10.77	山东	45.30	12.39
3	江苏	33.69	5.82	江苏	45.06	8.80	江苏	17.12	5.07
4	安徽	4.22	0.75	湖北	6.59	1.32	浙江	3.69	1.00
5	新疆	3.46	0.57	浙江	5.42	1.07	湖北	3.05	0.86
6	河南	3.07	0.51	安徽	4.97	1.05	安徽	2.29	0.85
7	浙江	2.50	0.44	广东	4.14	0.81	上海	1.43	0.49
8	上海	2.30	0.39	福建	3.17	0.60	云南	1.40	0.21
9	福建	1.89	0.31	新疆	2.81	0.48	天津	1.35	0.39
10	湖北	1.88	0.35	河南	2.39	0.45	河南	0.83	0.20
合计	10	209.34	33.77	10	207.93	38.59	10	190.20	51.55
全国总计	22	215.79	35.62	22	214.23	41.05	20	192.75	52.33

注：数据来自《海关统计》快报数，因四舍五入尾数有差异。

附表 11　2020—2022 年我国棉纱线进口量前 10 位的来源地

单位：万 t

序号	2020 年		2021 年		2022 年	
	国家或地区	进口量	国家或地区	进口量	国家或地区	进口量
1	越南	88.48	越南	94.79	越南	67.61
2	巴基斯坦	25.53	印度	31.82	巴基斯坦	14.49
3	印度	24.53	巴基斯坦	27.78	乌兹别克斯坦	8.68
4	乌兹别克斯坦	18.81	乌兹别克斯坦	25.88	马来西亚	6.53
5	印度尼西亚	11.15	印度尼西亚	9.50	印度	5.70
6	中国台湾	7.48	中国台湾	6.51	中国台湾	5.21
7	马来西亚	6.23	马来西亚	6.45	印度尼西亚	3.05
8	中国	3.44	孟加拉国	3.15	孟加拉国	2.87
9	孟加拉国	1.40	中国	2.67	柬埔寨	1.00
10	韩国	0.43	柬埔寨	0.74	泰国	0.60
合计	10	187.49	10	209.28	10	115.74
全球总计	50	190.04	32	211.76	32	117.63

注：数据来自《海关统计》快报数，因四舍五入尾数有差异。

附表 12　2020—2022 年我国棉纱线进口额前 10 位的来源地

单位：亿美元

序号	2020 年		2021 年		2022 年	
	国家或地区	进口额	国家或地区	进口额	国家或地区	进口额
1	越南	20.26	越南	27.19	越南	21.14
2	印度	5.65	印度	9.85	巴基斯坦	4.74
3	巴基斯坦	5.39	巴基斯坦	7.59	乌兹别克斯坦	2.61
4	乌兹别克斯坦	3.80	乌兹别克斯坦	6.67	印度	2.04
5	印度尼西亚	2.50	印度尼西亚	2.67	马来西亚	1.93
6	马来西亚	1.42	马来西亚	1.78	中国台湾	1.23
7	中国	1.34	中国台湾	1.39	印度尼西亚	1.12
8	中国台湾	1.29	中国	1.17	孟加拉国	0.32
9	孟加拉国	0.16	孟加拉国	0.35	中国	0.22
10	韩国	0.14	泰国	0.12	埃塞俄比亚	0.16
合计	10	41.94	10	58.76	10	35.50
全球总计	52	42.51	32	59.5	32	36.07

注：数据来自《海关统计》快报数，因四舍五入尾数有差异。

附表13　2020—2022年我国棉纱线出口量前10位的目的地

单位：万t

序号	2020年		2021年		2022年	
	国家或地区	出口量	国家或地区	出口量	国家或地区	出口量
1	巴基斯坦	4.90	巴基斯坦	4.96	孟加拉国	4.80
2	中国香港	4.12	孟加拉国	4.35	越南	4.32
3	孟加拉国	3.58	越南	4.26	巴基斯坦	3.83
4	越南	3.29	中国香港	2.87	俄罗斯	3.74
5	俄罗斯	2.16	俄罗斯	2.85	印度尼西亚	0.98
6	韩国	1.01	韩国	1.26	泰国	0.68
7	泰国	0.57	巴西	0.78	中国香港	0.64
8	巴西	0.54	印度尼西亚	0.62	哥伦比亚	0.59
9	印度尼西亚	0.50	缅甸	0.58	缅甸	0.57
10	埃及	0.44	意大利	0.55	柬埔寨	0.56
合计	10	21.11	10	23.07	10	20.72
全球总计	148	26.99	154	29.06	154	28.05

注：数据来自《海关统计》快报数，因四舍五入尾数有差异。

附表14　2020—2022年我国棉纱线出口额前10位的目的地

单位：亿美元

序号	2020年		2021年		2022年	
	国家或地区	出口额	国家或地区	出口额	国家或地区	出口额
1	中国香港	1.85	巴基斯坦	2.53	孟加拉国	2.88
2	巴基斯坦	1.77	孟加拉国	2.47	越南	2.47
3	孟加拉国	1.76	越南	2.18	巴基斯坦	1.76
4	越南	1.34	中国香港	1.59	意大利	0.60
5	韩国	0.44	韩国	0.67	俄罗斯	0.57
6	俄罗斯	0.31	意大利	0.52	印度尼西亚	0.48
7	意大利	0.27	俄罗斯	0.43	中国香港	0.45
8	泰国	0.24	印度尼西亚	0.28	柬埔寨	0.43
9	柬埔寨	0.23	日本	0.25	泰国	0.41
10	印度尼西亚	0.22	泰国	0.23	韩国	0.33
合计	10	8.43	10	11.16	10	10.37
全球总计	148	10.6	155	13.74	157	13.37

注：数据来自《海关统计》快报数，因四舍五入尾数有差异。

附表 15　2020—2022 年我国棉纱线进口量前 10 位的省份

单位：万 t

序号	2020 年		2021 年		2022 年	
	省份	进口量	省份	进口量	省份	进口量
1	福建	34.99	福建	43.30	浙江	27.89
2	浙江	32.56	浙江	40.68	上海	20.61
3	广东	30.88	广东	30.91	广东	18.90
4	上海	28.51	上海	26.93	福建	17.58
5	江苏	13.94	安徽	17.91	安徽	7.97
6	安徽	13.43	江苏	14.83	江苏	7.00
7	北京	12.98	北京	14.73	山东	6.41
8	山东	12.17	山东	13.17	北京	4.54
9	天津	3.67	天津	3.18	天津	2.15
10	海南	0.35	海南	0.06	海南	1.32
合计	10	183.49	10	205.69	10	114.38
全国总计	26	190.04	26	211.76	26	117.63

注：数据来自《海关统计》快报数，因四舍五入尾数有差异。

附表 16　2020—2022 年我国棉纱线进口额前 10 位的省份

单位：亿美元

序号	2020 年		2021 年		2022 年	
	省份	进口额	省份	进口额	省份	进口额
1	广东	7.66	福建	11.95	上海	7.30
2	福建	7.49	浙江	10.21	浙江	7.18
3	浙江	6.83	广东	9.08	福建	5.44
4	上海	6.63	上海	8.32	广东	5.38
5	山东	3.02	安徽	4.90	山东	2.51
6	江苏	2.99	山东	4.30	安徽	2.43
7	北京	2.86	北京	4.25	江苏	2.35
8	安徽	2.81	江苏	4.06	北京	1.51
9	天津	0.75	天津	0.86	天津	0.63
10	河北	0.41	湖南	0.36	海南	0.43
合计	10	41.47	10	58.29	10	35.15
全国总计	26	42.51	26	59.50	26	36.07

注：数据来自《海关统计》快报数，因四舍五入尾数有差异。

附表 17 2019—2022 年我国原棉、棉纱和棉机织物进出口统计

单位：万 t，亿美元

| 年份 | 原棉 | | | | 棉纱线 | | | | 棉机织物（亿 m） | | | |
| | 出口 | | 进口 | | 出口 | | 进口 | | 出口 | | 进口 | |
	数量	金额	数量	金额	数量	金额	数量	金额	数量	金额	数量	金额
2019	5.21	0.90	184.90	35.70	37.50	15.89	195.00	49.49	79.30	133.50	2.8	7.30
2020	0.47	0.07	215.79	35.62	26.99	10.60	190.04	42.51	68.28	99.07	1.97	4.60
2021	0.93	0.22	214.23	41.05	29.06	13.74	211.76	59.50	73.60	90.71	1.93	5.26
2022	3.37	1.05	192.75	52.33	28.05	13.37	117.63	36.07				

注：数据来源于中国《海关统计》，因四舍五入尾数有差异。

名词术语及中英文缩写

棉花：由种子表皮细胞延伸成纤维的农作物，主产品为种子纤维，又叫棉纤维，是纺织的主要原料；副产品棉籽富含脂肪和蛋白质，食、饲、药兼用，是制作食用植物油脂和蛋白质的原料之一。

籽棉：带有棉籽和纤维（棉绒）的棉花。

皮棉：除去棉籽的棉纤维，非流通产品。

原棉：纺纱用的棉纤维。皮棉经过公证检验、按规格包装、符合规定重量、供工厂纺纱使用的商品棉花纤维。

细绒棉：即陆地棉，为纤维较为细长的原棉。颜色白、洁白或乳白，纤维长度 23～33mm，比强度 25～31cN/tex，细度 4 500～6 400m/g，马克隆值 3.6～5.6，单强 2.5～3.5cN。

长绒棉：即海岛棉，为纤维长度长、纤维细和强力好的原棉。颜色白、洁白或淡黄色，纤维长度 33～40mm，比强度 33～37cN/tex，细度 6 500～8 500m/g，马克隆值 3.3～3.9，单强 4～6cN。

棉短绒：用削绒机从毛棉籽表面上剥下来的残留短纤维，长度小于 13～15mm。

废棉及回收纤维：指纺纱过程中的飞棉、落棉、"脚棉"以及污染棉。

高端品质原棉：现阶段指适合纺 40 英支及以上纱支的棉花。原棉的纤维长度 25.8mm 及以上、断裂比强度 28.5cN/tex 及以上、马克隆值 3.7～4.6，短纤维 16mm 及以下，纺漂白纱和色纺纱分别控制在 11.5% 和 15.0% 以内；异性纤维含量低于 0.3g/t，杂质含量低于 2.5%。

中国棉花生产景气指数：反映中国棉花的生产和消费的平衡状况，以及生产、消费和价格走向和走势强弱的指标，由中国农业科学院棉花研究所于 2003 年生成。

中国棉花生长指数：反映棉花生长状况和产量形成过程的数量指标。采用当年棉花农艺性状指标值与上年同期该指标值之比的百分率表示，由中国农业科学院棉花研究所于 2003 年生成。

中国棉花价格指数：指国内 328 级棉花到纺织厂的报价，也为国内棉花的现货价格。由中国棉花协会、国家国家发展和改革委员会价格监测中心、全国棉花交易市场于 2002 年生成。

郑州棉花期货价格：指郑州商品交易所对未来某一时刻棉花价格的估计，

于 2003 年生成。

Cotlook A 指数：全球棉花现货价格，选择 15 个国家中的 5 个最便宜报价计算平均值，以美国 M 级 1－1/32 英寸（Middling1—1/32″）为标准（相当于中国 328 级），报价单位为美分/磅，由 Cotlook 公司于 20 世纪 60 年代生成。

价格倒挂：即价格差，指国内某一商品价格高于国际同一商品同一时间的价格。通常按到港后价格扣除港口费或 1％关税之后进行比较，也有采取国内外同时间的价格进行比较。在国内，价格倒挂指同一种农产品在同一时间内销售价格低于购进的价格。本书价格倒挂指商品棉国内价格高于国际价格，计算上一般采用到岸价加 1％关税之后进行比较。

Bt 棉：即转外源 Bt 基因的抗虫棉，是指棉花细胞染色体上整合外来的苏云金芽孢杆菌的 Bt 基因的棉花品种。

油（麦）后（茬）棉：油菜或小麦收获后栽种的棉花，为晚茬棉。

清洁度：指棉纤维的清洁程度。用于反映铁铜、砖石一类硬物对加工机械产生的损害以及非棉类毛发、羽绒、丝、残膜、塑料包装袋等"三丝"软类异物对棉纱线品质产生的危害。

期货：在未来某一时间交易的商品。

期货交易：是一种金融衍生品，指买卖双方事先就交易的商品数量、质量等级、交割日期、交易价格和交割地点达成协议，在约定的时间、地点进行实际交割的交易。

配额：指一国或一地区对某些敏感商品进出口数量的控制指标。2004 年我国棉花进口配额 1％关税税率指标为 89.4 万 t，一直延续至今。

滑准税：又称滑动税，是指对进口税则中的同一种商品按其市场价格标准分别制订不同价格档次的税率并征收的一种进口关税。

32 英支纱（32ˢ）：用来表示纱线的粗细，指一磅纱的长度为 32m×768m，数值越大表示纱支数越大，其纱越细。

化纤短纤：指长度在几毫米到几十毫米的化学纤维，常见长度有 102mm、76mm、51mm、38mm 和 5mm。

公证检验：指专业纤维检验机构按照国家标准和技术规范，对棉花的数量和质量进行检验并出具公证检验证书的活动，被检棉花有专门标识，作为贷款、供货、储备库、用棉等多方结算和补贴核定的凭证。该工作由国家纤维检验局承担。

马克隆值：用来度量一定量棉纤维在规定条件下的透气阻力，是棉纤维线密度与成熟度的乘积，以马克隆刻度表示。

相关组织、机构

中国棉花协会：由棉农及棉农合作组织，棉花生产、收购、加工、经营、仓储、棉纺织企业和棉花研究机构等涉棉企业和组织自愿组成，是全国性社会团体法人资格的非营利性行业组织。成立于 2003 年，注册地在北京。

全国棉花交易市场：不以营利为目的的棉花服务组织，组织交易、发现价格、规避风险和传递信息，为交易双方提供交易结算、实物交割、质量检验、储运、信息、咨询和人才培训等服务。成立于 1998 年，注册地在北京。

郑州商品交易所（ZCE）：不以营利为目的，为棉花期货合约集中竞价交易提供场所、设施及相关服务的机构，属自律性管理的法人，隶属于中国证券监督管理委员会。成立于 1990 年，注册地在郑州。棉花期货交易于 2003 年 6 月正式推出。

中国棉纺织行业协会：由棉纺织行业的企事业单位和社会团体自愿组成的非营利性全国性社会经济团体法人，旨在规范行业行为、维护企业权益、为政府建言献策，注册地在北京。

中国储备棉管理总公司：经营管理国家储备棉的政策性中央企业，受国务院委托，负责国家储备棉的经营管理，实行自主经营、独立核算和自负盈亏。成立于 2003 年，总公司注册地在北京。

中国农业科学院棉花研究所：国家级、公益性的棉花科研事业机构，为独立法人。开展棉花应用和基础研究，负责组织和主持全国棉花科学技术研究，承担棉花科技示范和推广。成立于 1957 年，注册在河南省安阳市。

国家棉花产业技术体系：是国家现代农业技术体系的组成部分，成立于 2007 年。体系以国家稳定经费支持，设置首席科学家、岗位科学家和综合试验站三级，承担研究解决国家和区域重大农业（棉花）产前、产中、产后技术问题和基础性工作。国家棉花产业技术体系以中国农业科学院棉花研究所为依托，组织全国棉花育种、栽培、植保、农机、农经、副产品加工方面 26 位专家、25 个试验站开展工作，由首任首席科学家喻树迅院士领衔。

国际货币基金组织（IFM）：为世界两大金融机构之一，职责是监督货币汇率和各国贸易情况、提供技术和资金协助，确保全球金融制度运作正常。该组织成立于 1946 年，总部设在美国华盛顿。

国际棉花咨询委员会（ICAC）：由多个国际上主要的棉花生产、消费和贸易国家的政府组成的机构。旨在为全球棉花提供即时的与市场相关的统计数据和科学技术信息。成立于 1939 年，总部设在美国华盛顿。

世界贸易组织（WTO）：是一个独立于联合国的永久性国际性的贸易组织，旨在公平、公正地处理各国贸易活动中所发生的争端，建立平等互利的国际贸易秩序。成立于 1995 年，总部设在瑞士日内瓦。

英国棉花展望集团公司：包括考特鲁克有限公司和利物浦棉花服务公司，向全球客户提供原棉价格的 Cotlook 指数及其仲裁服务，位于英国默西塞德。

洲际交易所（ICE，Intercontinental Exchange）：指原美国纽约棉花期货交易所。

常 见 中 文 缩 写

中棉所：中国农业科学院棉花研究所

中棉协：中国棉花协会

郑商所：郑州商品交易所

中纤局：中国纤维检验局

中储棉公司：中国储备棉管理总公司

中农发行：中国农业发展银行

常 见 英 文 缩 写

CCPPI　China Cotton Production Prosperity Index，中国棉花生产景气指数

CCGI　China Cotton Growth Index，中国棉花生长指数

CC Index　China Cotton Index，中国棉花价格指数

CC Index 3128B　"31" 表示颜色级，白棉第 "1" 类型第 "3" 级；"28" 是纤维长度第 28mm 档，"B" 表示马克隆值在 B1 的 3.5～3.6 与 B2 的 4.3～4.9 范围，以此作为定价与价格增减的基准。

GDP　Gross Domestic Product，国内生产总值

HVI　High Volume Instrument，大容量纤维测定仪器

IMF　International Monetary Fund，国际货币基金组织

ICAC　International Cotton Advisory Committee，国际棉花咨询委员会

USDA　United States Department of Agriculture，美国农业部

WB　World Bank，世界银行

WTO　World Trade Organization，世界贸易组织，简称 "世贸组织"

ZCE　郑州商品交易所

ICE　洲际交易所

CPI　Consumer Price Index，消费者价格指数

PPI　Producer Price Index，生产者物价指数或工业品出厂价格

（撰稿：毛树春）

参　考　文　献

[1] 国家统计局关于 2020 年棉花产量的公告［OL］．http：//www. stats. gov. cn/tjsj/zxfb/202012/t20201218 _ 1810113. html.

[2] 国家统计局关于 2021 年棉花产量的公告［OL］．http：//www. stats. gov. cn/tjsj/zxfb/202112/t20211214 _ 1825231. html.

[3] 国家统计局关于 2022 年棉花产量的公告［OL］．http：//www. stats. gov. cn/tjsj/zxfb/202212/t20221223 _ 1891217. html.

[4] 中华人民共和国国家统计局．中华人民共和国 2020 年国民经济和社会发展统计公报［N］．http：//www. stats. gov. cn/sj/zxfb/202302/t20230203 _ 1901004. html.

[5] 中华人民共和国国家统计局．中华人民共和国 2021 年国民经济和社会发展统计公报［N］．http：//www. stats. gov. cn/sj/zxfb/202302/t20230203 _ 1901393. html.

[6] 中华人民共和国国家统计局．中华人民共和国 2022 年国民经济和社会发展统计公报［N］．http：//www. stats. gov. cn/sj/zxfb/202302/t20230228 _ 1919011. html.

[7] 中华人民共和国海关总署．海关统计［R］．2020—2021.

[8] 中国棉花协会．中国棉业（内部刊物）［J］．2020—2022.

[9] 刘五星，朱险峰，杨幼明．后疫情时代全球通胀及物价水平预判——基于主要发达国家宽松政策效应的分析［J］．价格理论与实践，2021（6）．

[10] 毛树春，等．全球棉花话语权观察及中国棉花话语权的思考［J］．棉花科学，2021，43（3）.

[11] 中国棉花质量公证检验网站．http：//www. ccqsc. gov. cn/authorize/index. action.

[12] 何伟文．单方面行动违反中美第一阶段协议［N］．环球时报，2022 - 02 - 11.

[13] 李茂春，练文明，毛树春，等．2021 年春季气候变化对新疆棉花生长影响及中期管理建议——以阿拉尔垦区为例［J］．中国棉花，2021，48（6）．

[14] 李茂春，等．2021 年 6 月新疆棉花长势和中后期管理意见［J］．中国棉花，2021，48（7）.

[15] 匡猛，等．国家审定棉花品种 SSR 指纹图谱［M］．北京：中国农业科学技术出版社，2021.

[16] 毛树春，等．新疆绿洲棉花可持续发展研究［M］．上海：上海科学技术出版社，2022.

[17] 毛树春，等．我国高品质棉花产需分析与发展建议［J］．中国棉花，2020，47（3）.

[18] 毛树春，等．2018—2020 年新疆棉花主栽品种品质变化及高品质棉花品种遴选推广建议［J］．中国棉花，2021，48（3）.

[19] 毛树春，等．2019—2021 年全国棉花生产表观成本、产值和收益监测报告［J］．中国

棉花. 2022，49（9）.

[20] 毛树春，等.2019—2021年西北内陆棉区棉花生产表观成本、产值和收益监测报告
［J］. 中国棉花. 2022，49（12）.

[21] 孙瑞. 同心同德谋发展　奋斗奋进启新程［R］. 中国纺织工业联合会，https：//
www. cntac. org. cn/jinghua/202303/t20230304 _ 4301667. html.

[22] 毛树春，等. 2019—2021年黄河流域棉区棉花生产表观成本、产值和收益监测报
告［J］. 中国棉花. 2023，50（2）.

[23] 毛树春，等. 2019—2021年长江流域棉区棉花生产表观成本、产值和收益监测报
告［J］. 中国棉花. 2023，50（7）.

图书在版编目（CIP）数据

中国棉花景气报告. 2020—2022 / 毛树春，王占彪，田立文主编. —北京：中国农业出版社，2023.11
ISBN 978-7-109-31299-9

Ⅰ. ①中… Ⅱ. ①毛… ②王… ③田… Ⅲ. ①棉花—产业经济—经济景气—研究报告—中国—2020—2022 Ⅳ. ①F326.12

中国国家版本馆 CIP 数据核字（2023）第 204706 号

中国棉花景气报告 2020—2022

ZHONGGUO MIANHUA JINGQI BAOGAO 2020—2022

中国农业出版社出版

地址：北京市朝阳区麦子店街 18 号楼
邮编：100125
责任编辑：赵　刚
版式设计：王　晨　　责任校对：张雯婷
印刷：北京中兴印刷有限公司
版次：2023 年 11 月第 1 版
印次：2023 年 11 月北京第 1 次印刷
发行：新华书店北京发行所
开本：700mm×1000mm　1/16
印张：20
字数：326 千字
定价：78.00 元